ICEMAN

アイスマン
キミ・ライコネンの足跡

HEIKKI KULTA

ヘイキ・クルタ

訳／五十嵐 淳

「どうしてロン・デニスがアイスマンって呼ぶようになったのか
想像すらつかない。由来は知らないが、どこかで彼が思いついたんだ。
単なるニックネームに過ぎないよ。
正直、僕にとっては、何だって同じなんだ」

Kimi
Räikkönen
キミ・ライコネン

家から遠く離れて

いきなり海外へ単身飛び出してトップアスリートの仲間入りをする者など滅多にいない。常識的に考えても、まず国内で揉まれ、英才教育を受けてから世界の檜舞台に立つものだ。

その意味においてキミ・ライコネンは例外中の例外だろう。いきなりF1世界選手権に飛び込み、チャンピオンにまで上り詰めたのだ。23戦足らずのレース経験で異例の昇格を果たしたキミは、F1ドライバーに必須のスーパーライセンスすら特例で認めてもらう必要があった。

同じ頃、新聞社のスポーツ記者としてF1を担当していた私も自分のキャリアを積み重ねていた。仕事を通じて、大逆転のタイトル争いを制したキミの足跡を含め、これまで371回のグランプリを間近で目にしてきた。最後の最後にマシントラブルで勝利を逃した瞬間も、ポール・トゥ・ウィンに歓喜した瞬間も、この目に焼きつけている。

2019年の秋頃、本書を執筆していることをキミに話すと「本を出すんだったら、僕をこき下ろさないでくれ」と注意されてしまった。それに関して、私は自分の責務を果たしたと思っている。

本来ならスポーツ選手の回想録だけで十分だ。しかし、私はキミの番記者として20年ほど書き溜めた記事やメモをもとに、世界で最も多くの視聴者数を誇るスポーツで世界チャンピオンに輝いたキミ・ライコネンの足跡を一冊にまとめることにした。

新型コロナ感染症が世界で猛威を振るうまで、ここに書いた内容のほとんどは遠い異国の地で経験したことだ。2020年からはコロナ禍にあって、彼を取り巻くメディアも自粛を余儀なくされている。取材嫌いのキミは、ようやく心穏やかに過ごせていることだろう。

カーリナにて　2020年9月14日　ヘイキ・クルタ

目次 CONTENTS

04

01

1 ― 正真正銘のダイヤモンド

どんな本にも始まりがある。この本では、まず２００５年５月のモナコ公国から始めて、２００３年７月上旬のフランスへ時間を遡ることにしよう。

歴代最多出走回数を誇るキミ・ライコネンの最も輝かしい功績は、それにふさわしく王冠に輝く宝石に例えられるモナコでのレースだった。２００５年のモンテカルロ市街地コースは、終始ダイヤモンドずくめの週末となった。

当時25歳だったキミのパフォーマンスは絶頂期を迎えていた。眩いばかりのスピードで、戦術面でも勝利に必要なことをすべて実現することができた。

キミは、ドイツの超人気娯楽番組『ヴェッテン・ダス（賭けてみる）？』の生中継にトルコから出演後、見るからに上機嫌な様子で、スクーターに乗ってマクラーレン・メルセデスのガレージに現れた。前戦のスペインＧＰでポール・トゥ・ウィンを果たしたキミは、その年に誰よりも注目を浴びるスター選手となっていた。

キミ・ライコネンとチームメイトのファン・パブロ・モントーヤは、見たこともない高価なヘルメットを被ってモナコに現れた。所属チームのマクラーレンとダイヤモンド貿易会社の最大手シュタインメッツが、グランプリに先駆けて贅沢とも思えるスポンサー契約を発表したのだ。

キミはイモラから新しいＨＡＮＳ（頭部前傾抑制装置）を使っていたが、今回それをダイヤモンドの装飾が施されたヘルメットに装着することになった。

「この高価なヘルメットにＨＡＮＳを装着する時ほど緊張したことはなかった」と、ＨＡＮＳの社長であるジェームズ・ペンローズは神妙に答えた。

当のキミ本人はと言えばダイヤモンドには目もくれず、自分のレースに集中していた。

「少なくともマクラーレンは、このサーキットに適した最高のマシンだ。ルノーはどこでも強いし、コーナーの立ち上がりで素晴らしいグリップがある。僕たちはベストを尽くして彼らより先に行けるように努力する」とキミは抱負を語った。

キミと妻のイェンニは、デイビッド・クルサードが友人と共同経営する最高級ホテル・コロンバスに宿泊してレースに備えていた。二人の両親パウラとマッティ・ライコネン、そしてリーサとハンヌ・ダールマンは、キミの名前で借りたクルーザーに宿泊しモンテカルロの港で週末を楽しんでいた。

モナコの狭い市街地コースでの予選1回目、キミは自身のキャリアで最も輝かしい走りを見せつけた。このパフォーマンスに世界チャンピオンのミハエル・シューマッハは息を呑み、キミに続いたフェルナンド・アロンソですらキミに0・5秒ほど後れをとった。

この予選結果に経験豊富なF1記者たちも賞賛の声を上げた。

「キミには限界なんてないようだ。バルセロナと同じ姿勢で果敢に攻めていた。おそらく彼は、何かを失うかもしれないなんて、これっぽっちも考えていないのだろう」と『オートスポーツ』のナイジェル・ルーバックは冗談混じりに言った。

「キミの走りは、この世のものとは思えない。彼はチームメイトのモントーヤの化けの皮を剥がしたようだ」と、キミと最初にF1の契約を交わしたペーター・ザウバーは感心する。

タイトルを狙うアロンソは2回目にトップに立ったが、キミは合算したタイムで、このスペイン人に0・083秒差でトップに立ち3戦連続のポールポジションを獲得した。さらにレースになると、キミがいかに重いマシンでポールポジションを獲得していたのかということが明らかになった。

キミ自身は、この予選についてどう思っているのだろう。かつてない最高の走りができたのではないかと土曜日に質問してみた。

「答えに困るね。だって、これ以前の走りと比較するのは難しいから。僕は、このサーキットで前にも良い結果をいくつか予選で残している。ただ間違いなくこれはベストの一つだ。ポールポジションを獲得できたことだけで十分だし、それしか意味はないよ」

日曜日の表彰式では、次期モナコ公アルベール二世と

Ｆ１の聖地で新しい王となったキミが出会った。誰もが最も勝利を望む場所で、ケケ・ロズベルグ（１９８３年）とミカ・ハッキネン（１９９８年）以来となる３人目のフィンランド人ドライバーの勝者が誕生した。

私は、モナコでの勝利を子どもの頃から夢見ていたのか、キミに質問してみた。

「子どもの頃からそう思っていたかわからないけど、数年前に僕らはここで速かったのに2位になってしまった。それは、もちろんがっかりしたよ。それ以来このレースで勝てたら素晴らしいだろうなと感じるようになった」

チェッカーを受け、フィンランド国歌が流れる中でトロフィーを手にした時、キミの寡黙な口ですら饒舌になった。

「もちろん最高の気分だよ。このレースで2位になるのがどんな気分か、もう十分味わった。ここは特別なんだ。モナコで勝利できて最高にいい気分だよ。でも正直に言えば、この勝利が何かを変えることはない。他の勝利と同じ10ポイントを獲得しただけさ。ただ、ここで僕らが勝てることを知って、僕に対する見方を変える人たちが現れるかもしれない」

決勝でミナルディのクリスチャン・アルバースがミラボーコーナーでスピンをした時、キミには6秒のリードがあった。渋滞を回避するために運営側はセーフティカーをコースへ導入した。英国ウォーキングにあるチームのファクトリーでは事態に対応するため作戦会議が開かれた。この時がライコネンの勝利を脅かす唯一の瞬間であった。ちょうどその時、キミはピットレーンを通り越してしまったのだ。

「その場面で少しチームと意思疎通が取れなかった。どうすればいいのか指示を得られなかったから、ピットレーンに入るのを逃してしまった。これで勝利を逃してしまったかもしれないと若干不安になる唯一の瞬間だった」とキミは状況を説明する。

キミは無線で大声を張り上げたが、すぐに落ち着きを取り戻し、唯一与えられた指示に従って淡々とこなした。

「チームが、ピットストップの前にアロンソに25秒から30秒のリードを確保するように言ってきたから、僕は命令に従った。結局それは難しいことではなかった。まだ周回は十分残っていたからね」とキミは教えてくれた。

42周目になって、ようやくキミは給油へ向かった。これは、キミが予選の時に対戦相手より7周から8周分多くガソリンを積んでいたことを意味する。リードを保ったままピットストップに入る頃には、驚異的な27・6秒のマージンを稼いでいた。テクニカル・ディレクターであるエイドリアン・ニューウェイは、タイヤをフルに活用したキミの努力を絶賛した。

「私たちのマシンとミシュランのタイヤ性能をバランス良く最高に引き出すため懸命に努力してきている。今の私たちには、タイヤが消耗しにくいという切り札がある。これに関してキミは途方もない助けになっている。彼はタイヤの消耗を避けるためにあらゆる方法を駆使し、徹底的にタイヤを大切に扱ってくれるからだ。彼はどのコーナーでも必要以上にブレーキをかけないし、ガソリン満タンの重たい時もアクセルを巧みに調整する」とニューウェイは賞賛した。

ニューウェイはキミのドライビングスタイルとスピードに、1980年代にマクラーレンで一時代を築いたアラン・プロストと同じ効率性を感じ取った。

「キミは、プロストの全盛期と同じように控え目のように見えて物凄い速さで走る。いとも簡単にマシンを労りながら、こなしてしまう」

この最高の勝利の後、マネージャーのスティーブ・ロバートソンは、幸せの絶頂にいた。

「とにかくキミは精神的に強い。勝利が、彼を弱くすることはない。このコンディションでキミは今シーズンさらに何度も勝利するのだ。このようなマシンを得たことで、ようやくキミの速さを、みんなに証明することができる」とマネージャーは微笑んだ。

日曜日の夜、伝統的なモナコの副賞となっているシュタインメッツの金色のF1カーのミニチュアが、どういうわけかMVPであるキミに与えられなかった。この件について、マクラーレンの広報担当は、金色のミニチュアカーではなく、ダイヤモンドが散りばめられたヘルメットが週末で最高の栄誉なのだと事の真相を明かした。

この日の夜はモンテカルロの港にキミが借りた豪華ク

ルーザー、ベリッシマＣで友人や近親者たちが勝利の宴で盛り上がった。当時キミは25歳２１７日で歴代３番目に若いモナコＧＰ勝者となった。彼よりも若くしてモナコで勝ったのは、１９６２年のチーム創設者ブルース・マクラーレンと、１９９４年にキミより85日若く王者となったミハエル・シューマッハのみだった。

パーティの前に、こんなにも圧倒的に強くなったのはドライバー自身なのか、それともマシンなのかキミに聞いてみた。

「みんなが勝手に決めてもらっていい、どっちが決定的なのか」。彼は無駄に話を膨らませることはなく、自分のスタイルに忠実に従って答えてくれた。

Photo : Wri2

ダイヤモンドを埋め込んだヘルメットと氷のマシン。このような雰囲気の中、キミはモナコで自身のキャリア最高の週末へ臨んだ

2 — ハウグとのハグ

マニクール・サーキットは、私がF1を取材するようになってから、おそらくアクセスが悪いこともあって最も行く気がしない場所だ。どの方角へ向かっても都会らしい場所まで行くには、かなり遠い。

かつての同僚で、元F1レポーターであるラッセ・エロラがF1ファンのために各サーキットへのアクセスガイドを『イルタ・サノマット』紙に書いたことがあった。マニクールの項目で、彼は手短に「行くな!」と案内している。

確かに的を射ているのだが、すべてのレースを現地から伝えなければならない仕事柄、私は毎年一度はフランスの田園地帯を訪れていた。

しかし、このサーキットで行われたフランスGPは、2007年にキミ・ライコネンが勝利を飾ったことだけでなく、ひょんなことから今でも鮮明に記憶に残っている。2003年当時マニクールは、ニュルブルクリンクのヨーロッパGPから1週間後の開催。キミはドイツで初のポールポジションを獲得し、圧倒的にレースをリードしていた。そして、ほぼ勝利が確定したと感じられた、ちょうどその時にメルセデスのエンジントラブルに見舞われ、不運にも私たちが応援していたドライバーはリタイアを余儀なくされた。

マニクールでは、この苦い経験を払拭するようなレースが期待された。フィンランドでは、1週間前に港湾都市ハンコで夏至祭を過ごしたキミの泥酔事件を『セイスカ』誌がスクープし、話題となっていた。

キミが本当の意味での頂点を目指して飛躍するシーズンの最中で、初夏までタイトル争いをリードしている時期だった。ストレスは尋常ではない。6度目のタイトルを虎視眈々と狙うミハエル・シューマッハの存在、そしてフェラーリの連勝というプレッシャーが押し寄せてきた。キミは、このプレッシャーに完全に一人で立ち向かっていた。

このような状況で、キミは夏至祭ということもあって地元の友達のところへ遊びに行った。しかし、それは野球に例えるならばボークと判定され、マスコミに叩かれてしまった。後から考えれば、このハンコでの不祥事があったからこそ、フランスの週末がより一層私を感動させることになったのだ。

予選が行われる土曜日の朝。迷惑な渋滞を避けるため、いつものように早朝にパドックへ到着し、美味しいモーニングコーヒーにありついた。そして、マクラーレンのホスピタリティスタッフと挨拶を交わし、気心の知れた記者たちと談笑した。当時メルセデスのモータースポーツ部門の責任者だったノルベルト・ハウグの指示で、広報担当のウォルフガング・シャトリングが私に話しかけてきた。彼は、ハウグのところへ一緒に来てくれないかと頼んできた。

この手の誘いは、とても珍しかった。これまで私はメルセデスの最も神聖な場所へ足を踏み入れたことはなかった。通常、記者の入室は禁じられていたからだ。私たちはモーターホームへ入り、階段を数段上った。ハウグは自分の部屋で、いつもより真剣な面持ちで座っていた。

ちょうど1週間前にメルセデスのエンジントラブルに批判的な記事を書いていたことを思い出して、ぞっとした。その記事のことでハウグが声を荒らげるのではないかと身構えたが、全く別の要件だった。

ドイツ人の責任者は、私の助けが必要だと困った様子で必死に伝えてきた。ハンコで夏至祭を過ごしたキミはヘマをしでかした。例の不祥事はゴシップ紙で「キミがクルーザーの上を千鳥足で歩いていた」との見出しで痛烈に批判された。記事には通りすがりの観光客が撮影した写真が付され、マクラーレン・メルセデスのフィンランド人スターが泥酔姿で友人の豪華クルーザーの上甲板から頭を垂らして仰反る姿があった。

メルセデスは夏至祭の不祥事について沈黙を貫いたために、特にヨーロッパで最も読まれている『ビルト』紙の逆鱗に触れた。恐ろしいドイツ人ジャーナリストは、拳のように筆を振りまわし、この件でライコネンとメルセデス首脳陣の首を取る勢いだった。

以前は記者だったハウグは、生半可な説明では逃れられないことを知っていた。そこで私に白羽の矢を立てた。キミと私が近しい仲であることを知っていたし、さらに私は同紙の記者たちを比較的よく知っているからだ。ハウグは状況を説明し、私にドイツ人記者たちと話し合いの機会を設け、フィンランドではどのように夏至祭を過ごすのかを彼らに説明してほしいと頼んできた。

私は頼まれた通りに動いた。『ビルト』は少なくとも2人の記者をいつも現場に送り込んでいる。最終的に私は切れ味鋭い文章で知られているウルフ・シュミットと話すことになった。

夏至祭について話すには、前提条件としてフィンランドの飲酒文化に話を向けるしかなかった。話が膨らみすぎるリスクはあったが、夏至祭にフィンランドという国全体が3日間活動を停止し、スポーツ選手を含む、ほぼすべてのフィンランド人が酒に酔いしれると私は主張した。その上で、キミが泥酔状態になるまで酒を飲む必要はなかったという主張は当てはまらないと弁護した。さらに私は、夏至祭の時にはミカ・ハッキネンだって同じように酒を楽しんでいると伝えた。

30分ほど話した。ウルフは半信半疑で私の話を聞いていた。話し合いは、そこで終わった。

日曜日の朝になり、サーキットから離れたホテルで朝食をとった。『ビルト』紙のスポーツ欄のメイン記事が目に飛び込んできた。

「キミはF1そっちのけで飲酒していたのか？」という見出しで疑問を呈している。

その箇所で食べていたクロワッサンが喉に詰まった。私は、ある程度ドイツ語が理解できる。その記事に何が書かれているのか判断するのは容易かった。

スポーツ欄のトップに掲載された記事は、数週間前にキミが数人の友人たちと婚約者であるイェンニの仲間とともにハンコで泥酔し、クルーザーから落下でもしたら大怪我に繋がる恐れがあったことをフィンランドの新聞がどのように伝えているのか書かれていた。それから記事は先に進み、『トゥルン・サノマット』紙の記者であるヘイキ・クルタ、つまり私が話した真夏の白夜にフィンランドでは毎年どのように夏至祭を過ごすのかという解説を「その時は、みんな普通じゃないどんちゃん騒ぎだ」というように伝えていた。

「夏至祭のフィンランドは、ある種の特別な状況になっている。一年で一番長い日を、新年を月曜日から金曜日まで祝うように祝う。その時みんな酔っ払っている。ライコネンの問題は、飲むと公共の場所で社交的になってしまうことだ。一方、ミカ・ハッキネンは自分のスタイルを貫くことができる」

さらに紙面では、このような振る舞いはワールドチャンピオンを狙うＦ１ドライバーに相応しいだろうか。しかも彼はすでにヘルシンキのとあるバーを出入り禁止になっている、と読者に対して問いかけるように訴えかけていた。

この記事を読んで、私は状況を救うどころかメルセデスから見れば事態を悪化させてしまったと思った。日曜日の朝、サーキットへ向かう時に嫌な予感がよぎった。プレスルームに着くと、すぐにウォルフガング・シャトリングが現れてハウグと会うように頼まれた。その瞬間、私はやばいことになったと確信した。

再び重い足取りでハウグが待つメルセデスのモーターホームへ向かう。私が部屋に入ったのを見るやいなや、にやっとした笑みが彼の顔に浮かんだ。両手を広げ、熊が抱きつくようにハグをしてくる。そんなことをされるなんて本当に予測していなかったし、同じように彼がハグをしているのを目にしたのは、ミカ・ハッキネンがタイトルを獲得した時だけだった。

しかし、私が頼まれたことをしっかり実行し、ハウグから助かったと感謝された時、私の困惑は増す一方だった。どうやら斬首刑になるどころか、むしろ私の解説が若者であるキミの無謀な行動について理解を得る内容であったと彼には思えたようだ。私は感謝されても気が引けてしまった。

無論その件では最終的にチームの首脳陣も公式に意見を表明した。

『ビルト』紙はライコネンにコメントを求めたが、それは叶わなかった。その代わりにハウグは、キミとこの件について話した上で、彼には何もお咎めがないことを記者へ伝えた。

「キミは自分の仕事を模範的に行っている。時々プライベートで羽目を外してしまうことは、若者なら全く正常なことだ」とハウグは説明した。

マクラーレンのチーム代表ロン・デニスは、夏至祭でのキミの話は無駄にスクープへと仕立て上げられたと考えた。

「キミはまだ若い。もちろん彼にも学ぶべきところはあるだろうが、まだ23歳であるということを忘れてはいけない」とデニスは意見を述べた。

フェラーリがマラネロの一員にキミが加わると発表するまで、ハウグとの関係は良好だった。移籍の発表は、2006年イタリアGPの週末に行われた。それまでハウグは陽気にフィンランドの報道陣に話しかけていたが、この発表を境に、挨拶を交わすことすらしなくなった。

2012年にハウグは職を退いた。私たちは、それから2019年にホッケンハイムで開催されたドイツGPで会う機会があった。その時ハウグは私に心からの挨拶をしてくれた。ハッキネンがマクラーレンに在籍していた当時から知り合いだった私たちは、しばし古き良き時代のことを語り合った。

当時66歳だったハウグは、キミに心からよろしくと伝えてくれと私に頼んだ。そしてメルセデスのブースで、キミがドイツGPで経験していない勝利を目にしたい、と静かに囁くように私に言った。

私は彼の言葉をキミに伝えた。キミはそれに応え、笑みを湛えてハウグの希望を叶えるために全力を尽くすと約束した。

言うまでもなく、ハウグは当時、キミがF1で現役を長く続けることを支持する関係者の一人だった。

「キミがザウバーからF1の世界へ足を踏み入れた日のことや、オーストラリアの開幕戦で彼のレースに同行した日のことを、私は未だに昨日のことのように覚えている。キミがタイムを更新し続けて、セクタータイムが徐々に彼の名前で緑色に変わった」と、ハウグはノスタルジックに再び過去の思い出に浸るのだった。

3 ― ヒンツァの助け舟

キミのことを優等生のように過剰に持ち上げるつもりはないが、彼の意識、決断力、そして忍耐力は、もちろん特別な賞賛に値する。プレッシャーに打ち勝つ力、極めて一流のパフォーマンス、道具のポテンシャルを引き出す模範的な能力、すべてが彼を最終的に世界チャンピオンまで押し上げた。

しかしタイトル争いの序盤に度重なる不運が続き、思うようにならないことに対する過剰な反動から、プライベートで若気の至りのような不祥事が相次いだ。その時のことを私は、一難去ってまた一難と捉えていた。

2003年の、いわゆるハンコでのスキャンダルの後、新たな見出しが紙面に躍った。新しいMP4-20が発表される直前の2005年1月、ロンドンのナイトクラブで発覚したポールダンス事件にマクラーレンのロン・デニスは頭を抱えていた。

「チームは、新聞のコラムに掲載された飲酒の件で何が起こったのか、とりわけキミの行動の理由を調査した。すべてが記事に書かれている通りではなかったようだが、我々にとって最も重要なことは、この件の背景を理解することだ」と当時のデニスは答えた。

キミの常識にとらわれない型破りな性格は、F1の医師であるアキ・ヒンツァが示した理解と専門家ならではの助言の甲斐もあって、マクラーレンでの最後のシーズンには落ち着きを見せ始めた。しかし、キミとロン・デニス、二人の完全に異なる考えの持ち主の間に相応しい橋をかけることは、ヒンツァをもってしても簡単なことではなかった。キミとヒンツァの出会いは、会った途端に「それじゃ、僕を治してくれないかな」というキミらしい挨拶から始まった。

デニスはチームをとても厳格に導いてきた。チームは彼にとってすべてだった。管理する側にとって規律と統制が重要な要素であり、誰にも例外は認められなかった。一方、キミは規律と統制で管理されることに適応できなかった。ライコネンを他のすべてのドライバーと同じ型にはめて管理するデニスの独りよがりなやり方は、最終的に望ましい結果をもたらさないとヒンツァは早い段階で気がついていた。キミは自分の自由を必要とし、それが叶わないと反抗心に火がつく。そして望まなくとも酒にまつわるスキャンダルがメディアを賑わせてしまう。

ヒンツァは、この件に介入しなければ、最終的に本当にまずいことになると即座に判断した。キミはどんどん悪化してしまう。症状がより顕著になればなるほど、ますますキミは娯楽に目を向けてしまうのだ。

オスカリ・サーリと一緒にヒンツァが著した評価の高い本の中で、アルコールはトップアスリートには良くないが、適度に嗜むのであればデメリットを最小限に抑えることができる、とヒンツァがデニスを説得したと述べている。キミから酒を取り上げることはできない。なぜなら、さらに酷い反乱に繋がるだけだったからだ。

4 ― 有名であることの代償

批判を受けるライコネンを過剰に守り抜いたロン・デニスのやり方は、最終的に何らかの効果をもたらしたのだろうか。スター選手というものは自由を求めても常に誰かの目に晒される。あれこれと常に新しい騒動がつきまとうぐらい、キミは誰もが知る有名人になったということだろう。

もちろん年齢を重ねるにつれて落ち着き、フェラーリやロータスに所属する頃には羽目を外すようなことがあっても、過剰に注目されるほどではなくなっていった。飲酒は成人男性の普通の嗜みとみなされたということでもあるだろう。

私は世界の誰よりも多くキミにインタビューをしたにもかかわらず、一度も飲酒について話してこなかった。ふざけ半分で話したことはあったかもしれないが、大概は酒にまつわるお決まりのジョークを飛ばして、みんなを笑わせる程度だった。ジョークの中に、ある人物が足を引きずりながらバーに入って来てノンアルコールビールを注文する場面がある。するとバーテンダーが「どうかしましたか」と言葉を投げかける。私が遊び心で放った、この話の一部と似たようなことをキミは2019年晩夏のベルギーで経験することになる。

夏休みを満喫したはずのキミが、覇気のない様子で足を引きずりながらスパ・フランコルシャンのパドックを歩いていた。遠くからでも、ものすごく痛そうな様子に見受けられた。しかし、その理由については伏せられていた。

木曜日の時点で明らかだったのは、キミがベルギーGPへの参加が危ぶまれる状況にあったことだ。アルファロメオの新しい広報部長ウイリアムス・ポニッスィは、豪華なモーターホームの二階に通常より多くの報道陣を呼び寄せてキミの記者会見を設けた。

もちろん夏休み中の怪我に関心が集まった。キミは怪我がスポーツによるものだといった程度のことは打ち明けたが、一部の疑い深い記者たちは、キミが負傷したのは飲酒による不祥事だろうと決め込んでいた。

連想ゲームをしていても仕方がない。若手記者が行動に出て「どうしましたか」と尋ねて、足の怪我がスポーツによるものか否か率直な質問を続けた。

「スポーツをしていて怪我をした。僕はスポーツが危険だって再三言い続けている。飲酒の方が安全さ。酒を飲んで怪我はしないからね。せいぜい二日酔いになるぐらいだ」とキミは皮肉を言って、その場にいた記者たちを笑わせた。

私が何かを発言しかけた時に、キミは私を遮るように言った。

「ヘイキは例外だ。いつだったか酔って怪我をしていたよね」

すぐに、その場の全員が爆笑した。

この記者会見の後、私はフィンランド語で質問する時間を設けてほしいと頼んだ。私たちが階段を降りてキミ専用の場所へ向かう際に、私は首をかしげ、彼が飲酒で再び叩かれるようなネタを提供するのは、いかがなものかと問いただした。

「ヘイキ、僕たち二人にはパドックで大酒飲みのレッテルが貼られている。何を言ったところで何も覆らないよ」とキミはふざけて答えた。

人を見かけで判断するなと言うが、そのレッテルでは流石にキミの言う通りなのだろうか……。

5 ― アイスマンのルーツ

「アイスマン」はF1の花形選手に付けられた最も有名なニックネームだろう。時が経つにつれて、アイスマンと言えば2007年の世界チャンピオンであるキミ・ライコネンのことを連想するように自然となっていった。

英国ウォーキングのレーシングチームが2002年のマシン開発を始めた時に、マクラーレンのチーム代表であるロン・デニスが開幕前のテストに参加していたライコネンのことをアイスマンと呼ぶようになった。2001年シーズンが終わり、キミがザウバーからマクラーレンへ移籍した後のことだった。

私は古いメモ帳を引っ張り出し、このネーミングに関して当時どのような質問をしていたのか確認してみた。

ロン・デニスは、キミのことをアイスマンと呼んでいますが、どう思いますか。

「自分がどう呼ばれているかは知っているよ。でも、僕がそのニックネームを考えたわけじゃない。変な名前じゃなければ何て呼ばれようが大差ないよ」と当時キミは答えていた。

それからおよそ20年後、まだキミは現役で開幕前のテストを行っていた。引退が囁かれ始めたキミに、私は好奇心から再びアイスマンというニックネームが生まれた経緯について質問してみることにした。

2002年にマクラーレンに移籍した時、ロン・デニスはあなたのことをアイスマンと呼び始めた。どうして彼がアイスマンというネーミングを思いついたのか聞いていますか。また、どこであなたはそれを最初に聞きましたか。

「それかあ。もう、だいぶ昔の話さ。そんなこと覚えてすらいないよ。どこかでロン・デニスがそれを思いついたんだろうけど、彼を捕まえて本人から直接聞いてみてよ。そのへんにいるんじゃないかな」

あなたがマクラーレンに移籍して、すぐにそのニックネームが使われ始めたでしょう?

「全然覚えていないけど、たぶんそんな感じだったかな。由来は知らないが、どこかで彼が思いついたんだ。その経緯についても聞いていない。単なるニックネームに過ぎないよ。正直、僕にとっては、何だって同じなんだ」

本当に、どんなネーミングでも良かったのですか。その割にあなたはいろんな場所でそれを使っていますよね。何でも良かったってことはないのではないですか。

「でもさ、その名前がなかったら、僕はそれを使っていなかったわけだし、そんなに複雑な話じゃないよ」とキミは自分の主張を押し通した。

あなたは、そのニックネームに相応しいと思っていますか。

「そんなことを深く考えたことはないよ。一切ね」

ライコネンは、レイバンのサングラスと深く被ったキャップでアイスマンの姿をひた隠しにした。

とは言え、もともとマクラーレンでアイスマンというニックネームを最初に付けられたのはフィンランド人ドライバーのミカ・ハッキネンだったのだ。

私はロン・デニスを捕まえることができなかったが、彼をよく知る英国人のベテラン記者であるマーク・ヒューズが助け舟を出してくれた。

ヒューズはマニア垂涎の一品を所有している。その中に2001年のマクラーレンのマシンのプラモデルがあった。そこにハッキネンがサインと一緒にアイスマンと記していた。これは貴重な品だ。なぜなら普段ミカは名前の後に彼のニックネームであるフライング・フィンと記していたからだ。

私はヒューズと歴代のF1ドライバーたちのニックネームについて談笑した。どのネーミングが一番衝撃的であったか尋ねると、彼は丸い眼鏡が左右に揺れるぐらい頭を振って考えた。

「わからない。その件に関しては頭の中が真っ白だ」とヒューズは答えた。

「F1は、グローバルな視点で他のスポーツと比べると、かなり特異だ。何ヶ国語も飛び交う環境で競技が行われている。つまり異なる言語の中で特定の言語のニックネームが機能しにくい環境にあって、ネーミングはF1の世界に馴染まない。それだけF1が国際的なスポーツであるということだ」とヒューズは根拠を述べた。

「キミはアイスマン。とても良いニックネームだと思う。

しかし、ハッキネンもアイスマンと呼ばれていた。私はミカのラストシーズンとなる２００１年の開幕前に行われたテスト中の記者会見のことをよく覚えている。そのときロンはどれだけチームが強いのかを英国のメディアにアピールしていた。そして三度目のチャンピオンを逃したミカに何も弱点はなかったと彼を励まし『ミカはアイスマンのようにいつも安定し、正確だ』と発言した」

「その後しばらくミカはアイスマンと呼ばれていた。しかし、それから少し後に彼は引退してしまった」

マクラーレンでライコネンがハッキネンの後任となり、二人のフィンランド人には似たような特徴が多くあったことで、キミはミカのニックネームを引き継いだ。

ヒューズによると、溶けないアイスマンとしてキミが定着したのは、フェラーリ時代からのようだ。２００９年の雨のマレーシアＧＰで、他のドライバーたちが再スタートに備えて待機していた時に、フェラーリでキミが短パン姿でアイスを頬張る姿がテレビ画面に映し出された。

「本物のアイスを食べている姿が映し出された。それがアイスマンというニックネームに新たなイメージを与えた。そこからアイスマンはＦ１で最も有名なニックネームとして認識されたと私は思っている。これほどぴったり当てはまるニックネームは他に見つからない」

アイスマンという異名の起源を掘り起こしていると、一つの古いインタビューを見つけた。それはロン・デニスに取材したもので、マクラーレンが多くのフィンランド人ドライバーと契約していることについて彼に意見を求めていた。

「この仕事をしていて目標とするのは、本当にシンプルだ。どのグランプリでも勝利するために参戦するということ。それを実現するために欠かせない一つの要素は、最高のドライバーを獲得することだ。その意味において国籍や年齢は何も関係ない。重要なのは唯一勝利のために全身全霊で挑むことだ」

「キミがミカの後にチームに来たのは本当に偶然の出来事だ。ミカとキミの双方に共通するのは、フィンランド人であるということではなく、彼らが毎回全力を出し切る信念と勝利への闘志を持ち合わせていることだ。確かに彼らが時々見せるフィンランド人特有の気質が他のドライバーにない能力を引き出していることはある」

スポーツ選手のメンタルに大きく影響する意志の強さが、フィンランドの寒く厳しい自然環境で育まれているとデニスは感じ取っていた。

「フィンランド人ドライバーと仕事をしていて気づいたのは、彼らの意志の強さから生まれる決断力だ。もっと遠くに歴史を遡れば、かつて北欧には暴力的で攻撃的な民族たちが暮らしていた。もしかするとその遺伝子がルーツとして受け継がれているかもしれないが、もっと明白なのは、フィンランド人ドライバーたちが常に自らを鍛錬して自らを磨き続けているということだ。それが極めて特殊な能力が要求されるモータースポーツの各方面でのフィンランド人ドライバーの成功に繋がっている」

ライコネンはマクラーレンで5年走った。チームは、フィンランド人ドライバーを最年少チャンピオンにするというデニスとの誓いを果たすことができなかった。

その夢はフェラーリでのデビューイヤーである２００７年に叶うこととなる。

ゴーカート時代から有望選手として長年キミに注目していたイタリア人記者ロベルト・キンケロは、長靴の国では誰もがアイスマンを愛しているし、同時にニックネームも気に入られているとキミを絶賛した。

「アイスマンとは、なんと素晴らしく相応しいニックネームなんだ。キミは北欧の出身だし、感情を剥き出しにはしない。アイスマンと言えば、そのようなイメージが我々みんなにしっくりくる」

「キミはいつもクールで厳格だ。でも多くの人がコースを離れたキミのことを全くの別人だって言ってくる。氷とは程遠く、温厚で打ち解けた男だ。だからアイスマンと言う名前は、レース用にあつらえられたキミのニックネームさ」

キンケロは、キミがフェラーリの祖国にうまく溶け込んだと褒め讃えた。

「キミの評判はスポーツ界の異端児として世界的に広まっている。スポーツの世界で生きるなら、ルールを厳格に守り、誰とでも気軽に接し、ユーモアのセンスを持ち合わせ、オープンに発言できる存在でいなければならない。最終的にキミは全く真逆を貫くカリスマ的な存在となった」

「フェラーリが輩出した最後の世界チャンピオンだからではない。キミが人間らしい人間であるということにイタリア人が気づいたのだと私は信じている。彼は自分を持っていて、言いたいことを言う。もし意に反することをすれば、それを受け入れるまで葛藤する。しかし、キミはありのままの自分でいることを行動で示している。それは世界的なスターに求められる特徴だ」

他に何かイタリア人が使う独特のあだ名はありますか。

「クリスティアーノ・ロナウドがユベントスでプレーする時、彼のニックネームはCR7だから、キミはKR7かな」

ナイジェル・マンセルはライオン（イル・レオーネ）だった。彼は最初にニックネームで呼ばれた外国人フェラーリドライバーだ。

「誰もキミのことをライコネンとは呼ばない。キミかアイスマンのどちらかだ。イタリア人の誰と話しても、キミのことを友達のように名前で呼んでいることに気がついたんだ。同じことは他の誰にも当てはまらない。ミハエル・シューマッハは、いつもミハエルではなくシューマッハと呼ばれていた。同じようにフェリペ・マッサもマッサ、フェルナンド・アロンソはアロンソ。キミはキミ。キミだけ違うんだ」とキンケロは説明してくれた。

ライコネンは自身が所有する2台の特注のバイクと地中海に浮かぶ豪華クルーザーにアイスマンという名前を付けている。

アイスマン1号、2号と名付けられたバイクは、マルクス・ワルツによってキミ専用バイクとして組み立てられた。後者は2007年にチャンピオンとなったことを記念してフェラーリカラーでペイントされた。いずれも120馬力のバイクだ。

一方、アイスマン・クルーザーは、サンシーカー製のプレデター108だ。仕様は全長32・9メートル、幅6・3メートル、深さ2メートル。スピードは43ノット。

アイスマンの名はデンマークやイタリア、アメリカで様々な商品に商標登録されているが、ライコネン自身はアイスマンの商標を公式に所有していない。キミはアメリカのウエスト・コースト・チョッパーズとコラボレーションしてアパレル商品を販売しているが、そのアイテムに商標を使用するためのライセンス取得に失敗している。

　そういうわけで、２０１９年の秋にテキサスで行われたテキスタイルの販売会にライコネンとジェシー・ジェームズは「Kimi by westcoastchoppers.com」の名で参加した。

キミはモーターバイクを含めて、溶けないアイスマンだ

6 ― 背中に目あり

突出した空間認識能力は、キミ・ライコネンの圧倒的な強みとなっている。実際これを武器に彼はモータースポーツの頂点を極め王位に就いた。この能力はトップレベルのパフォーマンスにおいて、状況を予測する際に現れる。

キミは「背中に目がある」と呼ばれるアスリートに数えられている。

単なるファンタジーとも思える、このキミに関する迷信めいた話は、2005年のカナダGPでマクラーレンのフィンランド人医師アキ・ヒンツァに行った私のインタビューで事実となった。

ヒンツァは当時まだフィンランド・オリンピック委員会の主治医であった。一方、キミはマクラーレンのファーストドライバーとしてチャンピオン争いをしていた。

我々がキミの様々な状況下における類稀なドライビング能力を高く評価していた時に、ヒンツァは、このフィンランド人ドライバーがトップアスリートたちの中で特定のエリートグループに属することを科学的に証明できると明言した。

「神経学のいくつかの検査で、キミには三次元的に時間、場所、形を認識する突出して発達した能力があることが明らかになった。それは神経心理学的な特性だ。それはキミのような時速360㎞で走るレーサーにとって極めて有益となる」

神経外科医としてヒンツァは、キミには非常に高い空間認識能力が備わっていると指摘する。

「しかし、一般的に言ってもキミの能力は突出している。肉体的な特性で、彼が持っている認識能力は、例えるなら電光石火の速さだ。それは、普通ではない」とヒンツァは強調した。

もちろんヒンツァは、三次元で生じる空間認識能力を誰しもが兼ね備えていることに触れ、過度な想像を膨らませないように歯止めをかけた。

「その能力は私たち誰もが持っている。どういうわけか、その能力が発達しない者もいれば発達する者もいる。さらに非常に発達する者もいる。この能力は日常生活において不可欠だが、特にスポーツにおいて極めて有利に働く」

「空間認識能力に長けている者は、異なる状況下で反射的に判断ができる。一方、その能力に劣っている者は判断に時間を要する」とヒンツァは説明した。

「それは球技で言うところの優れた動体視力のようなものだ。ただし、空間認識能力には他のことも含まれる。検査すれば、誰が天賦の才能をもっているか否かが判明する」

「キミはレースで空間認識能力を遺憾なく発揮している。彼は深く考える必要はない。無意識に正解を導き出すからだ。つまり彼は実戦で、これから訪れる状況をほぼ自動的にイメージし、正しい判断を下すことができる」とヒンツァは称賛した。

グランプリでは刻々と変わる複雑とも思える状況に直面する。空間認識能力は一定の間隔で三次元の線を描き出し、超高速のレースでマシンを巧みに操る手助けをしてくれる。

しかしながら視覚能力自体は、この特性との関わり合いは何もない。

「吊るした球体を動かして特定の線を描くX・Y・Zの立体角の話を取り上げよう。どうやって球体が動いたか質問すると、99%の人は深く考え始め、自分が目にした動きを描く」とヒンツァは繰り返した。「しかしキミのようなタイプの者は、どのように動きが生まれたのかという視点で捉えることができる。深く考える必要はない。そんなものだ」と、当時キミの家族の主治医でもあったヒンツァはキミの能力を称賛した。

ヒンツァは、ミカ・ハッキネンがタイトルを連覇した時にも縁の下の力持ちを務めていた。

「ミカもまた同じような空間認識能力を持ち、それは存分に発揮された。彼のインタビューを横で聞いていると、特定のレース状況について質問された時に、ミカは手で空中に何かを描いて状況を説明する。それは、まさにこの特異性を表している。どのようにミカが状況を認識し、どのようにイメージしているのかを物語っている」

突出したスキルは天賦の才能であり、その能力が年齢とともにどのように失われるかを調べることは不可能に近い。

「能力が遺伝に由来しているとすれば、絶えず能力が必要とされる状況下に置かれれば強化され、常に能力を高めることに繋がる。そうすることで必要なだけ能力を長く維持できる」とヒンツァは補足した。

ドライバーに対する神経学的な検査は、この能力を測るためだけに行っているわけではない。彼らが深刻な事故に遭遇する場合を想定して、スポーツ選手が持つ基本的な情報を把握している。

１９９５年にハッキネンはアデレードの予選で大クラッシュし、頭蓋骨骨折の重症を負った。命を奪いかねない大事故だった。

「神は人間の脳を素晴らしく創造した。脳には全く使用されていない非常に大きい容量がある。破壊された神経細胞は再生しないが、新しい空胞に置き換わる」とヒンツァは事故後に、ハッキネンが世界チャンピオンになる回復ぶりを見せたことについて分析した。

当時カナダで「背中に目がある」と言われていることを、キミ自身がどのように感じているのか聞いてみた。

キミは否定するように手を振って、自分自身は決してヒンツァが賞賛するような特性を兼ね備えたドライバーではないという素振りを見せた。

「医者はその手のことに詳しいかもしれないが、僕は知らない。何も特別だと感じていない。僕は検査を受けた。それは機械が測る情報だ。少なくとも言われているほど、通常の視覚能力者より自分が優れているなんて思わないよ」

7 — キング・オブ・ザ・ヒル

エスポー市クル通りにあるキミ・ライコネンの生家は大きさという意味では自慢できるものではない。その家で、だいぶ前にキミの父親であるマッティ・ライコネンと会う機会があった。その時、彼は古くて歪んだ外壁で測ると家は33平米しかないのだと話を始めた。

整地車の運転手としてエスポー市の行政サービスに従事していたマッティと国民年金協会の受付業務をしていたパウラは、小屋のような住居で二人の息子と愛犬のジャーマンシェパードと暮らしていた。

マッティが自分の父親から庭地を買い取り、もっと大きい一軒家に移るまで、この小さな家で生活していた。新しい家はマッティのおじいさんが建てたものだ。この家の庭で、ライコネン一家の子どもたちは、イタルジェット製の子ども用オフロードバイクに跨り、レースの世界に足を踏み入れた。

「その時キミは3歳半で、子ども用の足漕ぎ車は運転できなかったが、ミニオフロードバイクを上手に操縦することができた。兄弟は何事でも競い合った。時におしくらまんじゅうをし、時にまたバイクで走ったりと朝から晩まで庭を駆けずり回っていた」とマッティは教えてくれた。

当時クル通りの丘は、兄のラミとキミが小さなイタルジェット製のバイクで庭中を走る音で毎日賑やかだった。

兄弟は何でも競い合っていたが、ことバイクとなると腕前を披露しあっていた。

「子どもたちは、あの辺りでいつも曲がっていた。だから物凄い轍ができてしまって、車を庭に入れるために毎日スコップで平らにしなければならなかった。そんなことをしながら駐車していたよ」と父マッティは家族の歴史を物語った。

庭では砂が舞っただけではない。

ライコネン夫妻が新しい家の屋根を設置した時に、子どもたちはいつものようにバイクで遊んでいた。

「暑い夏の日だった。私たちは屋根の上にいたの。突然庭が静かになったから、屋根の上から、どうしたの、何かあったのと大声で聞いた」とパウラ・ライコネンは口を開いた。

「何でもないよと子どもたちは答え、しばらくすると、またバイクの音が聞こえてきた。私たちが下に降りる頃には、子どもたち二人とも目はかろうじて見えているものの全身泥まみれだった。何が起こったのか辺りを確認したら、あの子たちは家の隅にある窪みをホースで水浸しにして泥遊びをしていたことがわかった。そこらじゅうが泥だらけになっていたの」

「レース場の雰囲気を少し味わいたかっただけだよ」と、ラミとキミは、庭がエンデューロのレース場のように姿が変わってしまった言い訳をした。

ラミ・ライコネンは、負けず嫌いの弟と競争する時に寛容に接していた。

急にパウラ・ライコネンが、6歳のキミを健康診断のためにクリニックへ連れて行った時の面白い話を思い出した。母と医者が長話をしていると、キミは癇癪を起こし、キッズコーナーで落ち着きをなくした。

「キミには集中力の欠如があるかもしれないとお医者さんに指摘されてしまって。でも、キミが癇癪を起こした理由は玩具だった。キミは当時ジグソーパズルに夢中で、年齢相応のものでは物足りなくて、10歳から15歳用のパズルが良かったみたい。それを世話係の人が息子に与えてくれなくて、ぐずったのよ」

「最終的にキミは望みのものを手に入れて、パズルを埋めて幸せそうに微笑んだわ。お医者さんは笑って、この子の集中力には何も問題がないと言い直したの」とパウラ・ライコネンは、息子が幼かった頃の印象を質問した私に、満足そうに答えた。

日増しにレースの趣味にどっぷり浸かり始めたが、ライコネン一家には子どもたちに相応しいサイズのバイクを買う余裕がなかった。

「仕事仲間の息子がゴーカートを趣味にしていて、私たちは彼のところへ行って古い車体を見せてもらった。それを購入することにしたが、当時ラミとキミには身長差があって、ゴーカートの調整がすぐにできるようにペダルを取り付けなければならなかった。乗り始めると、すぐどっちが多く運転するかで喧嘩になってしまって、結局もう1台古い車体を購入することになった」とマッティ・ライコネンは当時を振り返った。

ゴーカートに乗るようになって、キミはクル通りの自宅の庭から直線距離で5㎞先のベンボルの古いサーキットに通うようになった。

「年齢が低すぎてレースに出ることはできなかったが、ベンボルのサーキットでは春に4回、秋に4回、火曜日に大会が開かれていた。そこからキミのレース人生が始まった」

クル通りからカルフスオの学校までは遠くなかった。森の小道を抜けて、ちょうど学校が始まる時間に到着していたが、キミはレースとなると一番に会場へと足を運んだ。

ライコネン一家のチームは、最小予算でレースに出ることを余儀なくされた。競争相手たちは新しいタイヤを買っていたが、ライコネン一家は彼らのお古を譲り受けている状況だった。

「プライベートチームにとって上位5位に入れば優勝したに等しかった。軌道に乗り始めた時、私たちは先に進む上で重要なパートナーを得ることができた。ラヤラ商店が初めてスポンサーになってくれて、移動中の食料としてソーセージを支給してくれた」とパウラ・ライコネンが話してくれた。

キミを本格的に援助してくれたのは、母パウラの姉の夫であるユッシ・ラパラだった。彼は経営するルアー会社としてではなく、個人的にキミの才能に手を差し伸べた。

「それは金がかかったよ。酷い時にはキミのレースを巡るだけで年間4万7000㎞も運転した。何度も金が途中で底をついてしまって、シェルのクレジットカードがなかったら家に帰ってこれなかった」と父ライコネンは証言した。

「(お金はかかったけれど)ゴーカートで素晴らしい思い出ができた。当時サーキットにいた人たちは、みんな同じ趣味を持つ友達だった。この先、子どもたちがレースをやめることになっても、何ものにも代え難い経験をしていると、その時は考えていた」と母パウラは強調する。

古い一軒家は、いよいよ住み難くなった。キミと母パウラがリフォームしたがった一方で、父マッティはボロ家を解体する準備を進めていた。結局、母と息子は自分たちの意見を押し通して、パウラは今でもこの家に住んでいる。

　例の屋外トイレが、まだひっそり庭の裏手に残っている。屋内トイレに改築する費用を最初のゴーカートの経費に回すことでライコネン一家はすべてのパーツを揃えることができた。

　キミがフェラーリへ移籍するとマラネロの新たな補強選手の素性を伝えるためにイタリア放送協会（ＲＡＩ）の取材班がフィンランドへ送り込まれた。私は首都圏の出身ではなかったが、エスポー市のガイドを頼まれた。

　私には十分過ぎるぐらい荷が重かった。すでにキミの実家付近を訪れてはいたが、街を隅から隅まで詳しく知っているわけではなかった。

　イタリアの取材班は、キミの小さな実家と、とりわけ後に有名になる屋外トイレに強い関心を寄せた。それから我々はベンボルのサーキットへ移動したが、２月だったため閉鎖されていた。しかし、テレビクルーは諦めずに鍵がかけられたゲートを迂回して、川の方からサーキットへの侵入を試みた。その時にカメラマンが足を滑らせ、川に落ちてしまった。幸いカメラは濡れず、多くの優秀なフィンランド人ドライバーを輩出したサーキットをフィルムに収めることに成功した。

　彼らを一通り案内した後、キミ自身はヘルシンキ市の市街地にあるホテル・カンプで私たちの到着を待っていた。そこで私も普段の記者会見より、たっぷりインタビューすることができた。

8 — 家系の書記として

私はキミ・ライコネンについて新聞記事を書き、本を執筆する仕事をしている。その中で、ある仕事の依頼が、ずっと離れず心に残っている。2007年にキミがチャンピオンになってしばらく経ったところで連絡が入った。ライコネンの家系について記事を書いてくれないかと依頼されたのだ。

私は早速、行動に移した。そして「ヘイキ・クルタの描くキミ・ライコネンの人物像」という記事を2008年のメイデー前日、つまり4月30日に書き上げた。ちょうどチャンピオンがスペインGPで優勝して帰国した時だった。この勝利で、キミはルイス・ハミルトンをタイトル争いで9点リードした。

チャンピオンの家系を記したテキスト

私は30年間スポーツに関する記事を『トゥルン・サノマット』紙に寄稿している。この男性については数年間で、かなり詳細に1000回ほど取り上げている。

ここに記事が一つ増える。いつもと違った視点で、いつもと違う用途となっている。

キミ・ライコネンの親族の皆さん、こんにちは。このキミ・ライコネンに関する記事は、スポーツ記者であり彼の友人である私の見解です。

キミ＝マティアス・ライコネンは、ヘルシンキ市にある産婦人科で1979年10月17日の午後4時前に誕生した。

エスポー市のクル通りで33平米の簡素な家で、元気で活発な太陽のように明るい男の子に育った。母であるパウラ・ライコネンは、いつも自分の脇の下にしがみつくキミのことを「マダニ」のようだったと表現した。少年は両親のベッドで10歳くらいまで一緒に寝ていた。

兄のラミは先を小走りで進み、キミはどこへ行くにも兄の後を追いかけて行った。父、母そして兄は、末っ子が会話に入れないぐらい、おしゃべりだった。そのため末っ子の口数は減り、キミは3歳になるまで文章で話すことはなかった。

両親によるとキミは愛らしい子どもだった。保育園ではいつも小さい子のグループに分けられ、保母さん全員に好かれる子だった。

ラミは身長が高く、がっしりした体型だった。一方でキミはすばしっこく、体が柔らかかった。そして何事もすぐにやらないと気が済まない子だった。

キミは子どもの頃の動物体操を手始めに、陸上競技、アイススケート、様々な球技まで、あらゆる運動を趣味とした。彼の洋服は恐ろしいスピードで着られない状態に汚れてしまう。母は、買ったばかりのアディダスのシューズの両足の底が、ものの数時間で剥がれたことを覚えている。

学校では手工芸以外は興味を示さなかった。リュックサックは教科書を運ぶよりも坂を下る時の橇（そり）代わりと言う方が相応しかった。

キミとラミはどこにでも行ってしまうが、もちろん言いつけには従った。母によると、どちらとも口論する必要はなかった。時々どちらか一方を髪を掴んで庭へ連れ出さなければならなかったが、ライコネン家では、お仕置きをすることはなかった。

家族にとっての楽しみは、広い庭とガレージにあった。ガレージでメカニックの技術とエンジンに対する興味に火がついた。暇さえあれば、兄弟はバイクを溶接したり、芝刈り機を組み立てていた。

父のマッティはフィンランドのモータースポーツのユオッキス・クラスでメカニックを務めていた。それを介して家族はモータースポーツの世界へと足を踏み入れた。フォーミュラを含めてテレビで視聴していたが、いつの日にか、そこにキミが参戦するなんてことは誰一人として話題にしなかった。

キミは、次第に注目を浴び始めた。というのも、彼はライバルが廃棄したタイヤとパーツを車体から取り外して組み立てたお粗末なゴーカートで驚くほど良い結果を残したからだ。ある日そういう車体で5位に入ったのだが、きちんとした車体であれば圧勝していたことは言うまでもない。

当時、家族全員の趣味だったレースは、段階を重ねて、いよいよピークに達していた。ライコネン一家は外国のレースに参戦し始めたのだ。帰りのガソリン代は大抵借金をして工面したが、同じ趣味を持つ人たちとともに過ごした日々は、今でも何ものにも代え難い思い出となっている。

ノルウェー人のハラルド・ユイスマンの目利きは確かだった。キミがテストに訪れた後、ユイスマンは、すぐに英国人のデイビッド・ロバートソンに電話した。デイビッドはキミの走りを見ることもせずに、とんでもない新星が見つかったと確信した。もしキミが彼らの仲間に加わるならば、世界チャンピオンになる手助けをすると約束した。

デイビッドと息子のスティーブは、その言葉に相応しいマネージャーだった。ただのマネージャーではない、この英国人親子はキミにとって家族が増えたに等しい存在となり、お互いの信頼関係は強固になっていった。

キミは、フィンランド人の生活スタイルを崩すことはなかった。ロバートソン親子は、キミに何も苦労をかけないように配慮し、レースと友人を大切にすること以外に口を出さなかった。真の友人と言える存在はキミには10人くらいしかいなかったが、その仲間たちは彼にとって、友人以上の存在だった。

2000年12月にヘレス・サーキットで行われたザウバーのテスト走行にキミが参加した日のことを私はよく覚えている。23戦しかレースをしたことのない経験不足のドライバーがF1で必要とされるスーパーライセンスを取得できるのか、誰もが固唾を呑んで見守っていた。しかし当の本人は誰よりも冷静だった。

キミは正真正銘のアイスマンだ。キミが左腕にタトゥーを入れるぐらい気に入っている、あのニックネームをロン・デニスが考案するのも必然と思われた。

フォーミュラ・ルノーで走っていた頃は、チャンピオンになってもインタビューを受けることは稀だった。英国で走っていた当時も、ほんのひと握りの英国人ドライバーに関心を寄せる記者以外は現地に足を運ぶこともなかった。ところがF1ドライバーとして契約を交わすと、キミは一気に注目を集める選手となった。F1ドライバーは凄まじい数のメディアに追いかけられる。単なるテスト走行であろうが、グランプリの週末であろうがお構いなしだ。

Ｆ１グランプリには私のようなメディアの代表者たちが毎回、３００人から５００人は押し寄せる。

最初の頃はメディアの質問に対して、キミは「僕は知らない」と答えて、その場を立ち去ってかわした。私は彼が過度に警戒しないように21歳の若きドライバーに接することにした。

彼が私に対する警戒を解くまで、かなりの期間を要した。すべての記者が単にスキャンダルのネタ探しに集まってきているわけではないことをキミが信じるようになってきたのだ。

今となっては記者団の間でキミは一定の評価を受けている。まともな質問をすれば、自分の意見を率直に話してくれることを知っているからだ。それ以外の質問だと、今でもキミは短い返答しかしない。そして、そのような質問をされると一刻も早く苦痛から逃れたいのだな、と彼の仕草が教えてくれる。

キミは寡黙なのではない。彼を知れば知るほど、きちんと話をしてくれる。

最近は、キミが2年連続で世界チャンピオンになったら、もっと幸せだろうと考えるようになった。彼は自分の仕事が好きだし、勝利を愛している。

彼はまた、妻も家族も近しい友人のことも愛し、身近な人を大切にしている。家族愛に満ちているが、世界を股にかける最も有名なフィンランド国民には、親戚の結婚式や葬式へ行く時間はない。

9 — 記者からの逃走

私とキミ・ライコネンとの最初の出会いは2000年12月、ヘレス・サーキットのテスト走行にキミが参加した時だった。そのことは今でも心に深く刻まれている。ザウバーに実力を見せつけた若者は、その場をすぐに立ち去り報道陣を寄せつけなかった。

シャイな若者は、まだ英語が思うように話せなかった。マネージャーのデイビッドとスティーブ・ロバートソン親子は、記者たちにキミと勝手に話さないよう忠告した。ドライバーが漏らした何気ない一言でメディアが勘ぐりを入れて、スキャンダルとなる事例を幾度も目の当たりにしていたからだ。それが間違いであれ大騒動になりかねない。ましてや火消しするのは面倒以外の何ものでもなかった。

キミはロバートソン親子の教えを真面目に受け止めた。むしろ彼の性格からすれば、パドックですれ違う知らない人たちとあまり話さずに済んで好都合だった。記者たちの前に否が応でも立ち止まらなければならない時に役立つ言葉があった。それは何を質問されても、片言の英語で「アイ・ドン・ノー」と答えることだった。

パドックでドライバーに取材する時、近くに他の記者がいないことを確認してからドライバーに話しかけるようにすることが私の交渉術だ。しかしキミに関しては、そう容易く通用しない。こちらへ彼が向かってきていても、記者たちの存在に気がつくと方向を変えて見事に姿をくらましてしまう。

最難関となってしまったキミへのインタビューに私が手をこまねいていると、ヘレス・サーキットのパドックを訪れていた彼の両親マッティとパウラ・ライコネンがキミとの関係の築き方を手解きしてくれた。両親とはパドックで初めて親しくなったが、キミを国際的な檜舞台に誘ったカッレ・ヨキネンとは以前にも面識があった。当時の彼は英国のフォーミュラ・ルノーで現役のレーサーとして活躍していた。

マッティ・ライコネンの家系は、現在ロシアに属するカレリア地方にルーツがある。キミの曽祖父は、家のあるライッコラの村を離れ、ポルカで有名なサッキヤルヴィの近隣で疎開生活を余儀なくされた。それもあってマッティにはカレリア地方に特有の感謝と思いやり精神が備わっている。パウラもそれを重んじていた。最初に両親に出会った時から私はそのことを感じ取っていた。

話すことは幼い頃からキミにとって大きな壁となっていたとパウラは教えてくれた。兄のラミは、いつも弟のキミの通訳を務め、例えば牛乳一杯という程度のことですら兄が伝えてあげた。キミが他人には理解できないことを呟いた時に、ラミは弟の言いたいことが何なのかをフィンランド語で通訳した。

16歳で世界の大海原へ飛び込んだ時に、キミは全く英語が話せない状態であった。キミがロバートソン親子とマネージメント契約を結んだ時、最初に所属したチームの代表であるジム・ウォーレンの家で下宿生活をしたと私は聞いた。この家には、まだ言葉もままならない二人の幼い男の子がいた。キミは彼らと徐々に英語を話し始め、次第に上達していった。ウォーレン家の本棚で見つけたレースの動画を収録したＤＶＤが英語を勉強する上での教材となった。

デイビッドとスティーブ・ロバートソンは、フォーミュラ・ルノー時代にレースで使う専門用語のうち、キミが知っていたのはアンダーステアとオーバーステアの二つだけだったと教えてくれた。前者は車両が円の外側に向く挙動を、後者は車両が円の内側に巻き込まれる挙動を意味する。

キミが心を開いてくれるようになると、私の仕事は飛躍的に捗っていった。キミの信頼を勝ち得たことは記者人生で大きな成果の一つと言える。キミにとって最初のＦ１シーズンは多かれ少なかれ彼と打ち解ける間に過ぎてしまった。その間キミに関する情報は、もっぱら両親やマネージャーから得ていた。

10 — マレーシアへの電話

間違いなく私の好きなサーキットの一つであるマレーシアは、2002年の秋に一度だけ世界選手権の最終戦として開催された。だが、2000年10月20日から22日まで行われたマレーシアGPの週末は、それらとは違った理由で私の頭の中に記憶されている。連覇を成し遂げるというミカ・ハッキネンの最後の夢は、残念ながら前戦となった日本GPで泡と消えた。そして、これがミカ・サロのザウバーでの最後のレースとなった。

私にとっては、誰にも出し抜かれることなくキミ・ライコネンに最初のインタビューを行った日なのだ。キミが私に電話をした時、彼は遠く離れたエスポー市の自宅にいた。F1シーズンで最も熱く過酷なフリー走行がセパン・インターナショナル・サーキットで行われていた10月20日、金曜日のことだ。私はプレスルームにいた。

木曜日の夕方には、すでにザウバー・チームが2001年のドライバーとしてキミと契約するのではないかという情報を得ていた。通常ペーター・ザウバーは金曜日の朝食の席で決断を公表する。

「契約の詳細はこれから詰めなければならないが、我々はキミと仕事を始められることに心が躍っている」とザウバーは言った。この夢のようなニュースが現実になるとわかると、私が手にしていたマグカップが震え始めた。

すぐに私は階段を上り、放心状態で空調のきいたプレスルームに向かった。そして、キミの連絡先を知っているキッカ・クオスマネンに電話をした。私は、キミと電話で話したいのだがと彼に伝えた。彼はキミに私に連絡を取るように話してみると答えた。

プレスルームで待っていた私の電話が鳴るまで何分も必要なかった。電話に出るとキミは、僅かにRの音を震わせながら「ライコネンです」と名乗った。

およそ20年後の今、橋渡し役を務めてくれたクオスマネンに、どうやって取材嫌いのキミを、あんなに早く電話するよう説得することができたのか聞いてみた。キッカは、キミはどのインタビューの依頼が重要で、どれがそうじゃないのかをわかり始めてきていたのだと笑って答えた。

「あなたから、なぜ連絡が来たのかを丁寧に私がキミに説明すると、彼は意味を理解して行動に移した。あなたに連絡を取るのが重要だとキミが理解したということだ」とキッカは説明してくれた。

クオスマネンはライコネンと家族ぐるみの付き合いだ。タピオラのスポーツドライバー協会の中心メンバーでマッティとパウラ・ライコネンも同じ組織に所属していた。彼がキミと最初に会ったのは、寡黙な若者が3歳の時だった。

キッカは世界に羽ばたいて間もないライコネンのレースの様子を10行ほどの短い文章でフィンランドの通信社へ伝えていた。

「スティーブ・ロバートソンは、キミに毎回レース後に私に電話するようにさせた。キミは言いつけを守った。私が電話に出ると電話の向こうから『もしもしキミだけど』と聞こえた。彼は自分が勝ったことを語ったが、私が2位が誰だったのか質問すると、知らないと答えた。

電話での話は、そんなものだった」とクオスマネンは回想する。

私からキミへの最初のインタビューは、やりがいがあるものだった。一ヶ月前の9月にムジェロ・サーキットで行われた2回のテストの結果を受けて、すぐにチームはキミを獲得すると決めたようだ。キミは合計4日間走り、この間にラップタイムを4秒近く縮めていた。

この時点でキミの経歴は、フォーミュラ・ルノー2・0クラスを圧倒して英国チャンピオンになったこととユーロカップで優勝した程度だった。実質ゴーカート以降、僅か20戦ほどしか四輪レースに参戦した経験がなかった。

インタビューの冒頭で、キミは人生の転機について語ってくれた。

「(フォーミュラ・ルノーの)シーズンが始まった時、僕の目標はF1のテストを受けることだった。なぜならフォーミュラ・ルノーのチャンピオンには、F1で20周走ることができる副賞が約束されていたんだ。僕のマネージャーがザウバーでテストができるように手配してくれた。幸いにも僕はフォーミュラ・ルノーで一度だけムジェロ・サーキットを走ったことがあったから、全く知らないサーキットへ行って走ることにならなくて良かった」

「ザウバーのF1マシンで走った最初の周回は本当に最高の気分だった。もちろんマシンの速さには驚いたけど、スピードよりマシンをコントロールする方が難しいと思った」

「事前にミカ・サロがF1マシンを操る上で必要最低限のことを教えてくれた。そのことで彼にとても感謝している。もちろんマネージャーのデイビッドとスティーブ・ロバートソンにもだ。テスト走行の実現に向けて、彼らが裏で動いてくれてザウバーを見事に説得してくれたんだから」

テストで実力を見せつけることができて、いかにキミが満足していたのか、彼の声から伝わってくる。

「ムジェロは難しいコースの一つに数えられている。でも、僕の持つスピードを見せることができた。次のチャレンジはスーパーライセンスを取得することだ。そのためには時速300㎞で走らなければならない。それも、うまく行くと思っている」

ムジェロ・サーキットでF1テストを行っている合間の2000年9月にキミはユーロカップに初参戦した。お気に入りのコースになり始めていたスパ・フランコルシャンの大会で優勝し、実戦での実力をアピールした。

「F1テストの合間に出場したスパでは、ザウバーのF1に乗った後だったから、小さいマシンに感覚を戻すのが難しく感じた。基本的にウイングがあるすべてのフォーミュラカーでのセッティングは同じようなものだけど、F1マシンは最先端で細かい調整ができる。そしてパソコンで、ほぼすべての情報を見ることができる」とキミは、その時のことを手短に教えてくれた。

1年前にロバートソン親子はジェンソン・バトンをF3からウイリアムズのレースドライバーに昇格させていた。その時バトンはライコネンよりも1歳若くして契約に至っている。

21歳のフィンランド人には、F1での先生であり父親代わりとして経験豊富なベルギー人のレースエンジニアであるジャッキー・エッケラートがあてがわれた。彼はスポンサーであるレッドブルが支援していたブラジル人のエンリケ・ベルノルディではなく、キミを選ぶようチーム代表に熱心に進言した。

今後の人生を左右するテスト走行を、チーム関係者だけでなくドライバーの両親パウラとマッティが友人とともに、そしてテストの契約に漕ぎつけたデイビッドとスティーブ・ロバートソン親子が固唾を呑んでザウバーのピットガレージで見守っている。そんな中で、眠たそうな表情をした若者が準備をしていた。

マッティ・ライコネンは、後になって彼の夢は、その時に叶ったと語った。

「キミがＦ１をテストできると聞いた時は本当に夢のようだった。そんなこと、こんな貧乏家族には全くあり得ないことだった。経験も何もないキミに、そんなチャンスが与えられるなんてお伽話のようだ。キミは実力で、すべてを切り開いた」

テスト走行が始まるとマッティ・ライコネンは、無意識に後ろポケットに入れた財布を気にする仕草を見せて笑いだした。

「Ｆ１マシンで1周走行すると3万マルクぐらい費用がかかると聞いていた。もちろん費用を支払う必要はないけれど、キミが周回を重ねる度に勝手に金額を計算してしまって、いま家の車が持っていかれた、いま家の庭が持っていかれた、いま家が持っていかれたって、しみじみと考えてしまった」

最初の周回の後、キミはスピードに違和感はなかったがブレーキングが難しいとＦ１マシンの印象を両親に語っている。Ｆ１はブレーキが良く効く。それ以前に乗っていたマシンとはアクセルとブレーキのタイミングが違っていた。

「このマシンでブレーキを踏むと、本当に亀にでもなったような感覚になる。甲羅から急に首が飛び出すような感じなんだ」とキミはＦ１で最初のブレーキングの経験を面白く例えてくれた。

２０００年9月12日、テスト初日のライコネンの走行数は29周と記された。ファステストラップは1分30秒００８で速さを強く印象づけた。フェラーリに移籍して最初のタイトルを狙うミハエル・シューマッハとフィンランド人の初心者ドライバーの差は、僅か10分の8秒しかなかった。

シューマッハだけでなく、ザウバーの関係者、そして自身もレース経験のあるスティーブ・ロバートソンが一斉に度肝を抜かれた。

「もちろん私たちはキミの実力を知っている。マシンに乗ってできることなら何でもやってのける。とは言え、キミが最初の周回から臆することなく正確に走る姿を目の当たりにして正直、我が目を疑ったよ。私たちは事前にペンブリー・サーキットでキミをF３マシンに乗せて２日間のテスト走行をさせていたが、流石にF１マシンに乗って早々とこんな走りをするなんて想像すらしていなかった」

20年後の２０２０年9月13日に行われたトスカーナGPで、その時と同じムジェロ・サーキットを、名称こそアルファロメオに改名したが当時と同じチームで、キミが現役で走っているなんて誰が想像できただろう。

テスト初日を終えて、ザウバーは走行距離をもう少し長くすることを容認したが、キミの方も過度に首に負担がかからないよう、周回数に上限を設けなければならなかった。

ムジェロでの2日目にキミは41周を走り切り、称賛に値する結果を残した。実にファステストラップを1分27秒１３３に更新し、同サーキットにおけるザウバーの歴代最高タイムを樹立した。その奇跡を現地でペーター・ザウバー自身と技術部門を統括するウイリー・ランプが目の当たりにした。

２００７年にキミがブラジルGPでタイトルを獲得した時に、スティーブ・ロバートソンは、もしザウバーが契約を交わしていなかったなら、どうなっていただろうと私に呟いた。

「そうであっても、キミは1年後にザウバー以外のチームでスターティンググリッドに並んでいた可能性が高い。フランク・ウイリアムズとエディ・ジョーダンが強い関心を寄せていた。ただし彼らのチームに加わっていたなら、キミは２００１年をテストドライバーとして始めるしかなかった」

ブラジルでタイトルを獲得した瞬間もロバートソン親

子は、当時のペーター・ザウバーの勇気に感謝の気持ちを忘れなかった。

「ザウバーに対する畏敬の念は、未だに大きい。チーム代表なら誰でも躊躇する状況で、ザウバーは機会を与えてくれた。普通ならフォーミュラ・ルノーで走るドライバーをＦ１マシンのテスト走行に３日間限定とは言え、呼ぶことはない。しかし、私たちだってＦ１のテストに参加する準備が完全に整っているという１００％の確証が持てなかったら、ザウバーにキミを推薦していなかっただろう」とデイビッド・ロバートソンは当時の計画を語ってくれた。

２０００年にザウバーのドライバーだったミカ・サロは、キミの走りを間近で見ていた。ザウバーの首脳陣がキミについて話し合っていた時、サロによると、ペーター・ザウバーは当初どんなことがあっても21歳の若者をレースドライバーとしてチームに受け入れる気はなかったと証言した。

キミの決意が、すぐにペーター・ザウバーへ伝わって彼の心を大きく動かした。

「キミはＦ１マシンの中にいたいだけだった。彼に話しかけると、スキャンするようにマシンを眺めていた。キミは一切無駄口を叩かないが、代わりにデータがキミがどれだけ速いのかを教えてくれた。それを見た最初の瞬間から驚きだった。とは言え、驚いてばかりはいられない。私たちは、コースの各セクションで彼がまだ速さを出し切れていないことに気がついていた。キミは一つ一つのセクションにこだわり過ぎていた。次は1周を全開で走ってみろとアドバイスすると、彼はそれを拒否して、その段階までまだ体が仕上がっていないと説明した。それは最初のテスト走行で最も印象的な瞬間だった。自信がないわけではない。彼には1周を全開で走り抜くほど、まだ筋肉が整っていないと言える勇気があった」

9月28日、ムジェロでキミは、さらにマシンを自分のものにしていた。36周を走りベストタイムを記録。そのタイムは、エンリケ・ベルノルディのタイムを僅かに上回った。

「私たちはキミにマシンの能力をすべて引き出すように頼んだが、それがお気に召さなかったようで、キミはマシンを調整したいと主張した。キミ好みの仕様に調整すると、タイムがコンマ6秒ほど改善した。そして、さっきより気持ちよく走れたと感想を述べた」とザウバーは補足する。

ベルノルディだけでなく、スペイン人のマルク・ジェネもシートを切望していたが、彼を支援していたテレフォニカが撤退すると、もはやキミには競争相手がいなくなった。ベルノルディを落としたことはザウバーとレッドブルのディートリヒ・マテシッツの間に亀裂を生じさせた。それは契約終了後にメインスポンサーを失うことを意味した。

ザウバーはライコネンと5年契約を結びたがった。しかし3年プラス1年オプションで満足するしかなかった。それはチームが1年しかオプションを行使できないことを意味した。

キミがF1ドライバーとして契約を交わしたというセンセーショナルなニュースを公表した後、私は夕方にマレーシアのセパン・インターナショナル・サーキットのピットガレージにいた。情報通で知られる記者協会の会員ジョー・セイウォードに私が報道したスクープのことを話したくて、うずうずした。この英国人ジャーナリストは私の話を聞いて大笑いし、2001年シーズンの開幕戦となるメルボルンのグリッドにキミがいたら、彼は現地へ教皇の格好で出向いてやると、うっかり口走った。キミはレースを走った。しかしセイウォードは、この時の約束を守らなかった……。

11 ― 世界が覆った

キミ・ライコネンはレースを始めてから、これまで間違っても無駄なことにストレスを感じることなく過ごしてきた。つまり、周囲の期待を背面に押し込み、自分がすべきことを前面に押し出してベストを尽くすことだけに専念してきた。

彼の性格的な特徴は、ヘレス・サーキットで行われた3日間のテストに備えていたキミに私が最初に会った時、その場で感じ取ることができた。彼はF1スーパーライセンスの取得問題を解決しようと動いていた。

ライセンスの取得がプレッシャーになっていないか、と興味本位で彼に質問すると、すでに（今日我々が慣れ親しんでいる）彼らしい返答が返ってきた。

「そんなことに神経をすり減らす気にならないよ。僕にできるのは可能な限りマシンを速く走らせることくらいしかないからね。時速300㎞で走らせるんだったかな。でも、どこで走るのって聞くことすら億劫だ」

ライコネンは、オーストリアでザウバーのフィジカルトレーナーを務めるヨーゼフ・レベラーの体力育成キャンプに参加していた。ムジェロで問題となった首まわりは、以前より少し強化されていた。

F1コミッションの決定は重くのしかかったままで、少なくとも楽になってはいなかった。ミカ・ハッキネンのマネージャーであるケケ・ロズベルグは『オートスポーツ』誌のインタビューでライコネンのスーパーライセンス取得問題について苦言を呈した。

「もしライコネンがスーパーライセンスを得たら世界が変わってしまう。ドライバー市場が完全に狂ってしまう。このようなことは重くてグリップが効かないマシンを操っていた私の現役時代には起こり得なかったし、考えられなかったことだ」

キミは、どのようにケケの言葉を受け止めたのだろう。

「変なおじさんだ。誰にでも同じようにチャンスを与えるべきだと僕は思う。たとえ経験が少なくても。速いかどうかテストして、チームが誰を乗せるか決めればいい」とキミは答えた。

イタリア人のヤルノ・トゥルーリ、ジャンカルロ・フィジケラ、ドイツ人のラルフ・シューマッハなど、ドライバーからも反対の声が多く上がった。反対に、チャンピオンであるミハエル・シューマッハは最初からキミの側に立った。

新米エンジニアという愛称で親しまれているジャッキー・エッケラートは、これまでザウバーのF1マシンに乗ったドライバーの中でキミが最もクールで、そのコメントだってもっと評価されていいと褒め言葉を与えた。

ヘレスでのテストで最終的に時速300㎞のレース速度を出すことは要求されなかったが、最初の2日間はドライで、それからウエットでキミの実力が試された。キミは2000年12月7日の夕方に集まったF1コミッションの人たちを含む、自分を疑うすべての者に実力を見せつけることができた。

キミのスーパーライセンスの申請は認められて然るべき状況だった。多くの専門家たちは最後まで、ライセンスを持たずにF1ドライバーのテストを受けた最初の選手になるだろうと信じていた。

ライセンスの審議が行われる前に、私はマネージャーのスティーブ・ロバートソンにどのような結果が出ると思うか質問した。彼は表情を強ばらせていた。

「もう来るところまで来てしまった。これ以上ナーバスになることはないだろう。審議は非常に微妙なところだ。この状態が何週間も続いている。私たちができることは幸運を祈るだけだ。FIA会長のマックス・モズレーやバーニー・エクレストンにロビー活動も試みたが、思わしい返答は得られなかった。キミ自身はテストで遺憾なく実力を発揮した。F1で走るのに相応しい能力があることを示した。それで十分なはずだ」とロバートソンは不安そうに語った。

キミはライセンスのことは、あまり考えないように努めた。

「僕はF1コミッションが決断を下す前にライセンスのことを一切考えないって決めたんだ。もし許可が下りなければ、ロバートソン親子がどこか別の選手権でチームを探してくれる。ただ、まだ何も決定されてはなさそうだ。もうすぐ明らかになるんだから、今そのことで思い悩んだって仕方がない。僕たちにとって良い結果が出ることを願っているよ」

Ｆ1コミッションはライセンスの事案について、最終的に20分だけ審議した。ペーター・ザウバーは、フェラーリのチーム代表であるジャン・トッドや自分の名のチームを率いるフランク・ウイリアムズやアラン・プロストなど賛成票を投じてくれる強い支援者たちを味方につけていた。だから自らの声を荒らげる必要は一度もなかった。最高経営責任者のバーニー・エクレストンが折れたことで、すべてが決した。バーニーが本件を支持すると、各チームの代表たち、レースの各プロモーターたち、あるいはタイヤメーカーの誰もが進んで反対票を投じることはなかった。

議事録によると最終的に21名から25名の決定権を持つものが投票し、モズレーだけが反対票を投じた。

フランク・ウイリアムズとアラン・プロストはＦＩＡ会長が反対した理由を理解していた。

「モズレーは正しかったが、私はライコネンの方に投票した。この件に反対するのは偽善だと感じたからだ。我々だって1年前にキミよりも経験不足のバトンのためにライセンスを取得した」とフランク・ウイリアムズは漏らした。

「反対票を投じたモズレーは正しいことをした。しかし元ドライバーの立場で、私はキミの方に投票した。若い有望な選手が夢を叶えるのを妨害したくなかった」とプロストは自分の意見を貫いた。

この数年後にキミのチーム代表となるマクラーレンのロン・デニスも賛成の側に回った。

「もしキミが噂されているように良いドライバーなら、Ｆ1で走って然るべきだ」

ペーター・ザウバーは木曜日の17時05分に、Ｆ1コミッションの投票結果を自分のチームに通知した。本来ならば最終日のテストが終わっている時刻だが、コースには17名のドライバーがいた。キミはその中で6番目に速かった。

「我々はライセンス取得のために十分な支援者を味方につけてからモナコへ飛んだ。キミのテストでの走りが、あまりにも印象的だったからだ。同時に否定的な回答を得る公算も高かったから不安も感じた。この審議で我々に軍配が上がった時に肩から巨大な重荷が落ちて行った」とザウバーは満足げに微笑んだ。

「ライセンスの審議の時に我々が行ったテストでキミの能力を高く評価したとみんなの前で話した。私はキミの冷静さ、ミスのない運転、そして特に彼がまだ限界に達していないことを強調した。つまり、我々は彼にまだまだ伸び代があるという感覚を持っていた。このテストでの彼の走りは、どこかで特に揉まれることもなく身についた速さだった」

スペインからスイスへ帰る時にベテラン記者であるロジャー・ブノワは、キミがどれだけ旅に不慣れなのかを知って驚いた。キミは人生でこんなに長く国外に滞在したことはなかった。

「我々がチューリッヒ空港へ降り立った時、ヘルシンキ便に乗り換えるはずのキミがスイス人の旅行者たちと一緒に手荷物受け取り所へ向かった。キミに、なぜ荷物を直接フィンランドへ届くように手配しなかったのか質問すると、そんなことができるのかと聞き返してきた」

ブノワは驚き、このキミらしい一件について『ブリック』紙へ記事を書いた。

しかしモズレーは、キミのライセンス問題に関する審議の後、簡単には引き下がらなかった。彼は馴染みの英国人記者たちによるインタビューで屈辱的な敗北に関して次のように述べた。

「できることなら、ライコネンのＦ１ライセンスを取り下げたい。しかし私の権力はＦ１コミッションの決定を覆すには十分ではない。スーパーライセンスの認定には特に厳格なルールが設定されている。私の考えでは、それらの文言に従うべきだろう。本申請に関しては、そのことが蔑ろにされている」

「このようなことで外部の人間が、現実離れした主張をすることは容易だ。だが、経験不足のドライバーに痛ましい事故が起きてしまったら、私がＦＩＡ会長として責任を取る羽目になる」とモズレーは決定を批判した。

キミのライセンスは安全対策の一環として、２００１年シーズン最初の４レースのみを対象にするという付帯条件があった。キミは自分が特別な監視下に置かれていたなんてことはなかったと数年後に明言している。そもそも事故が起きればドライバーが誰であろうが、つまりベテランであろうが、そうではなかろうが、その時にライセンスを取りあげればいいだろうとキミは考えていた。

12 ― 手品師のようなマネージャーたち

ここ数年は現場を離れて自宅のソファでリモートワークをするようになったトップマネージャーのスティーブ・ロバートソンは、現在でもキミ・ライコネンに関わることにおいて先導的な立場にあり、キミの専門家と言っても過言ではない。私が何を尋ねても、彼から多かれ少なかれ明快な答えを常に得ることができる。

キミは年齢を重ねても何も変わらないように感じる。レースを愛し、その愛は錆びつかない鋼鉄のようだ。このことにスティーブ・ロバートソンは毎年驚かされている。

2018年の秋にザウバーとの2年契約に関する最終調整をした後、ロバートソンはシンガポールへ到着した。まだ移籍のニュースは伏せられていた。

「考えてみてくれ。20年前にザウバーとキミが最初の契約を交わした時、こんなに長くキミが現役を続けるなんて言う人は誰もいなかった。私だって全然そんなことは考えていなかった。無理もない。これが現実であっても信じられないのだから」と彼はため息をついた。

「当時はキミがF1で10年ぐらい現役を続ければ大したものだと考えていた。しかし、ここまで続けると彼に対する見方が変わってくる。間違いなくキミは今でもレースを愛している。それには本当に驚かされる。こんなにストレスを感じる世界で、こんなにも長く、どうやったら一つのことを好きでいられるのだろう」

「信じられないことだが、F1という旅の途中にいるキミには、まだまだ終着点が見えないようだ。むしろ衰えることなく新たなランドマークに向かって歩み続けている。40歳になったドライバーが今でもあのようなパフォーマンスを保っているなんて普通ではあり得ない。その意味で彼は稀有な存在だ」

「キミが35歳になった時、現役生活が長く続くこともないだろうと私は彼に言った。しかし、彼は40歳になり、41歳でもまだ現役を続けている。もし彼がこのスタイルで仕事をこなし、今後もレースが好きなら、これから私は余計なことを言わない方がいいだろう」

「キミは本当にみんなが愛するＦ１の象徴になった。彼がコースを離れたら、グッズを販売する人たちは嘆くだろう。ましてや彼のファンたちの悲しみは計り知れない。キミは唯一無二だ。最終的に彼がコースを去る瞬間が訪れたら、多くの人々が彼の存在を惜しむことになるだろう」

ロバートソンは現地に足を運ばなくなったが、10年あまりキミに同行していた時と同じように、現在でも遠くからキミの様子を見守っている。

「レースは主にテレビで見ているが、キミとは連絡を取り合っている。その他の情報はマーク・アーナルに教えてもらっている。今でも私はＦ１の熱烈なファンであることは変わらないし、情報を逐次確認している。Ｆ１を私から取り除くことはできないし、言うまでもなく私はキミのファンの一人だ。人生を通じて一緒に歩み切磋琢磨してきた友だ。彼の冒険の旅が始まる時から、ずっと一緒に旅をしていると感じている」

「父デイビッドがキミと成し遂げたことを誇りに思っている。若い頃キミは英語が話せなかった。他のことも何も一人ではできなかった。そんな状態から唯一無二のレーサー人生が始まった」

「この古い写真の中で、キミは14歳の学生みたいだ。この時の彼は英語を数単語しか言えなかった。彼は英国に移り住み、英国のテレビ放送を見て、私たちとともに生活した。次第に彼は我々の言葉を話せるようになった」

スティーブ・ロバートソン自身も１９９０年代にＦ１ドライバーになることを夢見ていた。彼はゴーカートの経験なしにフォーミュラ・フォードからキャリアをスタートさせた。１９８９年と１９９０年に英国Ｆ３シリーズを走り、まず5位になり、翌年１勝を挙げて、２人のフィンランド人ドライバー、ミカ・ハッキネンとミカ・サロに次ぐ3位となった。その後、日本の富士で行われたＦ３世界戦でエンジントラブルに見舞われるまでレースをリードした。優勝したのはミハエル・シューマッハだった。Ｆ３０００に誘われることはなく、アメリカのインディ・ライツで走った。しかし、それもＣＡＲＴでのキャリアに繋がることはなかった。英国ツーリングカー選手権への挑戦にも失敗し、彼は30歳でレース人生を終わらせた。

スティーブの父デイビッド・ロバートソンは法律の専門知識を生かして仕事していたが、若手の有望なドライバーをスカウトするためにドライバーとしての経験がある息子に助けを求めた。このようにして1998年の年の瀬にロバートソン親子とキミの道が開け始めた。

「レーサーとして大成することなく現役を退いた時、私はサーキットとは距離を置きたかった。敗者である自分には、そんな感覚があった。その時、父とハラルド・ユイスマンが私にジェンソン・バトンのことを語り出した。父は、彼がどれほどのドライバーなのか見てくるようにと言った。しばらくして私の耳にゴーカートで飛び抜けた才能を持つフィンランド人の少年の情報が飛び込んできた。その少年は他人の支援を受けて走っていた。父は再び、この有望株から目を離さないようにと私に言いつけた」

「私たちはキミをフォーミュラ・ルノーのテストに招待した。私自身が何年間も要して身につけた技術を、彼は2日目にいとも容易く習得した。キミは何事においても私の先を行っていたし、信じられないほど攻撃的な走りを見せた」

「キミが私たちの申し出を受け入れたのは論理的に考えても当然のことだった。そうすることで彼はプロのレーサーになった。固定給とシートが保証され、バックには経費を捻出してくれるスポンサーがつく。彼には申し分のない条件だ。もちろんリスクもあった。才能は時として開花しないこともあるからだ」

「キミが寡黙でも、結果を見れば一目瞭然だった。1999年に行われたフォーミュラ・ルノーでの最初のシーズンで、私たちは4戦目以降キミをレースに出さなかった。キミが私たちの信頼を失ったと思う人もいたようだが、このレベルで散財する必要がないと私たちが見切りをつけたからだ。彼の実力が発揮できるチームではなかったし、そのままでは彼の本当の能力を見せることができないと判断した」

「我々は2000年シーズンにキミの実力に相応しいチームで戻ってきた。そして、シーズンを全勝した。しかも僅差で勝ったのではない。その勝利はすべてのライバルに屈辱を与えるほど圧倒的なものだった」

「結果がものを言う世界だ。ドライバーが結果を見せることができれば、多くの人は聞く耳を持ってくれる。父とペーター・ザウバーのところへ訪れて、キミがＦ１テストを受けるに値するドライバーであることを熱心に伝えた。その時ペーターは、フォーミュラ・ルノーのドライバーがＦ１のテストを受けるだって？　と狐につままれた様子だった。ザウバーの視線は、目の前に狂人が現れたというような感じだった」

「私は父と一緒に、異次元の才能を手に入れたと説明した。その才能に他のトップチームが手を伸ばす前に、ザウバーが最初に触れることができるのだと説得した。長い説得の甲斐あって、ようやくペーターは私たちの申し出を受け入れた」

「私はムジェロで行われた最初のテストにキミを連れて行った日のことをよく覚えている。道中どれだけ彼がテストを楽しみにし、幸せそうにしているのかを見ていた。同時にプレッシャーでナーバスになっている自分がいることにも気がついた。そんなチャンスなんて滅多に巡ってくるものではないからね」

「さらに、これまでキミは１８０馬力のエンジンしか経験したことがなかった。それでもザウバーのコックピットに座ると、彼は水を得た魚のようだった」

ロバートソン親子は、キミを下位のフォーミュラで走らせるのは時間の無駄であると判断した。それもあって、キミをＦ１へ昇格させようとした。

「まだ早すぎると主張する人たちもいたが、心の奥底ではすべてがうまく行くだろうと思っていた。もしキミがテストドライバーになっていたら、烙印が押され、すぐに忘れ去られてしまう。現実的に見ても多くの場合、当時テストドライバーからレースドライバーに昇格するのは難しかった」

「他のチームの代表たちも強く反対したし、ＦＩＡだってあまり良い顔をしていなかった。しかし、ザウバーはすぐにキミの才能の虜になってしまった」

「多くの若いドライバーがいる。彼らはレースの週末のプレッシャーに押しつぶされてしまう。プレッシャーに耐えられないドライバーは成功を手にすることはできない。キミは精神的なバランスが全く崩れない。最初のレースですぐに6位になったのだから、ライセンスが許可されたことに懐疑的な人が、これ以上不満を漏らすことはないだろう。キミは滅多に現れることのない突出した才能のドライバーだ」

Photo : Wri2

デイビッドとスティーブ・ロバートソンは、キミをモータースポーツの伝説へと押し上げた。千夜一夜物語が生まれた場所でボートを操縦するキミ

13 ― マールボロの戦い

2000年12月にヘレスで行われた開幕前のテストで、私はロバートソン親子に初めて会った。キミはライセンスを取得するため運命を決定づける走りを見せつけているところだった。私はスティーブ・ロバートソンに最初のインタビューを行った。どうやってキミとの二人三脚が始まったのか。

「私たちはジェンソン・バトンをウイリアムズでF1に昇格させることに成功した頃、ゴーカートに現れた若い有望な選手を注視していた。友人のピーター・コリンズが資金もなく競技にそぐわない装備で優位に立つフィンランド人の若者について教えてくれた。それで私たちはキミの結果に注目するようになった。キミの結果を同じようなマシンでレースをしている者と比較してみた。キミは、他の選手とは別格だった」

「キミと会った時、彼にフォーミュラ・フォードで当時トップチームだったヘイウッド・レーシングのマシンでのテストを用意した。私たちは経験からゴーカート上がりの才能ある若者であっても、すぐにフォーミュラ・フォードに適応できないことを知っていた。しかし、キミはライン取りを正確に行うことができた。他の多くのドライバーはライン通りに走ろうとするとコースアウトしてしまう」

「キミはラインを外したとしてもコントロールを失わず、マシンをコースに戻すことができた。一度軌道が逸れるとリズムを元に戻すことは難しい。彼の能力は忘れ難い印象を与えた」

ロバートソンが用意した他のテストで、ライコネンはデンマーク人のニコラス・キエーサと一緒にドニントン・パーク・サーキットを走った。

「キミは旧式のマシンだった。一方キエーサは比較的新しいマシンだ。私たちが要求したのは、キミが新しい方のマシンで少なくとも10周走れるようにするというものだった。最初の周回を走った時、キミはマシンのコントロールを失ってスリップした。しかし彼は気にすることなく、天性の能力と忍耐力で状況を完全に抑え込んだ。

このテストの後に、私たちは彼と契約する準備をした」

デイビッドとスティーブ・ロバートソンは、すぐ行動に移した。

「あなたと仕事がしたい。迅速にステップアップできるように尽力する。レースに集中できるようにすべてを整える。あなたにとって相応しいチームを用意する」とロバートソン親子はキミに伝えた。

ライコネンはマールボロの戦いのように、すぐに準備ができていた（注：フィンランドの言い回しで、すぐにでも物事に取りかかることができるという意味）。

「問題は、キミのために競争力のあるチームを見つけることだった。フォーミュラ・フォードに適当なオファーはない。唯一の選択肢はフォーミュラ・ルノーだった。しかし、このクラスに参戦することはできたが、トップを目指せるような代物ではなかった。当時アントニオ・ピッツォニアがシリーズを独走していた。そしてキミは、あまりにも過度のチャレンジをせざるを得なくなった。私たちは、無駄に金を使うのはやめようとキミに言った。勝負できるチームが見つかってから、彼はレースに復帰した」

メディアが、マネージャーがライコネンを見放したと報道するとロバートソンは失望した。

「私たちはシリーズを支配していたマノー・レーシングと連絡を取っていた。年末にテストがあり、そのテストでピッツォニアとキミが一緒にスタートを切った。キミは彼よりコンマ3秒速かった。ピッツォニアが圧倒的に選手権をリードしていることを踏まえると、それはキミの実力を見せる素晴らしい機会となった」

「私たちはキミのために英国ウインターシリーズへ参戦する契約を交わした。キミはヨーロッパ大陸でも勝ち始めた。その結果は、歴史的なものとなった。最後の最後まで絞り切るように全力で挑んだ。キミはレースを15秒差でリードしていても、ファステストラップを更新し続けた。終始攻め続けて、限界に果敢に挑んだ」

英国シリーズでの成功でロバートソン親子も信頼を勝ち取った。彼らの視線はF1へ直接向けられることになった。

「私たちはキミの能力を高く評価していた。それでも、彼が一気にF1で飛躍する段階に来ているかと言われれば疑問は残った。とにかく私たちは意気揚々と十字軍に出発した。そこで明らかになったのは、フォーミュラ・ルノーで優秀な成績を収めたとしても、桁違いのF1マシンを巧みに操ることができるのかという疑問を持つ人々を納得させるのは難しいということだった。つまり、キミがフォーミュラ・ルノーのチャンピオンということだけではなく、彼がアイルトン・セナのような結果を出せるということの証明が必要だった」

「キミがF1マシンで走ることができたら、みんなを驚かせることができると確信していた。しかし当時、F1チームはキミを評価してくれるようなテストを行っていなかった。私たちは、仮にキミがテストを受けてすぐ誰の目にも止まることがなかったら、それで終わりだと覚悟を決めていた。実際、キミを売り込むには時期尚早で、一度チャンスを逃せば二度とテストに誘われることはないだろうと言われていた。私たちは、まずフランク・ウイリアムズと話した。それからペーター・ザウバーに話を持って行った」

「私たちは、キミを次のミカ・ハッキネンとして売り込んだ。ようやくザウバーが彼にチャンスを与えてくれた。ムジェロでのキミの走りは、みんなを黙らせた。180馬力のルノーを操っていた若者が、いきなり800馬力のF1マシンを、どうやって簡単に操れるのだと疑いの目を向けられた。当のキミはテストの後、馬力はあまり気にならなかったと答えた」と、ロバートソンは教えてくれた。

14 — レベラーのレジェンドたち

アイルトン・セナは、サーキットで一匹狼として知られていた。だが、マクラーレンで彼は本当に信頼の置けるフィジカルトレーナーであるヨーゼフ・レベラーと出会った。オーストリア人フィジオは、ブラジルの英雄との関係をひけらかすことはないが、セナとの友情の証として自分の息子の名前がヨーゼフ＝アイルトン・レベラーであると教えてくれた。

私たちはパドックで頻繁に会っていたので面識はあったが、経験不足でシャイなキミ・ライコネンがザウバーでF1のキャリアをスタートし、レベラーのフィットネス・スクールに入ると、私は彼とさらに親交を深めることになった。

レベラーはセナがレジェンドであると認識させられる場面を何度も経験したが、年が経つにつれてキミからもF1のレジェンドたちと同じ息遣いを感じ始めていた。

レベラーはF1、特にザウバー・チームで長きに渡って懸命に働いてきた。彼の指導のおかげで多くの若手ドライバーがスターの階段を駆け上がったが、彼が最も忘れられない思い出はライコネンとともに生まれた。

オーストリア人のトレーナーは2000年秋にキミと初めて出会った。その時のことを彼は昨日のことのように覚えている。ペーター・ザウバーは素人同然の21歳のフィンランド人をF1ドライバーに起用することを決めた。日程的に来シーズンの開幕まで半年しかなかったが、チームのフィジカルトレーナーに若者の肉体面の強化が託された。

「キミがムジェロでのテストを走り終えた後、10月からトレーニングを開始した。もし彼の基礎体力が低かったら、この短期間では最初のレースに間に合わなかったかもしれない」

「キミにはアスリートに求められる運動神経があった。コンディションも良かったし、体幹も素晴らしい。当時のF1マシンを操る前提条件として筋力の強化が求められた。その上で必要な基礎体力、身体構造や加減速調整、そして体幹といった基本が、若いけれどキミには備わっていた」

「すぐに適応できる学習能力の高さもキミの強みだった」

「ザウバーに入る前にキミが小さなフォーミュラカーで23レースしか走っていない点も考慮すべきことだ。その当時のF1マシンは肉体的にかなり負担がかかっていた。普通そのような経験でいきなりF1ドライバーになって、キミのようなアグレッシブな走りをすることは無理に等しかっただろう」

「テスト2日目にキミはムジェロのような難解なコースを果敢に攻めていた。するとピットウォール付近にいた私のところにミハエル・シューマッハが来て、あの少年は今までどの選手権で走っていたのかと質問してきた。そのことを良く覚えている」

レベラーは2時間の過酷なレースを耐え抜くためのプログラムを作成した。それに従ってトレーニングを行い、11月上旬にはキミの肉体が強化されていた。これによりキミはデビュー戦のオーストラリアGPで6位に入賞することができた。

「少し時間がかかった。だから、肩と首の強化を目的とした特別メニューを新たに組んだ。着実に前進していたが、キミの基礎体力が低かったら、予定通りに目標を達成することはできなかった」

レベラーはトレーニングに対するキミの熱の入れようとモチベーションの高さに感服した。

「トレーニング期間中どの段階でも彼に何かを強制する必要がなかった。むしろ一緒に仕事をしていてキミが私を信頼し、トレーナーの必要性に気づき始めたことで、氷が溶けるように私たちの溝は埋まった」

「最初に私たちが出会った時、キミには知らない人に対する警戒感があり、彼が社交的な性格ではないと感じ取った。しかし、トレーニングは彼にとって生きている証であり、人生そのものだった。どのトレーニングが彼にとって有益かどうかを嗅ぎ分ける天性の感覚があった」

「お互いが共感し合えるまでには、ある程度時間を要した。その間とても充実した時間を過ごすことができた。私たちは過酷なトレーニングをこなし、同時にお互いのことを学んで行った」

「肉体的には仕上がってきたが、F1では不慣れなことも要求される、と私は彼に伝えた。そして、こんなチャンスは人生で滅多に訪れることはないと言い聞かせた。彼は、もちろん理解しているしチャンスをものにすると、はっきり答えた。キミが優先順位を持ってトレーニングを行っていることは明らかで、何事にも妥協しなかった。もし私が組んだプログラムの中に不必要なものがあれば、彼が率直に指摘してくることも私は承知していた」

初秋のベルギーGP後、キミは現役生活で最も危険なアクシデントを経験する。その時レベラーは現場に同行していた。その事故は、デビューイヤーである2001年9月7日、マニクール・サーキットでのテスト走行で起こった。マクラーレンがキミ移籍のニュースをモンツァで発表する1週間前の出来事だった。

事故は、夜が明けて少し湿っていた路面で起きた。スピンし、コースアウトしたザウバーのマシンは後方から壁に激突した。キミは背中を痛め、この怪我に長く悩まされることになる。

「その後、家に帰る予定だったので、事故が起きたのはテストの最終日だ。私がコースに到着する前に事故が起きてしまった。コースを外れ、激しく壁に衝突した。すぐに彼を病院へ連れて行って検査しなければならなかったが、大怪我であることはすぐにわかった。普段ならキミは多少の怪我では悶えたりしない。流石にその時は彼自身も病院で検査する必要性を感じたようだった。私たちはヌベールへ向かった」

「どれだけキミが救急搬送を求めていたか覚えている。キミは寡黙だが、顔から痛みの程度は十分伝わってきた。しかし、痛み以外に目立った外傷は見られなかった」

「テスト走行の後、キミはパリのシャルル・ド・ゴールからヘルシンキへ飛ばなければならなかった。本来ならヴェルダンからパリへ自分で運転するつもりだったが、それは不可能と考え、運転させなかった。私は自分の車で移動中だったが、彼を病院から空港へ送ることにした。ヌベールから250㎞ほど運転してキミをパリへと連れて行った。そこから彼はフィンランドへ飛行機で移動。私はパリからオーストリアの自宅まで長旅をすることになった」

背中を痛めたが、ライコネンは次のニュルブルクリンクには出場することができた。

突然だが、ここで話を現在に戻そう。あの若者が40歳になってもＦ１で現役を続けていることに驚いているか、レベラーに質問してみた。

「ファンタスティックなことだよ。キミの心の変化も見ることができるなんて信じられない。子どもたちと妻ができたことで新たな世界観が生まれたようだ。その世界観でものの見方が変わり、それを快適に感じているのだろう。１年間の延長に固執しているのではなく、さらにレースを長く楽しむことに固執している。確かに、そうあるべきだ」

「キミは歳を重ねるにつれて、ますますハングリーになっていると私は思う」とレベラーは煙草を吹かした。

Photo : Sutton

オーストリア人のヨーゼフ・レベラーは数ヶ月間でキミをＦ１に耐え得る肉体に作り上げた。そして、フィンランドのスターが信頼を置く友人の一人になった

15 — ポイントと抗議

スポーツには様々な紆余曲折がある。大抵の場合それらは軽視され、結果だけが記録されて終わってしまう。例えば、キミ・ライコネンは世界選手権のデビュー戦でいきなりポイントを獲得したF1史上50番目のドライバーとなった。これも紆余曲折があっての記録なのだ。

キミはオーストラリアGPで6位に入賞し、選手権ポイントを1点獲得した。このレースも最終的には単なる記録になり、中身は軽視されてしまった。

キミは4位でチェッカーを受けたBARホンダのオリビエ・パニスに遅れること22・093秒の7位でゴールした。しかしパニスはイエローフラッグ中にキミのチームメイトのニック・ハイドフェルドを追い抜いてしまった。アロウズのヨス・フェルスタッペンも同じミスをした。審議委員は彼らのルール違反を黙認したため、ザウバーが抗議を行った。委員会は再審査を行い、パニスとフェルスタッペンともに25秒のペナルティが科された。

こうしてキミは2・907秒差でパニスを追い抜き、6位に順位を上げた。一方ハイドフェルドは4位になり、ジョーダンに移籍した元ザウバーのドライバーであるハインツ＝ハラルド・フレンツェンが5位となった。

タイムペナルティには細かい規定がある。もし罰則がレース中に適用されていたならば、この件は10秒のピットストップで済んでいた。結果的に6位入賞を果たしたが、キミは6位で喜んだりせず、少なくとも5位入賞が可能だったと状況を冷静に捉えていた。

当時ポイントは上位6名に与えられていた。キミはジェンソン・バトン、リカルド・ロドリゲス、クリス・エイモンに次いでF1史上4番目の若さ（21歳138日）で得点を獲得したドライバーとなった。

新車の発表会で、キミはオーストラリアの予選でトップ10に入ることができるだろうと自信を覗かせていた。しかし、それは叶わなかった。キミは13番グリッドからスタートを切った。それは10年前にミカ・ハッキネンがロータスでデビューしたフェニックス市街地コースでの予選と全く同じ順位だった。

決勝の序盤は順位を3つ落とし、思わしくなかった。しかし彼は臆することなく、それ以降は驚異的で完璧なパフォーマンスを見せた。

「レース終盤で僕は6番手を争っていた。期待通りの週末だったが、一つミスをしてしまった。ピットストレートでシケインを真っすぐ走ってしまった。幸いにも大きな問題には至らなかった。このレース以降、もうライセンス問題は話題にならないだろう」とキミの表情が明るくなった。

「F1がどういう世界だか感じ取ることができた。次の週末が楽になったよ」

レースエンジニアであるジャッキー・エッケラートは、嬉しさで顔をほころばせて言った。

「キミはF1で10年目のドライバーのようなレースをした。週末全体を通じて一つも目立ったミスをしていない。どんどん成長を続けている」

ペーター・ザウバーはキューバ産の葉巻を吹かした。そして、ライコネンを選んだことが正しかったと胸を撫で下ろした。

「9月にムジェロで行った最初のテストで、我々のマシンを操る彼に与えた評価は、レースの結果がどうであれ何ひとつ変わることはない。この青年には他の人にない特別なものがあると私はテストで感じたのだが、そのことを彼は世界中すべてのF1ファンに証明した。レースが終わって、ミハエル・シューマッハのような疲労感を見せず、さわやかにキミがマシンを降りてきた時、開いた口が塞がらなかった。まるで、そのままもう1レースできそうな様子だった」

ライコネンを新しいミカ・ハッキネンとしてザウバーへ売り込んだロバートソン親子は幸せの絶頂だった。私たちは喜びのあまり抱き合った。愛弟子の素晴らしい快進撃に二人も感動のあまり涙を流す。

「このレースでキミはシンデレラストーリーをやってのけた。世界中が、それを知ることになった。私たちが2年前から知っていたことだ。キミの能力はセンセーショナルなものだ。彼はミスをせずに結果を出し、ハイドフェルドと同等のラップタイムを記録した」

「ライコネンはオーストラリアGPの週末、ノーミスだった。トップレベルのプロフェッショナルであることを証明した。現在ゴーカートから有望な選手たちが次のステップへ続々と送り込まれている。以前より選手たちの成熟度も高い。ＦＩＡ会長マックス・モズレーは、キミに謝罪すべきだろう。彼は次世代で最も有望なドライバーがＦ１へ昇格するのをあの手この手で阻止しようとしたのだから」

この結果を受けて、私は「神秘的な世界制覇」という見出しでコラムを書くことができた。私自身にとっても記者冥利に尽きるレースとなった。

16 ― 古い写真

2018年アブダビでの記憶が、ふと頭をよぎった。その時、私は自身の名をチーム名に冠するペーター・ザウバーと会い、たまたまその場に居合わせたスイス人F1カメラマン、マリオ・ルイーニの写真集を見ていた。そこに2001年にオーストラリアで撮影したザウバーとライコネンの最初のレースの写真があった。

その写真を二人にも見せて、どのようなことを思い出すかと聞いてみた。驚いたことにペーター・ザウバーもキミも、どのレースで撮影された写真なのかわからなかった。

最初キミに写真を見せ、この写真にどんな思い出がありますかと質問した。

「葉巻を吸って、ビールを飲んでいるね。どこで撮った写真かなんて覚えていないよ。マレーシアか、どこかじゃないかな」

F1デビュー戦で撮られたものだと聞くと、彼の表情が輝きだした。

「騙された気分だ。全く覚えていない。この時はチームにとって良いレースだったんじゃないかな。ニック・ハイドフェルドが4位で、僕は夕方になってから6位になったことを知らされた。もう僕たちはホテルに戻っていたんだ。ホテルで6位になったと知ったんだよ」

キミはザウバー・フェラーリC20が本当に素晴らしいマシンだったとF1でのデビューシーズンを回想した。

「そのシーズンは良い思い出ばかりだ。その時は右も左もわからなかったけれど、ザウバーは僕にぴったりのチームだった。僕はレースで攻め続けた。自分の思い通りに走るマシンに乗ることができたし、F1を始めるのに、ザウバーほど居心地が良いチームはなかったと思う。気の合う仲間がいたし、素晴らしいマシンがあった。そのマシンでザウバーで成し得る最高の結果を残した。コンストラクターズ選手権で4位になったことも素晴らしい成果だ。当時は僕にとって、すべてのサーキットが新鮮だった。とにかく攻め続けられるだけ攻める。それ以外は何も考えなかった」

ペーター・ザウバーは座って写真を手に取り、まじまじと見た。そしてキミの子どものような顔に着目した。私が場所を教えるまで、この写真がどこで撮られたのか彼も思い出せなかった。

「この写真の中の私は本当に幸せそうだ。この写真が撮られた時、キミはまだ7位だった。順位に関係なく本当に素晴らしい走りをした。彼に対して鮮烈なデビューは期待していなかったが、開幕前のテストで私たちはマシンに手応えを感じていた。キミがデビュー戦でいきなりポイントを獲得できたことは夢のようで、大喜びしたよ」

これより前の夏、ホッケンハイムでペーター・ザウバーに会った時、彼はキミが現役を続けることを望んでいると言った。

「キミのチームへの復帰は全く前例のない話だ」とザウバーは感謝する。

スイスのチームで長い間フィジカルトレーナーを務めていたヨーゼフ・レベラーは、この古い写真を見て胸が熱くなった。

「あの日のことは昨日のことのように覚えている。キミは、とても寛いだ様子で落ち着いていた。一方で私は彼の分までナーバスになっていた。キミにとって最初の長いレースということもあって、私は神経を尖らせていた。冬の間一緒にトレーニングに励んだ。そして、特に最初のレースは独特のプレッシャーがかかるものだ」

「スタートまで、あと1時間のところでキミがどこかへ行ってしまった。私は眠っている彼を見つけた。彼はデビュー戦ですら緊張しないのだとわかった」

レース後、チームクルーは力強いパフォーマンスに歓喜していた。しかし当のライコネンは結果に満足していなかった。

「キミは5位になれたかもしれないことを知って悔しがっていた。彼の向上心には感服させられるばかりだ」とレベラーは称賛した。

2018年シーズンが終わり、清潔感のある真っ白なドライビングスーツに身を包んだキミは、ヤス・マリーナでザウバーに復帰後、最初のテストをしていた。それはまるで長い現役生活の新たなページをめくるようだった。

ザウバーのマシンには、キミのカーナンバー「7」が付けられていた。18年前にはカーナンバー「17」を付けて、同じスイスのチームで走った。ザウバーの雰囲気は馴染みのものだ。チームもキミの復帰を温かく迎えた。

Photo : Mario Luini

2001年オーストラリアでのF1デビュー戦後に撮られた写真。この時ペーター・ザウバーは、本物のF1ドライバーを発見したと実感した

17 — 銀色からの誘い

２００1年の夏、キミ・ライコネンのドライバー人生に転機が訪れる。マクラーレンがミカ・ハッキネンの後任として彼を獲得しようと真剣に動き始めたのだ。

マネージャーのデイビッドとスティーブ・ロバートソンには先見の明があった。彼らはペーター・ザウバーに、ザウバーがキミをすぐに獲得しなければ、彼を手に入れることが不可能になるとはっきり言ったのだ。見事なセールストークだった。そしてフィンランド期待の新人は、才能を示すたった一度のチャンスをものにしてF１への階段を上った。

スティーブ・ロバートソンは、キミのことをビッグチームに売り込み続けていた。そして最初のオーストラリアの週末に、マクラーレンのロン・デニスとフェラーリのジャン・トッドがキミの契約状況を把握するために連絡してくる事態に備えていた。

「私たちはザウバーと長期契約をしたが、ザウバーはキミを放出しなければならない困難を抱える可能性が十分にある」と、当時ロバートソンは私たち二人だけの会話の中で明言していた。

メルセデスは、ザウバーに移籍金を支払ってキミを引き抜いた。これは最終的にとても高くついた。実際キミの移籍金はF１史上で最も高額になり、ザウバーは輸送用のトレーラーや風洞を建設するための高額な資金を得た。後に私はザウバーが２２００万ドルを手にしたと聞いた。

ロン・デニスはキミを歴代最年少チャンピオンにすると約束した。公約の実現までは3年ほど余裕があった。それまでに最年少でタイトルを獲得したのはブラジル人のエマーソン・フィッティパルディで１９７２年に25歳２７４日で達成している。

２００1年9月になった。この時、アメリカで9月11日に起きた同時多発テロ事件により世界は震撼したが、F１は中止することなくモンツァでイタリアGPが行われた。

マクラーレンの動向を詳細に追いかけている外国人の

記者仲間が、ハッキネンは引退を決めていると言い出した。私は、その情報を受け入れなかった。なぜなら、まだまだミカが現役を続けることを望んでいたし、2002年に3人のフィンランド人ドライバーが走るのを見たかったのだ。

金曜日には多くの報道陣がマクラーレン・メルセデスの前に押し寄せ、朝のプレスリリースを今か今かと待ちわびていた。最終的に、二度の世界チャンピオンであるハッキネンは1年間の活動休止に入り、2003年に復帰する予定だとマクラーレンが公表した。

この休止活動のことをミカが思案する際に、キミが彼の後任としてマクラーレンに来てくれるのが理想的だと思っていた。

「個人的に私ができる支援と助言をキミに惜しみなく与えるつもりだ。マクラーレンは信じられないほどのビッグチームだ。そこで何がどのように行われているのかといったチームの方針を理解して環境に慣れるまでには時間が必要となる。キミは非常に才能豊かなドライバーだし、炭酸のペットボトルから泡があふれ出るように情熱が湧き立っている。何はともあれ、僕はキミが落ち着いて仕事ができることを願っている」

「この展開の早さには正直驚いているよ。でも、少なくとも悪い方向へは向かっていない。僕はマクラーレンに行きたかったし、その機会に恵まれた。1年前はF1ドライバーになれるなんて思ってもいなかった。タイミング良くテストに参加することができて、F1で十分にやっていけることを証明できた。僕にチャンスを与えてくれたペーター・ザウバーに感謝しているし、彼には多少なりとも恩返しができたと思う」とキミはコメントした。

「マシンの良し悪しは実際乗ってみないとわからないが、少なくともマクラーレンに乗れば、レースで優勝して良い結果を出せる可能性が高くなる。逆に言えば、僕がそのマシンに乗る価値があるのか試される。厳しいプレッシャーに晒されることになるが、耐えられないほどだとは思っていない。いずれにせよ自分のベストを尽くすようにするさ」

当時モンツァでケケ・ロズベルグは、ハッキネンが休暇を終えてF1へ復帰するという話を鵜呑みにしない方がいいと忠告した。そして彼はライコネンの成功を強く信じていた。

「今のところ、まだキミはハッキネンのレベルに達していないが、キミはマクラーレンに急場凌ぎで雇われたわけではない。信じられないほど才能豊かなキミが、仮にジェンソン・バトンに勝るような仕事をして今シーズン着実に結果を残せば、次のスーパースター候補になるだろう」

デイビッド・クルサードは1997年から2004年まで異例とも思えるほど長くフィンランド人ドライバーのチームメイトを務めた。

バレンシアで行われた開幕前テストのピットで、ミカがキミに代わったことをクルサードがどのように受け止めているのか話してくれた。

「テストをしていてミカはもうここにいないのだと痛感させられた。いつものようにメカニックたちがマシンを調整し、私はコックピットに座って周囲を確認する。その時、ミカではなく新しいチームメイトがいることを現実的に受け止めた。しかし、キミだということはあまり意識せずに、ミカだったらその場面でどのような行動を取るのかと考えていた。私の頭の中にフィンランドのどこかでウォッカを飲み、トナカイのソーセージを食べながら微笑みかけるミカの姿が浮かんだ」

18 ― 初めての表彰台

キミはマクラーレン・メルセデスに移籍し、シルバーアロー（銀の矢）の名で親しまれた伝説的なマシンでF1に参戦した。キミが移籍した頃にはチーム内部でも、それ以外でも単に「シルバー」と呼ばれるようになっていた。銀のマシンでキミは二度、選手権2位となった。表彰台に合計36回上がったが、その半分近くの15回が2位だった。

２００2年オーストラリアでの開幕戦、つまりキミのマクラーレンでのデビュー戦は、結果的に上出来だった。最初のフリー走行で、すぐにマクラーレンのパワーバランスに不具合があることが判明した。一方でフェラーリのミハエル・シューマッハとルーベンス・バリチェロは後続に2・5秒も差をつけた。

マッティとパウラ・ライコネンは地球の裏側へ息子を応援しに飛んできた。

「両親が観戦しに来てくれたのは良いことだし、彼らにとっても喜ばしいことじゃないかな。だからと言って特別なことでもない。これまでも僕は一人で旅をしてきたからね」とキミは言った。

メルボルンのアルバート・パークでは、これまで多くのサプライズが起こっている。その時はスタートしてすぐにそれが起こった。ドライバー8名が最初のコーナーで事故に巻き込まれリタイアを余儀なくされた。ミハエル・シューマッハとキミ・ライコネンは芝生を走り、回避した。

レースは中断されず、キミは2周目の終わりで48秒のピットストップに入った。コースでマシンが拾った破片を取り除き、セーフティカーが導入された後にコースへ戻った。これによりキミは最後尾に追いやられた。

その後のレースでのパフォーマンスは申し分なかった。2回目のセーフティカーが導入されて11周目に再スタートした頃には4位に順位を上げていた。そこからトップ集団にいたジャガーで走るエディ・アーバインを抜き去り、表彰台を逃すまいと走り続けた。そしてF1史上6番目の若さで、3位のトロフィーを手にした。

「表彰台に上がれて良かった。スタートして、すぐ最後尾に順位を落としてしまった。そこから3位に入れたのは最高の成果だ」と初戦でマクラーレンの信頼を勝ち取った大型新人は満足げに答えた。さらにキミは自身初のファステストラップを叩き出し、名前を記録に刻んだ。

ハッキネンは家族とともにフィンランドにある自身のスタジオで深夜にレースを観戦し、ライコネンの素晴らしいパフォーマンスに歓喜した。妻イリヤ・ハッキネンはパウラ・ライコネンへ電話して祝福し、また日を改めて一緒に祝おうと約束した。

マッティ・ライコネンは幸せの絶頂だった。キミはレース序盤で長いピットストップを余儀なくされたが、マッティは何も心配していなかった。

「このレース展開は、キミが覚醒する上で最高のチャンスだと思った。あのような状況でもキミはストレスを微塵も感じない。むしろ闘志に火をつけるだけだ。困難なレースになればなるほど、キミは果敢に攻める。後方からトップ3に順位を上げたのは、ある意味で良かったのかもしれない。だって、マシンのおかげで3位入賞できたんだなんて誰も主張できなくなったからだ」

19 — 感極まるロン・デニス

もしF1というモータースポーツにおいて単にスポーツ選手のパフォーマンスだけでチャンピオンが決まるならば、2003年シーズンの終わりまでにキミは24歳の若さで、ロン・デニスが公約に掲げたように史上最年少のチャンピオンになっていたはずだ。しかしドライバーをサポートするチームと最高のマシンが揃って初めてチャンピオンが決まる現実にあって、キミは一度ならず二度までも2位に甘んじることとなった。

いずれにせよマクラーレンでの2シーズン目には、キミがミハエル・シューマッハの王座を脅かしていたのは事実だ。

マクラーレンのチームクルーとキミは、2002年11月末にバレンシアのテストで準備を始めていたマシンではなく、昨年ベースのマシンでシーズンを通して走ることになるとは、開幕前に知る由もなかった。新しいMP4-18の開発は遅れていた。そのためマクラーレンは、シーズンの序盤は1年前に開発したモデルを大幅に改良したMP4-17Dで参戦することにした。

ヘレスで行われた開幕前の最終テストでMP4-18は技術的な面で信頼できるものではないと結論が下され、チームがそれを公式に認める8月まで、ニューマシンを投入するかどうかの判断ができなかった。結局この開発プロジェクトは完全に棚上げされた。

紆余曲折あったが、旧型のMP4-17Dは2戦目のマレーシアでキミに初勝利を、第9戦ニュルブルクリンクでの予選で最初のポールポジションをもたらしてくれた。マクラーレンでの2年目にタイトルを狙うキミは幸先の良いスタートを切った。最初の3戦でいずれも上位に入賞し、ニューマシンが使えなかったことが逆に功を奏する結果となった。

開幕戦オーストラリアで32周目に運に見放されるまで、勝利はすぐそこに来ていた。キミが給油のためにピットへ向かうと、技術的な問題が発生した。ブレーキをかけ速度を落としてピットへ到着したが、計器は時速81・1㎞を示した。この1・1㎞/hオーバーがピットロードでの制限速度違反であると判明したのだ。コンピュータのプログラムが何らかの不具合を起こしピットリミッターが正しく機能せず、スピードを80㎞／hまで落とした後に再び少し速度を上げてしまった。

そのようなハプニングがあったにもかかわらず、マネージャーであるスティーブ・ロバートソンは、オーストラリアでのキミの走りを非常に高く評価していた。彼によれば、ペナルティを受けた後に3年連続でタイトルを保持しているシューマッハを4位に従えただけでも十分な成果だった。話をしている私たちの後ろからノルベルト・ハウグが現れた。そこで私はメルセデスの責任者である彼にキミのパフォーマンスについて意見を求めた。

「キミは、ここで勝ってもおかしくなかった。ヘイキ、我慢してくれ。勝利はもうすぐだ。他の多くのドライバーたちは勝利するまでに、あるいは勝利することなくキミよりも多く出走している。キミは非常に素晴らしいドライバーだ」というハウグの返答を私はメモ帳に記した。

キミのＦ１人生において最も忘れられないレースの一つが２００３年3月23日にマレーシアのセパン・インターナショナル・サーキットでスタートした。キミの初優勝が確定すると、チームマネージャーのロン・デニスは顔を覆い隠し、嬉しさのあまり泣いていた。テレビはその様子を捉えて世界に配信した。

この勝利は、強面と思われているチーム代表ですら感情的にさせた。

「ロンが泣いたって？　それは気の毒だ。ロンが僕の勝利に涙を流したなんて、もちろん信じないけどね。これまでいろいろあったことを思い出して感極まったんじゃないかな」とキミはくすくす笑った。

キミは初めて本当の意味での成果を得て、喜びを爆発させた。

「チーム全体が冬に一生懸命、仕事に打ち込んだ。その成果がここで実った。ようやく勝利の扉をこじ開けることができた。これからも勝てるという保証はないが、もっとたくさん勝利が舞い込んでくることを願っている。この先のことは誰もわからない。いつもベストを尽くして、いつかタイトル争いを制することが僕の夢だ」。初優勝を果たしたキミは、その気分を簡潔に教えてくれた。

キミは金曜日の4位から土曜日の予選で7番グリッドに順位を落としてしまう。フェルナンド・アロンソが史上最年少でポールポジションを獲得した。ヤルノ・トゥルーリもアロンソに続き、ルノーのマシンが最前列を独占した。

「僕はもう少し上手く走れたかもしれないが、言っても仕方がない。ブレーキングの時にリアタイヤがロックしてしまった。でも幸い、それほど気にならなかった。他のドライバーたちがどんな作戦なのか、誰がどのくらい燃料を積んでいるか見てみよう」とキミは予選を振り返った。

シューマッハがヤルノ・トゥルーリをスタート直後すぐに追い抜こうとした。両者は接触し、その時キミは直線でアロンソ、クルサード、ハイドフェルドのすぐ後ろの4番手につけていた。クルサードはコースアウトし、キミはハイドフェルドをオーバーテイクした。その後、前を走るのはアロンソだけだった。アロンソは13周目に給油へ向かうしかなかった。

ルノーのエースであるスペイン人がピットインしてから、6周後にようやくキミはピットへ向かった。ここで予選で、どれくらい燃料を積んでいたのか明らかになった。その間フェラーリのルーベンス・バリチェロが暫定首位に立ったが、それから2周後に給油へ向かった。

その後、キミはリードを保ち続け、2位になったバリチェロに39秒２８６の差で、アロンソに1分以上の差をつけて、初めてトップでチェッカーフラッグを受けた。

その時点でキミはＦ１史上2番目の若さ（23歳１５７日）で優勝したドライバーになった。彼よりも若くして勝利したのは、チームの創設者であるブルース・マクラーレンだ。１９５９年12月12日にセブリング・インターナショナル・レースウェイのアメリカＧＰでクーパー・クライマックスを駆って22歳１０４日で記録を達成している。

この記録はフェルナンド・アロンソが２００３年にハンガリーで塗り替えた。その時、彼は22歳26日。とはいえ、キミは未だに最年少優勝者の統計でトップ10に入っている。

記者会見の後、私はＦ１史上３人目のフィンランド人勝者となったキミを祝福しに行った。そして特に畏まることなく、普段から彼に接しているように「やっと来たな！」と声をかけた。

「三度目の正直とはよく言ったものだ。スタートから運が良かった。僕は外側から抜こうとしたところで他のマシンが僕の前へスリップしてきた。間一髪のところで僕は内側に曲がって、接触を回避することができた。マシンは最初から不安を感じさせない安定した動きだった。戦略的にも本当にうまく行ったし、これまでのチームの苦労が報われた。歯を食いしばって走る必要はなかったし、マシンが壊れなければ、このレースで勝てると思った」

　最後の20周は何も問題が起きないようにキミはマシンを気にしながら走った。

「最終ラップはアクセルを緩めて走った。チームからは、ずっとスピードを落とすように指示が出ていたからね。僕は指示に従ったつもりだけれど、さらにスピードを落とすように指示された。僕は完全にマシンを停止すべきなのかと考えてしまったよ。その時はコースで優雅にクルージングをしているように感じていたから」

　このレース後、マクラーレンのドライバーたちはタイトル争いで上位を独占した。ライコネンは開幕戦で優勝したデイビッド・クルサードを6ポイント上回った（キミ16ポイント、クルサード10ポイント）。

　タイトル争いで初めてトップに躍り出たキミに感想を求めた。

「まだ2戦しか走っていない。早すぎるよ。最も重要なことは、最初の2戦が僕たちにとって申し分ないレースだったということと、本来の実力が遺憾なく発揮されたと感じたことだ。ブラジルでも、この調子で行けるように望んでいるよ」とキミは過度に興奮することなく冷静に答えた。

　18戦ぶりに表彰台でフィンランド国歌『我等の地』が響いた。この瞬間をキミはどのように感じたのか。

「表彰台で国歌を聴けて良かったよ。そういうのは好きだし、これからもっと聴くことができればいい。F1で勝ち、いつかタイトルを獲るために僕はこれまで仕事をしてきた。また次のレースで勝つことを考えて、この音楽を、この先も何度も聴こう」

初勝利は、いつの時代も若いドライバーを研ぎ澄ます。

「いつ初勝利を挙げるのかという質問に答える必要がなくなったから、優勝して楽になった。僕は勝てることを知ったし、人生が少しは楽になった。予選で僕らのマシンが速いことは知っていたけれども、このように圧勝できるとは全く思っていなかった。タイトル争いで張り合えるマシンに仕上がっていることは確かだ」

キミはマレーシアのレースで、ちょっとしたミスもすべて回避し、苦戦を強いられることなく簡単に最初の勝利を飾ることができた。勝利の要因としてチームが用意してくれた完璧なマシンのおかげでミスなく走り切ることができたとキミは答えた。

「運転が楽しかったし、どの周回も安定して思い通りのタイムが出せた。終盤でマシンに負担をかける必要はなかったけれど、何かが壊れるんじゃないかと、ずっと怖かったよ」

ＭＰ４‐17Ｄは驚くほどしっくりと手に馴染んだ。

マネージャーのデイビッドとスティーブ・ロバートソンは、マクラーレンのガレージの前で人生最高のシャンパンファイトをした。

「キミの安定した走りが、とても印象的だった。トップに立つと、素晴らしいラップタイムを次々と叩き出した。そうしているうちに他のドライバーに圧倒的な差をつけた」とマネージャーたちは称賛する。

キミをサポートする人たちで、誰よりも初勝利に歓喜したのはスティーブ・ロバートソンかもしれない。

「飛行機なんていらない。ここで飛び跳ねてスイスに行けるぐらい幸せだ」と、祝福のハグを私と交わした後に、彼は喜びを爆発させた。

世界チャンピオンであるミハエル・シューマッハとミカ・ハッキネンの二人は、ライコネンが勝者の仲間入りをしたことをどう思っているか質問してみた。

「いずれキミが優勝するのはわかっていた。彼は、もう熟練しているようだ」とシューマッハはキミに高評価を与えた。

「キミがそれなりのマシンを手に入れたら勝てる、と僕は前から言っている。しかし、タイトルを獲得するとなると忍耐力も必要だし、いろいろとやることがある」とハッキネンは指摘した。

キミはシンガポール空港を飛び立ち、機内で仮眠をとった。月曜日の早朝、チューリッヒ空港に着陸する直前に目覚め、その足でメルセデスの首脳陣とシュトゥットガルトにあるダイムラー・クライスラー本社を訪れた。そこで幹部たちと一緒に、盛大な祝賀ダンスパーティが行われた。

2週間後、インテルラゴス・サーキットで行われたブラジルGPの週末を南米特有の大雨が襲った。雨で中断されたレース後、フィンランド国歌『我等の地』が響いたが、このキミの勝利は雨水とともにコースの排水管へと流されていった。

そのレースでフィジケラとライコネンは、コースに散らばった障害物を避けながら56周目を走っていた。その時に首位を走行していたフィンランド人ドライバーが勝者として暫定的に表彰台の中央に上がった。しかし、赤旗が出ていたため、審議を経て最終的に54周目終了時点の結果が反映されることになった。その時点で首位を走っていたフィジケラが勝者であるという結果になったのだ。

そういうわけで次戦のイモラで、キミは優勝トロフィーをフィジケラに返還した。

20 ― クールに主導権を握って

Ｆ1のバイブルと称される英国の『オートスポーツ』がマレーシアＧＰの特集号でライコネンに関する長い特集記事を組んだ。表紙には「世界最速の男？　彼は寡黙だ……ならば我々が語ろう、なぜライコネンは走りに代弁させるのか」と見出しが踊っていた。

当時まだ雑誌社の若手記者だったジョナサン・ノーブルは、マレーシアの勝者であるライコネン、そしてペーター・ザウバーとマクラーレン首脳陣のインタビューをメインに構成した。そして私には、開幕戦で優勝した後のキミの両親の様子を書いてほしいと頼んできた。私は依頼された記事を「クールに主導権を握って」というタイトルで寄稿した。それは以下のようなものだ。

キミ・ライコネンの記憶に残る、一番昔のＦ1レースはケケ・ロズベルグが優勝した1985年オーストラリアＧＰだ。家のテレビでレースを見ていたキミは6歳で、ちょうどゴーカートを始める頃だった。

それから18年後のマレーシアＧＰ。フィンランド国歌が響く表彰台の中央にキミが立っていることが、にわかには信じられなかった。

表彰式で驚かされたのは、ライコネンがそれほど感情を爆発させていなかったことだ。あたかも優勝がキミにとっては2位や3位と変わらないかのように感じさせた。大観衆の目にもキミの表情はレースでリタイアした時と変わらないように映った。

遠く離れた自宅で、マクラーレンのエースの家族は、息子がいかに感情を爆発させて幸せそうだったかを仕草から読み取っていた。実際キミがどのように感じているのかは、普段の行動を知っている身内には明らかだった。

母のパウラ・ライコネンは「仕草だけでキミの本当の感情が読みとれる。表彰台に立つキミの表情や仕草から、どんなにあの子が幸せなのかわかった。キミは飛び跳ねたり、声を出して喜んだりは一切しない。自分の感情を表す時は拳を空に突き上げるだけなの。完全に感情を抑えることができる謙虚な子よ」

両親によると子どもの頃から今までモータースポーツで数々の優秀な成績を収めてきたけれど、キミが感情を表に出したのは一度しかないそうだ。ゴーカートのジュニアクラスでフィンランドチャンピオンになった時、キミはゴーカートに乗ったまま両手を空に突き上げた。

「キミは、いつもクールね」と母パウラは言う。

しかし、キミの輝かしい成功を収めた背景には、確固たる決意と揺るぎない信念があると父マッティは教えてくれた。

「キミが何かを決めると、誰も彼の考えを変えさせることはできない」

Photo : Wri2

2003年、F1出走36戦目のマレーシアで初優勝を達成。勝者は控えめな笑顔、マクラーレン代表ロン・デニスの涙があふれた

21 ― 下手な奴に負けたんじゃない

２００３年のタイトル争いを決したのは、最終的にフェラーリのチーム戦略だった。マラネロは抗議を提出し、タイヤの測定に関するレギュレーションを自分たちに有利になるよう変更させた。これによりブリヂストンが、いわゆるミシュランとのタイヤ戦争で優勢となった。日本で生産されたウエットタイヤを採用したフェラーリはシーズン終盤で3連勝し、このタイヤは濡れた路面で圧倒的に強いことが証明された。

タイトル争いは秋頃まで順位が頻繁に入れ替わり、劇的な様相を呈した。絶対王者であるシューマッハが一時は脱落したかと思われたが、イタリアとアメリカで勝利して貫禄を見せつけた。

最終戦となった日本ＧＰではシューマッハ兄弟が接触、弟のラルフはリタイア。一方、ミハエルはレースを続けて8位でゴールした。それによって仮にキミが優勝したとしても、ミハエルはタイトル獲得に十分な1ポイントを確保することができた。

最終的に、このレースではルーベンス・バリチェロが自身7度目の優勝を果たした。キミは11秒０８５差をつけられ2位でチェッカーを受けた。

「どのレースでも2位止まりなのは、いい気分じゃないよ。かと言って、勝てるほど十分に速いわけでもない。ただ、少なくとも運転が下手だったから負けたわけじゃない」と個人タイトル戦の銀メダリストは記者会見で心境を打ち明けた。

シーズン全16戦のうち、キミは優勝1回、2位7回、3位2回という成績だった。

キミと二人きりで話をしている時に、タイトルを獲得できると本気で思っていたのか質問してみた。

「もちろん。レースではいろいろなことが起こり得る。コースアウトする者もいれば、最終ラップでトラブルが起きてすべてを失ってしまう者もいる。レースというものはチェッカーを受けるまで何も終わっていない。僕はできるだけ攻め続けるようにしたが、思い通りには行かなかった。優勝争いでもタイトル争いでも十分に戦うことができなかった」

「今年は過酷なシーズンだった。レースに出る度に何かを学んだよ。来季は今年学んだことを踏まえて臨むことができる」

シューマッハの4年連続チャンピオンという結果は、2位に甘んじたドライバーの感情を大きく揺さぶることはなかった。

「少なくとも下手な奴に負けたんじゃない……2位は敗者でしかないし、2位を狙うメリットはない。僕たちはタイトルを争って、最後まで諦めずに走り抜いた。オーストラリアでピットリミッターがトラブルを起こさなかったとか、ニュルブルクリンクでエンジントラブルが起こらなかったらなんて、後になって言い訳するのは簡単なことだ。嘆いても何も変わらない。そんなことをしても無駄に疲れるだけだ」

マネージャーのデイビッドとスティーブ・ロバートソンはタイトル争いに敗れたことを冷静に受け止めた。

「シーズン中に誰かの順位が一つでも違っていれば、チャンスを棒に振る必要はなかったという人もいる。キミの夢が叶い、歴代最年少チャンピオンになる瞬間が目の前まで来ていたから、鈍器で殴られたような気分だ。でも、これからキミの時代が必ず来るよ」

15年後にレースエンジニアのマーク・スレードは、どうすればタイトル争いを制することができたのかを分析した。何でもそうだが、出来事が起こっている瞬間より後になってからの方が冷静に判断できるものだ。

「私たちは選手権をリードしていた。そしてシーズン終盤に向けて新しいマシンの開発を急いでいた。しかし開発に失敗して、とんでもないマシンになってしまった。この時レースで使用したマシンの改良作業もシーズン前半で中止していたんだ」

「新しいマシンが使い物にならないことがわかって、ようやく旧型マシンの改良を再開した。エンジンをアップグレードし、新しい空力パーツ一式を手に入れたが、もはや手遅れだった」

「今になって私が言えることは、もし私たちが旧型マシン（正確には冬に改良が加えられているから完全な旧型とは言えないが）の改良に専念していたならば、キミとタイトルを獲得していただろう。現実は、僅か2ポイント差でタイトルを逃してしまったが」とスレードは後悔を口にした。

ライコネンの飛躍のシーズンは、ケケ・ロズベルグにも大きな印象を与えた。2戦を残した段階で、彼は『フランクフルター・アルゲマイネ』紙のインタビューで新たなフィンランド人ヒーローの出現を心から称賛した。

「キミは、まだF1を3シーズンしか走っていないことを覚えておかなければならない。現在の成績を考えると今後大いに活躍することが期待される。ノルベルト・ハウグにキミがどれだけ優秀なドライバーなのか尋ねると、彼は何も躊躇することなくキミは最高に優秀なドライバーだと答えた」

「今シーズンを通じて、キミは自尊心、信頼感、安定性、そして速さのどれをとってみても、三度の世界チャンピオンに輝いたジャッキー・スチュワートのように、ドライバーの鏡のような存在だった」

Photo : Wri2

2003年、キミはミハエル・シューマッハの連覇を止めることはできなかったが、下手なドライバーに負けたわけじゃないと自分を慰めた

22 — お国柄

元F1ドライバーのマーティン・ブランドルは、15戦に出走し未勝利のまま1996年に現役を引退した。彼は2001年にF1デビューしたキミ・ライコネンと一緒に走ったことはない。しかし、彼はF1に精通したテレビ解説者であると同時にキミのエキスパートとしての地位を確立している。

手元の資料にブランドルらしいコラムが見つかった。そこで彼はマクラーレン時代のライコネンの飲酒について言及している。なお、コラムはゴシップがメインの『ザ・サン』紙に掲載されたものだ。

ジェームス・ハントのようなF1ドライバーは今日では受け入れられないだろう。今のドライバーたちは酒を嗜むってことを知らないのかもしれない。酒の席で酔うのは普通のことだ。キミ・ライコネンも、ほろ酔い程度にとどめ、泥酔するまで飲むのは控えた方がいいのではないかと私は考えている。

キミのプライベートでの振る舞いは大目に見られている。スポンサーを含めチームにとっても迷惑なことだが、それだけ彼が若くて優秀ということだ。しかしゴシップに巻き込まれると、チーム全体の集中力を低下させ、対戦相手の思う壺になる。

のっけからキミを非難しようという魂胆はない。私が言いたいのは、彼の唯一の「罪」と思しき行為はプライベートでの失態をマスコミに拾われることだ。私自身、酒に溺れて失態を演じている他の実例をいくつか目撃したことがある。例えば、日本GPでシーズンが終了した後に、ミハエル・シューマッハが朝6時頃にゾンビのようにあっちこっちを徘徊しているのを見た。1984年には、アイルトン・セナが何人かの友人に抱えられてエストリルのバーカウンターからホテルまで運ばれる姿も見た。

スポンサー企業はチームに何百万ドルも投資しているから、キミのプライベートでの失態を容認し難い。そういうわけで広告塔であるキミがロンドンのナイトクラブで裸踊りするのを看過できなくなった。

レースに関して言えば、仮にキミが信頼の置けるマシンを手にすることができれば、彼はタイトルを獲得することができる。しかし、マクラーレンが彼にチャンピオンを狙えるマシンを提供できなければ、キミはすぐに、それが可能な新たなチームを探すことになる。


ブランドルのコラムが掲載された後、私はパドックでコーヒーを飲みながら、その記事についてデイビッド・ロバートソンと話し合った。デイビッドは、キミのアルコール絡みの夜遊びの大部分がフィンランドのお国柄の表れだと考えている。

「酒を遠慮なく嗜む文化がフィンランドには根付いている。文化に口出しすることはできない。キミは人気を博しているが、その反面、嫉妬深い連中もいるのは確かだ。もちろんキミは酒に関して節度をわきまえているし、公私混同しているわけではない。仕事になれば完全に集中し、マシンに乗ると全力を出し切ることを私は知っている。実際、今まで彼が手を抜いたのを一度も見たことがない。彼の行動を指摘する他人の言葉より、キミが走りで見せる結果の方が強いメッセージを伝えている」

「いつも意見が一致するわけではないにせよ、キミは私たちの話をちゃんと聞いている。彼は大人の男だ。もう子どもではない。何でもかんでも彼の行動に口出しすることはできない。彼の判断の方が正しい時もある」

「メディアとの関係は、かなり悪い。キミなりに深い理由があってしている行動であっても、メディアが執拗に叩くからだ。特定のメディアとは良好な関係を築いている。愚かな質問をする記者は別だ。キミはその手の記者にまともに答えようとしない。それゆえにインタビューなどで悪いイメージが伝えられてしまう。理解を示して接しているメディアを彼はちゃんと選別している。その手のインタビューでは、キミの返答が好意的に受け止められている」

「私たちは、まだ若かったキミをスカウトした。多くを学ばなければならなかったけれど、年齢の割に多くのことを成し遂げている。キミは異例の速さでマクラーレンとメルセデスが要求するプロモーションの仕事も覚えた。当初は彼にとって苦痛以外の何者でもなかったが、今は広報活動も幾分楽になっただろう。まだまだ学ぶことはあるだろうが、ドライバーとして、そして広告塔としても成熟度を増している」と、ロバートソンは持論を述べた。

23 — 子どもの村への訪問

キミは長い間、手の痛みに苦しんでいた。２００３年シーズン終了後に、腱が断裂していた右腕をアキ・ヒンツァが手術した。全治３ヶ月と診断され、その間キミはマシンを運転することができなかった。

11月18日、包帯姿のキミはエスポー市にあるＳＯＳ子どもの村を密かに訪問していた。モナコＧＰの時に豪華客船で行われたチャリティイベントで集めた１８６万３４５７ユーロを寄付した。施設の子どもたちは、キミを現地で応援するためモナコにも招待されていた。

「助けたい人もいれば、そうじゃない人もいる。助けることができるんだったら、助けた方が良い。助けを必要としている人はたくさんいる。僕たちはこの子たちを助けようと思っている」と、キミはこの活動について説明した。

モナコで子どもたちは記者ごっこを体験した。キミが「自由な記者会見」の場をセッティングしてくれたのだ。その会見場では何でも質問することができた。

あなたは革ジャンを着ているけれど、悪い人なの？

「僕は悪い人じゃないよ」

レースでのインタビューは、どんな感じ？

「今は本当に普通だよ。最初は嫌だったけどね」

イライラしましたか？

「苛立ったよ」

煙草を吸う？　お酒も飲むの？

「煙草は吸わないけど、お酒は時々ね」

なぜ、あなたにはマネージャーがいるの？

「自分一人ですべてをする必要がなくなるからだよ。そうすると他のことをする時間ができる。彼らが大切な契約とかをしてくれるから、僕はストレスを感じなくて済むんだ」

最高どのくらい速く走ったことがある？

「おそらく時速３７０㎞くらい。もっと速く走れるだろうけど、その場合は長い直線コースが必要だ」

それは、いい気分なの？

「いい気分だよ。走っている時は、そのスピードに気がついていないけどね」

シューマッハがポイントをリードして、がっかりしましたか。

「そりゃ、もちろんがっかりしたよ。どちらかと言うと、いつもリードしていたいね」

子どもたちから多くの質問が寄せられた。普段の記者会見とは違って、すぐに立ち去ろうとするキミの姿は、そこにはなかった。

24 ―「本当に酷い」

２００３年シーズンのタイトル争いにキミは僅差で敗れた。翌シーズンに向けて２００４年1月にスペインのヘレス・デ・ラ・フロンテーラでキミはテストを開始した。キミが走行を行うまでデイビッド・クルサードとテストドライバーのアレクサンダー・ブルツとペドロ・デ・ラ・ロサがＭＰ4-19の開発に携わっていた。

記者の私にしてみれば、キミが最初にニューマシンをテストする瞬間を現地で取材できることは喜び以外にないが、ドライバーの立場ではチームが開発した最新のマシンに満足できなければ、喜びは一瞬で消え去ってしまう。

私はテストの朝に英国のマクラーレンの広報担当者から電話をもらっていた。担当者によるとヘレスのピットにチーム専属の記者を誰も送り込んでいないとのことだった。そこで彼らは私に助けを求めたのだ。

マクラーレンの広報担当者は、キミとのインタビューの場を設けると約束した。そこで私はキミに新車の感想を求めることになった。

予定通りキミは取材の場に現れた。私はインタビューを始める前に、ここでのコメントがマクラーレンの広報誌『レーシング・ライン』に掲載されることを伝えた。そして、ニューマシンにどんな印象を受けたのかインタビューを開始した。

「本当に酷い」とキミはクラクションを鳴らすように吐き捨てた。

私は慌てた。流れを修正する質問ができるのか、この先が不安になった。

「サーキットで何周か走ったが、本当に酷いマシンだった。シートが前と少し違っていて運転しづらいし、どこをとっても世界最高のマシンではない。テストとしては良くなかったが、良くないということがわかった。新しいウイングも次のテストまで待たなければならない」

その後、私たちは少し雑談をしてインタビューを終えた。私は注文された記事を急いで書いてマクラーレンの広報部門へ送った。

「僕が期待していたものとは全く違った」と、私はキミの言葉を少し和らげて伝えた。

マクラーレンの編集者は私の記事に彼らの都合がいいように加筆した。私が送ったキミのコメントそのものは、辛うじて広報が管理するキミの言葉が集められたバインダーへと収められた。こうして、キミの新車についての辛辣なコメントは闇に覆い隠された。

２００４年シーズンは度重なるエンジントラブルにより３連続リタイアで始まった。３戦目はＦ１史上初めてバーレーンで行われた記念のレースだったが、キミにとっては悪夢以外の何ものでもなかった。フリー走行でエンジンが壊れ、10グリッド降格のペナルティが科せられた。そのためにキミは、まともに予選を走ることができなかった。グリッド後方からスタートすると、９周目を過ぎたところで今度はエンジンが燃え、リタイアせざるを得なかった。

この状況にドイツの『ビルド』紙が噛みついた。ドイツ人が敬意を表する「シルバー・アロー（銀の矢）」を「シルバー・トーチ（銀のたいまつ）」と揶揄したのだ。バーレーンＧＰ後に生まれた、その不名誉なニックネームは夏頃には「世界最速のライター」へとエスカレートしていった。

それから16年後の２０２０年、開幕前テストを行うためにキミはバルセロナを訪れていた。アルファロメオのニューマシンで走行するところだ。私は絶望感を味わった２００４年の序盤にキミを連れ戻そうと試みた。そして、次のような質問をした。例の２００４年のマクラーレンのマシンを実際どう思っていましたか。

「酷いったらありゃしないよ。マシンが完全にリニューアルされたシーズン終盤まで、それは酷かった。終盤は見違えるほど良くなった。リア全体を交換して、フロントも新しくなった。それをマニクールから導入して、僕たちはスパで勝った」

そのマシンは、開幕前のテストで試した中で最悪でしたか。

「何とも言えないよ。最悪ではなかったかもしれない。１年前の２００３年型だって結局一度もレースで使ってないからね」

「2002年シーズンが終わり、チームはMP4-18の開発を始めた。結局そのマシンは投入されることはなく、2002年モデルを改良したマシンで参戦した。2003年シーズン用に開発したニューマシンでは1メートルすら走っていないんだ。タイトル争いが激化している時に、そのマシンを投入するのは、あまりにも信頼性に欠けていた」

「MP4-18は夏にバルセロナで行われたテストまで、なんとか漕ぎ着けた。確か第3ドライバーのアレクサンダー・ブルツがタイヤテストで、そのマシンをある程度走らせた（5月21日ポール・リカール・サーキット）。その時、僕もテストをして、最終コーナーで壁に衝突してしまったのを覚えている（6月4日）。本当に出来の悪いマシンだった」とキミは思い返した。

「マシンのアイデアとしては良かったよ。すでに排気管が床から外に通してあったからね。後に、エイドリアン・ニューウェイがレッドブルで採用したやつだよ。でも、僕たちのチームでは一向に完成しなかった。効果が発揮されていると感じた時もあったが、安定していなかった」とキミは身振りを交えて教えてくれた。

「もし、その時に開発に成功して有効に使えたなら、シーズン終盤に僕たちは大きな恩恵を得ていたんじゃないかな。排気を吸いながら押し出すことが可能だったら、とんでもないマシンになっていたと思う。結局そのマシンに僕たちはテストでしか乗っていない。テストで好きなだけ走ることはできたが、二度ほど違うテストで使っただけで、一度もその車でレースを走ることはなかった」

ニューウェイとチーフデザイナーを務めていたマイク・コフランは、新車の開発に時間がかかっていたため、シーズン序盤のために2002年型のMP4-17を改造したマシンをレースに投入した。

「改良版とは言え2002年のマシンとは全く別だった。見た目は改良前と区別がつかないが、すべてに手が加えられていた。今となっては、その車もマクラーレンの保管所で休憩しているよ」と、キミは諦めたような声で答えた。

後日チーム代表のロン・デニスは、なぜ改良版のマシンをMP4-18と名付けなかったのか後悔した。新旧のマシンが話題になると、旧マシンをフル参戦させたことは、マクラーレンの上層部にとって敗者の烙印を押されたに等しかった。

ニューウェイとコフランが生み出した数々のマシンでライコネンは最終的に9勝している。しかし度重なる技術的なトラブル、特にエンジンの故障のために、少なくとも優勝できたチャンスを半分は逃してしまった。2003年に初優勝、2004年に2勝目、そして2005年に残り7勝を飾った。マクラーレンでの最後のシーズンとなった2006年は、ポールポジションを3回獲得したが勝利に見放されてしまった。

つまりキミは5年間、天才デザイナーのエイドリアン・ニューウェイが生み出したマシンで走った。時に斬新と思われる彼のアイデアは空力パッケージなど随所に見られた。

ニューウェイとともに仕事をしたキミ本人は、彼のことをどのように思っているのだろう。ニューウェイは有能な人物だったのか、彼はフィンランド人ドライバーの意見を取り入れたのだろうか、キミに質問してみた。

「結局のところ、彼が僕の意見を聞いていたのかどうかわからない。でも、何かしら聞いていたと思う。僕の方から彼に質問することはなかった。ただ、彼は本当に優秀な人だったよ」とキミは15年前の記憶を呼び覚ます。

2002年は未勝利に終わったが、2003年に素晴らしいスピードを手に入れた。開幕戦で3位に入り、2戦目には初優勝を飾った。それに加えて審議の末に覆ったブラジルでの幻の優勝もあった。

「2005年のマシンは、またも2004年の終盤に導入したマシンの改良版だった。でも、完全に仕上がっていたよ。多少馬力が増して新車のようだった。出来の良いマシンだった」

「何よりミシュランのタイヤが最高だった。ただ、僕たちは少し問題を抱えていて、そのマシンもシーズン序盤は最高と言えるほどではなかった。決勝では速いのに、予選ではスピードが乗らなかった。そんなこともあって僕たちはイモラでのレースに備えてフロントサスペンションに変更を加えた。そうしたら、予選でも本来の速さを取り戻した」

２００５年のマシン開発にはニューウェイの助手として、引き続きコフランが加わった。

「良いマシンに仕上がってはいたが、故障ばかりしていた。ニュルブルクリンクではフロントサスペンションが外れたり、ホッケンハイムではエア抜きに問題があって油圧が下がってしまった。レースをリードしていたのに本当に馬鹿みたいなことが続いた」

「エンジンとは関係のないトラブルもいくつかあった。機器も壊れた。しかし、それらがすべての敗因でもない。その時は例のどうしようもないペナルティシステムがあった。ほぼすべてのレースでペナルティが雨のように降ってきた。ペナルティがなければ、少なくともシルバーストン、フランス、モンツァでは優勝していただろう」

２００５年日本GPで、鈴鹿の優勝を勝ち取ったのがキミのマクラーレンでの最後の勝利となった。シルバーアローで最後となった勝利を惜しむかのようにフィンランド国歌『我等の地』が響いた。

２０１１年の秋にナイトレースとして行われたシンガポールGPの前日、私はエイドリアン・ニューウェイにインタビューをした。彼はマクラーレンに所属した２人のフィンランド人ドライバーとの経験を比較しながら話してくれた。

ニューウェイは、彼にとって親近感のあるドライバーはハッキネンだったと教えてくれた。それではハッキネンが引退した後、デザイナーとしてキミとどのように仕事をしてきたのか聞いてみた。

「キミがF1ドライバーとして若すぎるとは思わなかった。実際、私もマクラーレンにキミを獲得することを強く推していた。だが、キミとはミカの時のようには親しくなれなかった。その要因の一部として、私が当時レースエンジニアの仕事に参加していなかったことがあるのかもしれない」

「キミは生まれながらのレーシングドライバーだ。自分を持っていて素晴らしい才能がある。しかし、彼はマクラーレンで希望が叶わず苛立っていたと私は思っている。あふれる才能を、ずっと持て余していた」とニューウェイは語った。

25 — アイスホッケーの国カナダへ

２００4年はキミにとって二極化したシーズンとなった。前半は7月中旬までトラブルが連発して絶望的なくらい退屈なものとなってしまった。この期間のことで私の記憶に最も残っているのはレースではなく、ひょんなことからアイスホッケーについて記事を依頼されたことだった。

私はカナダGP組織委員会の広報委員を担当するノルマン・プリウエルと年々親交を深めていた。この年の春、彼からレースではなく、ライコネンのアイスホッケーにまつわる特集記事を書いてほしいと依頼された。記事はグランプリの公式プログラムに掲載されるのだそうだ。

なるほどと思った。モントリオールはアイスホッケーが盛んに行われている都市だったからだ。

刊行された２００ページ近くあるプログラムを私は未だに誇らしく眺めている。その本の見開き3ページにわたって「アイスホッケーの好カードに酔いしれるディフェンダー、ライコネン」と題した私の記事が掲載されているからだ。プログラムはフランス語と英語で印刷された。記事に含まれる11枚の写真のうち、キミがアイスホッケーの防具を身につけている写真が8枚。Ｆ１のドライビングスーツ姿は3枚しかない。

その特集記事は以下のような内容だ。

フィンランド人の男性なら大半が子どもの頃からアイスホッケーをする。キミ・ライコネンもそうだった。マクラーレンのＦ１スターは、子どもの頃から何をするにつけ常にトップを目指してきた。

アイスホッケーにも幼少の頃から真剣に向き合ってきた。他の選手より体格的に小さく、年齢も1歳下で不利だったが、臆することなくプレーしていた。

「僕は１９７９年に生まれたが、当時フィンランドには１９７８年か１９８０年に生まれた子どもたちのジュニアクラスしかなかった」とキミは事情を説明してくれた。「そういうわけで1歳年上の人たちと一緒にプレーすることになったんだ」

「僕が最初に好きになったスポーツはアイスホッケーだったと思う。今でも時々アイスホッケーを楽しんでいる。もっと小さかった時にはサッカーもしたけれど、あまり好きになれなかった。アイスホッケーは、ジュニアCクラスまで5年くらい続けたよ」

キミの実家はエスポー市にある。地元のチームには、ユッペリン・ウルヘイリヤットとカラカッリオン・パッロがあり、両チームともヘルシンキ地区シリーズで試合をしていた。

「普通なら一番背が低くて年下の選手がゴールキーパーをやらされるのに、どういうわけだか僕はやらずに済んだ。ディフェンダーをしていた僕とコンビを組んだ奴が、めちゃくちゃ大きかったのを覚えている。本気でプロの選手を目指している人は誰もいなかったけれど、僕たちは本当にアイスホッケーを楽しんでいた」

「でも、やめてしまった。僕は朝早く起きて練習に行くのが嫌だった。今でもそうだけれど、ゆっくり眠りたいんだ」

「それからゴーカートを始めた。もちろんアイスホッケーをやめた後も、試合は欠かさず見ていた。冬になると、やっぱりアイスホッケーをもう一度やろうかなと疼いたけど、そのためには他のことをすべてやめる必要があったと思う」

家からアイスホッケー場まで母パウラ・ライコネンが運転手を務めていた。練習は、ほぼ毎朝行われていた。

「ある朝キミが車の後部座席で眠そうに横になっていた。その時キミはあくびをしながら、他のスポーツに変えたいって私に言ってきたの。理由は、フェンシングのようなスポーツなら、こんなに朝早く練習をしなくて済むからって言うのよ。私は大声で笑ってしまって側溝に落ちそうになったわ」とパウラは微笑みながら昔のことを思い出した。

キミはアイスホッケー選手でも全然おかしくないと私は思ったが、もしアイスホッケーを続けていたらフィンランド代表に選出されていたと思うかと彼に聞いてみた。

「たぶん、それはないと思う。だって僕は今でもかなり体格的に劣っているから。もちろん僕より小さくても上手な選手はたくさんいるけどね」

キミはアイスホッケーをやめたことを後悔していないと言いながら、趣味でアイスホッケーを時々やっている。「試合を観戦するのは楽しいよ」とキミ。「僕にとってレースが最優先事項であることに変わりはないが、ヘルシンキにいる時は、有名人同士で結成したアイスホッケーチーム、ピエタリカトゥ・オイレスの練習に積極的に参加している」

チーム名はＮＨＬエドモントン・オイラーズに由来している。そのチームには、ヤリ・クッリやエサ・ティッカネンなど多くのフィンランド人が所属していた。現役を退いた彼らもチャリティイベントの一環として行われる有名人対抗戦でプレーしている。

２００３年８月にスロヴァキアのブラチスラヴァで行われたフレンドリーマッチにもＮＨＬのヨーロッパ人プレーヤーたちに混じってキミは参加している。彼はバッファロー・セイバーズのミロスラフ・シャタンやワシントン・キャピタルズに所属していたペーター・ボンドラのようなスター選手たちと一緒に同じラインでプレーした。観客席には９０００人ものファンが集まり、歓声を上げていた。

「もちろん世界最高の選手たちとプレーできるのは嬉しいよ。最近プレーする機会がめっきり少なくなったから、パックの動きを逐一判断するのが一番難しかった。でも一緒にプレーする優秀な仲間が、ちゃんとフォローしてくれたよ」とキミは付け加えた。

キミはＮＨＬに関する知識も豊富だ。

「毎回モントリオールに着くとアイスホッケーのメッカに来たんだって感じる。カナディアンズのホームゲームをここで見られたら最高だし、モントリオールとコロラドの好カードを観戦できたら天にも昇る気分だ」

キミはモントリオールで当時キャプテンを務めていたサク・コイブやコロラドで当時ゴールを量産していたテーム・セランネと親しくしていた。

ＮＨＬファンであるキミは、特にコロラド・アバランチを応援している。

「ＮＨＬでは多くのフィンランド人選手がプレーしているけれど、どこよりもテームが所属しているところに肩入れしている」

1年前の2003年にNHLのシーズンを終えたセランネがキミを応援するためにモナコGPのパドックを訪れた。彼らは意気投合し、それを機にずっと親しい交友が続いている。

「僕たちは地元がすぐ近くなんだ。ジェットスキーで10分も行けばテームの家の桟橋に着く」とキミは説明してくれた。

「お互い仕事で忙しくて会えないが、ずっと連絡は取り合っている。時々テームからの返信がなかなか来ないことがある。返信が来るまで1週間かかったこともあった。でも、それはお互い様で彼も僕からの返信を気長に待っていると思う」

「僕が小さい時に一緒にプレーした幼馴染は誰も有名な選手になっていない。だから特にお気に入りの選手はいないけど、いつもテームのチームを応援するようにしている。コロラドが勝つと気分が良いよ」。そうキミは話を締めくくった。

このインタビュー後、カナダGPの前にサク・コイブがキミを応援するために顔を出した。彼はモナコでも応援に駆けつけていた。

「キミは積極さと冷静さを同時に兼ね備えている。結果が出ないと確かに辛いが、彼が自信に満ちあふれているのは、はっきりと伝わってくる」。短い面会ではあったが、コイブはマクラーレンのドライバーの様子を語ってくれた。

26 — 仲間と祝った結婚式

２００４年7月31日、キミは２０００年のミス・スカンジナヴィアに輝いたイェンニ・ダールマンと結婚した。物語のような結婚式は、有名人の仲間と友達を添えて行われた。招かれざる客となった報道陣をシャットアウトするためにハメーンリンナの上空も結婚式が行われる時間だけ封鎖された。

マクラーレンとメルセデスの首脳陣であるロン・デニス、ユルゲン・フバート、ノルベルト・ハウグ、そしてキミの仕事仲間、親戚、ミカとイリヤ・ハッキネン、テーム・セランネ、ヤリ・クッリのような近しい仲間が結婚式に招待された。花嫁の介添人はミス・フィンランドのスヴィ・ミーナラが務めた。

その後に開催されたハンガリーGPのパドックで、私は既婚者となったキミに、アイスマンでも結婚式では緊張したのかと質問することを期待された。

「それは女性の方がずっと緊張するよ。女性にとって結婚式は大切なことだからね。もちろん僕にとっても良い結婚式だった。お互いにとって良かったけれど、男性と女性では結婚式の捉え方が少し違うんじゃないかな。イェンニは半年ぐらい前から緊張していたと思う」とキミは答えた。

ハンガロリンクには、結婚したばかりの妻イェンニとキミの母パウラ・ライコネンが駆けつけていた。

二人とも外部の人たちが持つキミのクールなイメージを少し和らげたかった。

「仕事に関係のないことはできるだけ最小限にとどめて、彼はレースに集中したいのよ。だからと言って、私たちのことを気にかけない冷たい人だって思われては困る。彼は心が温かくて、あまりにも親しい人に気を遣いすぎちゃうから、逆にキミの方が辛いと思う」とイェンニは教えてくれた。

「周りに人がたくさんいる時は、キミは小さい頃からずっと喜んで一歩下がる謙虚な子だった。あの子は押し合いへし合いみたいなのが好きなタイプじゃない。気が利いて思いやりがある子なの。でも、仕事に集中している時は、邪魔しに行くようなことはしない方がいい。私たちはここに来てキミとほとんど言葉を交わしていないけれど、私たちがここにいるのを彼が目にするだけで十分。すべて問題ないってことはキミが表情で読み取ってくれている。キミのクールなイメージはレースに集中しているってことよ」と、パウラは強調した。

27 — 不発弾

ファン・パブロ・モントーヤは、キミ・ライコネンと同じ2001年オーストラリアGPでF1にデビューした。ウイリアムズがキミより4歳年上のコロンビア人と契約した理由は、モントーヤの腰には国際F3000とCARTのチャンピオンベルトが巻かれ、インディ500でも優勝を果たしていたからだ。

モントーヤの出現とともにF1パドックにはコロンビア人の記者ディエゴ・メヒアも現れるようになった。彼は父親とコロンビアのF1メディア代表を務めていた。

私たちはディエゴとすぐに親しくなった。そしてモントーヤがキミのチームメイトとしてマクラーレンに移籍すると、活発に情報を交換するようになった。

メヒアの家族は、コロンビア唯一のF1ドライバーと長い付き合いがあった。

「私の父とファンの父はコロンビアでゴーカートのライバルだった。ファンと私は子どもの頃から一緒にレースを始めた。彼の方が私より先に始めたけれど」とディエゴは事情を説明してくれた。

メヒアは、ライバルだったモントーヤが異常なほど痛みに強かったことを特に覚えている。

「ゴーカートに乗ると誰でも肋骨や体全体に痛みを感じる。なのにファンはシールドや衝撃吸収材を使うのを、いつも拒んだ。あの痛みを我慢することができたんだ」

このように私は彼らのゴーカート時代のことをバルセロナの開幕前テストに先駆けて、いろいろと教えてもらった。

話を戻し、モントーヤがF1ドライバーとして契約したことが、コロンビアではどのくらい話題になったのかメヒアに質問した。

「ファンがモータースポーツの頂点まで来たんだって感じた。同時にコロンビアで歴代最高のレースドライバーとして彼の名が今後も語り継がれると確信した。あまり装備が整っていないマシンでレースに参戦してここまで辿り着けたのは本当に類稀なことだ。ツーリングカーでも走ったが、彼がコロンビアで伸び盛りだった頃に、そのシリーズが開始された。タイミング的にもぴったりだった」

ウイリアムズでF1を始めた時、モントーヤのチームメイトはラルフ・シューマッハだった。

「本当に噛み合わず、すべてが拗れた糸のようだった。私が見ていた限り、ラルフを相手に勝負していた時と比べて、マクラーレンに移籍してキミのチームメイトになった時の方がずっと楽だった」

「ファンの速さはラルフに引けを取らなかったはずなのに、どういうわけかラルフの方が速いことが多かった。ファンが最も得意とするサーキットでもそうだった。それを理解するまでにシーズンが終わってしまったよ」

「キミとは相性が良かった。ファンがラルフより速いのは間違いないが、キミより速いかと言われると私は何とも言えない。キミはそれぐらい天賦の才能の持ち主だ。ファンはキミの自信を打ち壊そうとして、激しいトレーニングを重ねた。練習に裏打ちされた自分の技術を、彼は超がつくほど信頼している。初めて彼は自分と同レベル、もしくは自分より僅かに優れたドライバーと競う状況下に置かれた。どちらが速いのか、私には何とも言えない」

「ファンは今までにないぐらい集中するしかない状況に置かれた。多くの時間をピットで過ごし、マクラーレンのシミュレーターを操作するのを見に来るように私が呼び出されたこともあった。彼は自分のスタイルに最適な方法でシミュレーターで正確に走れるようになるまで、どれだけ時間と体力を要したのか滔々と話してくれたよ」

「マクラーレンは、ファンの意にそぐわないマシン調整を行った。彼はマシン開発に携わるようになり、自分に合ったサスペンションに交換した。しかし、それと同じサスペンションをキミのマシンに組み込むと、キミの方がファンよりも速く走ってしまった」

キミは与えられた装備を何でも、ものにしてしまう。ファンはキミよりも長時間シミュレーターで練習したが、トップに立つことはできなかった。

２００５年、ファンは運が悪かった。負傷してしまい、それがすべてを台無しにした。怪我がなければシーズン序盤に彼にもチャンスがあっただろう。怪我によって早い段階でチャンスが失われてしまった。後から考えると、彼にはスピードがあったから、その年に本来なら3勝以上はできただろう。ファンが復調した頃には、すでにキミがチーム内での地位を完全に確立していた」

モントーヤの怪我の理由は伏せられていた。事情をよく知る者が、彼が契約違反であるモトクロスを運転中に転んで負傷したと漏らすと、チームはドライバーの怪我はテニスの試合中に起こったものだと主張した。

コロンビア人の記者は、ライコネンとモントーヤが、どのような関係にあったと考えているのか。

「お互いを尊重していると思う。ファンは、これまでのチームメイトでキミに最も敬意を払っていたと私は思っている。もちろんレースになればバトルを展開する場合もある。マシンに乗った彼らは戦士のようだ。その時は負けないように全力を尽くす」

2006年シーズンの途中、インディアナポリスで行われたアメリカGPの決勝でモントーヤはチームメイトのマシンに接触してしまった。これによりチームメイトをリタイアに追い込んだモントーヤはマクラーレンをクビになった。

2011年にライコネンがNASCARシリーズに参戦した時、私はモントーヤの性格が丸くなっていることに気がついた。元チームメイトは、アメリカのサーキットではベテランの域に達している。初めて参戦する新人のキミにベテランがアドバイスをしていた。

もちろん現地には、モントーヤの全レースを現場で取材しているディエゴ・メヒアの姿があった。

「キミとファンが挨拶を交わしていたが、二人ともチームとのしがらみもなく、軋轢が生じることもない環境だった。その時、彼らは友人のように見えた」とメヒアは印象を伝えた。

マクラーレンのチーム代表ロン・デニスは2005年シーズンを制覇するために招集した優秀なドライバー二人に賭けていた。それゆえ自らが警備員の役割を買って出る覚悟を持っていた。チームメイト同士の競争が激化して爆発する可能性は、すでに指摘されていたからだ。

当時パラゴンにある豪華なファクトリーで記者を集めて行われた昼食会の場で、チーム代表は闘志を剥き出しにするチームメイトの関係を良好に保つと約束した。

マクラーレンは以前にも同様の爆弾を懐に抱えていたことがあった。１９８９年のアイルトン・セナとアラン・プロストのことだ。彼らの爆弾はイモラで行われた第2戦で爆発した。これ以降ドライバーたちの関係を修復することはできなかったのだ。

この経験からデニスは、士気を保つことが、どれだけ大事なのかを学んだ。

「チームメイト同士のバランスを適度に保つ唯一の方法は、チーム内に落ち着いた雰囲気を作ることだ。キミとファン・パブロはユーモアのセンスが同じだ。両者とも同じ話で笑う。私は、そこに注目して雰囲気を構築するのが良いと思った。そのため彼らに合いそうなジョークをいくつか準備している」とデニスは真面目に教えてくれた。

「デイビッド・クルサードがキミのチームメイトだった3年間、ジョークは何の役にも立たなかった。二人のユーモアのセンスが全く違った。その時とは状況が一変した」とデニスは当時を思い返した。

マクラーレンとロン・デニスは、チームメイトが変わってもライコネンとの関係を再構築していった。それは代表の言葉に表れている。キミが前年の２００４年シーズンすべてを救ってくれたことに対して、デニスは感謝の言葉を送ったのだ。

「悪いシーズンであっても1勝することができたのだから私は運がいい。その一回で運に見放されていないことがわかったし、勝利が与えてくれた思い出が今後も記憶から消え去ることはないだろう」

「そのような勝利をアイルトン・セナが１９９３年に雨天で行われたレースで与えてくれたことがあった。同じような雰囲気をキミ・ライコネンが２００４年のスパでもたらしてくれた。そこでの勝利は、セナの印象的な勝利の一つと感情面で同等だと捉えている」とデニスはキミを讃えた。

キミに、ちょっかいを出そうとするファン・パブロ・モントーヤ

28 — 最速で最高の仕上がり

２００５年にタイトルを期待されたキミ・ライコネンは、序盤の４戦で不甲斐ないスタートを切った。遠征を終えヨーロッパ・ラウンドが開幕した時点で７ポイントしか獲得していなかった。一方、流れに乗ったフェルナンド・アロンソは、その時点で29ポイントを獲得してタイトル争いをリードしていた。

残りの15戦だけの結果を見ればキミは７勝し、１０５対97ポイントでスペイン人を上回ったが、シーズンを通じた結果はアロンソに軍配が上がった。２戦を残したブラジルＧＰでアロンソが初タイトルを獲得したのだ。こうしてアロンソは最年少チャンピオンとしてＦ１の歴史に名を刻んだ。本来なら、ロン・デニスがマクラーレンのキミに切望していたものだ。

キミはタイトル争いに敗れ２位となったが、複数回ポールポジションを獲得し、連勝を経験するなど名を汚す結果は残していない。シーズン３回目の優勝を第５戦のバルセロナで飾った。ニュルブルクリンクで最終コーナーを曲がる時にサスペンションが壊れなければ、４連勝だって見えていた。

２００４年にマクラーレンはコンストラクターズ選手権で21年ぶりに５位へ陥落した。２００５年は９ポイント差で、アロンソが稼ぎ頭となったルノーに敗れた。

エイドリアン・ニューウェイとマイク・コフランは、ようやくＭＰ４-20を完成させ、２００５年に投入したマシンは文句なしに速かった。キミ・ライコネンと新しいチームメイトのファン・パブロ・モントーヤは合計10勝を挙げた。一方のルノーは８勝だった。

バーレーンＧＰが行われる前に、マクラーレン陣営でモントーヤの左鎖骨骨折のニュースが広がった。チームは控えドライバーのペドロ・デ・ラ・ロサを昇格させて対応した。

マクラーレンの広報によるとモントーヤはマドリードで彼のフィジカルトレーナーのジェリー・コンヴィとテニスをしていた。その時に滑って転倒して左の肩を強打してしまったと説明した。ゴシップは、モントーヤがモトクロスで転倒し、誰と一緒に走っていたかまで噂として伝えた。肩は骨折していて、左腕はテーピングで体に固定され、回復するまで5週間を要した。モントーヤはマイアミの自宅で傷を癒すことになった。この時、第一子の誕生が彼の人生に喜びをもたらした。

怪我のリスクについて、雪上バイクを趣味にするキミが槍玉に挙げられたことがあったが、この時はモントーヤがプライベートで怪我をしてしまった。

キミはモントーヤの事故のことを聞いて驚いたのだろうか。

「あんな怪我はよくあるよ。テニスは激しいスポーツだからね」とキミは考え込み、にやりと笑った。「彼の怪我は、僕には何も影響しない。世の中なんでも起こり得るから、いちいち嘆いていたら何もできなくなってしまう」

モントーヤとキミは、この件については話していなかった。「僕たちは電話でやりとりしていないし、彼が何をしようと興味ないよ」

マクラーレンとメルセデスは、ライコネンがメディアを賑わすことのないように以前にもまして彼の行動を注視していた。2004年シーズンが終わってから5ヶ月間、各紙はキミのレース結果よりも飲酒騒動の方を多く報道していた。こうして各方面からキミはアルコール中毒のレッテルが貼られてしまった。この騒ぎでキミは、プライベートで外出もままならない状況に追い込まれた。当時のキミは、永遠の反抗期と言われたこともあった。

シーズンが開幕した後に、タンペレ市のアイスホッケーチームであるイルベスの主催したパーティにキミが参加したことがスキャンダルとして報じられた。フィンランドの夕刊紙が報じた件は、すぐチームにも伝えられた。マクラーレンの広報担当者は次のような公式見解を発表した。

「特にフィンランドでキミの動向に関心があることは、チームにとってもキミ自身にとっても驚くことではない。確かにキミは土曜日にプライベートでパーティを訪れた。しかし報道で語られていたことは真実に反するものだった。そのことを私たちはキミに確認している」

ロン・デニスとノルベルト・ハウグは、キミに対して理解を示していた。

「確かに酒を飲まないドライバーは2、3人いる。キミはまだ若い。日常生活で一定の自由は必要だ」とデニスは強調した。

「キミが2003年にチャンピオンになれなかったのは、メルセデスのせいだった。その時に彼は私たちを責める素振りを一切見せなかった。だから彼がプライベートでどう過ごそうが、私が発言するのはこれで最後だ。ブラジルの決勝レースの後にでっち上げられた根も葉もない噂がフィンランドの紙面で槍玉に挙げられた。だから、その手の話を聞いても驚かない」とノルベルト・ハウグは語気を強めた。

欧州の開幕戦となるイモラから、キミのサポート要員としてジャーナリストのアンナ・ソライネンが加わった。彼女はフィンランドのスターのパブリックイメージを回復するために雇われた。彼女が最初に手がけた記事は『OHO』誌に掲載され、キミのポジティブな印象が伝えられた。

「やっと真実が伝えられた」とキミは笑った。

「アンナは僕たちのところで働いていて、広報活動全般を担当しているよ」

フィンランドではソライネンがオリンピック委員会を辞任したことが騒がれたが、キミは何も気にしていなかった。

イモラでキミはアロンソを抑えて、マクラーレンをポールポジションに導いた。マクラーレンは高い縁石を見事に克服した。マクラーレンの開発したマシンは確かに速かったが、ポールポジションはキミの力量によってもたらされたと言っても過言ではない。

決勝では、またもや（イタリアではフィンランド人が優勝できないという）いわゆるイタリアの呪いがフィンランドのドライバーを苦しめた。明らかなリードを保っていたにもかかわらず、ドライブシャフトが断裂してキミはリタイアとなった。この件でキミとマクラーレンの絆に亀裂が生じたのではないかと遠目には感じられた。

リタイアの理由を尋ねるフィンランド人記者を振り切ったキミは、チームに聞いてくれとぶっきらぼうに言い放った。味もわからないくらい酔った観光客が無駄にイタリア特産のサンブーカを飲み込むように、キミの素晴らしいレースは無駄に費やされてしまった。

キミは逃げるようにピットから立ち去った。苛立ちを隠せないドライバーは急ぎ足で車に向かい家路につこうとしていた。フィンランドのメディア、私、そして放送局MTV3に務めていたプルッキネン兄弟のティモとトミは、彼を追うことができなかった。カメラマンのトミ・プルッキネンがキミに、本気なのかと後方から叫んだ。車に乗ったキミは窓を開けず、話を聞くことはできなかった。

現場へマクラーレンで主任エンジニアを務めるスティーブ・ハラムも駆けつけた。キミは彼に対しても、一言も話さなかった。ハラムは慌ててカメラマンのプルッキネンに、キミの携帯番号を尋ねた。

後になってマクラーレンの広報担当エレン・コルビーが、リリースに載せることができるようなキミのコメントを私が持っていないか、そわそわしながら尋ねてきた。私は何も情報がないと手短に答えるしかなかった……。

２００５年の夏、キミは契約延長について聞かれると、先日ニュルブルクリンクでシルバーアローのマシンでクラッシュした時のようにブレーキをロックした。

「契約っていうのは、百万年でも走っていいよ、なんて話ではない。もし僕が幸せを感じないなら、そのチームとは契約しない。このチームで今のところ、すべてがうまくいっている。マシンは動くし、どこかへ移籍する理由が何もない。ただし、この先何が起こるか僕にもわからない。このチームで何も成果を挙げられないまま、もう4年が過ぎたからね」とキミは指摘した。

ハッキネンは、マクラーレンに根を張った。チームは成績不振の時もミカを信頼した。ドライバーは現役を引退するまで絶対的な忠誠心でチームの信頼に報いた。キミは同胞だが出身は違う。マクラーレンはまだ何も動いていなかったが、どうしてキミがハッキネンと同じようにこのチームで長く続ける義理があるだろうか。彼はハッキネンではなく、アイルトン・セナが敷いたレールを多く歩んできた。キミにとっては最高であることだけが必要だった。もしマクラーレンの芝が青くなければ、キミは隣の芝を探すだろう。

29 ― フェラーリの衣装を纏い

２００５年の初秋、モンツァのパドックで話題をさらったのはフェラーリがサポートする『アウトスプリント』誌だった。フェラーリの赤いドライビングスーツを身に着けたキミが表紙を飾っていたのだ。

同誌のF1記者アルベルト・アントニーニは、私に最新号を披露してくれた時に、このように加工した画像で遊ぶのは、あまり良い考えとは思えなかったと胸の内を話してくれた。しかし、この表紙にすることで、どの年のどの号よりも雑誌が多く売れることは察しがついた。

記事によるとキミのマクラーレンに対する忠誠心を示す発言は、僕はマクラーレンに満足している、僕はマクラーレンに満足している、僕はマクラーレンに満足している……と壊れたレコードプレーヤーのように繰り返されるだけだった。

キミ自身は、表紙になった自分の画像を見て顔を赤らめたが、その写真を気に入ったようだった。

「単なる加工した写真だよ。何の意味もない。何年も前から噂されてきたことだ。まだ来年マクラーレンとの契約が残っている。その後どうするかは考えていない。今シーズンの終わり頃になってから何かしらの答えを出せばいい」

フィジカルトレーナーのマーク・アーナルは、もっと雄弁に答えてくれた。

「ヴォイ・ヘルベッティ（なんてこった）……と彼は、はっきりとしたフィンランド語で言った。MTV3でF1実況を担当するオスカリ・サーリがフェラーリ移籍が現実になるかどうかキミと賭けをしようとしたが、キミは賭けに乗らなかった。でも、この写真を見ていると『不思議の国のアリス』と同じくらい現実のように感じられる」

F1界のボスであるバーニー・エクレストンもキミの周囲で吹き荒れる噂に口を挟み、彼らしく理路整然と『ガゼッタ・デロ・スポルト』紙のインタビューで意見を述べた。

「私は、キミが２００７年にフェラーリで走ることに賭ける準備はできている。ミハエル・シューマッハが来シーズンを最後に引退すると思っている。その後にキミがフェラーリで彼の後任につく」

フェラーリから自身も6戦出走したミカ・サロは、マラネロからオファーがあれば、それを受けるようにとキミに助言した。

「キミが運転することだけを楽しみ、残りの人生の質を高めたいなら、フェラーリに移籍するべきだ。フェラーリにとってドライバーの役割は期待に応える走りをしてくれることだけで十分だ。世界中をプロモーションで走り回ることも最小限になる。フェラーリでキミは自分の実力を発揮することだけに集中できるだろう」と、サロはフェラーリ移籍を勧めた。

２００6年シーズンが終わるとすぐに、来季に向けたドライバー市場は、トップドライバーの移籍で幕を開けた。マクラーレンがルノーからチャンピオンのアロンソを獲得し、彼がウォーキングに加入すると公表したのだ。交渉は3、4ヶ月前から行われ、アロンソと２００7年から２００9年までの3年契約が結ばれた。

30 ― デマの出どころ

イタリアGPの週末だった。ドイツの『アウト・ビルト・モータースポーツ』が、またもやキミの頭から泥水を浴びせた。その記事によると、先週モンツァで行われたテスト期間中にマクラーレンのフィンランド人ドライバーが泥酔状態で民家の庭を全裸で走り回っていたというのだ。

この件に関わらない外野の記者である私には、キミのゴシップなら何でも裏取りもせずに取り上げられてしまうのだと感じた。仮に様々なゴシップ誌が主張するような頻度でキミが酒を飲んで真っ裸で荒れ狂うようなことがあるならば、彼には他のことをする時間は残らないだろう……。現実を直視すれば、キミは何よりもレースを愛する男だ。もちろん素面（しらふ）でレースに臨んでいる。

キミは名声と引き換えに以前からメディアに叩かれ、鎖に繋がれた囚人のようになっていた。有名なドライバーがプライベートで酒を手放さないというニュースが一度でも世界に広がってしまえば、常にロックグラスを手にするイメージが定着してしまう。

後になって私が聞いたことだが、モンツァで広まったこのゴシップは記者の復讐から生まれたのだそうだ。正確にはキミと約束したインタビューが直前にキャンセルされた記者の腹いせだった。経験豊かな記者が怒りのあまり言葉を使ってキミを攻撃したのだ。

これまでキミに関して雑誌でいろいろ取り沙汰されてきたが、この悪質な記事ほどロン・デニスが腹を立てたものはなかった。

真実は、こうだ。モンツァでテストに参加するためにキミは水曜日の正午にヘリコプターで到着した。午後に何周か走り、ホテルへ戻って食事をとり、眠りについた。次の日に彼はマクラーレンのコックピットでレースの走行距離の1・5倍をみっちり走った。再びヘリコプターで家へ帰るまでに重たいマシンで信じられないラップタイムを何度も叩き出した。

キミはイタリアで30時間を過ごした。しかし、ゴシップ記事は3セットのテスト走行に加えてキミが泥酔状態で裸でマラソンをしていたと伝えた。もし、そのような泥酔状態の翌朝にキミがマクラーレンのマシンを時速350kmで、他のドライバーたちもテストを行っているコースで走ったということであれば、危険な状況をもたらしたとして英国のチームに逮捕者が出ていただろう。

このドイツの新聞は後に、虚偽の記事を掲載したことをキミに謝罪した。

「訴えようと最初は思ったけど、もうそんなことをする気力がないよ。また今度これに等しい記事が出たら、その時は法廷で会うことになる。どうしようもない連中がいるんだよ」。キミはその場から立ち去り、今回の件が他のゴシップに対する良い意味での警告になればと望んだ。

「すべてを視野に入れて考えないと。もし誰かが何か馬鹿なことを書いたら、僕たちは裁判も辞さない。そんな奴らに日常を台無しにされたくないからね」

31 ― テロ攻撃と精神的な傷

イギリスGPの週末は、身の毛もよだつ雰囲気で始まった。2005年7月7日木曜日の朝、ロンドンの交通網がテロ攻撃によって壊滅的な被害を受けたのだ。爆弾4発によって合計56名の命が奪われた。シルバーストンから1時間ほど離れた場所で起こった悲劇は、レース関係者たちにも衝撃を与えた。そしてチケットが完売となっていた一大イベントは、一瞬でその輝きを失ってしまった。

その日の早朝、私はトゥルクからヘルシンキ経由でロンドンに到着していた。記者仲間のヤンネ・パロマキとヒースロー空港でレンタカーに乗り込むと、ロンドンのテロ攻撃の一報がラジオで流れた。ヤンネは、まず私を目的地のシルバーストンへ送ると、テロの状況を報道するためにロンドンへ向かった。

F1関係者はロンドンで起こった爆弾テロの影響を、ゲートに設けられた厳格な安全検査で目の当たりにすることになった。鞄の中身だけでなく、カメラとテープまで厳しい検査が行われた。F1ドライバーでさえ場内へ入るために厄介な検査を受けなければならなかった。

FIAはイギリスGPの中止を検討しなかった。大会の中止はテロリズムに屈することを意味すると判断したのだ。

ライコネンは木曜日の朝にスイスから英国へプライベートジェットで向かった。ロンドンで起こったテロ攻撃についてはシルバーストンに着く直前まで知らなかった。実際キミは、場内に入るゲートで行われていた厳格な検査で、この驚くべき日の深刻さを実感することになった。

「こんなことが起きてしまったと聞いて本当に残念だ。もう元に戻すことはできない。僕たちは、ここで全力を尽くすだけだ。そうすることで忌まわしい出来事が早く忘れ去られることを願っている。テストや広報活動などは二の次で、僕の仕事の核になるのはレースだ。今日だってレースをしない理由は何も見当たらない」とキミは考えを示した。

主催者は落ち着かない雰囲気で始まった週末を盛り上

げ、サーキットに集まった英国人ファンを喜ばせようと努めた。私がよく知る英国人記者ボブ・マッケンジーは、グランプリの公式の司会者を務めていた。彼は日曜日の朝、決勝レースが始まる前に公約通り5・141㎞のコースをアダムの格好、つまり、ほぼ裸で走って観客を和ませた。

マッケンジーは、マクラーレンが今シーズン1勝でもしたらシルバーストンを裸で1周走ると1年前の2004年イギリスGPで公言していた。その後に行われたベルギーGPでキミが優勝し、彼は約束を守らなければならなかった。

「最も心配しているのは、5㎞を走ることが私にとって肉体的にかなりきついということだ。それにレース後も多くの仕事を抱えていて、すべてこなさなければならない」とマッケンジーは『デイリー・エクスプレス』紙に、ため息をついた。

英国の法律では、公共の場で全裸になることは禁じられている。マッケンジーは体の一部を覆い隠して走った。キミは彼の走りをヘリコプターで上空から見物すると約束していたが、それは叶わなかった。

タイトル争いでキミは7月まで厳しい状況に追いやられていた。レース後のキミは微笑みすらこぼすことがなくなったと私は感じていた。フランスGPも見ているのは辛かったが、8日後に行われたイギリスGPでもキミはまたエンジントラブルに見舞われ、トップ10よりも後方からスタートせざるを得なかった。その位置からではタイトルを争うフェルナンド・アロンソと勝負できない。

唯一の望みは連勝して猛追するしかなかったが、残り8戦で一度もトラブルを起こさず完走できるという考えは、この時点で机上の空論に過ぎなかった。キミは一度も連勝に近づく手応えを感じていなかった。

「キミは全力を出し切って走った。文句なしでコースで最速の男だった。しかし、勝利に結びつかない。誰しもが諦めてしまう状況だったが、最後まで諦めずに闘志を燃やした。この状況にありながら最終ラップでもファステストラップを更新するなんて。キミの強さは、いつでもレースのリズムを保てることだ。予選でも決勝のように走れるようになっている。それで十分としてあげなければ。チャンピオンを獲得するために、彼にこれ以上要求することは誰にもできないだろう」とスティーブ・ロバートソンは理解を示した。

32 — 鈴鹿の最高傑作

２００５年のタイトル争いは、フェルナンド・アロンソに軍配が上がった。キミはメルセデスのエンジンが幾度もトラブルに見舞われ、週末が訪れる度に多くのエンジンを使うしかなかった。結果、アロンソは最終戦を待たずにラストから3戦目のブラジルＧＰで王座についた。

しかし、キミは残りのレースも全力で走った。それは日本ＧＰで証明された。鈴鹿は、どのドライバーにとっても一度は勝利したい難関コースの一つだ。

日本ＧＰでもマクラーレンは、練習走行の段階でシーズン4回目となるエンジン交換を余儀なくされた。今回は朝のフリー走行を8周走ったところでエンジンのコネクティングロッドに問題が生じた。それによって、またキミに10グリッド降格のペナルティが科せられた。

結果を言えば、この日本ＧＰでキミは素晴らしいパフォーマンスを披露し、マクラーレン・メルセデス時代の最も輝かしいレースとなった。

２０２０年バルセロナで行われた開幕前テストで、私はキミの記憶を15年前に戻そうと、２００５年10月13日に刊行された『オートスポーツ』を手渡した。その雑誌にサインを求めると、表紙を見たキミの顔に笑みがあふれた。

表紙には、マシンから降りたばかりのヘルメット姿のキミをロン・デニスが両手で抱き抱えるようにハグをしている写真が掲載され「ライコネンの最高のレース」という見出しには「ä」と「ö」の文字で正しく名前が表記されていた。

記事のサブタイトルで、マクラーレンのチーム代表は17番グリッドからスタートしてファイナルラップで奇跡を起こしたキミの歴代最高の走りを絶賛していた。

15年前の出来事だが、デニスが日本での勝利をキミの歴代最高のレースであると賞賛したことにキミは同調しなかった。

「ノーコメント」とキミは答え、話題を変えるように、私がサインを求めて手渡したフェルトペンのインクが薄いことを「このペンは、この雑誌より古いんじゃないの……」と茶化した。

　実は当時、私はこれと同じ場面に遭遇している。つまり歓喜に包まれた日本GP直後に、ロンが高く評価する勝利がキミにとっても歴代ベストだったのかと聞いていたのだ。

「今日の勝利は素晴らしかった。他のどのレースより激しかったし、最も辛い勝利でもあった。それを制したんだから何よりも気持ちがいい。でも勝つこと自体は、いつだって最高の気分だ。今は幸せだよ。ファイナルラップまで素晴らしいバトルを繰り広げた。そしてトップに立った時は、何とも言えない最高の気分だった」

「追い抜くのは毎回大変だ。あのコースでミハエル・シューマッハをオーバーテイクするのは一番難しかった。彼がちょっとしたミスをした隙に、僕は前に飛び出した。抜くのは楽しいけれど、同時に厄介だ。他のマシンも追いかけてくるから休んでいる暇はない。前を気にせずトップで走れるようになってからは、マシンの調子もずっと良かった」と優勝したキミは、いつもより長めに答えた。

　日本では予選の時に雨が降ると事前に予報で知らされていたが、その通りになった。キミは最後から2番目でコースに出た。雨天で何もできない状況ではあったが、キミはペナルティがあり、それ以上ポジションを失うことはなかった。結果的に3名がタイムを刻むことすらできず、キミは17番グリッドからのスタートになった。

「コースが滑りやすいのかどうかさえ気づかないぐらい静かに走ったよ」とキミは予選の様子を教えてくれた。

　この残火のような状態から、人生で最高のパフォーマンスを披露する。後方から2列目のグリッドから鈴鹿で優勝を飾ったレースは、ミカ・ハッキネンが2000年にベルギーで見せたオーバーテイクショーに匹敵する勝利となった。

　ドライバーの腕が試される難易度の高いコースとして知られる鈴鹿で、キミはフィンランド人ドライバーとしてミカ・ハッキネンに次ぐ2人目の勝者となった。通算9回目の優勝を果たしたキミは、同時に彼のソウルメイトであるジェームス・ハントに並び、マクラーレン・チャンピオンズクラブで5位に順位を上げた。さらに10グリッド降格ペナルティを受けてレースを制した最初のドライバーとなった。

今回は、運がキミに微笑んだ。完璧なレース運びで、ファイナルラップに入ってすぐに血の気の引くようなオーバーテイクでジャンカルロ・フィジケラのルノーから勝利を奪いとった。ヘルメットを外したキミの幸せそうな表情をテレビカメラが捉えた。実際に私が祝福した時、彼はその瞬間ほどの幸せを味わったことがないと明言した。

「いつまで余韻に浸っていられるかわからないけど、本当に幸せだ。最初から最後まで攻め続けるしかない状況だと喜びは何倍にも膨らむ。終始極限に近い状況に追い込まれて何かを達成すると、独走して圧勝するよりも何倍も気持ちがいい」

2回目の、つまり最後のピットストップをする手前で、キミは勝利の可能性に気づいていた。

「しばらくピットボードを見ていなかったから、突然自分が4番手につけていることがわかった。2番手のジェンソン・バトンと3番手のマーク・ウェバーが僕の前にいた。フィジケラはピットを出て僕の後ろにつけた。もう少しこのまま引っ張ることができるとわかっていたから、十分に攻め続けることができれば、少なくともトップを争えるところまでは行けると思った」

「それからレース終盤で自分がかなり速いと感じた。フィジケラを捉えようと試みていたら、ファイナルラップに入った時に追い抜ける可能性が見えた。その可能性が見えてなかったら、あんなにプッシュしなかったと思う。僕は全力を出し切って走った。何も失うものがなかったからね」

「距離が縮まったら、確実に抜こうと思っていた。ファイナルラップに入ったところで十分に近づくことができて、僕にはスピードがあった。勝ちたかったけれど難しかった。最初のコーナーへ2台のマシンが並んで突っ込むのは、そう簡単なことじゃないからね。外側からオーバーテイクを試みて、うまくいった」

「追いつくのと追い抜くのでは全く話が違う。オーバーテイクするのがどれだけ難しいか知っていると、トップに立つまで優勝のことは考えられない。特にワンチャンスで抜くのは相当難しい。僕は運が良かったよ。そこで抜くことができたからね」とキミは安堵のため息をついた。

後方グリッドからごぼう抜きして勝利するには精神力が試される。後方から出発すると誰かの後ろで足止めを食らってしまう。キミの前にはミハエル・シューマッハとマーク・ウェバーが大きな壁として立ち塞がった。

「最大の問題は7速ギアにあった。後方に追いつくと常にリミッターがかかってしまって全開で走れなかった。フィジケラの後ろで、僕がコーナーで外側から追い抜こうとした時に幸いにもスピードが残っていた。そこでもリミッターがかかったが、それ以降は気にする必要がなくなった」

キミは月曜日に上海へと向かう前に、祝勝会をするために東京へ出かけた。

「ちょっと羽を伸ばそう。でも、どんちゃん騒ぎはなしだ」とキミは約束した。

かつてアラン・プロストはF1世界選手権で7勝したにも関わらずタイトルを逃したことがあった。この記録をキミが塗り替えたことが判明した。プロストは、それをマクラーレン時代の1984年と1988年に二度も経験し、いずれもチームメイトにタイトルを奪われてしまった。

最終ラップでルノーのフィジケラをオーバーテイクしたキミのパフォーマンスに、ロン・デニスだけでなくノルベルト・ハウグも歓喜した。デニスは感極まって涙を流した。

「私は自分のチームのドライバーのパフォーマンスに一喜一憂するタイプじゃないが、一度だけ例外があった。2000年のスパでミカ・ハッキネンが見事にオーバーテイクしたレースは今でも鮮明に記憶に残っている。これまでレースで経験した、最も印象的で最も震えた瞬間だった」

「キミは自身のキャリアで最高のレースを披露した。終盤に近づくにつれて残された周回の唯一のチャンスでオーバーテイクを決めるのは、普通ではあり得ないプロセスだった。プレッシャーが重なって、コースアウトをしたり何かミスをしたりする大きなリスクを秘めた場面だった」

「フィジケラは、もう一回ラインを変えることもできた。その場合、両者ともに外側を走ることになった。フィジケラは一度キミをブロックした。それは正しかった。その後に彼はコーナーで外側をキミに明け渡してしまった。きれいにオーバーテイクが行われた。このようなストレスの中で自分の感情をコントロールしたフィジケラのプロフェッショナルな姿勢に感謝する。私は表彰台に向かう途中でフィジケラを目にしたが、彼は苦い経験を噛み締めていた」

キミの友人のトニ・バイランダーは、後にスポーツカーレースでチームメイトになったフィジケラと親交を深めた。彼は、ライコネンとフィジケラの日本GPでの優勝争いを、遠く離れたアメリカで真夜中に身体中の細胞を興奮させながら観戦していた。

「キミは物凄いオーバーテイクをしたよ。僕は寝る間も惜しんでグランプリでの出来事をすべて観戦していた。日曜日の結果は、夜ふかしするだけの価値はあったと言わなければならない」

「フィジケラはホームストレートの前に無駄にキミをガードしてヘマをやらかしてしまった。だからキミはルノーのスリップストリームを利用してオーバーテイクできた。6秒から7秒のリードを最後の最後にキミに追いつかれて、フィジケラがくそを漏らしてしまったというのが真実かもしれない」とバイランダーは冗談混じりに話してくれた。

「アロンソより多くのレースで勝利しているのにタイトル争いに敗れてしまって、キミは苛立っているだろう。私の記憶に残る限り、キミはシーズンを通して目立ったミスはしていない。がっかりするのも当然だ。キミは改善しようとしていたが、毎回それは少しも成功しないように見えた。なんだかんだトラブルに見舞われてしまって」とバイランダーは残念がった。

33 ― 機内での誕生会

上海浦東国際空港は、中国GPが行われる都市部の反対側に位置している。そのためサーキット近くの宿泊施設から空港までは遠く、それなりに時間がかかった。

キミ・ライコネンの誕生日は10月17日だ。そして、彼が最初に所属したチームの代表であるペーター・ザウバーの誕生日が10月13日。さらに言えば、キミの後任としてフェラーリのドライバーになったシャルル・ルクレールは10月16日、ヘイキ・コバライネンは10月19日が誕生日だ。

かつて私は上海発ヘルシンキ行きのフィンランド航空の機内で、キミと隣同士で座った時に彼の誕生日を祝ったことがある。ちょうど2005年シーズンが日曜日に終わり、帰途につく月曜日がキミの26歳の誕生日だった。

中国GPで2位に入ってシーズンを終えたが、キミは打ち上げらしいことを何もしていないようだった。月曜日の朝、マクラーレンのスターは眠たそうな様子でワンワールドのラウンジをふらふら歩いていたが、それ以外はいつものようにマーク・アーナルを伴って普段と変わらない様子だった。私とMTV3のクルーは、彼らよりも先に空港へ到着していた。

私たちは誕生日を迎えたキミを祝福した。軽く祝杯をあげたいところだったが、朝10時頃に私はAY58便に乗るためフィンランド航空の搭乗口を探しに行った。

そして青と白の翼のマクドネル・ダグラス、MD-11機でフィンランドへ向かった。長い移動だったのでビジネスクラスを利用し、通路側の3列目の席に座った。近くの席には馴染みのトヨタの経営陣が座っていた。彼らはヘルシンキ経由でドイツの工場へ向かうところだった。

機内にライコネンとアーナルがのんびり歩いて搭乗してきた頃には、キャビンアテンダントがシャンパンを乗客に振る舞っていた。偶然だが、彼らは私の前列の2Aと2Bの席に座った。マークが私の方を振り向いて、キミと話をしたいなら席を交換するかと言ってきた。

私はマークと席を交換してもらい、ついでに座席券も交換した。後になって、その座席券がキミのものだったと気がついた。今となっては水色の座席券も色褪せてしまったが、私は記念品として保管している。

その場を盛り上げるため、私はグランプリで心に残った笑い話を語った。少なくとも6時間のフライトを楽しく過ごすことができた。ただし、過去のシーズンについては触れなかったし、特に来年のことも質問しないように気を遣った。

しかし、度重なるエンジントラブルに見舞われて不運だったということに、うっかり触れてしまった。その時キミは自分の体にトラブルが起こらないように気をつけるよと話題を変えた。

その言葉を聞いて、どこか調子が悪いのかと彼に質問した。

キミは、親知らずを抜くために歯医者を予約していると答え、その後に膝のクリーニング手術が待っていることも教えてくれた。1月まで、そのリハビリにかかるのだそうだ。

あれこれ話しているうちに数時間は経っていた。突然キミはタイトルを一度獲得したらF1を引退しようと思っていると言ったが、私は彼の話を鵜呑みにしなかった。むしろ、そうなるのか賭けても良かった。もちろんビール一杯程度だが。

その辺りでトミ・プルッキネンが会話に加わった。彼はフィンランドを代表するカメラマンでキミを撮影するために同行していた。

フライトが残り半分ぐらいに差し掛かった頃に、キミは家族と友人が夕方に誕生会を開いてくれるから空港に迎えに来ていると言った。キミによると料理番組で有名なユルキ・スクラが自宅を訪れてショーをしてくれるとのことだった。キミは、それを話すことで遠回しに私たちを誘ってきたのだ。

ヘルシンキ・ヴァンター空港でマッティ・ライコネンにパーティに来るよう強く誘われたが、私はトゥルクへ向かわなければならなかった。トミ・プルッキネンはパーティを訪れ、ものすごく盛り上がったと後に教えてくれた。

それから1年後の2006年、シーズンも残り2戦となった日本へ向かう飛行機でキミと一緒になった。

鈴鹿サーキットは空港から遠い。最寄の国際空港は名古屋か大阪になるが、いずれにせよサーキットまで移動に時間がかかる。日本のF1ファンの熱狂ぶりは世界トップクラスだ。それゆえ日本GPが行われる週末は、いつも渋滞している。

特に決勝が終わった日曜日の夕方は、道という道が車であふれ、渋滞が解消するまで数時間かかることもある。

私は大阪に宿をとり、関西国際空港からフィンランドへ向かう朝10時の便を予約していた。サーキットまでMTV3のクルーに乗せてもらいたかったが、あいにく車は満員だった。電車で移動するにも確実に座れないだろうし、ともすると喫煙車両に追いやられる。

スーツケースを引っ張り、パドックへ辿り着いた。マクラーレンにコーヒーを飲みに行くと、偶然そこにキミがいた。私は大阪への移動が大変だと愚痴った。話を聞いたキミは、一緒に来れば良かったのにと言った。そして夕方にヘリコプターの送迎を予約しているから、それで大阪まで行けばいいと提案してくれた。

私は申し出にすぐ飛びついた。キミは夕方のヘリコプターにヘイキも一緒に乗るとメルセデスのペトラ・ミュラーに伝えてくれた。これで大阪まで楽に戻ることができる。一件落着だ。ペトラはこの手の要件に慣れていて、ルーティンワークの一つだった。

レース自体はあまり良い出来ではなかった。キミは6位でフィニッシュした。記者会見の後、キミはエンジニアとのミーティングに参加した。日本では日が暮れるのが早い。ヘリコプターが飛び立つ頃には、真っ暗になっていた。

私はキミが「じゃ、行こうか」と言うまで待っていた。ピットから早足で立ち去ると、キミはヘリコプターに乗る時は急ぐようにと私に言った。止まることは許されない。なぜなら、そこにはキミの出待ちをするファンが群がっている。

私は脇見もせずにキミの後を追いかけた。ヘリポートまで行くには急な階段を上る必要があった。薄暗いヘリコプターにキミが先に入り、次に私も乗り込んだ。その時に私は鋭い角に頭をぶつけてしまった。キミと一緒にヘリコプターの後部座席に座ったが、てっぺんから髪の毛が濡れているのを感じた。私が大声を上げると、キミはどうしたと言った。私は頭をぶつけてしまったと答えた。キミはパイロットに灯をつけるように頼んだ。

　私は頭をぶつけて手のひらが真っ赤に染まるぐらい流血してしまった。スタイリッシュな制服にシルクの手袋、シルクのマフラーを身につけたパイロットが、その真っ白なマフラーを手渡した。私は、それで頭を押さえた。

　ヘリコプターが飛び立つと、ほんの30分足らずで大阪の夜景が見えてきた。5つ星ホテルのヘリポートへ向かい屋上に降り立った。ヘリコプターから降りて、白いシルクのマフラーが鮮血で赤く染まっているのを目にした。それをパイロットに返却して感謝を伝えたが、彼がもうそれを使うことはないだろうと思った。

　それから私たちはホテルに入った。もし誰かに目撃されたら、私たちが血が飛び交うような殴り合いをしたか、もしくはキミが私の頭を棍棒で叩いたと思われてしまうと私は冗談を飛ばした。

　幸いなことにスムーズに受付を済ませ、部屋へ向かうことができた。そして血で染まった頭部をシャワーで洗い流した。

　私が一人でバタバタしているうちに、キミは夜の街に出かけていた。その日の夜も、翌朝も、キミを見かけなかった。ヘルシンキへ向かう飛行機の機内でもキミを見かけなかった。友人たちが彼をどこか楽しいところへ誘ったに違いないと私は思った。

34 ― 気鋭のヘルメットデザイナー

キミ・ライコネンが信頼を置く人物の一人にタンペレ市に住むウッフェ・タグストロムがいる。彼はキミがエスポーでゴーカートをしていた頃から、キミのヘルメットをすべてデザインしている。ウッフェはヘルメットデザイナーという特化した分野で個性的なアーティストとして世界的な地位を確立した。

「13歳でゴーカートを走っていた頃からキミのことを知っているよ。初めはお客さんとして知り合ったんだ。彼とは歳もかなり離れていたから、それもあって意思の疎通がうまくいかないこともあった」とキミとの馴れ初めを教えてくれた。

フィンランド人アーティストのタッチは独特で業界でも評価が高い。

「ウッフェは個性的なペインターだよ。他の人たちが技術的なことにこだわるのに、独自のスタイルでペイントするウッフェはヘルメットの画家だと思ってくれればいい」。アライでF1関連商品を担当しているペーター・ビュルガーと話していた時に、彼は特殊な技能を持つウッフェを絶賛した。

キミはこれまで使ったヘルメットをすべて自宅に保管している。ウッフェのデザインで、どの年に使ったものなのかよく覚えている。

「キミの要望に沿って普段パソコンで5つのパターンを作っている。その中から彼が気に入ったものを選ぶ」と以前タグストロムが説明してくれた。

ハメ地方出身のアーティストは、レースドライバーのカッレ・ヨキネンのヘルメットをペイントしていた。後にカッレはキミのメカニックになった。カッレを介してキミはウッフェと知り合った。ただし、ウッフェが最初に製作したF1ドライバーのヘルメットは、1993年にザウバーと契約していたJ・J・レートから依頼を受けて作成したものだった。

記者として、私はウッフェを10年以上前から知っている。彼の苗字を正しく綴れるようになるまで、かなり時間を要した。実際、私の記事では長い間、彼の名前を

「Tägström」ではなく「Tagström」と誤って表記していた。

おそらくウッフェがデザイナーとして脚光を浴びたのは2006年アメリカGPだろう。インディアナポリスでヘルメットの展示会「インディ・スペシャル」が開かれた。謙虚なフィンランド人アーティストは、ここで国際的に高い評価を受けたのだ。

私はメディア側の招待客としてF1ヘルメット・アートに親しむことができた。芸術評論家ではないけれど、私は展示会の様子を読者にも伝えるべく、このイベントに関する記事を書いた。

スポーツが芸術に属するのか否か度々論争になる。少なくともスポーツには、それに関わるたくさんの商品がある。それらも芸術家たちはアートに変え、自分自身を表現する。モータースポーツに欠かせないヘルメットはアート作品に適している。そもそも頭部を保護するという安全面で開発されたものだが、ヘルメットは一般の視聴者にとってドライバー本人の顔よりも馴染み深いアイテムだ。とりわけドライバーを識別するヘルメットは商品になる。

この「インディ・スペシャル」以前にヘルメットの展示会は行われたことがなかった。2006年アメリカGPの前夜に世界をリードする23名のヘルメット・アーティストが初めて一堂に会した。インディアナポリス市内で金曜日の夜に行われた展示会は大盛況で、毎年のイベントとして定着するような勢いだった。

4時間のイベントに当時37歳のタグストロムがフィンランドを代表して参加した。隠者のように一般社会から離れて活動をしているヘルメット・ペインターが集まった趣向に各方面から称賛の声が上がった。

「こんなにたくさん人を集めるなんて、とても驚いているよ。普段顔を合わせることがない同業者とも、こんなに気が合うなんて思ってもいなかった」とタグストロムは満足げに話した。

「同業者と顔を合わせて話し合うことは励みになる。お互いがアーティストとして切磋琢磨していて日常的な仕事に関しても親近感が持てる。もちろん普段は客を奪い合っているが、このイベントでは、そうじゃない。展示会に来られて本当に良かった。このようなイベントがこれっきりで終わったら残念だ」

現場にはナシオナル銀行のロゴで有名なアイルトン・セナのヘルメットを担当したデザイナーたちもいた。

「彼らのデザインは保守的なカテゴリーに属する。私たちとは少し違う」とタグストロムは、ちょっとした情報をくれた。

集まったアーティストの中でウッフェは最も有名だった。彼が作ったヘルメットは世界で最も高額だったからだ。2005年モナコGPでマクラーレンのドライバーは、タグストロムが手がけたダイヤモンドが埋め込まれたヘルメットを被ったのだ。

キミ・ライコネンとファン・パブロ・モントーヤがモナコで使用したヘルメットはチャリティオークションにかけられ、40万ドルの値がついた。

ヘルメットを競り落としたのは、コーヒー生産者の大富豪リチャード・パワーズだった。彼はウッフェのアートに惚れ込み、高額を投じてでもヘルメットを手に入れたかった。その時パワーズはヘルメットとマクラーレンF1を購入してコスタリカに持ち帰った。

マクラーレンの2005年モナコ仕様のヘルメットの価値を高めたのは、そこに飾られたダイヤモンドだ。ウッフェの試算によればヘルメットの本当の価値はダイヤモンド込みで3万ドル程度だそうだ。

このヘルメットの作業工程はベールに包まれている。

「ダイヤモンドは長い間、私も知らないところで秘密裏に保管されていた。そうすることでキミとファン・パブロにも知られることがないようにしていた。ドライバーたちを驚かせたかったようだ。私は早い段階で何か隠し事があるなと気がついていた。事あるごとにデザインを見せるように頼まれたからだ。どの程度スペースが必要で、どこにどのようにダイヤモンドを配置するかを依頼主は確認したかったようだ」

「何か隠し事があるのではないか、私は依頼主を再三問い詰めたが、彼らは最後の最後になるまで秘密を語らなかった」

ウッフェは当時すでに3シーズン、ライコネンがモナコで使用する特別なヘルメットをデザインしていた。もちろん、その中でもシュタインメッツのダイヤモンドが散りばめられたヘルメットは最も衝撃的だった。

「ダイヤモンドは英国でヘルメットに取り付けた。キミのヘルメットに「ICEMAN」と200個のダイヤモンドで、ファン・パブロのヘルメットには「MONTOYA」と80個のダイヤモンドで装飾を施した。フリー走行や予選で、いくつかダイヤモンドがなくなってしまうというハプニングが起こった。コックピットの両端がヘルメットに接触する高さだったから。念入りにダイヤモンドを探したが一つも見つからなかった。そういうわけで私自身も修復作業に加わり、レース前に新しいダイヤモンドを外れた箇所に接着した」

「今までヘルメットをデザインしていて最も心に残る仕事だった。ヘルメットの価値が上がったことに少しは貢献しているかもしれない。間違いなく世界で最も高価なヘルメットになり、それらを私が製作したんだ」とタグストロムは誇らしげに話した。

ライコネンだけでなくヘイキ・コバライネンのヘルメットもゴーカート時代からタグストロムがペイントしていた。二人ともウッフェ・デザインズという彼の会社の顧客だった。それから友人となった。

タグストロムが一躍脚光を浴びるようになったのは、レッドブルが彼のデザインに関心を寄せてからだった。

「数年前にフェルナンド・アロンソもヘルメットを依頼してきたが、十分な時間がなかった」とウッフェは明かす。しかし後に、このスペイン人チャンピオンも英国人チャンピオンのジェンソン・バトンも顧客リストに加わった。

F1ドライバーたちはレースの度にヘルメットを新調する。ヘルメットのデザインやペイントにどのくらい時間がかかるのか私は質問してみた。

「新しいデザインを考えるのが製作過程で最も難しい。そこでアーティストとして生みの苦しみを経験する。特に電話が鳴ったり、邪魔する要素が重なる昼間は厄介だ。基本的にヘルメットをペイントするのに3日かかる。一度の並行作業で作ることができるのは3つまでだ。つまり、3日で3つヘルメットを作っている」

デザインする段階でドライバーは、どの程度口を挟むことができるのか。

「それはドライバーがどこで走るのかによって大きく違う。スポンサーのないゴーカートのドライバーなら自分が好きなヘルメットで走ることができる。マクラーレンなら、スペースのほぼ半分はスポンサーのロゴに取られ、どのように見せるか指定がある」

視聴者がテレビ画面でヘルメットを頼りにフィンランド人とチームメイトのデイビッド・クルサードを区別することは、ほぼ不可能だ。しかしマクラーレンに移籍したばかりのライコネンのヘルメットにはタグストロムの仕事の痕跡が強く窺えた。

「シーズンの途中でキミのヘルメットのサイド部分を赤い色で配色しようと決めた。昨年までWestがメインスポンサーだったのでオレンジだったが、今はVodafoneの赤だ」と言ってウッフェはスケッチを描いた。

タグストロムは自分の作品を手元に保管していない。

「例外はキミが２００６年にモナコで使用したヘルメットだ。それを私は自分のためにデザインした。６年間ヘルメットを一つも手元に持っていなかったが、これだけは自分で保管している」

キミが２００７年にマクラーレンからフェラーリに移籍すると、もちろんヘルメットのカラーリングも一新して、しかも今回はかなりデザインにこだわった。同時にキミはアライからドイツ製のシューベルトに変更した。ウッフェ・タグストロムのデザインした新しいヘルメットは、特に白い配色で攻撃性を表現し、マクラーレン時代のモデルとは明確に異なっていた。

「キミはいつも変化をつけてリフレッシュするタイプだ。新しい配色は明らかに違う印象を与える。彼も創作活動に参加し、ウッフェにヘルメットの外観についてアイデアを与えていた」とマネージャーのスティーブ・ロバートソンが教えてくれた。

当時キミのヘルメットには「Design by Uffe Tägström & Kimi Räikkönen」というブランド名が付されていた。

「毎シーズン僕は配色を変えている。後々いつどれを使ったか違いがわかるようになる。前のヘルメットとの最大の見た目の違いは、前チームのスポンサーロゴであるヒューゴ・ボスとメルセデス・ベンツが無くなって、とりわけ個人的に関わりのあるＡＭＤのロゴに置き換わった。ただ外観は劇的に変化していないと思う」とキミは手で示すように教えてくれた。

フェラーリでのキミのヘルメットはアイスマンのニックネームが装飾されている。ただし以前とはデザインが異なっている。ロン・デニスが以前のデザインを商標登録していたからだ。

35 — ヴォルラウで

キミ・ライコネンは秋に膝の手術を受けていた。2005年シーズンが終わり、1月26日にバルセロナでマクラーレンMP4-21のテストに参加するまで101日のリハビリ期間を要した。

このテストで、すぐに2006年のマクラーレンが前年同様にパワー不足であることが判明した。

新車発表会の後、キミは今後の動向について再び質問を受けた。

「契約があろうがなかろうが関係ない。どこに行きたいかを決めるのは僕だ。まだそんなに急ぐ必要はないよ。まずはシーズンが始まり、シーズンがどうなるのかを考えよう。モチベーションは今まで通りで揺るぎない」

ヴォルラウにあるライコネンの自宅で、彼に話を聞くことができた。2006年2月12日に行われたインタビューはシーズンの見通しを聞き出すのが目的だったが、この日に私はキミが2007年にフェラーリへ移籍することを知った。今なら、その事実を正直に言うことができる。

キミの自宅で話をしていると彼は私に見せたい物があると言った。ただし、それは秘密にして記事では取り上げないでほしいと頼んだ。それから豪邸の階段を下りて行くと広いガレージが現れた。そこには数台の車と数台のバイクが置かれていた。その中に赤いシートに覆われた1台の車らしきものがあった。

キミが覆いを取り去ると、輝くように赤く真新しいエンツォ・フェラーリが姿を現した。キミは何も言わなかったが、彼の微笑む表情を見れば何を伝えたいのか理解できた。

この瞬間に私はライコネンがフェラーリと契約を交わしたことを知った。記者として、すぐにでもこのニュースを伝えたいという衝動に駆られた。しかし、約束は約束だ。このビッグニュースを時期が来たら報道することにした。

ドイツ人レポーターのミハエル・シュミットは、スクープを連発することで知られていた。私だってキミのことはある程度詳しく知っていたけれども、彼こそキミのフェラーリ移籍について初めて伝えてきた人物だ。会う度に彼はその件を主張していた。彼は、当時フェラーリの技術部門を統括していたロス・ブラウンと親しくしていた。ロスが彼にキミの契約について漏らしたことは明らかだった。

　シュミットから話を聞いたのは、私がヴォルラウを訪れた後だった。つまり私自身も、そのことは知っていた。しかし私はキミの自宅を訪れたことも、フェラーリの件も秘密にすると約束した後だった。そういうわけで私はシュミットのスクープを初耳であるかのように振る舞わなければならなかった。

　私は、キミがマクラーレンからフェラーリへ移籍するということに関して知らんぷりを決め込んだ。インターネットでは、もっぱら憶測に基づく報道が拡散されていた。

　もちろんキミ自身も私と同じように公式発表までは知らぬ存ぜぬを通した。多くの場合、フェラーリの噂が向けられると彼は軽くあしらった。

「何年も前から変わってないよ。メディアはいつも記事にする。僕はそんな記事に関心ないし、ここしばらく読むこともなかった。何も知らないのに記事にする。メディアが勝手に考えればいい。彼らが何を書こうが僕に影響することはないよ」

　それでは、私がキミの自宅を訪れた時のプライベートな話に戻ることにしよう。それは世界選手権が開幕する１ヶ月前の2月のことだった。キミの自宅があるヴォルラウは、羊たちが雪に覆われた丘の中腹でメエメエと鳴き声をあげ、どこか近くの養鶏場で鶏が鳴いているような田舎町だ。エアレン通りとローゼンベルク通りは凍てつき、交差点付近では富裕層と思しき夫妻がコッカー・スパニエルを連れて朝の運動をしていた。

　ヴォルラウは、チューリッヒから約20㎞ほどの湖畔にあり、多忙なドライバーが落ち着いて過ごすには完璧な環境だ。そこではサインを求めるファンから、毛糸の帽子を深く被って身を隠す必要もない。キミは自由に外出することができた。住人同士はお互いの存在を知っていたが、それ以上詮索することはない。

　４００平米もある豪邸へ私は足を踏み入れた。ダイヤ

「これ見て、これはすごいよ。ハンガリーＧＰで優勝した時に副賞としてもらったクリスタル製のステアリング……」

モンドと真珠のように輝くトロフィー棚を見て息をのんだ。この家の主人の真の誇りと人生の証が並べられ、大切に保管されていた。まるでＦ１博物館のように記念の品々が展示されている。そこにあるトロフィーのことをキミは喜んで語り、必要に応じてトロフィーにまつわるレースの様子まで実況してくれた。

この時に明らかになったことだが、マレーシアＧＰでキミが初優勝した時の８kgもあるトロフィーは彼自身が所有していた。本来ならマクラーレンがオリジナルの優勝トロフィーを保管し、レプリカを作成してドライバーに送るという契約になっていたはずだ。２００３年にマレーシアで勝利の扉をこじ開けたキミは特例でオリジナルのトロフィーを手元に置くことを許された。逆にキミがレプリカを作ってウォーキングのファクトリーに収めたのだ。

モータースポーツ、特に勝利することは、キミにとって万能薬に等しかった。優勝トロフィーについて語るキミの目、そして彼自身が明らかに輝きを放っていたことを私はよく覚えている。

36 ― 神殿の頂へ

フェラーリのお膝元であるアウトドローモ・ナツィオナーレ・ディ・モンツァは「スピードの神殿」と形容される。キミは、その神殿の頂に２００６年に上り詰めた。

ドライバー移籍市場は活気づいた。５年ぶり2回目となるキミの衝撃的な移籍がモンツァで発表されたのだ。最初の衝撃は２００１年9月14日にマクラーレンがザウバーから若手フィンランド人ドライバーを獲得したと発表した時だった。今回は２００６年9月10日にフェラーリがキミをマクラーレンから獲得したと公表した。

最初キミはマクラーレンに対して大きな期待に胸を躍らせていた。しかし、タイトルを獲得できずに失望感を募らせていた。キミは２００１年から２００４年の間に4連覇を果たして歓喜するシューマッハを横から眺めていた。２００５年から２００６年は、アロンソの時代が幕を開けることになった。

イタリアGPが終わるまで、この衝撃的な移籍の情報は伏せられていた。そしてようやくフェラーリが、シューマッハがチームを離れてキミが後任になることを発表した。

マクラーレンは広報紙に「Thank You Kimi」と見出しをつけた。

広報紙にはキミのコメントも寄せられたが、配慮もあり儀礼的なものであった。

「僕はマクラーレン・メルセデスを離れることを決めたが、このチームで過ごした日々は本当に楽しかった。僕はそのことを強調したい。チームが与えてくれたすべてに感謝したい。そして残りのレースも全身全霊でチームのために貢献する」

ロン・デニスは、潔く自らの敗北を認めた。

「私はキミと過ごした数年間を楽しんだ。チームとして多くの成功を収めていたからね。キミは、とても特別なドライバーだ。もちろんマクラーレンの誰もが移籍先での成功を祈っている。同時に２００７年シーズン、我々のドライバーたちが活躍してくれることを信じている」

ノルベルト・ハウグはメルセデスを代表してキミに感

謝の言葉を伝えた。

「私たちはキミと5年間仕事に励んできた。その間に彼は優秀なレースドライバーに成長した。ダイムラー・クライスラー、その主要ブランドであるメルセデス・ベンツを代表して彼の今後の活躍に期待している。私たちは今後もお互いを尊重し合い、友人であり続けると信じている」

フェラーリはキミを獲得した。同時にシューマッハを引退へ追い込むことになった。しかし、ドイツ人のベテランドライバーは2007年に向けて新たなトップドライバーを獲得すべきであるとチームに進言したと伝えられている。その時点でシューマッハは、現役を続けるかどうか確証を持てなかったのだ。

シューマッハが引退したらF1は変わってしまうのだろうか。私は興味本位でキミにそのことを尋ねてみた。

「僕に聞かないで。答えられないよ」とキミは答えに窮した。

シューマッハはモータースポーツ界において、モハメド・アリ、タイガー・ウッズ、あるいはペレのような存在だ。彼のようなレジェンドの引退ともなれば、国際的な注目度は計り知れない。

キミは自身11回目となるポールポジションをモンツァで獲得した。史上稀に見る僅差だった。キミはフェラーリのシューマッハを1000分の2秒差で上回った。時速350kmで走るF1では17・5cmの差でしかない。

決勝はシューマッハとライコネンの一騎討ちとなった。37歳のドイツ人はフェラーリのホームで有終の美を飾り、このレースの後に熱狂的なファンに別れを告げた。90勝を成し遂げたシューマッハは、テレビ中継で今シーズンで引退すると世界中に発表したのだ。

「インディアナポリスのレース後に私は決断を下し、すぐにチームに伝えた。あらゆる可能性が残されていたし、すべてのドアが開いていた。メリットとデメリットを天秤にかけたが、最終的に私は妻のコリーナと一緒に決断して引退するに至った」とシューマッハは説明した。

日曜日に会長のルカ・ディ・モンテゼモロは、シューマッハがキミ・ライコネンを獲得するようにフェラーリに進言したことを明らかにした。

パウラとマッティ・ライコネンは息子がフェラーリのドライバーになった時、モンツァのパドックにいた。

「世界で揉まれてここまできたが、立身出世とはこういうものだ。貧しい家庭の子がこのような環境まで辿り着いたのだから。これまでフェラーリと正式に契約を交わしたフィンランド人は誰もいない。うちのようなエスポーの森で暮らす家族にとっては一大事だ。私たちは、そのように受け止めている」と父マッティは息子の活躍を褒め讃えた。

ようやくキミは夢のような移籍について正々堂々と話すことができた。

「一度はフェラーリのドライバーになりたいと常に思っていたよ。僕の夢が叶うまたとないチャンスがきた」とキミは感謝を口にし、契約に関して口を閉ざしていた数ヶ月のプレッシャーから解放された。

いつ世界チャンピオンになれると思っているか、私はキミに質問してみた。

「チャンピオンになれないかなってずっと思っていたよ。来年それが達成できるように全力で走る。でも何が起こるかなんて誰も知らない。そんなに何でもうまくいかないからね。チームが僕たちに最高のマシンを用意してくれると信じているよ」

フェラーリと契約できて幸せかどうかキミの心境を尋ねた。

「僕が決めたことだから。幸せじゃなかったら、契約しないよ。僕は5年間マクラーレンで走った。二度ほど、あと一歩のところでまで行ったがタイトルを獲ることはできなかった。それでレース人生に変化と新しい環境を望むようになった。それを今ようやく手に入れた。マクラーレンで過ごした日々は素晴らしかった。もちろん良い時もあれば悪い時もあった。僕にはチームに残してきた仲間がいる。僕が悪口を言うような人はマクラーレンには誰もいないよ」

これからフェラーリのスターとなるキミは、F1絶対王者の引退をフェラーリの重圧を知る者として共感とともに受け止めた。

「ミハエルが引退しても彼のレースを愛する気持ちがF1から消えることはない。僕たちは激しいレースを繰り広げてきた。それが終わってしまうかと思うと残念だ。ドライバーは誰しも自らの意思で、いつか引退を決断しなければならない。今がミハエルにとって最高の引き際だったんだと思う。彼の今後の人生の幸運を祈るだけだ」とキミはミハエルとの別れを惜しんだ。

「ミハエルは、いつもいい人だ。ライバルチームで戦っていたが、僕たちの関係は良好だ」とキミは付け加えた。

フィアット会長のルカ・ディ・モンテゼモロは、2005年にはフェラーリがライコネンと契約を交わし、そのことはすぐにシューマッハの耳にも入っていたとイタリアのメディアへ明かした。

「キミはフェラーリがまさに待ち望んでいた人物だ。フェラーリでの重責に耐え得る人物だと我々は知っているし、これまで注視してきた。それが彼と契約した最も重要な理由の一つだ」とモンテゼモロは説明した。

「ムジェロでキミはザウバーで最初のテストを受けた。その時に偶然にも私はその場にいて彼の走りをこの目でしっかりと見た。ミハエル・シューマッハがキミの後ろを走ってテストが終了すると、ミハエルがジャン・トッドと私のところへ駆け寄ってきて、あの子を見てください、あの子はすごいドライバーになると絶賛していた」

「キミが加入したことで来シーズン我々はどのチームより強力なドライバー二人を抱えることになる」とモンテゼモロは満足そうに話した。

37 — 事の顛末

キミがチーム選びをする際に、ルノーという選択肢があってもおかしくなかった。しかし、マクラーレンへの忠誠心を示すためかキミはそのことを公には認めなかった。とは言え、フェラーリは別格だ。他のF1チームを一つに束ねたよりも桁違いに大きなチームであることに加えて、F1史上最も勝利に飢えるドライバーに数えられていたキミは、マラネロの跳ね馬に鞭打つことを切望していたからだ。

「もうすでに勝利の匂いがする」とライコネンのマネージャーたちは喜びを口にした。

契約が公表された日に私はマネージャーのスティーブ・ロバートソンに単独インタビューを行った。キミはチャンピオン最有力候補に目されるフェラーリの新たな花形スターとなった。どのようにこの階段を駆け上がったのか事の顛末を聞き出したかったのだ。

「フェラーリへ連絡を取った。私たちがすべきことは、キミにはどのような選択肢があるのかを明確にすることだった。以前からフェラーリがキミに興味を示していることを知っていた。ザウバーで最初にF1のテストを受けた時から、ずっとフェラーリはキミに注目していたからね。それが交渉に繋がり、最終的に3年間の契約へ至った」とロバートソンは説明した。

「キミはかなり前から自分に実力があることを見せつけていた。キミのようにステータスがあるドライバーは長期契約を結ぶ必要はない。フェラーリは夢のようなチームだが、どんなビッグチームであっても5年先にどうなっているか誰も知らないからね。短期契約なら、その都度延長を検討することができる。ルーキー扱いされていたキミがザウバーからマクラーレンに移籍した時とは状況が全く違う」

あなたたちはキミをミハエル・シューマッハのチームメイトとしてフェラーリに移籍させる準備をしていたのですか。

「基本的にキミのことを知っていれば、誰がチームメイトであろうが彼が気にしないのは明らかだ。その点でもキミは高い評価を受けている。キミがマクラーレンに残留していたら、チームメイトとしてフェルナンド・アロンソと走っていた。同じようにフェラーリでミハエルと一緒に走っていた可能性もある」

　シューマッハのチームメイトとなった場合、フェラーリでキミに平等な待遇が確保される見込みはないと私は思っているが、そのことをどう思っていたのだろうか。

「結局のところ状況がどうであれ、ミハエルはチームにこれ以上長く居続けることはできなかったと思う。要するにフェラーリはチームの今後を見据えてキミを獲得したかった。フェラーリは将来的な視点でチームの再建を切望している。契約書にはチームメイトと対等に扱うことが明記されている。つまり、彼にはファーストドライバーとして何も心配することのない地位が保障されている」とロバートソンは明言した。

　フェラーリでキミはシューマッハの全盛期のように圧倒的な強さを手に入れるのだろうか。

「そうであることを望むし、私はそう考えたい。もちろんフェラーリがどんなマシンを開発するかにもよる。2005年シーズンのフェラーリのマシンはそんなに強くなかった。しかし次第に復調してトップに返り咲いた。先が見通せる水晶玉があったらいいが、そんなものはない。来年は全チームがブリヂストンのタイヤを履き、もうすぐエンジン開発が凍結されることを考えれば、フェラーリは来シーズンかなり強力なチームになると私は見ている」

「キミがタイトルを獲得するという目標を達成するためには、ちょっとした運も必要だ」とロバートソンは付け加えた。

　子どもの頃にキミはフェラーリのことはもちろんF1について家で話すことはなかった。さらにキミはゴーカートで走っている時もそうだが、海外でプロのレーサーになった時ですら、自分がフェラーリのドライバーになるなんて想像していなかった。

「キミには憧れの選手もいなかったし、どの段階でもトップドライバーの真似をしなかった。私はキミが有名な選手の真似をして遊んでいるのを見た覚えがない。彼は自分のマシンで走ることができれば、それで十分だった」とマッティ・ライコネンが教えてくれた。

「ゴーカートをしていた頃、息子が将来Ｆ１で走ることができるなんてこれっぽっちも考えていなかった。貧乏家族にとって縁もゆかりもない世界でしかなかった。もしキミがフェラーリで走ると誰かに言われたとしても、私たちは腹を抱えて笑っていただろう。モータースポーツの頂点で走るようなお金や伝手（つて）もなかったし、国中を探してもそんなものは見つからなかった」

　両親が初めてＦ１を意識し始めたのは、キミがフォーミュラ・ルノーに参戦した頃だった。

「その時にキミ自身も、いつか大きなサーキットをＦ１マシンで走ることができるのではないかと初めて意識した」とマッティ・ライコネンは当時を振り返った。

　エスポー市の自宅で両親は、自分の息子がこれから３年間、世界で最も有名なレースチームのエースを務めるという現実を受け入れようと努めていた。

「フェラーリへ移籍したからといって、キミが変わることはない。何度ドアをノックしてもキミはレースの前に居眠りして出てこなかったからね。マシントラブルが発生せずに目標としているタイトルに近づくことができれば、キミはもっと満足するだろう。私はそう祈るだけだ。競争能力のあるマシンを手にして勝利する日をキミはずっと待ち望んでいた」とマッティ・ライコネンは語ってくれた。

　イタリアのメディアによると、シューマッハはチームを去る頃にはすでにイタリア語をとても流暢に話せていた。問題はキミがどの程度イタリア語を身につけることができるかだ。

　チャンピオンを獲得するために必要なら、キミがイタリア語をマスターするのは朝飯前だとマッティ・ライコネンは浮かれた口調で言った。父は、必要とあらば、キミは友人のトニ・バイランダーの助けを借りることを知っていた。その時トニはＦＩＡ‐ＧＴ選手権に参戦していた。そしてマセラティのレースカーと同じように巧みにイタリア語を操ることができた。

「キミはイタリア語をマスターするよ。どれほどイタリア語の習得に関心を寄せるかにもよるけれど」とバイランダーは予想した。

「イタリア語はファンとコミュニケーションをとるために必要かもしれない。ファンにとって母語で何か話しかけられるのは、憧れのスターにスプーン一杯の蜂蜜を食べさせてもらうのに等しいからね」

バイランダーは必要とあらば、徴兵でともに過ごした仲間を助ける準備ができていた。

「イタリア語はシンプルな言語だ。勉強は基本的なことから始めて、単語はその都度覚える。それから手を振って大声で叫ぶとイタリア語らしくなる」とバイランダーは冗談を言った。

「キミは自分のスタイルで仕事をする。彼は自分のスタイルを変えるようなことはしない」

全く関係ないことだが、ここで2006年のおめでたい話を紹介しよう。ライコネン・ロバートソン・レーシングが、チームを創設して初めてのタイトルを英国F3シリーズで獲得したのだ。マイク・コンウェイがチームメイトのブルーノ・セナを引き離してチャンピオンとなり、ライコネン・ロバートソンの頭文字をとったチーム「ダブルRレーシング」は20戦15勝を挙げてシーズンを圧勝した。

38 — トッドとの出会い

何を隠そう私はＦＩＡの会長ジャン・トッドが握手で迎えてくれる記者の一人なのだ。私たちはお互いのことを形式的に知ってはいたが、２００７年にトッドがキミ・ライコネンをフェラーリへ招き入れると、以前よりも親密になった。

このフランス人男性と近くで話せるようになり、私は記者人生で最高の瞬間を味わっている気分になった。

嬉しかったのは、キミの契約発表後にトッドの単独インタビューを許された最初の記者となったことだ。２００６年11月15日、マラネロにあるフェラーリの本部に招待された私は、広報部長のルカ・コラヤンニのエスコートで、最も神聖な場所、つまりトッドのフェラーリリレッドのオフィスへ足を踏み入れた。

私は座り心地の良い肘掛け椅子に腰掛け、トッドの合図を待った。

フェラーリに加わって13年経ったトッドに新たなチーム編成で始める意気込みを聞こうとした。

「そんな野暮な質問はやめにしよう。ここであなたのインタビューを受けるために座っているんだ。言わなくてもわかるだろう、とても意欲的だよ。さもなければ私はここに座っていないし、友人とフィアンセと一緒に休暇をとっているよ。私はフェラーリの責任者で、１９９３年にフェラーリで仕事を始めた日と同じぐらいやる気満々だ。私の目標は少なくともその時と同じ成功を収めることだ」とトッドは笑みを浮かべて私の懺悔に耳を傾けてくれた。

インタビューが始まってすぐ、彼はフィンランド人ドライバーを高く評価していると言った。そのような評価は決して最近生まれたものではなかった。

彼は、かつてラリーのコ・ドライバーを務めていた。そしてフィンランドのスター選手であるトミ・マキネン、ラウノ・アールトネン、ハンヌ・ミッコラとラリーに参戦していた。トッドはペースノートの作成でも一目置かれ、プロ中のプロとして知られていた。暗算能力に至ってはコンピュータにすら勝ると言われたほどだ。ハンヌ

・ミッコラは、ことあるごとにトッドのことを、迷うことなく15桁の暗算ができる彼が知る唯一の人物だと称賛した。

その後もトッドは、アリ・バタネン、ティモ・サロ、そしてユハ・カンクネンをプジョーで起用してラリー選手権で輝かしい成功を収めた。その他、フェラーリで働く前に彼はプジョーを率いてケケ・ロズベルグをドライバーに据え、スポーツカー世界選手権にも参戦している。

F1ではライコネンが加入する8年前に6戦だけ、ミカ・サロがフェラーリのドライバーとしてトッドと関わっている。

「フィンランド人と仕事をするのは、私にとって大きく二つの時代に分かれる。まずはラリーの世界でトップドライバーたちのコ・ドライバーを務めていた時代。次はチーム代表として彼らとタイトルを勝ち獲った時代だ。私はフィンランド人と長い歴史を分かち合ってきた。いつも彼らに敬意を払ってきたし、彼らと仕事ができることを楽しんでいた」

ラリーでは成功を収めたものの、トッドはキミが優勝するまでF1グランプリでフィンランド人ドライバーと一度たりとも勝利に酔いしれることはなかった。

「1999年ホッケンハイムで勝利目前だった。しかし、その時はエディ・アーバインのタイトル争いを優先しなければならず、チームオーダーでミカ・サロは2位に甘んじた。私はミカのことをものすごく気に入っている。彼は素晴らしい選手だ。彼が今もGTシリーズをフェラーリで走っているのは偶然じゃない」とトッドは教えてくれた。

飲酒にまつわるフィンランド人ドライバーの評判をトッドは風の噂で聞いていた。しかし問題はこれまで起こっていなかった。

「常に何かしらあるさ。それは人生の一部だ。結婚すると妻との間ですら何かしらの問題が生じる。私は普通に考えて、フィンランド人ドライバーとは非常に前向きで有意義な時間を過ごしてきた」

とは言え、トッドは国籍によってドライバーを区別することはないと強調した。

「私にとって誰もが個人だ。それがフィンランド人であろうが、イタリア人であろうが、ナイジェリア人、はたまた中国人であろうがね。誰もが同じだ。馬鹿な奴もいれば本当に素晴らしい人もいる。なるべく愚かな面は軽視して良い面を見るように努めているが、時には難しいこともある」

フィンランド人は一般的に寡黙であるとみなされているが、その点に関してもトッドは否定的に捉えていない。

「私自身もおしゃべりではない。長話をするよりもファックスで答える方が私には好都合だ」

ライコネンがチームに加わってくれたことにトッドは明らかに興奮していた。実際トッド自身がキミを選んだのだ。トッドはキミのことを、どの程度知っているのだろうか。

「誰かと契約を交わす時は、他でもないドライバー本人としている。キミがフェラーリに加わってくれて幸せだ。私はキミを知っているし、彼を気に入っている。彼のスタイルと仕事に対する向き合い方が好きだ。キミの存在はチームにとってプラスだし、彼にとってもチームがそうであると確信している。これは婚姻関係に等しい。もし結婚することに片方だけが満足するようでは、何も利益にならない。その時もう片方にとってはプラスになっていないからだ。結婚というものは双方にとってプラスでなければならない。その意味でもキミとフェラーリの双方にとって良縁であると私は信じている」

プライベートでは自由奔放なイメージがつきまとうキミのことをトッドは気にしていない。

「キミをそっとしておかないメディアの方がおかしいと私は思っている。他人のプライベートを尊重することも必要だ。その一方でスターとして警戒を怠ってはいけないのも事実だ。キミがそのことを理解してくれるように手助けするよ」とトッドは答えた。

ライコネンのマネージャーであるデイビッドとスティーブ・ロバートソンは、この電撃移籍の背景について後に語ってくれた。

「モンテゼモロが契約を承認するために隣の部屋で待機していたけれど、私たちとの交渉はすべてトッド本人が担当した」

引退するミハエル・シューマッハの後任としてキミを

獲得したことは、フェラーリの将来を見据えると正しい選択であったと信じているとトッドは明言した。

「チームが新たな戦力を必要する時は、フェラーリに来たいと名乗りを上げたドライバーとだけしか話をしない。キミをチームに迎え入れることができて幸せだが、キミが名乗り出たところから、すべてが始まった。トップドライバーなら誰しもフェラーリへ来たがる。しかし、全員を受け入れることはできない。その意味でもチームに加わることでキミはそれなりの重荷を背負うことになる。何はともあれ、これは良縁であると確信している」

「キミ以外のドライバーとは交渉しなかった。私がキミに連絡をとった時は、我々が彼を求め、同時に彼が我々を求めた瞬間だった。５人のドライバーと交渉して、その中からキミを選んだわけではない。私が話した唯一のドライバーがキミだった」とトッドは強い口調で話した。

フィンランド人の私は、キミを獲得したことでトッドのモチベーションが高く保たれたのだと声高らかに主張したいところだが、その反面それが真実ではないことも知っていた。会長にとって最も重要なのは、エンツォ・フェラーリの時代がそうだったようにフェラーリに成功をもたらすことだ。その優先順位では、まずはマシン開発、他のすべてのことは二の次なのだ。

３年半後の２０１０年の冬にラリー世界選手権の開幕戦がスウェーデンで行われた。ライコネンがラリードライバーとして参戦するこの大会で私はトッドと会った。その時トッドは、２００９年の秋にＦＩＡ会長選挙で１３５対49でアリ・バタネンに勝利し、ラリー世界選手権を統括する団体の会長職に就いていた。

広報担当のマッテオ・ボンチアーニを伴ってハーグフォシュのピットゾーンに到着したトッドは、マシンの脇で雑談しているキミとコ・ドライバーであるカイ・リンドストロームの方へ挨拶に向かった。そして雪上レースに参戦するキミの肩を軽く叩いた。

近くにいた私も彼らの仲間に加わった。トッドは私に挨拶して、私たちは握手を交わした。

長年ラリーを担当しているベテランの記者仲間は、いったい何が起こったのかと首を傾げていた。なぜなら余人を近づけないことで知られるトッドが初めてラリー選手権を現場で取材するフィンランド人記者の私と一緒に現れたからだ。

キミがラリーの世界へ電撃移籍したことでラリースポーツ全般の底上げに繋がったとトッドは満足げに話してくれた。

「キミはキミだ。こんなに全く異なるカテゴリーへ飛び込むのは勇敢な賭けだが、私たちにとって大歓迎だ。なぜなら、バレンティーノ・ロッシがフェラーリでF1に参戦するに等しいインパクトをキミはラリーにもたらしてくれる」

「しかしセバスチャン・ローブやフィンランドのトップドライバーと同じスピードでキミが走れるなんて甘い期待を抱かないでほしい。ラリーでも下積みは必要だ。キミが実力を発揮できる時が来るまで、しばらく待つとしよう」とトッドは述べた。

2010年にユヴァスキュラで行われた世界ラリー選手権にトッドは足を運んだ。そのパビリオンで行われるセミナーの名誉招待客として列席した。FIAと国連が合同で交通安全キャンペーンを企画したのだ。トッドはイベントが終わるとフィンランド人ドライバーに関する質問にも回答してくれた。

私としてはラリーに参戦してシーズン半ばを過ぎたライコネンのパフォーマンスをFIA会長がどのように評価しているのか意見を聞き出す必要があった。キミとトッドは、F1でタイトルをともに勝ち取った後も冷めることなく良好な関係を続けていた。

キミがラリーでも世界チャンピオンになることができるのか、どの程度それに現実味があるのかを私はキミをよく知るトッドに質問した。

「その質問は論理的だ。キミはF1チャンピオンだが、F1とラリーは全く別のカテゴリーだ。あなたの質問は、100メートル走のチャンピオンであるウサイン・ボルトがマラソンでも優勝できるだろうかと問いただすことに等しい。ボルトは優勝できるかもしれないが、私にはわからないしキミに関しても同じだ」とトッドは答えた。

「キミはラリードライバーとして、すでにある一定のレベルに到達している。昨年F1チャンピオンになったジェンソン・バトン、もしくは今年タイトルを獲得する誰でもいいが、彼らがラリーに参戦しても初年度でキミのレベルに達することはない」とトッドは補足した。

それから1年半後の2012年に私はモナコのレースでトッドに再会した。その時すでにキミはF1ドライバーとして復帰していた。

「私はキミの分まで幸せだ。キミが幸せであることが何よりも嬉しい。今年の世界選手権にチャンピオン経験者が参戦するのはF1にとっても好ましいことだ。とりわけ彼が活躍してくれることを願っている」。トッドは私の質問にお世辞のような笑みを浮かべて答えた。

「F1はキミにとって未開の地ではない。むしろ彼はエキスパートだ。もちろんマシンの出来によって結果は左右されるが、速いマシンを手に入れたなら彼は果敢に攻め続けるだろう。逆にマシンの出来が悪ければ、残念ながら攻めることはしないだろう」とトッドは考えながら言った。

02

39 — マドンナ・ディ・カンピリオ

フェラーリのメインスポンサーであるフィリップ・モリスは、伝統的にシーズン開幕前に各国のメディアをマドンナ・ディ・カンピリオに招待してプレスミーティングを行う。起伏に富んだゲレンデが広がるリゾート地だ。2007年1月、この場でキミはフェラーリの新たなドライバーとして正式に披露された。

北イタリアの山郡ドロミーティにキミは通算3回招待された。これから本格的に始まる戦いの前に、数日間だが山岳地帯で心を落ち着けることができた。

ライコネンのサポートチームは、曲がりくねった山岳地帯を避けて、スイスのキミの自宅からヘリコプターで記者との夕食会へ駆けつけた。大ホールの端まで人で埋め尽くされたディナーパーティが終わると、翌朝のプログラムには記者たちが自由にキミに質問できる時間が盛り込まれていた。

しかし、質疑応答は予定通り行われなかった。広報部長のルカ・コラヤンニは早朝から、やきもきしながら冷や汗をかいていた。フェラーリのプレスセンターとして設けられたホールに、キミは予定の時刻になっても現れなかったのだ。

キミはフィンランドのスキー選手たちとホテルで夜遅くまで楽しんでいて、マネージャーのサミ・ヴィサに起こされるまで、ぐっすり眠っていたのだ。そして予定の時間に遅れてしまった。報道陣の記者会見場に現れると、キミは目を輝かせて「ボンジョルノ・ア・トゥッティ（みなさん、おはようございます）」と言って一同を驚かせた。その一言は場の空気を一瞬で和ませた。

「11年前、同じようなイベントにミハエル・シューマッハが登場した日のことを覚えている。それに比べるとキミは上出来だ。会場に入る前に少し練習したんだと思うが、いずれにせよ私たちにとって喜ばしいオープニングとなった」と『アウトスプリント』誌で当時F1を担当していたアルベルト・アントニーニはキミの粋な挨拶を称賛した。

「開放感が会場を包んでいた記憶が鮮明に残っている。

キミは二部構成の両方で質問にきちんと答えてくれ、司会者として嬉しかった」とＦＩＡの公式イベントで進行役を長く務めたボブ・コンスタンデュロスは満足げに答えた。

この件を踏まえて、キミはイタリア語を習得するつもりだと私に約束した。

「もう少し他のこともイタリア語で言えるよ。フェラーリで仕事をすると確実に語彙を増やす場面に遭遇する。学校へは行くつもりはない。僕は学校が苦手なんだ。馴染めなくてね。ゴーカートに乗っていた頃は結構イタリアに来ていた。その時のことをよく覚えているよ。ただ、僕はイタリア語を習いに来たわけじゃなくて、レースに勝つためにフェラーリに雇われたんだ。もっと言葉を覚えるまでは、ラリーで使うイタリア語で何とか凌がなくちゃ」と、ラリードライバーのマルク・アレンの独特の話し方を引き合いに出して冗談を言った。

「モチベーションに関しては、これまで問題を抱えたことはないよ。すべてが新しく興味深い環境に変わって、むしろ高まっていると思う。雰囲気も良いし、フェラーリにいることができて幸せだ。仕事も快適にできる。赤は温かみを感じるし、快適な着心地だ。僕はすべてにおいて、このチームのスタイルが気に入っている」と新しいチームウェアを着て、感想を述べた。

キミは自分が好きなことをしているだけだと言うが、これまでにないぐらい準備を重ねていた。

「マシンに乗れなければ他にすることがない。だから、冬はトレーニングに最適だ。どれだけしているかなんて、いちいち数えていないよ。肝心なのは良いコンディションを保てているかどうか。トレーニングする意味は他にないよ」

病院のようなマクラーレンの本部より、マラネロのファクトリーの方がキミには明らかに馴染みやすかった。

「フェラーリの人たちについて単にポジティブなことしか言うことはないよ。ファクトリーでは家族といるような感じがするし、みんながベストを尽くしている。マクラーレンにいた頃より雰囲気もいい感じで落ち着いている。フェラーリは堅苦しいと言われ続けてきたが、経験してみて言えるのは、真逆だってことだ。他のどのチームより確実にプレッシャーはあるが、僕は何も問題だと思っていない」

逆に言えば、キミをナーバスにさせることは難しいのかもしれない。かなり批判的なことで知られるイタリアのメディアの前で、初めてフェラーリの赤いシャツを着て会見に臨んでも、まるでラスベガスで聴衆を楽しませるアーティストのように難なくこなしてしまう。もしかすると旅に同行していたフィンランド人コメディアンのピルッカ＝ペッカ・ペテリウスの存在が、キミの気持ちを落ち着かせることに一役買ったのかもしれない。

キミにしてみればグランプリにはいつも同じ面子ばかりいるのに、そこで緊張する理由なんて何もないということなのであろう。これからキミにとって重要なのは、新しいエースが近寄り難い存在にならないように気をつけることだ。経験豊富なイタリア人記者たちと会見後にわだかまりが生じないようにしなければならない。同じような状況で、しばしば記者と衝突したミハエル・シューマッハの二の舞を演じてはならない。

つたない英語で質問するイタリア人ジャーナリストの、それを見下して理解できない素振りをするのは簡単だ。キミはそんなことはしない。質問されたことには素直に答えた。それだけではなく、彼は質問されたことすべてを記憶に留めた。しかし、ピットではクールなドライバーとしてのイメージも大切にした。新しいチームのエースとなり脚光を浴びても、アイスマンは溶けずにクールであり続けた。

マドンナ・ディ・カンピリオのゲレンデで、キミは友人とともに12年ぶりにスキーを楽しんだ。その姿を見てフェラーリの関係者も安堵していたし、プロモーションを兼ねた記者会見も好評を博して何事もなく行われた。

ＷＲＯＯＯＭと呼ばれる、このプレスミーティングは穏やかなムードで行われた。私はミーティングというよりは、どこかの食事会に招待されたような気分になった。ことあるごとに食事に誘われ、ランチであれディナーであれコース料理には決まってポレンタ粥が振る舞われた。イタリア料理と言えばご馳走を期待するが、この後、ポレンタ粥を進んで食べようとは思わなくなった。

フェラーリでのデビューイヤーはリゾート地の凍った

コースで開幕し、キミは新たなチームメイトとなったフェリペ・マッサに勝利した。プレスミーティングの一環で、マールボロがスポンサーとなってF1とMotoGPのドライバーがフィアット・パンダで雪上レースを行ったのだ。高低差のあるマドンナ・ディ・カンピリオの風景を背に、金曜日の夜に遊び心で行われたレースは非常に盛り上がった。

ロリス・カピロッシは、ゴール手前の直線でキミに並んだ。ロリスの追い上げも虚しく僅差でフィンランド人に軍配が上がった。ライコネンとマッサのフィアット・パンダは一度接触してしまったが、誰も目くじらを立てるような雰囲気ではなかった。

ゲレンデではスキーのスラローム大会も行われた。それはキミの一人舞台だった。

合宿を終えたフィンランド・アルペンスキーチームのユッカ・レイノとコーチのヤンネ・レスキネンが加わり、彼らが第一滑走者を務めた。本来この役目はアルペンスキーの世界チャンピオンであるカッレ・パランデルに頼んでいたが、彼は大会に出場するため急遽ヴェンゲンへ向かうことになった。

フェラーリの新しいフィンランド人スターは12年ぶりのスキーとは思えないスピードを披露し、レスキネンとレイノはキミの速さを褒め讃えた。

ドライバー同士の雪上レースを制して初白星を獲得したキミはゲレンデでも風を切った。一方、マッサはスキーをするのは人生で二度目だった。なので、このブラジル人にスキーの腕前を期待することはできなかった。噂によると過去の大会ではミハエル・シューマッハが毎回優勝するように仕組まれていたようだ。ちなみにF1チャンピオンに7回輝いたミハエルはゲレンデに自分の名のついた丘を所有している。

フィンランド期待の星は、新しいチームでの初仕事を満喫した。

「何事においてもマクラーレンの頃より、ずっと楽だ。マクラーレンではちょっとした撮影でも2日もかかってしまう。フェラーリでは無駄な時間の使い方をしない。忙しなく、あっちこっちを走り回る必要がないんだ」とキミはチームに感謝した。

マッティ・ライコネンは、マドンナ・ディ・カンピリオにいる私に二度ほど電話をかけてきた。フェラーリのドライバーとなったキミが初の公式会見で記者に好感を持って受け入れられたのか気になったのだ。

日曜日にマラネロとフィオラノで仕事が控えているキミには実家へ足を運ぶ余裕はなかった。メディアにフェラーリのニューマシンF2007をお披露目しなければならなかった。私たちもマドンナ・ディ・カンピリオで休暇を過ごした後、気持ちを切り替えてマラネロのファクトリーへ向かった。

キミはフィオラノ・サーキットでガイドツアーに参加した。サーキットの中心部にある「エンツォ・フェラーリの家」と呼ばれる執務室を見学した。

「キミは機会があれば、ここに泊まろうと考えていたようだ。シューマッハは実際に宿泊したからね」とマネージャーたちは笑みを浮かべた。

チーム創設者の執務室を見学できて、とても嬉しかったとキミは感想を述べた。オフィスは創設者が執務を行っていた当時のままに保存されている。エンツォ・フェラーリが昨日までここで仕事をしていたようにさえ感じられる場所だった。

テレビインタビューでキミは新しいマシンの印象をイタリア語で答えてほしいと要望された。キミは「モルト・ベッラ（とても美しい）」とイタリア語を披露した。

「見た目はすごく良かったよ。でも外見は関係ない。レースで使えるかどうか。要はマシンが速いことが肝心だ。ただ、美しいマシンであることは否定しないよ」とキミはフィンランド語で話してくれた。

バレンシアでキミは初めてニューマシンF2007に乗った。次のテスト走行が行われたバルセロナは、ライコネン一家にとって記念日となった。その日には義理の娘となったイェンニ・ダールマン＝ライコネンとともにパウラとマッティは、赤いフェラーリを鞭打つキミを初めて現地で目にした。

「キミがマシンに乗っているのを見るのは最高の気分だ。もっと何周も走ってくれたら良かったのに」とマッティ・ライコネンは名残り惜しそうに言った。

「まだ赤いマシンに慣れないわ。マクラーレンが走ってくる度にキミが乗っていると思ってしまう」とパウラ・ライコネンは心境を教えてくれた。

40 ― 凍ったレコーダー

キミがチャンピオンになってから二度目の冬、つまり2008年に私はキミと一緒にサウナを浴びて楽しく時間を過ごした。キミはオール・インペラトーレ・ホテルを気に入っていた。今は亡きフィンランドの実業家カリ・ビオーデッドが所有していた、このホテルの最下階にはマドンナ・ディ・カンピリオ周辺で唯一フィンランド製のサウナがあるからだ。朝食のラウンジにはフィンランド製のヘラジカの頭が飾られている。

私自身も仕事後に仲間とサウナやプールを訪れ、どの程度ゆったりできるか試してみた。落ち着いた気分でグラスを傾け、おやじ連中のようにふざけるのも悪くない。過去を思い出して冗談を言って笑い合った。

サウナ用のプールの脇で、私はキミの新しいタトゥーに気がついた。タイトルを獲得した後に入れたものだ。2007年オーストラリアでの開幕戦で勝利した後にキミが右腕にタトゥーを入れた時のことを思い出した。今回はタイトルを獲得した記念に左の腕に「ICEMAN」と刻み込まれていた。

私が驚くと、その表情を目にした我が国のスポーツ界を代表する英雄は、新しいタトゥーを首に入れようとは少しも考えなかった、と言って場を和ませた。

サウナで過ごした翌朝、この豪華なホテルのテラスでキミと話をすることになっていた。寒さでレコーダーの動きが非常に不安定だった。キミはアルペンの眩いばかりの日光の中、友人とともにテラス席に座った。そこから見える遠くの山々は雪を被り、冬の厳しさを感じさせた。

F1のステアリングは物凄い勢いで進化している。様々なスイッチだのボタンだのが日々増え続けている。私はステアリングが描かれた絵を持参し、どのように機器を使っているのか実演してもらった。彼は承諾し、ボタンを押す仕草をする度にステアリングから別の話に行ったり来たりした。私はインタビューをレコーダーに録音しようとした。

インタビューが終わり、彼に礼を言った。そして、また冗談話に花を咲かせた。傑作だったのは、ヨペ・ルオナンスーがフィンランドの自宅から電話でキミの物真似をしてくれたことだ。彼はキミと親交のあるコメディアン、ペテリウスの友人で、フィンランドではキミの物真似をすることで知られていた。

私は仕事をするために宿泊するホテルへ戻った。そこでステアリングの情報を収めたレコーダーが再生できるか確かめた。ところが残念なことにレコーダーは寒さで凍結し、インタビューした内容は何も私の手元に残らなかった。

そんなこんなで私はＦ１関係者が宿泊するホテルへ戻った。幸いなことに、まだ彼らはテラスで寛いでいた。私が悲痛な面持ちで事情を説明すると、キミは頭を抱えながらレコーダーがちゃんと動くなら、もう一度録り直そうと言ってくれた。今度は、きちんと録音に成功した。しかし最初のインタビューと比べるとキミ本来の表現は少なくなっていた。

41 — 広報部長のもとで

２０００年代の初頭、ルカ・コラヤンニは各チームの広報担当者の中でも一際堅苦しい人物として知られていた。彼は２０００年にフェラーリのレースチームに加入し、2年後にはマラネロの広報部長に昇進した。

当時はコラヤンニをライバルチームの広報担当者として認識していた。私は、フェラーリのドイツ人エースであるミハエル・シューマッハとタイトルを争う、ミカ・ハッキネンとキミ・ライコネンを番記者として追いかけていたからだ。

２００６年シーズンを最後にシューマッハが引退しフェラーリを去ると、彼の後任としてキミがチームに加入した。それ以来、私はコラヤンニと親密に仕事をするようになった。

キミがマクラーレンにいた頃、私は広報担当者を手助けしていた。キミの広報を担当するにあたってコラヤンニは、フィンランド人ドライバーのマネージャーに助言を求めた。するとロバートソン親子は、私と接触するように彼に勧めたのだ。

そういうわけでキミのフェラーリ移籍が発表されると、コラヤンニはシーズン中の私の役割について計画を立て始めた。私が責任を負うことになったのは、各レースに向けたキミの抱負とレース後の彼の感想をフェラーリの公式ウェブサイトとドライバーの個別ページに英語とフィンランド語で書き起こすことだった。

レース直後にキミに次戦の抱負を聞き出していて気がついたことだが、アドレナリンが大量に分泌された状況ではキミですら次のことを考える余裕がないということだ。

普段はレースが終わった翌週の火曜日にマラネロへ原稿を送っていた。コラヤンニは、私が送った英語の原稿に、彼が大学で学んだ正しい英語で修正を加えたが、フィンランド語に関してはそのままでウェブサイトに掲載された。

次第にキミの抱負と感想を綴った私の文章に関心が寄せられるようになった。内容というよりは、レースで多忙を極めるキミがこのようなことを書く時間があるのかと読者が疑問を感じ始めていた。インタビューを書き起こしているだけだが、執筆者のことが一切伏せられていたからだ。巷ではレースを分析する担当者が交代で執筆しているのだと噂されていた。

コラヤンニと私のギブ・アンド・テイクは最初から効率的に機能した。

2006年の秋、コラヤンニは記事の見返りにチーム代表のジャン・トッドと二人だけの単独インタビューをマラネロでセッティングしてくれた。それから、シーズン前にトヨタとフェラーリだけがテスト走行を行うバーレーンでキミと特別なインタビューをしてはどうかと提案してくれた。この時はインタビューだけでなくキミのエンジニアと知り合うことができて、私にとっては一石二鳥となった。

コラヤンニはフェラーリの広報部長を2013年まで務めた。その後マルシャF1チームに移り、そこで一時的に広報部門を担当した。バーニー・エクレストンがF1の商業権をアメリカのリバティ・メディアに売却した後、コラヤンニはメディアの業務に復帰した。

2020年にバルセロナで行われたプレシーズンテストで、私はコラヤンニと会い、この本の執筆のために昔のことを話し合った。

長年ミハエル・シューマッハと仕事をした後でキミの担当になったコラヤンニに、両者にはどのような違いがあったのか尋ねてみた。

「かなり違ったよ。二人は全く違うタイプだったからね。フェラーリでは時間をかけてドライバーに慣れていった。私が2000年にレースチームに加わった時に、すでにミハエルはフェラーリで5年目を迎えていた。私たちは徐々にお互いについて学び合ったし、長きに渡って関係が途絶えることはなかった」

「フェリペ・マッサがルーベンス・バリチェロの後任になってチーム内に最初の変化が起こるまでは同じような状態がずっと続いていた。とは言っても、フェリペは2001年からフェラーリに育てられていたから、以前からチームにいたも同然だ」

「それからミハエルが引退を決断して、キミが彼の後任についた。チームにとって7年ぶりの大きな変化だった。正直言ってキミとの仕事は、これまでとは全く違っていた。むしろ私はそれを完全に楽しんだし、何度も彼と話し合いを重ねた。彼と一緒にいるのが、とても楽しかった」

「私はキミとストレートな関係を築いた。彼は私の任務が、外圧となるメディアからチームとドライバーを守ることだと知っていたし、それを理解して私の仕事を評価してくれた。このことは明らかに私たちが仕事をする上で有利に働いた。相手が何を言いたいのか理解できていると、余計なことを話し合う必要がないからだ」

キミは評判通り寡黙な男だったのか。

「キミと最初に話したのは２００６年ブラジルＧＰの決勝後だった。彼にとってマクラーレンでの最後のレースとなったが、フェラーリが開いたシーズンの打ち上げパーティに駆けつけてくれたんだ。キミは寡黙ではなかったし、私たちの話は盛り上がって楽しい時を過ごした。私は彼に多くを語る必要はないと悟った。少ない言葉でもお互いを理解し合えることを彼が尊重しているからだ」

「次に私たちが会ったのはマドンナ・ディ・カンピリオのプレスミーティングだった。そこから正式に一緒に仕事をするようになった」

「トップドライバーたちは極めて特別な人間だと思っている。独自の個性とメンタルを持っているからね。しかし、メディア対応で気をつけなければならないことがある。彼らを特別な存在にするのではなく、記者に気に入られるよう努めることだ。記者たちにファーストネームで呼んでもらえるような関係を築くことも大切だ」

「フェリペにはキミと全く違う接し方をしている。一緒に食事に行くこともあるし、たくさん話をする。キミは自分の時間を大切にしていた。ただし、キミとの関係が快適ではなかったということではない」

コラヤンニは、キミをアイスマンと呼んでいない。

「これまでドライバーのニックネームを気にしたことがなかった。私には関係ないことだ。それにライバルチームのマクラーレンで付けられたニックネームだったからね。キミがフェラーリに移籍することを、かなり早い段階で知っていたが、私にとってキミは、ただのキミでしかないよ」

コラヤンニはキミを介してラリーの世界にも足を踏み入れた。キミが２００９年にユヴァスキュラで行われたラリー選手権にフィアットで参戦した時に、コラヤンニはイタリアのメーカーの記者として現地に同行していた。

「あの時は、きつかったよ。フィンランドのラリー選手権は、ハンガリーGPの２日後ぐらいに行われたからね。ハンガリーではフェリペ・マッサが重傷を負ってしまって、その後すぐに全く別のカテゴリーのレースに記者として駆けつけるのは楽じゃなかった」とコラヤンニはため息をついた。

キミはラリーを楽しんでいたけれど、コースアウトしてリタイアしてしまった。同時にラリーの嬉しいニュースを報道する予定だったコラヤンニの仕事もなくなってしまった。

42 ― タイトル獲得までの日記

キミ・ライコネンのフェラーリでのデビューシーズンとなった2007年は劇的に幕を閉じた。世界チャンピオンとなった彼はブラジルでの運命の決戦の4日前に28歳になった。

ここでは2007年の各レースを要約して語ろうと思う。タイトルを獲得したシーズンに関するこれらの記事は、フェラーリとライコネンの公式ウェブサイトに掲載したものだ。

2007年3月18日　オーストラリア
予選：ポールポジション　1分26秒072
決勝：優勝　1時間25分28秒770
ランキング：1位ライコネン10点　2位アロンソ8点
3位ハミルトン6点

はっきり言うけれどフェラーリに加入した初日から、ずっと幸せだ。このチームで最初のグランプリを終えた今、もっと幸せな気持ちになった。フェラーリと契約を交わした時に、すぐにでも勝てたらいいのにと思っていた。それもあって初戦でいきなり優勝できて最高の気分だ。初戦より前にチームに勝利を捧げることはできないからね。

それだけじゃない。予選でもポールポジションを獲得したし、レースでもファステストラップを記録した。これ以上ない船出をフェラーリで切ることができた。このチームで、すべての夢が叶っていく。テレビのインタビューでは日曜日に公園で散歩しているみたいだったと言われるぐらい完勝したように見えたかもしれない。でも、もちろんそんなことはないよ。

レース中一度居眠りのようなことをしてしまった。ちょっと目を逸らして何か他のことを考えていたらブレーキがロックしてしまったんだ。無線での知らせがなくてもピットでは目を覚ませって言っているだろうなって僕にはわかったよ。それ以外は特に何も問題はなかった。

ファンたちがこのレースを楽しんでくれて、僕がこの勝利で経験した喜びをファンの人たちと分かち合えることができればと望んでいる。この勝利を本当に心から世界中のフェラーリファン、特にイタリアやフィンランドのファンへ捧げたい。すぐにまた優勝できることを願っている。

2007年4月8日　マレーシア
予選：3位
決勝：3位
ランキング：1位アロンソ18点　2位ライコネン16点　3位ハミルトン14点

マレーシアGPは僕たちにとって何も良いことがなかった。ここにくる前から、この週末は期待できないことが知らされていたんだ。エンジンの不具合で妥協に妥協を重ねて、本来なら望んでいない順位で走るしかなかった。エンジンをずっと気にしながら走らなくちゃいけなかったし、他のこともすべていつものようにできなかったよ。

あの拷問のような暑さから解放されて、ほんの少しだけど自宅に戻り、慣れ親しんだ環境で過ごすことができて良かった。僕たちはイェンニ、トニ、そしてマークと日曜日の夜にクアラルンプールからアムステルダム経由でスイスに飛んだ。あの過酷な暑さや汗がだらだら流れ落ちる環境で過ごすと、人里離れたアルペンへ戻って風を浴びてツーリングをするのが、この上なく快適に感じられるよ。

1ヶ月余りの遠征の後は、環境を元に戻すためにフィンランドのミートボールと付け合わせのマッシュポテトが食べたくて仕方がなくなる。テレビで国内アイスホッケーのリーグ戦やNHLを観る時間はあると思う。移動中に携帯テレビで観るのと自宅のテレビで観るのでは比較にならないよ。

2007年4月15日　バーレーン
予選：3位
決勝：3位
ランキング：1位アロンソ22点　2位ライコネン22点

3位ハミルトン22点

バーレーンの週末も、またいろいろあった。僕が望んでいるマシンに仕上がっていなかったから、いつものようにマシンを操ることができなかったんだ。

ここでの最大の問題は予選だ。決勝ではスピードの面では何も気にならなかった。チームの誰も怠けていたわけじゃないが、追いつけなくて勝利が逃げていった。今回も僕はアロンソの後ろに追いついたけど追い抜けなくて、アロンソは遠くに行ってしまった。

それから家まで落ち着いて運転して帰った。また次戦のバルセロナで、このエンジンで戦わなければならないと思うと気が重かった。

ポイント争いでは好位置につけている。でも、もっと状況を良くできたかもしれない。僕たちが本当に望むようなマシンに仕上がっていないんだ。マシンは勝手には良くならないから一生懸命に仕事をしないといけない。今は次のテストを待って、新しいパーツがどの程度助けになってくれるか見極める段階だ。

ずっと気を張り詰めているのは良くない。ここで約2週間の休暇がある。仕事のことはあまり考えないで、家で呼吸を整えてマンネルヘイム元帥（注：フィンランドの元大統領・軍人）のように戦を続けるよ。またヨーロッパで走れるのはいい。どこに行くにしたって移動が楽だからね。

2007年5月13日　スペイン
予選：3位
決勝：リタイア
ランキング：1位ハミルトン30点　2位アロンソ28点　3位マッサ27点　4位ライコネン22点

バルセロナのリタイアは相当へこんだよ。ただモータースポーツではよくあることだ。シーズンはまだ長いしトップとの差も8ポイントしかないからね。今後もいろんなことが起こると思うけれど、まだこの段階で負けたわけではない。

僕は過ぎたことを悔やまない。今回もそうだ。もうやり直すことはできないし、失ったポイントも取り戻せない。今回のことは忘れよう。日曜日は、本来望んでいたマシンではなかった。僕たちは失敗した。マシンからどんどんパワーが落ちてゲームオーバーだった。シーズン最初のリタイアを喫してしまった。

僕はチームに許可を得て早々と帰宅した。フィンランドが出場しているアイスホッケー世界選手権の決勝戦を自宅で観ようと思ったが、スイスに着く頃には試合のほとんどが終わっていた。フィンランドが負けてしまったのは痛かった。その日曜日は僕たちフィンランド人たちにとって吉日ではなかった。

２００７年５月27日　モナコ

予選：16位

決勝：８位

ランキング：１位アロンソ38点　２位ハミルトン38点
３位マッサ33点　４位ライコネン23点

週末が始まったと思ったらすぐに終わってしまった。

僕はモナコで走るのを楽しみにしていたのに、フェラーリで初めて試練を経験した気分になってしまった。予選は一番ソフトなタイヤで果敢に攻めた。シケインでマシンが壁に衝突してしまった。僕はマシンを制御できなかった。それ以上説明する気になれないが、僕が言えるのはマシンがその内側の壁にぶつかったということだけだ。それがすべてだ。

かすったんじゃなくて、しっかりぶつけてしまった。タイヤが曲がり過ぎてステアリングの車軸が壊れた。下のサスペンションもダメになった。

モナコではもっと激しくガードレールに衝突したことが何度もあったが、その時は何も壊れなかった。今回はその時ほどではなかったのにマシンが壊れてしまった。何も大きなドラマはなかったし、今回はマシンがぶつかってそれでおしまいだ。レースというのはそんなもんだよ。

そんなこんなで16番グリッドからスタートする羽目になることがわかっていたからね。後方からモナコで上位に食い込むことはできないよ。

２００７年６月10日　カナダ
予選：４位
決勝：５位
ランキング：１位ハミルトン48点　２位アロンソ40点
３位マッサ33点　４位ライコネン27点

カナダもギャンブルだった。今回も僕が望んだ結果が出ない。でも、いろんな問題を抱えての５位は上出来だと思う。もっと順位を落としていても不思議ではなかったからね。レースはどのチームにとっても難しいものだったけれど、僕たちは、このコースに期待していたほど強い装備で臨めなかった。

次のアメリカへ移動する前にいろいろと反省して、それから僕はアイスホッケーでもするよ。今回カナダで一番良かったことは、ブリヂストンが幼い子どもたちを招待して質問コーナーを設けてくれたことだ。それは本当に良かった。予選と決勝の後だったら、同じように気持ち良く質問に答えることができなかったと思う。予選で4位に沈んで、決勝はスタートでしくじった。グリップを失って出遅れてしまった。

重要なのは、いろいろあったけれど最終的にポイントを少しでも獲得できたことだ。フェルナンド(アロンソ)とフェリペ（マッサ）は困難を強いられて、僕は彼らにポイントで少し近づくことができた。一方でハミルトンにはリードを許したが、彼だって当然この先どこかで足踏みするはずだ。

２００７年６月17日　アメリカ
予選：４位
決勝：４位
ランキング：１位ハミルトン58点　２位アロンソ48点
３位マッサ39点　４位ライコネン32点

夏至祭が待ち遠しいが、今はそんな気分に浸っている余裕はない。アメリカ遠征を控えているからね。チームにはやらなきゃいけない宿題がたくさんある。シルバーストンで３日間テストをする。その間にやるべきことをすべてできればと思っている。僕は水曜日に走って、それから週末にプロモーションの仕事がいくつかある。そうこうしているうちに夏至祭は終わってしまう。

カナダとアメリカで合計9ポイントを獲得したが、この2戦はもっと良い走りを期待していた。何もないよりはましだけれど、この結果に満足しているわけではない。何も手にしていないようにすら感じるよ。上位のドライバーたちが多くのポイントを獲得したから差は前よりも開いてしまった。

インディアナポリスでのレースは予選で躓いてしまって、期待していた結果を得ることができなかった。予選が上手くいかないのは残念だ。もっと上手く行くはずだったんだけどね。もう少し上位に食い込んでいたなら、レースの結果も確実に違っていただろう。

2007年7月1日　フランス
予選：3位
決勝：優勝
ランキング：1位ハミルトン64点　2位アロンソ50点　3位マッサ47点　4位ライコネン42点

テーム・セランネや他のアイスホッケー仲間は、久しぶりにゴールを決めると肩の荷が下りたって言う。僕も、ここで優勝するまでに何ヶ月もかかった。でも、どうだろう。僕は肩の荷が下りたなんて思わない。気分が少し落ち着いた程度だし、チームのみんなも多少気が楽になったぐらいじゃないかな。

レースに勝つと、いつも気分が良い。今回は早くも遅くもなく、ちょうど良いタイミングでフランスで優勝することができた。すべてが予定通りで僕たちが求めていた結果になった。今まで散々な結果が続いていたから、誰かに辛くないかって質問されたけど、実際それほど辛く感じていなかった。僕たちはどのような問題を抱えているのかを常に把握して、その問題に真剣に向き合ってきたから、結果が後からついてきたと受け止めている。

一瞬たりとも僕の運転が下手だなんて疑心暗鬼になったことはないよ。マシンの方は、まだすべてが完璧に仕上がっていないが、少なくとも普通に走れるようになって良かった。開幕戦のメルボルンで優勝して何も悪いイメージはなかったが、その後マシンは思い通りに走ってくれなくなった。

フランスでは予選で上位につけることだけに集中した。そして決勝では、好スタートを切ってフェリペの後ろにつけることだ。お互いの給油量を知っているから、僕たちは最後のピットストップ後に先頭に躍り出るためには何をすべきなのか知っていた。

優勝することができて、いい気分で水曜日にトロントに行ける。そこで新しいフィアット５００のプロモーションをすることになっている。それが終われば、チームとシルバーストンのレースに備える。今回の勝利は僕たちにとって、いいタイミングで舞い込んできたと思う。ちょうどフェラーリの60周年パーティが行われるところだ。もちろんチームは僕たちのワンツーフィニッシュを、いつも期待していると思うけどね。

２００７年７月８日　イギリス

予選：２位

決勝：優勝

ランキング：１位ハミルトン70点　２位アロンソ58点　３位ライコネン52点

モータースポーツというものは実に奇妙だ。２週間前に新聞で僕がタイトル争いで一歩後退したように書かれていたのに、連勝した途端に各紙とも僕を本命に取り上げる。持ち上げられたところで僕は何も変わらない。優勝して気分が良いだけだ。フランスで勝てて、シルバーストンでも連勝できて良かった。

以前にもフランスと英国で二度ほど優勝できてもおかしくないレースがあった。でも何かしらトラブルが起きてしまった。今回も完璧ではなかったけど、優勝するには十分だった。

シルバーストンの予選後、あまり良い雰囲気ではなかった。僕たちはポールポジションを狙えるスピードがあったし、僕が先頭でスタートを切る戦略を立てていた。あんなにコーナーで膨らみ過ぎた。それは僕のミスだ。あんなにマシンが膨らんでは駄目だ。石を弾いてグリップを失ってしまった。あのコーナーはタイムを稼ぐか失うかのどっちかだ。あそこでは曲がらずに真っすぐ走っている感じだった。

決勝では問題なくスムーズに走れた。ハミルトンが軽いマシンで走っていることを知っていた。もちろん２番グリッドからスタートして彼を抜ければ良かったけれど、それができなくても世界が終わるわけじゃない。ハミルトンが最初のピットストップへ入ったら、僕が先頭に出られるよう努めた。アロンソは僕の前に、ちょうど間に合うよう給油を終えた。

アロンソから引き離されないよう十分に注意した。アロンソがピットに入ると、僕はアクセルを全開にした。週末を通してマシンの調子が本当に良くて、ずっと気持ち良く走れた。アロンソがコースに戻った時に僕の後ろにいた時点で１００％このレースに勝てると思った。コースでは少し渋滞が発生していたが、それも想定内だ。実際に終盤は何も問題なかった。

マニクール・サーキットで勝つのも嬉しいが、シルバーストンの方がもっと嬉しく感じる。本当に好きなコースだからね。マクラーレンのホームレースで僕たちが勝ったということはどうでもいい。勝てたことだけが僕とチームの両方にとって重要なんだ。僕たちの期待通りにポイントを稼ぐことができて、チャンピオン争いが拮抗してきた。

日曜日に少し仲間と盛り上がって、それから僕はスイスに飛んだ。木曜日にスパでテストをする予定だ。

２００７年７月22日　ヨーロッパ(ニュルブルクリンク)

予選：ポールポジション

決勝：リタイア

ランキング：１位ハミルトン70点　２位アロンソ68点　３位マッサ59点　４位ライコネン52点

モータースポーツって本当に気まぐれで理解に苦しむよ。今回も勝利を手にすることができたはずなのに思うようにはならなかった。今シーズン二度目のリタイアを喫してしまった。人生が終わるわけではないけど、これで人生が楽になるわけでもない。本当にそうだ。なぜなのかわからないけれどドイツとは相性が悪い。僕はドイツのサーキットが好きなのに、サーキットに僕が嫌われているようだ。特にニュルブルクリンクでは、これまで何度も勝てる可能性があったのに、いつも終盤でおかしなことになってしまう。

ずっとポールポジションを狙っていた。それを開幕戦で獲得した。シルバーストンでは僅かに手が届かなかったが、ニュルブルクリンクでは手中に収めることができた。予選が終わって僕はとてもいい気分だった。

決勝がスタートして10分ぐらいで雨が降ると聞いていたが、誰も予期していないタイミングで雨が来た。しかも予報に反して土砂降りになった。ここは雨天でも路面がすぐに乾くから僕たちは普通のセッティングでレースに臨んだ。でも、雨がひど過ぎて結局タイヤを交換する羽目になった。

僕はピットレーンに入ってアスファルトにペンキが塗られている箇所でエンジンブレーキをかけて減速した。ものすごく滑りやすかった。なんとかコースに戻ったが1周を走るのがやっとだった。そのまま続けていたらまずい状況だ。レースが再開されると問題は解決されたが、完走することができなかった。すべてが無駄になってしまった。現実を変えることはできないから、嘆くような無駄なことはしないよ。

ゴールすらできないと、何もできることはなかった。アロンソを捉えようとしていた時にトラブルが発生し、トラクション・コントロール・システムが不安定になった。それから突然、完全に動力を失って、ホームストレートに入ったところでマシンは完全に死んでしまった。ただただ失望したと言うしかない。この仕事にはつきものだって受け入れるしかない。だからと言ってタイトルを諦めたわけじゃない。僕たちは諦めない。マシンだって強い。残り7戦で、どうにでもなるよ。

理想的な展開はトップとの差をこれ以上開かせないことだ。僕よりポイントを稼いでいるドライバーが3人いる。差を縮めるには、この3人全員を打ち負かさなければならない。

2007年8月5日　ハンガリー

予選：４位
決勝：２位
ランキング：１位ハミルトン80点　２位アロンソ73点
３位ライコネン60点

ずっと待っていたよ。やっと休暇に入れる。みんなも同じことを考えていると思うけれど、少しは仕事のことを忘れてゆっくりできる。この短い休憩をどう過ごそうか何も計画を立てなかった。気分の赴くままに海に行ったり、ゴルフをしたり、バイクで走ったりして、のんびりするよ。フィンランドの夏は今が最高だから満喫しないといけない。

バッテリーをチャージするには最適な時期だ。６週間で４戦はタイトだった。ファクトリーでは今も何かしら作業が行われていると思うが、チーム全体としても息抜きは必要だ。

ハンガリーのレース後に気分良く過ごすなら、勝たなければならなかった。一人に負けた。しかもタイトル争いで一番負けてはならないドライバーに。マシンは本当に速かったのに、ずっと2番手で彼の後ろを走っていた。彼の前に出て一人で走ることができたなら、もう少し攻められたと思う。

ハミルトンは素晴らしいドライバーだ。彼はミスをしない。僕は後方で彼がミスをするのを待っていたのに彼はミスをしなかった。僕には彼を追い抜くチャンスが一度もなかった。予選の段階でマシンにスピードが十分にあるとわかっていたし、マクラーレンがどれだけガソリンを積んでいるのか推測していた。でも今回、僕らの予想は外れた。だからピットストップでも何もできることはなかった。

彼の後ろをずっと走り続けた。僕はその手のレースが好きじゃない。つまらないからね。コースはただ走れば良いわけじゃない。やはり予選をちゃんと決めないと駄目だ。そのツケが回ってきて70周も追いかける展開になってしまった……。

トップに立つまで、まだ時間がかかりそうだ。今までもずっとそうだった。だからと言って僕たちが白旗を掲げる理由はない。マシンは速いんだから、完走さえできれば結果に繋がる。何はともあれマクラーレンと戦う上で、僕たちのマシンが苦手とするサーキットはハンガリーで終わりだ。

６連勝は難しいが、少なくとも僕たちはチャレンジするよ。もし運が良ければ１００％の確率でトップとの差を縮められる。最終的には上位の結果次第だ。彼らが毎回完走してポイントを稼げば、彼らを追い越すことは難しくなる。

２００７年８月26日　トルコ

予選：３位

決勝：２位

ランキング：１位ハミルトン84点　２位アロンソ79点

３位マッサ69点　４位ライコネン68点

まずポジティブなことから言えば、僕はトップとのポイント差を少しでも縮めて帰る意気込みでトルコへ向かった。正直に言うと、すべてが上手く行けば４ポイントは差を縮めることができると考えた。しかし、そう上手くはいかなかった。それでもハミルトンが僅か４ポイント追加で足踏みしてくれたのは、僕からすると今週末で最高の成果だ。

いつもタイトル争いが今後どのように展開するのか質問されるけれど、最終戦が終わってみないことにはわからないって、いつも僕は答えている。どのレースでもハプニングは起こり得る。トルコでもそうだった。ハミルトンは今回も上位を狙っていたが、タイヤがバーストしてしまった。ポイントは稼いだが、彼にとって満足のいくものではなかった。

彼は最後まで手を抜くことはない。僕だってそうだ。タダでポイントを与えるようなことはしない。僕たちは残りのレースも全力で戦う。

トルコの予選後に結果を知って、土曜日にもう少し上手くいっていればポールポジションを獲得していただろうと思った。結局チームメイトの後ろからのスタートになった。これでアドバンテージはなくなった。チームメイトが相手だと厄介だ。どこでピットストップするのかも知っている。それがＦ１の現状だ。チームオーダーもある。チームメイトの背後に迫ってもオーバーテイクを仕掛けられないとしたら、それは本来あるべきレースではない。十分に近づいて試そうとしても、無意識のうちに制御がかかってしまう。

何はともあれ僕たちはポイント差を縮めることができた。それは本当に良かった。それ以外は「ベアリングが回っているだけ」だった。この前のハンガリーと同じぐらい、つまらないレースになった。

2007年9月9日　イタリア

予選：5位

決勝：3位

ランキング：1位ハミルトン92点　2位アロンソ89点　3位ライコネン74点

モンツァの週末は僕が期待していた通りにはいかなかった。最初からそうだ。常に厄介な問題をいくつか抱えていた。僕たちは勝利だけを求めてスタートした。このマシンで優勝するには、モンツァではリスクになりかねない作戦を選ばなければならないと理解していた。

マクラーレンはモンツァで本当に速いが、そのことを僕たちはテスト前から知っていた。それに僕は過去モンツァを走った5年間、いつも速く走ることができた。昨年だってマシンは仕上がってはいなかったが、縁石に乗り上げるぐらい激しく攻めてポールポジションを獲得した。

僕に関しては土曜日のフリー走行の時点でグランプリが終了してしまった。何がどうしたのか僕にはわからない。ブレーキを踏む場所に差し掛かったとき、スピードは時速３００㎞を少し切るぐらいだった。リアがロックしてマシンが壊れてしまった。その速度では手に負えない。仕方がない。

マシンは右に曲がってしまった。残念なことに今回はスペースが残っていなかった。タイヤが芝を踏んでしまい、車を修理に回す以外に何もすることができなかった。これまでも似たようなことはあったけれど、今回は本当に痛かった。

首と肩が硬直してしまって、冷たい軟膏を塗ったり、できることはすべてした。いつものように次の日に肩が凝って仕方がない。クラッシュした後は、いつも最悪の気分だ。今日もそんなレースの一つだった。治るまで数日でも余裕があれば状況は全く違う。

今回のモンツァほど痛みを抱えて走ったレースはこれまでなかった。頭を真っすぐ保つことができないから、ブレーキングの時にコーナーが見えなくて気になった。問題は、それだけじゃない。優勝争いをするのに必要な本来の速さがマシンになかった。

優勝はできなかったが2位には入れたかもしれない。でも、それすら叶わなかった。ハミルトンがストレートで接近してきたのを、もちろん僕は目にしていた。新しいソフトタイヤを履いていたから、ブレーキングを遅らせることができなかった。

コンディションが全然整っていなかった。思い通りに体を動かせなかったし、鎮痛剤を飲まなくてはならなかった。幸い、次のレースまで少し期間があいている。

2007年9月16日　ベルギー

予選：ポールポジション

決勝：優勝

ランキング：1位ハミルトン97点　2位アロンソ95点　3位ライコネン84点

クールなレースだ！　何も問題なく、すべてが順調だった。終始レースを独走することができた。サーキットが変わると、こんなにすんなり事が進むなんてとても不思議だ。ニュルブルクリンクは完走すらできなかったのに。

スパは、どのドライバーも好きなサーキットだと思う。僕にとっても一番相性が良い。お気に入りのコースで言えばナンバーワンだ。最初にフォーミュラ・ルノーで走っていた2000年の頃から本当に好きなんだ。

モンツァでは負けたけど、今回のスパは本来そうあるべき結果になった。前のレースの時よりも上位との差がさらに縮んだ。スパでもマクラーレンが予選で速いことを知っていたけど、決勝では僕たちのマシンの方が勝てると信じていた。

このコースに合わせたマシンを準備しなければならなかった。僕たちは独自のセッティングを行って、真ん中のセクターにある大きなコーナーで失速しないようにウイングを減らして低くした。

予選は、かなり攻めた。最初からスムーズに行って最後までそのまま攻め続けた。ポールポジションが獲れたと知らされるまでラップタイムを見ていなかった。土曜日は本当に気持ちが良かった。しっくりくる場所からスタートできるようになって、余計なストレスを受ける必要がなくなった。

決勝でも良いスタートが切れた。フェリペは近くまで迫っていたが、最高のライン取りで最初のコーナーから下り坂へ入ることができた。後方では銀色のマシン同士がバトルをしていた。隣のチームは、かなりヒートアップしてたんじゃないかな。スタートしてしばらくすると完全に自分の走りに集中することができて最高だった。僕は誰も走っていないコースで自由に走ることができる王様のようだった。最初のピットストップまで速かったが、フェリペとの差が大きく開くように気を抜かずに走った。

最後に少し苦しかったのは、周回遅れがブルーフラッグを一切見ていないと感じられたことだ。そこで僕は無駄に熱くなってしまった。この優勝は今シーズン最高に嬉しかった。スイスの自宅へ帰り、サウナの準備をして、数人の友達と勝利を楽しんだ。

トップまで13ポイント差だ。もちろん結構な差だけど、ここからが勝負だ。

２００７年９月30日　日本（富士）
予選：３位
決勝：３位
ランキング：１位ハミルトン１０７点　２位アロンソ95点　３位ライコネン90点

僕はずっと言い続けてきた。レースでは何が起こるかわからないって。だから僕は前もって深く考える気はしない。モータースポーツには気まぐれなところがある。僕たちはタイトル争いで劣勢のまま日本へ向かった。やはりそこでもすんなり行かずに、思わしくない結果になってしまった。でも、どうすることもできない。

もはや望みは薄くなっているが、一切望みがないよりはましだ。残り2戦を勝てるよう今以上に完璧にレースに備えなければならない。

結果は伴わなかったが日本で十分に勝てるスピードがあったと未だに信じている。悪天候によりセーフティカー先導のスタートとなり、全車エクストリームウエットタイヤ以外は使えないという新しいルールが突然告げられた。そのことを僕たちは知らなかった。ルールの変更を知っていたなら、最初からエクストリームウエットタイヤに交換していたよ。

ルール変更がある時は、どのチームもあらかじめ確実に知っているかをちゃんと確認すべきだ。僕たちはルール変更をレースが始まったコース上で初めて聞かされた。そもそもスタンダードウエットタイヤでスタートしたのはリスクだったが、僕たちはギャンブルをするしかなかった。マクラーレンのマシンが両方とも僕たちの前を走っていて、タイトル争いを考えると両方を抜き去るしかなかった。負けずに首位でポイントを稼ごうとするなら、何か特別なことをしなければならない。

ピットストップしてタイヤを交換しろとか、ブラックフラッグが振られるとか、無線で連絡が入ったときは、ぞっとしたよ。そこから空気が変わってしまった。もう勝てないと知っていると、すぐにでも家へ帰りたくなるような嫌な雰囲気だった。

こんな悪天候で走ったことがあるかと質問されても僕にはわからない。雨が降ればいつでも厄介なのは変わらない。そのような天候では一切何も見えないし、他のマシンの後ろにいても抜くことはできないからね。誰かがコースでスピードを落とさないように信じるしかない。

僕は最後尾から、なんとか3位に浮上した。追い抜く度に信じられないほど時間を無駄にした。ヘイキ（コバライネン）にも追いついて抜くことができたが、コーナーで外側から彼に抜き返された。

僕たちは何も諦めてはいない。できることを何か試してみよう。タイトル争いはハミルトンでほぼ決まりだが、彼の計画がすんなり進まないように抵抗するしかない。

２００７年10月７日　中国
予選：２位
決勝：優勝
ランキング：１位ハミルトン１０７点　２位アロンソ１０３点　３位ライコネン１００点

日曜日の夜に落ち着いて過ごせることができて良かった。イタリアと日本で全く思い通りの結果を出せなかったが、今となっては問題ない。どちらのレースでも優勝できるスピードがあったことは確かだ。日本ＧＰが終わった後に先行きは不安だったが中国では本当にうまく行った。そしてタイトル争いで首の皮一枚残してブラジルへ行くことができる。

アロンソも足踏みしてくれれば良かったが、ハミルトンがノーポイントだった方が大きい。本来なら僕は二度リタイアした時点でタイトル争いから脱落していてもおかしくなかった。

今だって自分がすべきことを全力で淡々とこなすしかできない。ブラジルＧＰまでにタイトル争いをリードする二人と戦える、速いマシンに仕上げなければならない。

二人がどんな作戦でくるのかも勝負を左右する。僕たちは最終戦に勝つため努力するだけだ。タイトル争いがどうなるかはマクラーレン次第かもしれない。

中国ＧＰではフリー走行の段階からマシンを信頼して走ることができた。どんな天候であれ勝てるマシンに仕上がっていることが１００％確実だった。あとは、いかにマシンのバランスを保てるかが勝敗を分ける。どのような気象条件で、どの程度耐えなければならないか、僕たちは気象予報士が伝えてくれる情報を信じて、予報に合わせてマシンをセッティングした。

予選は上出来だったが、ポールポジションを逃してしまった。それだけハミルトンはガソリンを減らしていたということだ。レース序盤は思い通り行かなかった。マシンがきちんと曲がれないほど跳ねた。だから序盤でハミルトンとバトルをするのは少し難しかった。それから徐々にマシンが落ち着いて、彼と勝負できる状態になった。

しかし、イエローフラッグが振られてコーナーが来る度に僕はアクセルから少し足を離さなければならなかった。オーバーテイクに踏み込めなくなってしまった。ようやくハミルトンに並んだが、今度はスペースがなくて抜くことができなかった。それからフラッグが振られなくなり、ハミルトンが少し膨らんだ瞬間を突いて彼を抜くことができた。この勝利をどうやっても逃すわけにはいかない。すぐに彼を引き離すことができて良かった。その後は自分の走りに集中してチェッカーフラッグを受けるだけだ。

誰かにフェラーリへ移籍して最も甘い勝利だったか、と質問された。確かにチームに加わって雨天での初めての勝利だった。本当に気分が良かった。日本でスタート直後に発覚したルール変更さえなければ、もっと後味が良かったと思う。

これで再びタイトルを争うことができるようになった。前にも一度タイトル争いが最終戦までもつれ込んだことがあって、その時はミハエルが9ポイントリードしていた。今回はハミルトンが7ポイント、アロンソが3ポイント僕を上回っている。今回も引っくり返すのは容易なことではない。でもレースでは何が起きるか誰もわからない。

フェラーリの200回目の勝利に貢献できたことを誇りに思う。僕の果たした役割は僅かだが、何度も復活するチームの一員でいられるのは素晴らしいことだ。僕らはすごい！

2007年10月21日　ブラジル

予選：3位

決勝：優勝

ランキング：1位ライコネン110点　2位ハミルトン109点　3位アロンソ109点　4位マッサ94点

僕は喜びを痛感しているよ。子どもの頃から欲しかったものを手に入れた。タイトルを獲得すると言い続けてきた。過去2回ほどチャンスがあったけれど、いずれも最終的に逃してしまった。今回はチャンスを逃さなかった。

いつも最後の最後まで諦めなかった。モータースポーツは最後の最後まで速く走る気力がなければ勝つことなんてできない。何が起こるかなんてわからないからね。

残り3戦がどうなったかを見てごらんよ。

日本GPは本当に酷かった。ルール変更の伝達ミスで突然順位を落とす羽目になった。それでレースは台無しになってトップとのポイント差も17まで開いた。その後は誰も僕たちがタイトルを獲るなんて信じなかった。

しかし、僕たちは諦めなかったし、仲間を信じた。中国GPは僕たちにしてみれば大成功だった。レースに勝利しただけでなく、タイトルを争うドライバーたちが1ポイントも稼げなかったからね。僅かに望みが膨らんだが、それでも鼻高々になることはなかった。

最終戦は誰もリタイアせずに本当に気を揉む展開になった。まずは今シーズンで最高のスタートが切れた。最初のコーナーで先頭に出られたかもしれないが、僕たちには明確な作戦があった。そこでフェリペと僕が衝突するなんてシナリオはない。

3コーナーで、マクラーレン2台と並んだ。その後ハミルトンはコースアウトして17位ぐらいまで順位を落とした。その時、初めて僕たちに可能性が見えてきたと感じた。ファーストラップで、すべてが決まった。素晴らしいレースだった。フェリペがチームメイトとして、できる限りのサポートをしてくれた。

僕たちは自分のことで精一杯だった。そしてワンツーフィニッシュを決めた。チェッカーが振られた後、最も緊張感漂う瞬間が訪れた。ハミルトンは何位だって、すぐチームに聞いた。しばらく何も聞こえなかった。それから、ハミルトンは7位でゴールしたとエンジニアのクリス（ダイアー）が言った。その瞬間、僕は喜びで心臓が破裂しそうだった。

今それを手に入れた。僕は世界チャンピオンだ！　最終戦の前に、僕がタイトルを獲るなんて、ほとんどの人が信じなかったし、むしろシーズンが進むにつれて信じてもくれなくなった。僕をサポートしてくれた人たちや、僕を信じてくれた人たち、みんなに感謝する。みなさん全員を愛している。本当に本当だ。僕たちは本当にチームだ。フェラーリでの最初のシーズンを僕のレース人生をすべて足したよりも楽しむことができた。いつかはフェラーリでタイトルを獲得したかった。おそらくどのドライバーも同じことを考えている。少なくとも無意識のうちに。

We are the champions!　あなた方ファンは僕とともにある。

43 — 不正解

私はフェラーリに依頼されて、フェラーリとドライバー自身の公式ウェブサイトに匿名で、正確にはキミの名前で彼のレース前の抱負とレース後の感想を書いている。ある日の夕刊紙のスポーツ欄に、この仕事に関するクイズが出題されているのを目にした時、私は口から心臓が飛び出しそうになった。

それはフェラーリのウェブサイトに文章を書いているのは本当は誰なのかを問うクイズだった。選択肢は3つ、1：キミ本人、2：ヘイキ・クルタ、3：広報スタッフだった。

どうして私が選択肢に入っているのか少し考えた。そして答えを確認すると、正解は3番の広報スタッフとなっていた。

私は安堵した。名無しのコメントは、まだまだ続く。

44 ― ハントの名前で

ジェームス・ハントはキミ・ライコネンが生まれる前すでに世界チャンピオンになっていたけれど、この英国人はフィンランド人の星に、そこかしこで影響を与えている。その証拠にフィンランド東北部タフコというリゾート地で行われたスノーモービルのフィンランド大会にキミはジェームス・ハントの名で参加した。それは2007年にフェラーリで開幕戦オーストラリアが間近に迫っている頃だった。

スノーモービルの大会でキミは1勝を挙げたが、手が凍傷になるぐらい寒かったので途中で遊ぶのをやめた。一連の出来事はフェラーリでの飛躍の影で触れられることもなかった。

2012年モナコGPにロータス・チームで参戦したキミは、ジェームス・ハントの名前をデザインしたヘルメットを被って出走した。

「ジェームス・ハントは、僕のアイドルでもヒーローでもないよ。単にハントが走っていた頃のレースが好きなだけだ。ヘルメットに名前をつけたことにも特別な理由はないよ。このヘルメットの見た目が気に入っている。デザインもカラーリングも素敵だ」とキミは説明した。

黒いヘルメットに白くペイントされたジェームス・ハントの名前は、1970年代のF1に対するキミの敬意の表れだ。

Photo : xpb

このキミのアイデアをジェームス・ハントの遺族も誇りに思っている

45 — 勝利を記念したタトゥー

フェラーリでのデビュー戦で、いきなり優勝したことを忘れるほどキミ・ライコネンの物忘れが酷いわけではない。しかしメルボルンで勝利した翌日の月曜日に、キミは歴史的な勝利を記念して思い出を刻むように新しいタトゥーを入れに行った。

オーストラリアのマオリ・アートのデザインで描かれた黒のタトゥーがキミの右腕に入れられた。人にはそれぞれ好みがあるが、ボクシング界の英雄マイク・タイソンは同じようなタトゥーを頬に入れている。

私はこのタトゥーのことを次のレースで聞いてキミに見せてもらった。その時、キミと一緒に世界を駆け巡っているマーク・アーナルは「フェラーリで勝つ度にキミがタトゥーを入れると思ってもらったら困るよ。そんなことをしたら色白のフィンランド人は模様だらけになってしまう」と言って笑った。

金曜日の朝にキミとマークがゆっくりとセパンのパドックに向かって歩いてきた。たまたま私はそこに居合わせた。チーム代表であるジャン・トッドが急ぎ足でキミを出迎え、開幕戦の勝者と握手を交わした。この時にトッドは、キミの右腕を覆っているタトゥーに気づいて驚いた表情を浮かべていた。

この出来事をパドックにいた半数近くの関係者が目撃していた。すぐに国際的なF1メディアにキミのタトゥーの情報が伝わっていった。古い世代に属するトッドはスタードライバーのタトゥーに対してあまり好感を持っていないと傍目には思われたが、キミを咎めることはなかった。つまりタトゥーのために許可をとる必要は一切なかったのだ。

「私たちは木曜日に夕食をともにしたが、タトゥーのことは話さなかったし、全く気がつかなかった。私が最も大切にしていることは、チームの誰もが幸せであることだ。もしキミにとって顔にタトゥーを入れることが幸せだとする。そのことで彼に意見を求められれば、なるべく人目につかないところに入れた方が良いと助言するよ。そうじゃないと後で困ったことになりかねない」

「何をやっても良いが、結局それが許されるは自分の仕事をきちんとこなしていればこそだ。タトゥーを入れていようがいまいが、私は気にならない。仮にスポンサーがタトゥーに苦言を呈するなら、私はキミの幸せを優先してスポンサーの方を変えるつもりだ」とトッドは、はっきり言った。

マネージャーのスティーブ・ロバートソンは、キミのように自分のスタイルを貫くサッカー界のスーパースターのデイビッド・ベッカムは体の至る所にタトゥーを入れていると指摘した。「正直に言えば、ベッカムのようにキミがタトゥーをたくさん入れるのを私は望んでいないよ」と彼は笑い出した。

フェラーリでの初戦を現地で緊張した面持ちで観戦していた妻のイェンニ・ダールマンは、キミの新しいタトゥーを気に入っていると言った。

「キミは何年も前からタトゥーを入れようと考えていた。私は素敵だと思う。でもキミが前に入れていたものと同じタトゥーを自分の手に入れて、それを誇りにしているイタリア人ファンが可哀想だわ。前のは新しいタトゥーの下で今は見えないの」とイェンニは教えてくれた。

46 ―「すべてうまくいくよ」

フェラーリの初戦でキミ・ライコネンは、F1で最初のハットトリックを決めた。ポールポジション、優勝、ファステストラップの3冠を達成したのだ。それまでポールポジションは4回獲得していたが、ファステストラップは出せていなかった。

キミが全チーム合同で初めて行われたサッカー大会に参加してゴールネットを揺らしたことで、フィンランド人ドライバーのフェラーリでの評価はレースが開幕する前から鰻登りだった。この試合でキミは5得点を決め、もちろん試合に勝利した。

フェラーリのドライバーとしての活躍でもゴールを決めた。キミはフェラーリでポールポジションを獲得したF1史上30人目のドライバーになったのだ。

「最高にうまく行った。マシンには満足していないけれどポールポジションが獲れたのだから、それは気にしないことにしよう。それが一番大事だ。新しいチームで初戦を走ることができて気持ち良かったし、すぐにポールポジションを獲得できた」とキミは喜びの声で言った。

キミはライバルの世界チャンピオン、フェルナンド・アロンソを0・421秒差で打ち負かしてポールポジションを獲得した。チームメイトのマッサは予選Q2の時点でギアボックスが破損してしまった。

ある統計でキミはミハエル・シューマッハを追い抜いた。1996年にフェラーリに加入した生ける伝説ミハエルは、イモラで最初のポールポジションを獲るまで5レースを必要とした。キミよりも前にフェラーリの初戦でポールポジションを獲得したドライバーが二人いる。かなり前の話だが1952年にジュゼッペ・ファリーナが、1956年にファン・マヌエル・ファンジオが達成している。

1956年のファンジオのようにキミは、ポール・トゥ・ウィンでチェッカーを受け、さらにファステストラップを記録した。フェラーリでのデビューシーズンにハットトリックを達成したのは、ファンジオとキミしかいない。

フェラーリでの初戦を勝利で飾ったのは、ファンジオとライコネンの他にジャンカルロ・バゲッティ（1961年フランス）、マリオ・アンドレッティ（1971年南アフリカ）とナイジェル・マンセル（1989年ブラジル）だけだ。

ジャン・トッドは、新体制での初勝利で嬉しさのあまり混乱していた。チーム代表は、まずキミとハグをするために表彰台に上がり、次にコンストラクターの優勝トロフィーを受け取った。シューマッハが優勝した時、トッドは表彰台の少し離れたところで喜びを爆発させることが以前にもよくあったが、フランス人のチーム代表がキミに近づけば近づくほどキミは後ずさりした。

シューマッハもキミと抱き合って喜びを分かち合いたかった。彼はキミとの結束を固めるためにトッドに電話をした。トッドは自分の携帯電話を表彰台へ向かう時にキミに手渡した。

「ミハエルからの電話だと思う。でも、一言も聞き取れなかった。電波が悪過ぎてね」と祝福の電話について記者会見で質問されたキミは答えた。

フェラーリでの初勝利後に行われた表彰式でフィンランド国歌『我等の地』が響いた。フェラーリのチーム代表ジャン・トッドも記者会見でフィンランド人ドライバーがもたらした勝利に感慨深い様子だった。

ポールポジション、優勝、ファステストラップを達成したキミに驚かされたか、私はトッドに質問した。

「キミは以前より笑顔が増えた感じがする。我々は結婚しているようなものだ。夫婦のように二人三脚で仕事をしている。チームも彼も幸せだ。彼は私たちと幸せを分かち合っているようだ」とトッドは言葉を選んで話した。

もっと詳細にチームとキミとの関係を語ってほしいと頼まれると、チーム代表はフェラーリという家族について話し始めた。

「私たちは一緒にプレーしている。私たちとキミとの関係は、プロフェッショナルであると同時に友情のあるものだ。彼は大半の時間をチームのエンジニアとともに過ごす。幸せな雰囲気の中で仕事をし、誰もがチームの一員であると感じている。ミハエルは表彰台にいる私たちに電話をしてくれた。それは私たち全員がいかに親密な関係であるかを物語っている。このマシンには、まだまだポテンシャルがある。私たちは、これからもっと幸せになるだろう」とトッドは強調した。

オーストラリア後に、昨年まで強力なタッグを組んでいたミハエル・シューマッハがチームを去ったことを、もうトッドは惜しんでいないように感じられた。しかし、まだキミとは普通の関係を築けているように見えない。まるで白鳥の雄が巣を守るようにフェラーリのナポレオン（トッド）がフィンランドのやんちゃ坊主（キミ）を守っているようだった。

前回からおよそ1年半ぶりに勝利が舞い込み、開幕戦が終了した時点でキミは２００３年モナコ以来4年ぶりに世界選手権をリードした。

フェラーリでの初戦で勝利した感想を私はキミに尋ねた。

「フェラーリと契約を交わしてから、できる限り早く優勝したかった。これ以上早く勝利することはできないだろうね。このレースで勝てて良かった。でも、まだ初戦に過ぎない。残りのレースも同じようになるといい」

スティーブ・ロバートソンは愛弟子の10度の優勝をすべて現地で見ていた。この優勝がキミのレース人生で最高の勝利かどうか、彼の意見を聞いてみた。

「これはフェラーリでの優勝だ。チームのデビュー戦でいきなりだ。もうこれを超える勝利なんてないよ。私たちの夢はまだまだ続く、まずは次戦のマレーシアで叶えよう。予選でも決勝でもマシンとチームは最強だ。シーズンを考えると、ここでのアドバンテージは非常に大きい。キミにとってこれ以上ない開幕だ。その場に立ち会えて嬉しいよ」とロバートソンは心境を語った。

オーストラリアのメルボルンでは過去12回Ｆ１を開催している。統計によれば今回を除く11回のうち、ここで優勝した7名がシーズンの世界チャンピオンになっている。果たしてキミは、そのリストの8人目になれるだろうか。

何はともあれキミにとってみれば、すべてが本当にうまく行った。フェラーリの言葉を借りれば、まさに「tutto bene（すべてうまくいくよ）」の開幕だった。

それほど敬虔な信者というわけではないが、ライコネンはローマカトリック教会からも祝福を受けた。日曜日の朝6時にマラネロの伝統にのっとってフェラーリの勝者へ教会の鐘が鳴らされたのだ。この鐘の音は新鮮だ。フィンランド人ドライバーのために鐘の音が鳴らされるのは、これが初めてなのだ。

フィアット会長のルカ・ディ・モンテゼモロは、日曜日の夕方に個人的に祝福を伝えるためメルボルンにいるライコネンに電話した。フェラーリの会長でもあった彼自身もイタリアの首相であるロマーノ・プローディから祝福の電話を受けていた。

「キミのパフォーマンスがこのまま同じスタイルで続いてくれさえすれば、たとえ彼が冷徹でクールで感情がないとしても、私が彼を嫌いになることはあり得ないだろう。私はドライバーがポール・トゥ・ウィンで勝利し、絶えずレースを支配してさえくれれば他に何も要求しない。我々はファンタスティックだ。チーム、マシン、ドライバーすべてが申し分ない。そのことをマシンが我々に代わって語ってくれている。シューマッハはいなくなったが、我々の勝利はこれからも続く」とモンテゼモロはキミの勝利を讃えた。

47 — おばあちゃんに捧げるポールポジション

フェラーリのドライバーとなって初めて臨むドイツのニュルブルクリンクはキミにとって記念日となった。キミを応援するために81歳になったシルッカおばあちゃんが訪れたのだ。望まなくとも、おばあちゃんは注目の的になった。

シルッカ・ピエティラは80歳の誕生日に家族からのプレゼントとしてハンコのサーキット場でゴーカートの運転をさせてもらった。81歳を迎えた今回、おばあちゃんはフェラーリのゲストとしてニュルブルクリンクへ招待された。そして初めて娘の子どもがレースする姿を現地で観戦することができた。

「私たちがレースを観に行く時は、いつもキミとイェンニの犬の面倒をおばあちゃんが見てくれているの。おばあちゃんにとってはご褒美だわ。キミは何度もおばあちゃんをレースに招待しようとしていた。今回それが実現したのよ」とパウラ・ライコネンは経緯を教えてくれた。

シルッカおばあちゃんは天にも昇る心地だった。

「もう高齢だからレースに来れるのはこれが最後だと思う。ここに来るのを本当にずっと楽しみにしていたから、ようやくここに来られて、おばあちゃんは胸が踊っているよ」とキミは笑った。

応援に来たキミの家族は土曜日キミのポールポジションに歓喜した。しかし決勝でリタイアすると、ドライバー本人と同様に重苦しい雰囲気に包まれた。

私はキミがリタイアした瞬間にシルッカとパウラが、どれだけ悲痛な表情であったのか覚えている。

「家でテレビで観ていても、サーキットに来て観戦しても、キミがリタイアしてしまうのを目にするのは心が痛い。とても調子が良かったのにこんな結果になると尚更残念だわ」とシルッカ・ピエティラはしっかりと答えた。

2年後の2009年初秋に、おばあちゃんはこの世を去った。

この２００７年ドイツＧＰで私は難題と向き合っていた。ドイツのＲＴＬテレビが新たな企画を試そうとしていた。キミにフィンランド語でインタビューするという企画で、フィンランド人記者である私が大役を任されたのだ。インタビューはフェラーリのピットガレージで撮影された。

テレビ局とフェラーリの広報担当のルカ・コラヤンニは事前に打ち合わせしていた。しかし直前になるまで私だけ詳細を知らされていなかった。それでも私は高を括っていた。私とキミが母語で会話して、それがドイツ語に翻訳されるだけだったからだ。

テレビ局のスタッフから質問が書かれた資料が配られ、ＲＴＬの黄色のマイクを手渡された。始まりの合図として両手の甲を合わせ「カメラ準備ＯＫ、ファーストテイク」と掛け声があがる。さながら映画の撮影のようだった。このインタビューを軽く見ていた私は心臓が口から飛び出るぐらい緊張してきた。

この時のキミの真っすぐな視線を私はよく覚えている。多くのトップアスリートとは比べ物にならないほど、キミの目は魂を写す鏡のようだった。動揺する私の気持ちが彼に完全に見透かされ、彼はそれを楽しんでいるのだと気がついた。

私がインタビューを始め、キミは小声ではあったが、すべての質問に誠実に答えた。現場監督は絶えず私が手にする黄色いマイクを口元まで持ち上げた。質問内容が書いてある書類は二つに折ってあって、それをめくっている時に私のインタビュー用のレコーダーが手元から落ちそうになった。質問も、ぎこちなくなった。

神聖なガレージでキミのマシンの横に立ってインタビューをしている。その脇でメカニックたちが各自の仕事を一生懸命していると、メディアとしてのパスポートでは許されない場違いなことをしている気分になった。

ドイツのテレビクルーは、どんなインタビューが手に入るのか舌なめずりをしていた。彼らは私たちの母語を遠く離れた知らない言語として聞くしかない。ただしドイツ人の一般視聴者からしてみれば、キミが英語ではなくフィンランド語を話しているぐらいの違いしかなかった。

インタビューは無事に終わった。苺や木苺を食べる余裕はなかったが、この前に祖国で短い休暇を過ごして気分転換していたこともあって、キミは非常に機嫌が良かった。

放送を観て、私は無駄にストレスを募らせていた。インタビューの画面にはマイクを口元に向けられたキミだけが映されていたのだ。フィンランド語はドイツ語に翻訳されてキミの画像の脇に表示されていた。

RTLはインタビューを決勝日の朝に放送した。トップニュースは、ミハエル・シューマッハの名を冠したコーナーが設けられるという記念すべき発表だった。RTLのコメンテーターを務めるニキ・ラウダはコーナーだけでなく、ニュルブルクリンク全体をミハエル・シューマッハ・サーキットと名付けるべきだったとコメントした。

放送の特集コーナーで、キミのインタビューから４つの返答が選び抜かれた。それらの内容は、ぜひ取り上げてもらいたいと思っていたものだった。

「レースで勝利して上手く行けば、気が楽になる。それに余計なことを質問されなくて済むからね。週末で抱えていた問題は、チームでも僕の運転ミスでもなくて、タイヤによるものだ。フェラーリでの今シーズンとマクラーレンで過ごしたシーズンを比較したってしょうがない。もちろん違いはあるけど、今僕は満足しているし何も文句はないよ。チームメイトがミハエル・シューマッハであろうが他のドライバーであろうが差なんて何もないさ。もちろんみんなはシューマッハの後任である僕に、それ以上を期待しているのだろうが、個人的に僕にはどうでもいいことだ」

この一連のインタビューは今でも思い出に残っている。この時ドイツで録画してもらったディスクは今でも私の書棚に飾られている。

48 ― トロフィーの中の幸運

タイトル争いが決するブラジルでの最終戦はフェラーリにとって完璧だった。シーズン4度目のワンツーフィニッシュを飾ったのだ。フェリペはチームプレーに徹し、キミがスタートでルイス・ハミルトンの前に出る手助けをした。このファーストラップで勝負の行方が、ほぼ決定づけられたと言ってもいい。

ブラジルGP決勝でキミは勝者としてチェッカーを受けたが、すぐに歓喜の雄叫びを上げることはなかった。むしろハミルトンが何位なのかを知りたがった。「ハミルトンはどこだ?」と核心を突く質問をピットウォールにいるエンジニアたちに無線で送った。

半周ほど走ったところでキミは緊張が解けるメッセージを耳にした。マクラーレンの英国人ドライバーは7位でゴールした。それによりキミは1ポイント差でハミルトンを上回りタイトル争いを制した。「みんなに感謝する。君たちはシーズンを通じて素晴らしい仕事をしてくれた」とキミはチームクルーを讃えた。

新チャンピオンと最も緊密に仕事をしていたのは、レースエンジニアのクリス・ダイアーだった。このオーストラリア人はミハエル・シューマッハと二度タイトルを制したことがあった。そしてライコネンと組んで最初のチャレンジで、いきなり新たな王冠を手にした。

「このタイトルは全く違う。私がフェラーリに加入した時、ミハエルはこのチームですでに3回タイトルを獲得し、他でも2回獲得していた。キミは、フェラーリで初タイトルを獲得した。タイトルを獲得したことがない新しいドライバーの初タイトルを一緒に勝ち取ることができて本当に最高の気分だ」

ダイアーによるとキミがシューマッハの後任としてチームに移籍したからと言って、これまでのやり方を変えることはなかった。もちろんキミはミハエルとは異なる人格だし、ミハエルとは仕事のやり方が違う。しかしドライバーと親密になって仕事をすることに関して違いはなかった。

私は、キミの何が優れているのかダイアーに聞いた。

「速いことだ。レースで走る上で、それ以外に何も意味はないよ」

二度の苦い敗北の後、三度目でタイトルを獲得した。やっと手に入れたタイトルは一層素晴らしく感じるのかとキミは記者に質問された。

「思っているほど素晴らしく感じないよ。むしろ、タイトルを最後の最後に逃すことがどんな気持ちなのかわかった。長いタイトル争いは、ずっと追いかける展開だったが、幸いにも勝つことができた」

キミはタイトルを獲得し、同時に優勝回数を15に伸ばした。そのうち6勝はフェラーリでの勝利だ。フェラーリでの勝利のうち、今回が最高の勝利だったか私はキミに聞いた。

「どれが最高の勝利かなんて言うのは難しいよ。勝つ時はいつも最高の気分だ。でも最終戦が最も重要だったことは間違いない。タイトルがかかっていたからね。どの勝利も重要だけれど、シーズンを決する勝利が最高だ」

キミはタイトルをフェラーリと家族へ捧げた。「家族はずっと支えてくれた。家でみんな座って泣いているんじゃないかな。僕がここで何を考えているか、みんなわかっているはずだ。このタイトルは家族のみんなにとって多くのことを意味しているからね。僕は彼らの分まで幸せだ」

インテルラゴスの質素なプレスセンターには、幸せを噛み締めているフィンランド人記者1名と苦虫を噛みつぶしたような英国人記者が10名ほどいた。残り20周の時点で緊張感は最高潮に達した。私は席に座っていることすらできなかった。鼓動が高鳴った。そこで私は失敗してしまった。休憩がてら下の階にあるフェラーリの休憩室で味の濃いエスプレッソを飲みに訪れた。イタリアのコーヒーは気分を落ち着かせるどころか、以前にも増して私の鼓動を激しくしただけだった。

決勝の前にハミルトンは7ポイント差でリードしていた。しかし私は、まだタイトルを獲得したわけではないと主張していた。その時点で英国人記者の誰もキミが勝利するとは思っていなかったが、キミがチェッカーを受けてハミルトンが7位でフィニッシュすると、一転して誇り高き英国人の記者仲間は私を祝福してくれた。

キミは残り2戦で20ポイントを獲得した。一方ハミルトンは2ポイントだった。最後は犬がしゃぶり尽くした骨のように、ハミルトンには何も残っていなかった。世界の七不思議を知っている人も多いと思うが、ブラジルの決勝でキミがタイトルを獲得したことで、それは世界八不思議となったと私はコラムに綴った。

フェラーリの歴史を紐解くと最初のシーズンでタイトルを獲得したドライバーはファン・マヌエル・ファンジオとジョディ・シェクターしかいなかった。ライコネンの名が彼らとともに歴史に刻まれた。6月中旬頃までキミはマシンをものにするのに手間取った。それ以降キミは王者のように、そしてタイトルを獲得したことを疑う者がいないぐらいシーズン終盤を支配した。キミはインディアナポリスの後に78ポイントを獲得したのに対して、ハミルトンは51ポイントと伸び悩んでいた。

ハミルトンのサポート役を務めた医師のアキ・ヒンツァは、チームのドライバーが最終戦でトップから陥落したことに対して、もちろん悔しさを飲み込んだ。「しかし、私はフィンランド人でもある」とヒンツァは、キミがチャンピオンになったことをフィンランド人として喜んでいると私に伝えてくれた。

エスポー市のアイスホッケーチーム、ユッペリン・ウルヘイリヤットのジュニアチームでアイスホッケーをしていた体の小さい10歳のわんぱく少年は、母親に自分はいつか世界チャンピオンになると約束していた。私は勝利の瞬間そのことを思い出した。「どのスポーツかはわからないけど、僕はチャンピオンになる」とキミは子どもの頃に確かに言っていたのだ。

この約束は2007年10月21日にブラジルで果たされた。キミは世界的に有名なアイスホッケーの選手になったわけではない。僅か数人のトップレーサーの一人になった。母のパウラ・ライコネンは、キミが世界チャンピオンになると約束した日付も家族全員の夢が叶った日曜日も鮮明に覚えている。

両親であるパウラとマッティはブラジルGPをキミとイェンニのポルッカラにある自宅で観戦した。そこなら部屋の数は十分足りていた。というのも母と父は、いつも別々の部屋でレースを見ているからだ。

一方はレースを落ち着いて観戦するタイプで、もう一方は感情を剥き出しにして時に緊張に耐えられず叫ぶこともあった。私がブラジルから電話でマッティを祝福した時に「いつも良い結果が出るように祈っていただけだ」と幸せそうに彼は言った。キミの勝利と名誉を讃えて響いたフィンランド国歌『我等の地』は父の心にも響き、目頭が熱くなった。

キミのタイトル獲得によってマッティの風貌が変わった。マッティは喜びのあまり坊主頭にしてしまったのだ。遡ると息子が最初にゴーカートのフィンランドチャンピオンになった時も、F1選手権で初ポイントを獲得した時も彼は同じことをしていた。

キミは子どもの頃に世界チャンピオンになると約束したが、ライコネン一家では、そのことがそれ以上話されることはなかった。父マッティは自分の息子の才能に気がついていたが、レーサーとしてどれだけ活躍するかなど考えていなかった。

「自分の子どもだと気がつかないことも多々ある。レース仲間や、ゴーカートの経験豊かな親たちにキミの才能を褒められるようになって、ようやく私たちもキミには可能性があると気づき始めた」

ジャン・トッドはプジョーのチーム代表としてフィンランド人ドライバーたちと成功を収めてきた。F1タイトルをフィンランド人が獲得することは、どれだけ凄いことなのか私は彼に聞いた。

「私はドライバーたちの肌の色や国籍をパスポートで調べることはしない。肝心なのは、どの程度機転が利き、どのようにレースに向き合うかだ。キミは優等生だ。彼には正しい姿勢と相応しい精神力がある。そしてチームは彼を全力でサポートしている。彼はチームが求めていることを成し遂げた。チームとキミは素晴らしいコンビネーションを発揮した」とトッドは答えた。

スティーブ・ロバートソンは、これが夢なら覚めないでほしいと思った。

「現実に起こったことなのか未だに信じることができない。決勝の前にはキミがタイトルを獲るなんて単なる夢物語だった。シーズンを通してジェットコースターにでも乗っている感じがした。タイトルを獲るには他力本願の部分も大きかったし、一つもミスをしてはいけない状況だった。キミは不運をたくさん味わってきたが、これまで悩まされ続けてきた技術的なトラブルは、この勝利によって一気に帳消しとなった。キミは本当に世界チャンピオンに値する仕事をした」

「最終戦の走りを見れば、キミは運が良かっただけだという異論は、もう誰からも出ないよ。しかし、チャンピオンになるためには運も必要だ。キミも二度不運でタイトルを逃している。シーズンの後半戦で明らかに他のドライバーたちよりもキミがポイントを獲得したことを忘れてはいけない。キミは偉大なチャンピオンだ」とロバートソンは総括した。

タイトル争いが決着したブラジルでの最終戦は、劇的な幕引きとなった。誰も先のことを予言することはできない。レースが終わった夜になっても公式結果が発表されるまで何時間も待たなければならなかった。マクラーレンがレース結果に対してＦＩＡに異議申し立てをしていたのだ。審議委員会は４時間の審議の末に申し立てを退け、結論は１ヶ月近く後の11月16日に公表された。

フェラーリとライコネンのタイトル獲得についてイタリアの各紙は異例な数の記事を掲載した。スポーツ紙『ガゼッタ・デロ・スポルト』は12ページを割いた。全国紙『コリエーレ・デラ・セラ』も２ページから５ページまで主要記事で「Bello Bellissima（完璧なぐらい素晴らしい）」とフェラーリの劇的な勝利を伝えた。

49 — チャンピオンになった夜に

私はサンパウロに行く時は、いつもシュハスカリアというレストランに立ち寄り、シュラスコに舌鼓を打ち、満腹になるまで堪能してきた。テーブルに置かれたサービスカードの緑色の面が見えるようにしている間、肉が食べ放題で提供されるシステムだ。カットされた肉を食べ始めようとすると、ガウチョの衣装を着た店員が、すぐに串に刺さった焼きたての肉の塊から次の肉を切り分けてくれる。

しかし、2007年10月21日はシュハスカリアへ行く時間がなかった。キミ・ライコネンが劇的にタイトル争いを制し、フェラーリが主催するパーティに参加するためにサンパウロの中心地へ向かっていたのだ。どうやら私は、このパーティに招待された唯一の記者だった。

紳士たちが集う乗馬クラブ、正式名称サンパウロ・ジョッキー・クラブでパーティが行われた。私は住所を付箋に「Avenida Lineu de Paula Machado,1263 Cirade Jardim」と書いた。警備員による検査を受けて入店する必要があったが、ドア付近にいた馴染みのフェラーリの関係者が警備員に私を入店させるよう頷いて合図を送った。

パーティは最高に盛り上がっていた。サンバが流れ、至る所で飲み物が振る舞われる。キミのフィンランドの友人2人が招待されていたが、それ以外はフェラーリの関係者ばかりだった。タイトル争いでチームメイトを見事にアシストしたフェリペ・マッサは、サンバが始まったらキミに手解きすると約束していた。キミはサンバを試してみたが、マッサの指導は全く効果がなかった。キミのダンスを見て、私はフィンランドの人気テレビ番組『スターと一緒にダンス』に出演するのは無理だと思った。

キミは自由を謳歌していた。それまで時計を気にしていなかったが、深夜0時前に二次会へ行こうと誘いに来た。レースエンジニアのクリス・ダイアーも加わり、我々3人はタクシーの後部座席に座った。行き先はレッドブルが主催するシーズンの打ち上げパーティだ。そこへピットクルー全員が招待されていた。

シーズン開幕戦のオーストラリアGPでダイアーは担当ドライバーと最初の祝勝会を行った。そして、最終戦ブラジルGP決勝の夜にシーズン二度目の祝勝会をすることになった。

フェラーリのパーティ会場の乗馬クラブからレッドブルのパーティが行われているナイトクラブまで、さほど時間はかからなかった。広いクラブに到着すると大勢の人が店内にいた。私たちはバーカウンターの近くの大きなテーブルに向かい、ダイアーがキミの隣に座ったので、私はキミと向かい合うように座った。そこでしばらく振る舞われた飲み物を片手に雑談した。

食事が済むと私たちはパーティ会場のVIPルームへ移動した。そこでも話は尽きることなく、レースの話に花を咲かせた。

その会場は朝5時に閉店時間を迎えた。私がキミを煙草の煙が漂うテーブルで見つけると、そこでキミとヴィタントニオ・リウッツィが大声で話していた。

私は彼らの話が終わるのを待った。閉店が迫っていたので、そろそろ切り上げたかったのだ。なんとか私はキミとスクラップ倉庫のような裏庭に出ることができた。そこでパーティを遅くまで楽しんだ人たちがタクシー待ちの行列を作っていた。さすがのキミも、この行列には耐えられなかった。そこで裏庭に放置された錆びついたバイクかスクーターに乗って帰ろうと彼は提案した。

私は、もうすぐタクシーが来るからと言って、待った方がいいとキミを諭した。待っている間、数人の記者やチーム関係者が新チャンピオンを祝福に訪れた。

私たちは行列の最後尾にいたが、運のいいことにタクシーが現れた。朽ち果てたロシア製の自動車ラーダだった。タクシー待ちをしている時、キミはマクラーレン時代のメカニックを見つけた。私に彼はエルヴィスだと紹介すると、キミはそのメカニックもタクシーに招き入れた。

そんなわけで我々3人はラーダの後部座席で窮屈に座った。メカニックは左側、キミは真ん中、私は右側に座った。ぼろぼろの後部座席はスプリングが生地を貫いて座席中央から出ていて、おそらくキミのお尻に直接当たっていた。そんな状態でホテルまで向かった。

通常なら世界的な超ビッグスターはリムジンで移動する。世界チャンピオンになった日の夜、キミをホテルに送迎したのは、おんぼろを越えた風体のロシア製の車だった。キミが幼い頃にエスポー市の自宅でモータースポーツのいろはを学んだのと同じ車種だ。

サンパウロからは、どこに行くのも時間がかかる。最終的に朝7時前にキミが宿泊するホテルに着いた。私は車から降りて、もう一度、新しい王者を祝福した。それまでキミにハグをすることはなかったが、その時は衝動にかられて抱きつきそうになった。今思えば、それ以降はタイトルを獲得していないキミに思い切ってハグをすれば良かった……。

チャンピオンになったキミは、すぐヨーロッパへ戻ることになっていた。ルカ・ディ・モンテゼモロ会長は一刻も早くマラネロのファクトリーのスタッフたちとキミのタイトルを祝いたかったのだ。サンパウロから、どこの大陸に行こうとしても13時間はかかる。少なくともキミは飛行機でぐっすり眠り、チャンピオンを決めた日の寝不足を解消できるだろう。

フィアットの会長はキミを電話で祝福していたが、キミが幸せであると言ったのならば、それはあまりにも謙虚な表現だろうという声明文も出していた。

帰国便は月曜日の朝に出発した。キミがチューリッヒへ降り立つと、彼の友人が何人か迎えにきていた。日曜日にフェラーリでFIA-GT2シリーズのチャンピオンに輝いたトニ・バイランダーもいた。モンテゼモロ会長とジャン・トッドは、ライコネン、バイランダー、そしてアメリカン・ル・マン選手権でフェラーリに乗ってGT2チャンピオンに輝いたミカ・サロを水曜日にマラネロで行われる祝勝会に招待した。フィンランド人ドライバーとイタリアの自動車メーカーは、うまい具合に手を取り合った。

月曜日の朝、私自身は朝食の時間に宿泊先のインテルラゴス・アイビス・ホテルに到着した。端末の電源を入れて私が書いたブログの反応を確認した。すると新チャンピオンに記録的な数の祝福が寄せられていることに気がついた。

50 ― シューマッハからの祝福

私が勤めている『トゥルン・サノマット』紙は、ライコネンのタイトル獲得を祝して2007年シーズンを特集した書籍を刊行することになった。その本のために当時フェラーリのアドバイザーに就任していたミハエル・シューマッハにメッセージを書いてほしいと頼んだ。シューマッハのアシスタントをしているサビーネ・ケームは「ヘイキの本のみで使用してください」と一筆添えて依頼していた原稿を送ってきた。

ミハエル・シューマッハより

キミのことを考えると私は特に二つの出来事を思い出す。一つ目は、彼がブラジルでチェッカーを受けて世界チャンピオンになった瞬間だ。「印象的」という言葉は彼の偉業を表現するには物足りないが、私には最も印象的な出来事だった。事前に予測すらできないことを彼はあっさりとやってのけた。彼がそれをどのように感じているかは知らないが、少なくとも私は目を疑った。私は脱帽して、彼の勝利を喜んだ。

信じられなくて何度も頭を振ったよ。不可能を可能にしたキミを心の底から祝福する。

二つ目の出来事は、ムジェロで行われたキミのザウバーのテストだ。それは何年か前のシーズン終盤だった。ある若者がザウバーのテストを受けていた。私は偶然にも同じ日にフェラーリのテストで現地にいた。テストが終わってすぐにジャン・トッドに電話をして、この子から目を離さない方が良いと進言した。彼のラップタイムは新人ドライバーが出せるタイムではなかったからね。

その若者が今ワールドチャンピオンになった。その時から、そうなることは決まっていたのかもしれないが、それを彼がフェラーリで成し遂げたことは素晴らしい。私も嬉しいよ。

おめでとう!

51 — パーティのはしご

ブラジルから一週間後の2007年10月28日、キミは世界チャンピオンとなって初めて、ムジェロでフェラーリを走らせた。サーキットには我先にと観客が群がっていた。28歳になったばかりのキミはイタリア国民の新たな英雄と認められたのだ。

「シーズンを通じて、これだけ多くの応援をしてもらえるとありがたい」と英雄と讃えられたキミは、自宅へ向かう前にイタリア国民に英語で感謝した。本当はイタリア語で挨拶をしようとしたが、思うように口をついて出てこなかったようだ。

フェラーリは、新チャンピオンに特別仕様のフィアット500マルチジェットを贈呈した。この「キュート」と呼ばれている新車は工場に在庫がなくなるほど予約待ちの人気車種だ。ミハエル・シューマッハは同じような小さいフィアットを数台所有しているが、キミにとっては初めてのフィアットだった。

キミ自身もタイトルを獲得した記念に特別なご褒美を予約していた。キミの依頼を受けたドイツ人のモーターバイクデザイナー、マルクス・ワルツが手作業で2台目となる「アイスマン」を組み立てていた。ハーレーのエンジンをベースに製作された芸術作品はアイスマン2号と名付けられた。素材はフェラーリのマシンのようにカーボンファイバーが使われ、もちろん色はフェラーリレッドだ。当然、跳ね馬のロゴがあしらわれている。

12月6日にフィンランドの独立90周年が祝われた。F1チャンピオンであるキミ・ライコネンは妻のイェンニと大統領タルヤ・ハロネンがホストを務める独立記念日のパーティへ向かった。夫妻は以前にも招待されたことがあったが、その時は参加することができなかった。

オーダーメイドで仕立てたモーニング姿のキミは、全国中継される式典でも、いつものように全く緊張する素振りを見せなかった。

「大統領との握手は一瞬だったが、大統領に会えて本当に良かった。軽く挨拶を交わしてチャンピオンになった僕を祝福してくれたよ」とキミはスポットライトを浴びた瞬間のことを教えてくれた。

独立記念パーティにはフィンランドの退役軍人が招待される。会場で世界チャンピオンは彼らの話を聞く機会があった。

「僕たちがフィンランドで暮らせるように彼らが戦ってくれたんだ」とキミは言った。表彰台で流れるフィンランド国歌『我等の地』でキミは祖国を思い出してはいるが、退役軍人との会話でフィンランド人であることを再確認できた。

予定時間を大幅に過ぎて終わった独立記念パーティの後にライコネン夫妻はプライベートジェットに乗ってニース経由でモナコへ向かった。そこでＦＩＡの表彰式が行われるのだ。キミはホテルで睡眠不足を解消した。しかし、マネージャーのスティーブ・ロバートソンが予定の時間にチャンピオンを目覚めさせるのは簡単ではなかった。スティーブは力ずくでキミを起こし、次のパーティ会場に向かった。

夜中の2時まで続いたモナコのパーティでキミは世界チャンピオンとして表彰を受けた。会場には妻イェンニの他、両親のパウラとマッティ・ライコネン、マネージャーのデイビッドとスティーブ・ロバートソン親子、フィジカルトレーナーのマーク・アーナルが参列して式典を見届けた。

友人であるトニ・バイランダーが表彰式でＦＩＡ-ＧＴ2シリーズのチャンピオントロフィーを受け取った時、キミは大いに喜んだ。

「チャンピオンになってもキミは変わらない。唯一変わったのは、人生の目標を達成して最高に幸せになったということだ。フェラーリへ移籍してきて、キミは以前よりもリラックスした気分でレースに臨めている気がする。もちろんマスコミ嫌いなのは変わらないみたいで、それには四苦八苦しているけどね」とバイランダーは言う。

「まあ、キミにしてみれば急に取材陣に囲まれることになるわけじゃないから問題ないよ。チャンピオンになる前から、記者に追いかけられるほど有名人だったからね」

バイランダーは仲間の誘いに忠実に従い、前の晩はキミと盛り上がったようだ。キミはカラオケで十八番の1980年代にヒットしたマッティ・エスコの『Rekkamies（トラック野郎）』を歌い、クイーンの『We Are the Champions（伝説のチャンピオン）』も熱唱した。バイランダーは、キミは一度も音程を外さなかったと笑いながら言った。

チャンピオンになったキミはヴォルラウの自宅に新しいトロフィーを飾る場所を設けることにした。勲章として輝かしいチャンピオントロフィーが並べられる。チャンピオンを獲得した年の優勝トロフィーだけでキャビネットは一杯になってしまった。マクラーレン時代とは違い、フェラーリではオリジナルの優勝トロフィーを手元で保管している。

「ようやく実感し始めてきたよ。キミは長い道を歩んできている。今やチャンピオンだ。誰も彼から王者の称号を奪い取ることはできない。多くのドライバーが同じ長い道のりを、何も手に入れることができないまま走っているというのに」とマッティ・ライッコネンは近親者の心境を話してくれた。

次の日、キミはマラネロとボローニャで行われるフェラーリのパーティにも参加した。フィオラノではチームメイトのフェリペ・マッサとともにサンタクロースの格好をしてフェラーリのスタッフの子どもたちへクリスマスプレゼントを配った。

このパーティの方がキミは気楽に過ごすことができた。独立記念パーティも、FIAの表彰式も彼にとっては堅苦しい式典だったからだ。

「もっと気楽に過ごせるパーティにも参加したことがあるけど、今回のパーティは和める雰囲気ではなかった。FIAの表彰式で賞を受け取れて本当に良かった。でも、もし2位なら、そこに行く気はしない」

52 ― ミスター・モコ

キミには世界中に100万人以上のファンがいる。だが、モコの名で知られている人物ほどキミに感情移入しているファンはいない。マリメッコのデザインを愛するモコはセネガルで生まれた。ジョディ・シェクターがアフリカ人として初めて赤いマシンでタイトルを獲得して以来、モコは永遠にフェラーリのファンでいることを決めた。

次第にモコは、特にキミの走りに共鳴するようになっていった。

少しでもF1で活躍したドライバーならモコを知っている。パドックに入るための無期限パスポートを持っているモコは、そこにいるみんなの友達で、気さくで、媚びない人物だ。モコは宝飾デザイナーとして活躍し、世界的な大企業で自分の作品を販売している。

モコは主にロサンゼルスやニューヨークなどアメリカに拠点を構え、仕事以外でもファッションショー、F1、ローリング・ストーンズのコンサートなどを見るために世界中を旅して回っている。

「現実離れした生き方だが、そうする余裕があるなら、情熱は決して尽きないよ」

「お金があると人間は駄目になる。金持ちは何事にも情熱を傾けるものがなくなってしまうからだ。成功を収めたとしても、いつも情熱がなければならない。それが50万ドルのフェラーリを購入することだっていい。あるいは100万ドルを時計に費やしたっていい。私の場合は、何よりも好きなことのために世界中を駆け巡っている。それが特権だ。いつか子どもたちと一緒に座って、君たちのお父さんは、あれこれイベントに携わっていたんだよ、と語ることもできる」

モコはモコだ。彼は他の名前を使わない。

「モコは悪い名前じゃない。それで十分だし、どの国の人にでも覚えてもらえる。有名人で言えば、ボノとかシェールと少し似ている。彼らだって、その名前でしか知られていない」

自分の年齢についてモコは語らない。

「その通り。年齢には興味ないよ。パスポートだけで十分だと思っている。ミック・ジャガーは80歳、バーニー・エクレストンは90歳近い。彼らを見てくれ。彼らがその年代に見えるかい。情熱があれば、生き生きとさせてくれる」とモコは持論を唱えた。

モコのお気に入りのキミ・ライコネンは40歳を過ぎてもドライバーを続けている。もちろんモコはキミの年齢を気にしていない。アフリカ出身のモコとフィンランド出身のキミは縁もゆかりもないはずだが、今となっては家族ぐるみで親交を深めている。

モコの夢は、彼の息子のパンク・マッサとキミの息子のロビンがもう少し大きくなったらレースで競い合ってほしいということだ。子どもたちは同い年だ。

「私は昔から現在までのレースに精通している。キミには全く独自の魅力がある。彼とは多くを話す必要すらない。でも、彼とはうまくやっているよ」とモコが言って、私たちは笑った。

「キミは以前よりフィンランド人らしくなった。フィンランド人は観察眼に長けている。それは本当に称賛すべきことだ。このスポーツに必要とされる柔軟性も持ち合わせている。モータースポーツは私とは逆で、人の入れ替わりが激しい。私は今もここにいて、未だにモータースポーツとフェラーリを愛することができている。ただただ神に感謝するだけだ」

「キミは、このスポーツにちょっとした変化をもたらした。彼は無駄なことを話さない。知らないことなら尚更だ。２００１年にザウバーに加入してすぐ、彼に魅了された。その少年には自分で考えるだけでなくレーサーとして必要な本能と言うべきものが備わっていることに気がついた。もちろん彼の性格にも惹かれた。よく観察して、すべてを理解して認知する。近くでキミを知れば知るほど、周囲を細かく観察していることがわかる。全く驚くべき人物だよ」

「フェラーリに入る前から、キミに声をかけていた。特にキミがマクラーレンで走っていた時に『お元気ですか』のような挨拶を交わすようになった。どうしたら彼と親しくなれるだろうかと辛抱強く自分の順番を待った。そして彼が２００７年にフェラーリと契約した時、ついに私の順番が巡ってきた」

「今でもフェラーリのドライバーになって最初にキミに会った日のことをよく覚えている。開幕戦が行われたオーストラリアの決勝前に、その瞬間が訪れた。私はアルバート・パークに設けられたフェラーリのブースの裏手にある芝生の上に一人で座っていた。キミが外に出てきて私が座っていた場所を通り過ぎた。私は彼に『おはよう、ライコネンさん』と言った。キミは立ち止まり、私の方を振り向いて『ミスター、おはよう』と返事をしてくれた。それから彼はチーム代表のジャン・トッドと話すために先を急いだ。

1時間ぐらいでキミはミーティングから戻ってきたが、私はまだ同じ場所に座っていた。私が彼に声をかけると、キミは立ち止まってくれた」

「自分の名前がモコで、彼がフェラーリに加入したことを熱烈に歓迎すると伝えた。それを聞いて彼は『ありがとう』と答えた。宝飾ビジネスをしていることを語り、そのうち自宅へ招待したいと私は話した。それから首にぶら下げていた十字架のネックレスを一つ外し、フェラーリに加入した記念にプレゼントした。そのネックレスは、私のフェラーリに対する敬意の証だと説明した。それがレースでキミに幸運をもたらしてくれると信じていると付け加えて」

「キミは微笑むだけだったが、プレゼントを受け取り、私たちは握手した。その後に行われた決勝で、キミは見事に優勝した。数年後に彼はそのネックレスを今でも持っているよと私に教えてくれた」

キミはフェラーリでの初戦となったオーストラリアでポール・トゥ・ウィンを決め、おまけにファステストラップも記録した。

「キミはそのグランプリですべてを手に入れた。それから私たちは急速に親密になっていった。毎日キミに会うわけでもないし、そうする必要もない。毎日話をするのが友達ではない。その日から私たちの友情が始まったと思っている」

ライコネンが2007年にフェラーリでチャンピオンになった時、もちろんモコは現地ブラジルにいた。

「キミが表彰式から戻ってきて、私に一緒に来るよう頼んだ。彼はレースで着たびしょ濡れのレーシングスーツをプレゼントしてくれた。トッドは、キミがあげると言っているんだから、ありがたくもらっておきなさいと言った。私は洗濯に出さなければいけないと言ったが、キミは洗わないで、そのまま保管した方が良いと助言した。なぜなら彼は、スーツに私への感謝の言葉を書いてくれていたのだ」

「私の人生で最高の瞬間の一つとなった」とモコは感慨深げに話した。

「キミと一緒に私が経験したことは、F1を越えて本来あるべき人間の姿のように感じる。キミは不思議な人で前に話したことをちゃんと覚えている。彼の友人たちも良い人ばかりだし、友達に対してキミはとても忠実だ。彼の家族にも会った。それをとても誇りに思っている。キミのおばあちゃん（シルッカ・ピエティラ）とはニュルブルクリンクで一度会っただけだが、すぐに私たちの間には友情が生まれた」

「家族全員、親友たち、そして今では子どもたちとも親しくなれて、とても喜ばしく思っている」

しばらくモコは私のことを「パピ（お父さん）」と呼んでいた。私は、ある意味でキミの父親の役割を担っているからかと思ったが、彼は単に私のことをキミの父親と勘違いしていただけだった。確かに私はキミの父親マッティと似ているところがある。

モコとの個人的に愉快な思い出は2015年ベルギーGPだ。いつものように私たちはスタブローの周辺に宿泊していた。朝7時に私たちが宿泊するホテルの前で、モコはサーキットへ向かう送迎を待っていた。モコを乗せて行くのは大歓迎だが、その時はニッサンの小型車マイクラ（日本名マーチ）をレンタルしていたこともあって一緒に乗ると胃が飛び出るぐらい窮屈になった。奇妙なことに大柄な男たちが、ぴったりシートに収まった。シフトレバーがお互いの肉に挟まれていてギアを変えるのは大変だったが、きつきつで縮こまった体勢で横に並んで10km先のサーキットまで辿り着くことができた。

ベルギーの伝説的なレースが行われていたスタブローからスパ・フランコルシャンへ向かう道路を大柄の男たちが小型車で走っていると思うと滑稽だった。

モコは熱狂的なフェラーリ信者であると同時にキミの熱狂的なファンでもある。私がモコに会った時、キミのタイトルへの希望は風前の灯だったが、モコはフェラーリで最後の世界チャンピオンであるキミの時代はまだ終わっていないと言い、逆に私が励まされてしまった。

狭い車内でモコは、キミが2014年にフェラーリへ復帰する手助けをしに行き、最後の手段として銃を装備して隣家に脅迫しに行ったと語った。私は何のことかさっぱりわからなかったが、どうやらニューヨークに住んでいたフェラーリの会長セルジオ・マルキオンネの家を訪ねて、キミをチームに入れると確約を得る寸前まで彼の自宅に居座ったのだそうだ。そんなに長居する必要はなかったとモコは冗談混じりに話した。

モコと私は一緒にキミを応援している。アルファロメオで低迷し始めたキミを見て、モコは感情的な一面を見せた。

「最も美しいのは、キミが今でも普通の友人、つまり独自のユーモアのセンスを持った人間らしい人間ということだ。私のことを友人全員に紹介してくれるのも嬉しく思っている。私は彼の友人すべてを知っている」

「キミがレースを続けているのは素晴らしいことだ。しかし、いつか彼も現役を引退する。そうしたら彼をアフリカへ連れて行って、私の生い立ちを紹介するつもりだ」

「F1は独自の世界だ。新しいマシンが生まれるのを見ると毎回心がくすぐられる。ファンたちがマシンに期待する姿を見ても心が揺さぶられる。みんなレースを近くで観戦したいという共通の情熱がある。レースを単なるレースとして目にすることができない。絵画、音楽、オペラやバレエのように芸術の一種なんだ」

「レースマシンは現実離れし過ぎているわけではない。私にとってF1マシンは最も現実を表現した芸術作品だ。男性的であり、エンジンも芸術的だ。私はF1マシンを操ることを『愛する女性と踊るダンス』と呼んでいる。もちろんいろいろな踊り方がある。上手に踊る場合もあれば、下手に踊る場合もある」

モコのフェラーリ愛は、エンツォ・フェラーリの歴史に根ざしている。

「アフリカ人で初めて優勝したドライバーがフェラーリに乗っていたという事実よりも、エンツォ・フェラーリの歴史を思い返すと気分が良くなる。このスポーツを愛しているし、フェラーリが体に染みついている。チームのファンをやめるつもりはない。ドライバーは入れ替わりがあるが、フェラーリはいつもここにある」

モコは、フェラーリのドライバーとして再びキミを迎え入れることができた。二度目は２０１３年シンガポールＧＰの時だった。キミがフェラーリに復帰する契約を交わすと、すぐにモコは私に心境を語ってくれた。

「キミが来シーズン『家』に戻ってきてくれる。なんて私は幸せなんだ。少し前に彼と話をした。彼は私に『モコ、僕は家に戻ってきた』と言った。キミとフェルナンド・アロンソ、なんというコンビになるんだ。今すべきことは彼らに最高のマシンを提供することだ。マシンが悪ければ、スーパードライバーたちが築き上げたものを壊してしまう」とモコは興奮気味に話した。

モコはローリング・ストーンズとも仕事をしていて、音楽業界にも精通している。

「自分がミック・ジャガーの友達なんて公言しない。ストーンズで演奏しているメンバーの友達でいることは簡単なことではないからね。しかし私たちは知人だ。彼らには彼らのビジョンがある、そして私たちは彼らのために仕事をしている。そうこうしているうちに親しくなった。ミックが私を目にすると挨拶に来てくれる。キース・リチャーズもだ。いつも彼らは『モコ、元気かい？』と言葉をかける。もう知り合って40年だ」

私自身もローリング・ストーンズの大ファンだ。キミの評伝『知られざるキミ・ライコネン』の著者カリ・ホタカイネンもそうだ。モコは、キミがカリ・ホタカイネンに素敵なプレゼントをした時に仲介人を務めた。

「キミが電話してきて、私が特定の人（ローリング・ストーンズのメンバー）と知り合いかどうか尋ねた。新しい友人ができて、その人がローリング・ストーンズの大ファンなんだと語った。キミはその人にプレゼントを贈りたかったが、適当なものを思いつかないでいた」

と言った。

「私はキミに、ちょっと待って、よく考えさせてくれと言った。ミック・ジャガーのサインか何かをもらうことができるだろうと思った。しかし、それでは味気ない。みんなが持っているものだ。長く仕事をしたこともあって私たちは特別なものを持っていた。そうだ、ローリング・ストーンズと一緒に製作したアート作品がある。その一つがベルトだった。私はキミにホタカイネンのベルトのサイズを確認するように頼んだ。彼は私が何を企んでいるのか、さっぱり想像がつかない様子だった」

「キミの友達が気に入ってくれることを期待していると言って、用意したプレゼントをキミに手渡した。キミは箱の中身が何か知らなかった。箱を開けるとキミは言葉を失った。それどころか彼の目頭は熱くなっていた。それは一生忘れることができない美しい瞬間だった。これまで誰に対しても何がしかの喜びをプレゼントしてきた。フィンランドで、そのベルトを持っている人は他に誰もいない」とモコは満足げに話した。

Photo : xpb

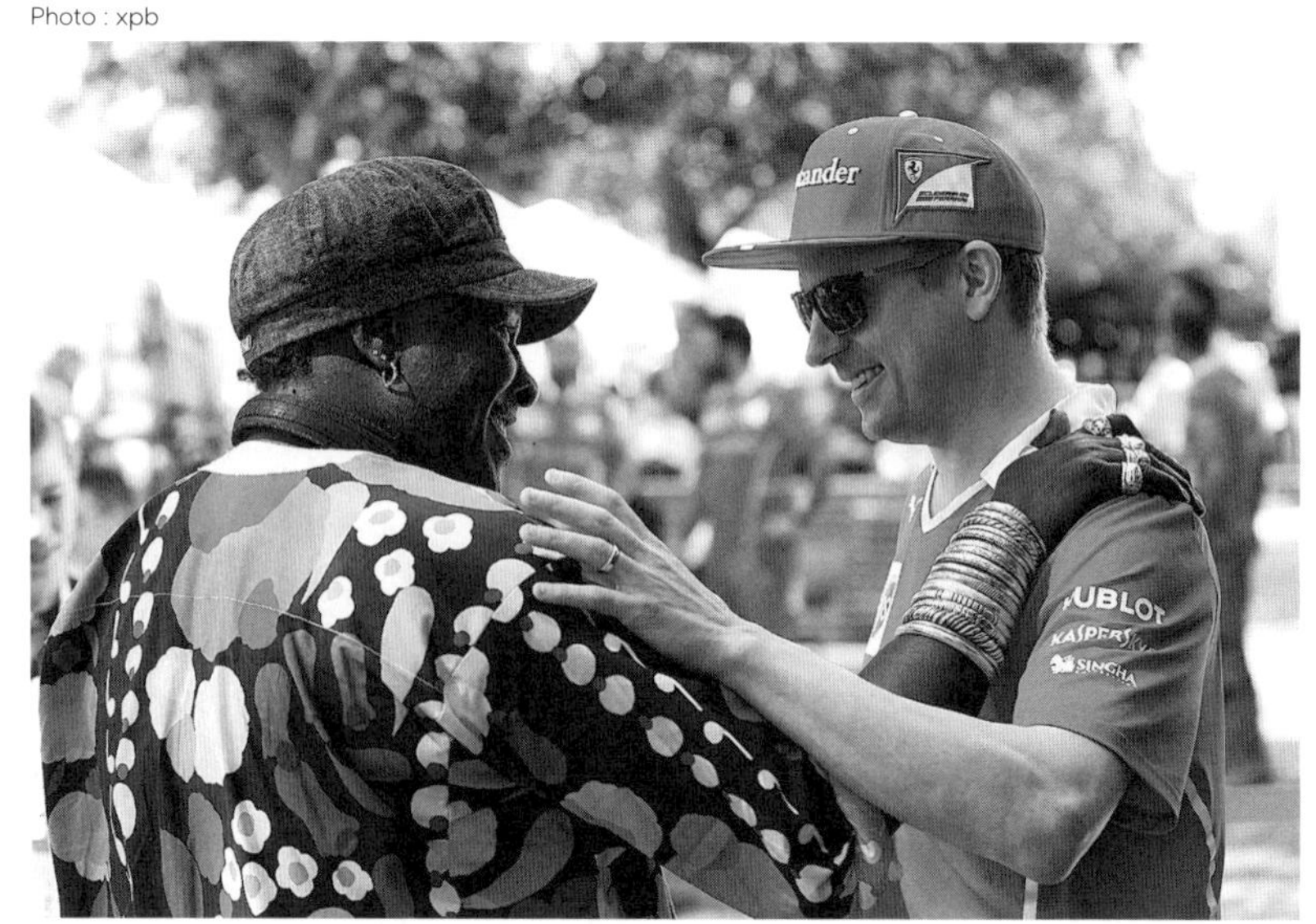

モコはF1パドックでも最も有名なVIPだ。フェラーリの熱狂的なファンであり、フェラーリで最後のタイトルを獲得したキミ・ライコネンと家族ぐるみの付き合いがある

53 ― チャットと専門家

キミ・ライコネンが世界チャンピオンになったことで、この業界に長くいるフィンランド人記者の私にも檜舞台に立つ機会が与えられた。

２００８年シーズンが始まる頃、『ニューヨーク・タイムズ』が他３名のＦ１スペシャリストとともに私をネットフォーラムのパネリストとして招待してくれたのだ。私たちはシーズンの展望や予測の根拠を話し合った。もう一つの檜舞台は、シーズン中に英国『オートスポーツ』誌が刊行したチャンピオンを取り上げた特集号で「彼を最も良く知る記者であり友人が描く、本当のキミは」と大々的に宣伝されたことだ。私は雑誌の中で唯一の新聞社の代表であった。

この雑誌に毎回寄稿していたカナダ生まれのブラッド・スポルジョンは、もちろんパネリストとしてネットフォーラムにも参加した。他に招待されたのは、英国人記者のジョー・セイウォード、スペイン人のヴィクトル・セアラだった。

私とヴィクトルは母語が英語でないのでネットフォーラムで自分の意見を書き込むのに、他のパネリストに比べかなりの後れをとった。最初は入力に手こずったが、次第に慣れていった。

最初に扱った議題は、タイトル争いで誰が強いのかだった。状況は、フェルナンド・アロンソがマクラーレンからルノーへ移籍し、ヘイキ・コバライネンが彼の後任についていた。

「少なくともシーズン序盤は、キミ・ライコネンとルイス・ハミルトンの対決が濃厚だ。仮にフェルナンド・アロンソが今でもルイスのチームメイトでいたならば、彼も加わって面白い展開が予想された。しかし今アロンソはフェラーリ、もしくはマクラーレンと十分に張り合えない。ハミルトンは、アロンソとチームメイトでなくなっても気が抜けないだろう。なぜなら私はヘイキ・コバライネンが自分のチームメイトに激しいプレッシャーをかけると思っている」と私は無難に答えた。

ヴィクトル・セアラも同じ意見だった。

「今シーズンはキミ対ルイスじゃないかな。ヘイキ、でもキミ対コバライネンということはないよ。もちろんコバライネンは今シーズンで重要な役割を果たすかもしれないけれど」

私たちはハミルトンの強さを検証してみた。

「お互いヒートアップしなければ、ルイスは今シーズンもフェルナンドと一緒に走った方が恩恵を受けると思っている。アロンソはマシンのセッティングに関しては天下一品だ。今年のマシンMP4-23は開発に十分な余裕がなかった。ルイスは競争力という意味において、マシン開発に力を注ぐことができるか見極める必要がある。英国では口の悪い奴らが、ハミルトンを十分にサポートしなければ、マクラーレンはタイトルを取れないだろうと主張している。私の考えは真逆で、アロンソに十分に力を注がなかったことが敗因だと思っている。しかし、最終的にそれだけがマクラーレンの敗因ではない。どちらのドライバーも平等に扱われている」と私は自分の意見を投げかけた。

それからライコネンのタイトルの防衛について話し合われた。

それに関しては問題がないと私は確信していた。

「フェラーリとキミには一定のアドバンテージがある。ルイス・ハミルトンはマクラーレンで2シーズン目を迎える。一方でキミもフェラーリでの2シーズン目だ。すでにキミはチャンピオンに輝いた！　私は冬に何度もキミと会う機会があった。彼は本当に落ち着いていて幸せを謳歌していた。何より燃え尽きることなく勝利に貪欲だ。モチベーションを高く維持していると感じた」

ジョー・セイウォードは、今後のキミの活躍に水を差すような発言をした。

「フェラーリとライコネンが金銭交渉を始めたら、どうなるか楽しみだ」

ブラッド・スポルジョンは、シーズンを通じてライコネンが気を抜くことはできないと意見を述べた。

「キミは絶えず目を覚ましておく必要がある。シーズンのどこかで居眠りしてしまってはいけない。昨年彼は目を閉じてタイトルを獲得した。しかし今季は目を開けていないとタイトルは舞い込んでこないことに、すぐにでも気づかなければならない。そのことにキミが気づくか、キミが消えるかのどちらかだ。キミは引退を考えているなんて言わないだろうが、永遠に続けることはできないと自分でも言っている。私は37歳とか38歳まで彼が現役を続けるとは思っていない。ヘイキ、あなたはその点どう思っている?」

勝てるならば、少なくともこの先2年は引退はないと思っていると私は答えた。そしてセイウォードの報酬に関する発言には、当然報酬は跳ね上がるだろうと返答した。

私はフェリペ・マッサを話題に取り上げた。

「フェリペがどのようにタイトル争いに絡んでくるか興味深く見ている。彼は昨年キミに負けたが、チームの内情に精通している。その意味でも彼には大きなアドバンテージがある。予選でキミとフェリペは互角に争っている。しかし決勝になると差が出てしまう。キミとフェリペが赤いマシンで先頭を走っている限り、もはや誰がジャン・トッドの存在に注目するだろうか。今シーズン、ミハエル・シューマッハと同様にロス・ブラウンの存在はもう忘れ去られてしまっている」

ジョー・セイウォードは珍しくキミを褒め讃えた。

「速いと何でも許される。当然キミは賢い人物だ。メディアに叩かれないようにしているキミは退屈に見える。私は心の奥底でキミはとてもユーモアがあると思っているが、彼自身が世界にそれを知らせようとしていない」

それに対してブラッド・スポルジョンは、だからこそ私はキミのことを気に入っていると発言した。

長い夜の討論の後、『ニューヨーク・タイムズ』の担当者でネットフォーラムのホストを務めたクリストファー・クラレイは、パネリスト全員から発せられた興味深いコメントに感謝した。

「みなさん、ありがとうございました。特にヴィクトルとヘイキに感謝します。彼らは家で話している母語ではない英語で自分たちの役割を素晴らしく果たしてくれました。私自身にとっても本当に学ぶことが多い時間でした。今シーズンどのような展開になるのか本当に待ち遠しいです。グラシアス、ヴィクトル。キートス、ヘイキ。サンキュー、ブラッドとジョー」

54 ― 大声で誇りを持って

キミがタイトルに輝いた翌シーズン、2008年についても短く触れる必要があるだろう。この年も触れずにはいられないことがいくつも起こった。

シーズン開幕戦の後、タイトル争いはディフェンディングチャンピオンが支配する展開が予想された。実際トルコGPが終了した時点でフェラーリのキミは選手権をリードし、タイトル争いをしたフェリペ・マッサとルイス・ハミルトンを7ポイント差で上回っていた。

前年に完璧な開幕を飾ったオーストラリアGPは、今回は夢物語で終わってしまった。この年のメルボルンで私の記憶に残っているのは、ロックバンドのレジェンドに数えられる白塗りの化粧をしたキッスのロゴにもなっている「Loud and proud」、つまり「大声で誇りを持って」だ。

ロックミュージックとF1に何の関係があるのかと思うかもしれない。

確かにミュージシャンは声を張り上げて、マシンはエンジン音を響かせて、両者とも大声で誇りを持ってパフォーマンスをすることに変わりない。開幕戦後メルボルンのアルバート・パークで、そのことが具体的になった。このニューヨークのバンドは、彼らの最大のヒット曲を響かせるためにステージに登場した。そしてバンド結成35周年を迎える節目のコンサートを行った。

私にとって思い出深かったのは、ホテルで記者会見をしていたキミのところにキッスのメンバーが訪れた場に立ち会えたことだ。

コンサート前に、世界チャンピオンが新たな記録を達成することが期待されていた。キミは知らなかったようだが、もしここでキミが優勝すれば、初めて3戦連続優勝を達成するはずだった。

キッスのメンバーはライコネンより年上だが、年の差については一切情報が公開されなかった。お馴染みの衣装に身を包んだキッスのメンバーとキミは握手を交わし、カメラマンたちにポーズをとった。その時これまでも数々の名言を記者に振りまいてくれていたジーン・シモンズとポール・スタンレーが、自分たちはモータースポーツのファンだと嬉しそうに言った。

ライコネンは、タイトルを獲得したシーズンよりも良いスタートが切れたと考えていた。これは序盤４戦を意味している。確かに彼の言う通りかもしれない。２００７年は序盤４戦で22ポイントを獲得したのに対して、すでに２００８年は29ポイントも稼いでいる。しかし、タイトル争いを制した２００７年の終盤は倍近くの88ポイントを獲得したが、今回はシーズン終盤に失速してしまった。終盤に46ポイントしか稼げずタイトルを逃してしまったのだ。

連覇を逃してもキミの人気が衰えることはなかった。モナコの週末、ブラジルの『エスタド・ジ・サンパウロ』紙の記者であるリビオ・オリッキオは、キミの生まれ故郷であるフィンランドで過ごした忘れられない４日間の思い出を私に語りにきた。それを彼は記事にして一面に掲載された。キミの母国や、その居心地について綴られた記事はブラジルでも大きな反響を呼び、オリッキオによると、すべてがポジティブに受け止められたそうだ。

その記事のすべては掲載しないが、冒頭を抜粋する。

寒いフィンランド、北極圏の近くで金髪の少年はトイレに目覚める。トイレは屋外にあって、冬になると彼は急いで屋内に戻ってくる。少年は、いつの日か両親のために屋外のトイレに行かなくて済むようにもっと住みやすい家を手に入れたいと考えた。彼は、それを実現した。彼はキミ・ライコネン。モータースポーツの世界チャンピオンだ。

55 ― とんがり頭

2008年スペインGP前夜のように予想していなかったことが起こるのは稀だ。木曜日に記者会見へ向かうディフェンディングチャンピオンは、私たちが慣れ親しんだキミとは全く違う風貌で、ふらふらパドックへ歩いてきた。ふさふさの髪ではなくなっていたのだ。夏に備えて髪型を変えたのだろうと私は記者仲間と話し合った。

キャップを外し、ヘルメットを一瞬で被るように、キミは頭をできるだけ隠す素振りを見せた。

友人たちがチャンピオンに悪戯をしたという噂がすぐに広がった。それによると、家で眠りに落ちてしまったキミを友人が「とんがり頭」にしてしまったと言うのだ。プロモーション活動があったなら、はりねずみのような姿で登場する前にキミは髪型を何とかしなければならなかったはずだ。

この話は、レース後の打ち上げで起きたキミの最も面白い逸話として私の記憶にも刻まれた。自宅で髪型が変わっていたことは間違いないようだ。ヴォルラウのキミの自宅にアイスホッケー仲間がサウナを浴びに訪れていた。遊びに来たのは近くのラッパーズヴィールでアイスホッケーをしているトミ・コイヴィストとミッコ・エロランタだった。

聞き伝えによれば、ヘルシンキのアイスホッケーチームに移籍が決まったコイヴィストが床屋を務めたのは事実のようだ。しかし、キミは全然眠っておらず、むしろ自ら積極的に髪の毛を短くするよう彼に頼んでいたことが後に判明した。

コイヴィストは、現在ナーンタリのアイスホッケーチームVG－62でヘッドコーチを務めている。キミと会うことは少なくなったが、今でも連絡を取り合っているそうだ。

「当時キミの自宅で過ごしていた時、床屋の話をしていた。私の母が床屋であることを知ると、キミが私も髪を切ることができるんじゃないかと言った。もちろん散髪できるよと私は頷いて、落ち着いて想像力の赴くまま髪の毛を切り始めた。そんなこんなでキミの『とんがり頭』ができあがった」

「下の階へ戻ると、イェンニが髪の毛がトイレに詰まっていることに気がついた。こっぴどく彼女に叱られてしまった。私たちは楽しんでいたし、キミは本当に眠ってなんかいなかった。噂とは違って、眠っているキミに悪戯なんて一切していないよ」とコイヴィストは事実を明らかにしてくれた。

コイヴィストとエロランタは、バルセロナで行われた素晴らしいレースに招待客として訪れていた。キミにとって完璧な週末だった。レース後に行われたフェラーリの祝勝会に、彼らアイスホッケー選手と一緒に参加することができた。マラネロは、新しい宮殿のようなモーターホームを建てていた。私たちは、その上階の席に座って仲間と勝利の祝杯をあげた。

キミは表彰台で国歌『我等の地』が響くのを機嫌良く聴いていたが、キャップはずっと被ったままだった。

「どういうわけか僕がレースに勝つ時は、誰かしらアイスホッケーの仲間が来ている」。キミは、とりわけテーム・セランネ、サク・コイブ、カリ・レフトネンと以前優勝を祝ったことを思い出しながら仲間とグラスを鳴らした。

「私たちがキミの怒りに火をつけて優勝できたのかもしれない」とコイヴィストとエロランタは、くすくす笑った。

キミはスイスのラッパーズヴィールのリーグ戦を観戦しに訪れた時、コイヴィストとエロランタに出会った。

「試合の後キミが挨拶に来て少し話をした。フィンランド製のサウナが恋しいとミッコと愚痴を漏らしたら、自宅に帰ったキミから数時間もたたないうちに、サウナが温まっているから歓迎するよ！　とメールが来た。それから私たちはヴォルラウに行って、ちょうど翌日が休みだったから朝までサウナに入った」とコイヴィストが教えてくれた。

彼らは快適な時間を過ごした。この後もサウナを浴びに行くことが何度かあった。そしてコイヴィストは、F1のスター選手を手助けすることもあった。

「キミの自宅の外にフェラーリのファンが集まっていた。キミは何も心配ないと私たちを落ち着かせ、私がフェラーリのトレーニングウェアを着てキミのキャップを被り、サングラスをしてキミになりすました。そして外に出て行ってファンが望むキミのサインを殴り書きした。キミがどのようにサインをしているのか見たことがあったから真似したんだ」とコイヴィストは話を膨らませた。

何はともあれライコネンがタイトルを２００８年シーズンに防衛するかどうか、開幕４戦までは期待通り進んだ。半年前にレース人生で最高の瞬間をブラジルで経験したキミは、フェラーリでの２シーズン目で最高の結果を４月下旬にバルセロナで行われた４戦目で経験することになった。

キミはスペインＧＰの週末を見事に支配した。金曜日のフリー走行で最速だったし、土曜日にはポールポジションを獲得した。そして決勝でシーズン２勝目を圧倒的なパフォーマンスで飾った。

56 — 人生最高のインタビュー

当時『Ｆ１ ＲＡＣＩＮＧ』は世界で最も評価されているＦ１のバイブルだった。厳選された記事を英語で綴ったモータースポーツ誌で、執筆者も選び抜かれた経験豊富なプロフェッショナルばかりだ。他のメディアの記者たちにとって、この雑誌に記事を依頼されることはこの上ない名誉だった。

キミ・ライコネンが２００７年にチャンピオンとなった時、『Ｆ１ ＲＡＣＩＮＧ』ですら、寡黙で知られるフィンランド人から彼らが望むようなインタビューを得るのに手こずっていた。

私は『Ｆ１ ＲＡＣＩＮＧ』の記者たちをある程度は知っていたが、それでもブラッドリー・ロードが私に近づいてきて、フィンランド語によるキミのインタビューを依頼された時は身震いした。

そのインタビュー記事は、記者の勲章として特別なファイルに保管している。

２００８年７月、シルバーストンの週末にインタビューを行った。『Ｆ１ ＲＡＣＩＮＧ』は事前にフェラーリに時間を予約していた。私たちはフェラーリのブースに集合し、キミは信頼を置いているジーノ・ロサートと広報部長のルカ・コラヤンニと一緒に現れた。

インタビューを取り仕切ったのはブラッドリー・ロードで、私は彼から質問が箇条書きされた資料をもらい、英語で書かれた資料をキミのためにフィンランド語に翻訳した。キミは母語のフィンランド語で答えたが、その言語を理解できるのは、その部屋で私だけだった。

その夏にキミの自宅があるフィンランドのカスキサーリへも訪れた。雑誌の表紙の半分は、赤で大きくフェラーリと書かれた文字で満たされた。さらに表紙には「驚くべきキミのインタビュー」という見出しで宣伝されていた。そして目次には、インタビューでキミが発した最も印象的な返答「僕は完璧な隣人だ。なぜなら、ほとんど家にいないからね……」が写真の横に切り抜かれていた。

補足として、チャンピオンとヘルシンキにある彼の豪邸で取材したと付されていた。

8ページのインタビュー記事は、高級な服を着たキミの官能的な写真で飾られていた。写真を撮影したのはフォトエージェンシーContrasto/Eyevineが派遣したカルロス・ジョーンズだ。

ブラッドリー・ロードは、何年間もチャンピオンチームであるメルセデスのメディア部門を指揮していた。コロナ禍に入ろうとしていた2020年開幕前のテストに私は、その時の『F1 RACING』誌を持参した。彼は興味深げに眺め、おそらく当時の仕事を懐かしんでいた。

インタビュアーを私に頼んだのは、彼のアイデアだったのか。

「それは記憶にないが、キミに誰よりも近しいフィンランド人記者に質問をしてもらうのが最適だと考えていたことは覚えている。以前にも何度かキミに英語でインタビューを試みたが、キミは母語でないと、同じような返答ばかりが返ってきたからだ」

同じフェラーリの特集号にはチーム代表ステファノ・ドメニカリのもっと長いインタビュー記事が掲載されていた。そのインタビューを行ったのは私が良く知っていて高い評価を受けている英国人記者アラン・ヘンリーだった。もう一人のベテラン記者であるモーリス・ハミルトンは、ミハエル・シューマッハがいたフェラーリ時代を回想した。モータースポーツコメンテーターのレジェンドであるマレー・ウォーカーは、エンツォ・フェラーリとの出会いを綴っていた。

ブラッドリー・ロードは、雑誌の冒頭で私が行ったキミのインタビューを引き合いに出して、もっぱらロンドンなまりの独自の文体で、こう記した。

キミは百万ポンドの価値の豪邸を所有している。そのようなものはテレビの豪邸訪問番組でしか見ることができない。ヘルシンキ郊外にある申し分のない豪華な住居だ。美しい木製の床で、ガラスパネルが至る所に置かれている。機械マニアを刺激する天井から降下する巨大なスクリーン、そして景気良く札束が飛び交ったであろう1・5メートルほどのステレオスピーカー。どれもこれも見せびらかしているわけではないが、一般的に言って高そうだ。金で手に入れることができる最高のものばかりだ。キミ・ライコネンが格好良く自宅で座っていると、さらに豪華に見えてくる。彼はフェラーリとともに世界チャンピオンに輝いた人物だ。

スイスにある自宅でもなく、世界中の高級ホテルでもなく、キミは母国での安らぎを求めてこの家へ戻ってくる。キミの個性が随所に見受けられる。彼は着飾ることもなく、すべてにおいて自分のスタイルを貫いている。セールで買うようなソファではない。間違いなく高価で美しいソファに座ったフェラーリの世界チャンピオンは神秘さを放っている。彼の記事を書いても「つまらない」と主張する者もいる。「何も伝わらない」と意地悪く言う人もいる。「キミは記者と話している時間はないんだよ」と嘆かれることが最も多い。

真実は実際もっと苛立たしいものだ。キミが実際どのような人物なのか誰も知らない。インタビューで自分のことを暴露するようなことはキミのスタイルではない。しかし、今この記事を読もうとしている読者の方々は、ある残念なことに気づくだろう。それは、キミが率直で、無垢で、愉快な人物であり、本物のポーカーフェイスということだ。

この時から12年後、私はバルセロナで開幕前のテストを行っているキミにインタビューを依頼した。インタビューの冒頭で私は持参してきた古い『F1 RACING』を見せた。キミは口元に笑みをたたえながら、それを眺めた。私が雑誌にサインを求めるとキミは快くしてくれた。自分のサインの下に大文字でまずは「HEIKKILA（ヘイキに）」と書いたが、それをすぐに「HEIKILLE（ヘイキへ）」と修正した。

ここで今、歴史が生まれることになる。つまり、当時のインタビューはフィンランド語に訳されていない。正確に言えば、その雑誌はフィンランド語で刊行されていない。雑誌が英語で刊行された後に、フィンランド語に訳されて抜粋されていたことはあったかもしれないが、キミがフィンランド語で答えたオリジナルの原稿は私以外誰も持っていない。

2008年の春にディフェンディングチャンピオンとしてシーズンに臨むキミに行ったインタビューの質問と回答すべてを以下に掲載する。

——毎朝どのような感じで目覚めますか。

「僕は朝には目覚めないよ。12時ぐらいになって、ようやくかな。特別な用事がなければ、疲れ具合にもよるけれど、ゆっくり寝てるよ。決して朝が弱いわけじゃないし、起こされて苛立つようなこともない。起きる気がしなければ、僕は眠っている。ある程度の睡眠時間が必要であるということが問題なわけではなくて、疲れた分だけゆっくり眠るだけさ。僕は平気で一日中だって眠っていられるよ」

——どのくらいの頻度でスイスの自宅で過ごしていますか。

「結構スイスで過ごせているよ。もちろん夏や冬になるとフィンランドにも頻繁に帰省している。でも、特に何もなければ僕はスイスで過ごしている。日数は正確には知らない。家がスイスにあると落ち着いて過ごせるし、どこにでも楽に移動できるからね。もちろん世界中のホテルで過ごすことが最も多い。何泊しているかなんて数えたことはないけれど、結構な数になると思う」

——ヘルシンキの自宅のスピーカーは実際いくらぐらいしましたか。

「わからないよ。単体で欲しくて買ったわけじゃないからね。もちろん僕のだけど、家を買う時に備え付けだったんだ。誰かが石で作ったんだ。オーストリア製だったかな」

——そのスピーカーで、どんな音楽を聴いていますか。

「大体いつもフィンランドの音楽を流している。今は、そんなに頻繁に聴かないよ。普段音楽をラジオで聴いているから」

——隣人は騒音に関して苦情を寄せていませんか。

「何も苦情は来てないよ。スイスでは騒音とか誰も気にしていないし、フィンランドでも同じだよ。苦情はない。誰かに文句を言われるようなことはしていないよ」

ここで、ブラッドリー・ロードが自分の話を挿入している。

キミのユーモアのセンスには驚かされる。彼の口を突いて出てくるのは、どれも1行の文章だ。意味深げに、言葉を選んで、核心を突く一文でキミは答える。これはフィンランドの国民性の表れだ。同じ質問をイタリア人にすれば、おそらく感情を伝えようと身振り手振りで誇張された気前の良い返答を長々とする。もし英国人に同じことを質問すれば、長ったらしくてまとまりのない返事がくるに決まっている。しかしフィンランド人に質問すると、彼らは答えることだけに満足する。キミはフィンランド人の典型だ。言葉で誤魔化すことをしない。質問に。言いたいこと。すべてを。簡潔に。答えている。

キミのインタビュー記事に戻ろう。

——結果が悪い時、どのくらい長く引きずりますか。

「結果が悪くても右から左へ受け流しているよ。気分が悪くなるのは確かだけど、すぐに忘れてしまう。以前からそうだ。レースを始めた頃、マシンはいつも壊れた。泣き言を言うことぐらいしかできなかったが、そんなの無駄だよ。騒いでも結果が同じなら何の得にもならないからね」

——カナダのレース（２００８年6月8日）で、ルイス・ハミルトンはピットレーンであなたの後方を走っていた。あの時、彼に何を言いたかったのですか（注：ピットレーン出口の赤信号で停車したライコネンにハミルトンが追突して両者リタイアとなった）。

「何も言うつもりはないよ。何も言うことがなかったし、彼に何かを言いたくなったら、僕はちゃんと言うよ。何も言う必要がなかっただけさ」

——あなたにとってフェラーリのドライバーとしてタイトルを獲得することは何を意味しますか。

「僕のレース人生で最も素晴らしいことだ。とにかくずっとタイトルが欲しかったから初タイトルを獲得できて嬉しかったし、それがフェラーリで達成できて嬉しさがさらに増したよ。最高のチームでタイトルを獲ることができてレーサー冥利に尽きる」

――あなたの個性とライフスタイルを尊重してくれるチームで走れることは、あなたにとってどのくらい重要なことですか。

「重要なんじゃないかな。フェラーリに来た理由の一つがそれだ。僕が変わるように要求されていない。僕は僕らしく生きる。僕はありのままの僕だ。そしてチームはそれで満足している」

――あなたはイタリアで偉大な英雄だ。そのことをどのように受け止めていますか。

「イタリアに行っても不愉快なことがない。それを抜きにしてもイタリアを気に入っている。ゴーカートをしていた子どもの頃から好きだった。どこへ行くかにもよるけれど、現地の人はさほど僕に気がつかないし、じっと見る人もいない。どの国に行こうが同じかもしれないが、イタリアにも熱狂的なファンはいる。熱狂的なファンはどこにでもいて、対応に困るところもあれば、そうじゃないところもある。僕はイタリアにいる時それほどあちこち出歩かない。イタリアで僕が行くところと言えばマラネロのファクトリーか、モンツァにトニ・バイランダーのGTレースを観戦しに行くぐらいだ。イタリアではサインを求められるが、それはどこでも同じだよ」

――どの程度イタリア語を話すことができますか。

「今は、ある程度は理解できる。話すのは苦手だ。何かしら単語なら言えるけれど、長文を話せるレベルになっていない」

――ウォッカとキャンティなら、どちらが好みですか。

「赤ワインの愛好家ではないし、好きになったことがないな」

――パスタとトナカイの煮込み料理なら、どちらが好みですか。

「どっちも好きだ、美味しいからね。パスタはどこでも食べられるけれど、トナカイの煮込みは、僕はラップランドで食べる。美味しい料理は、なんでも美味しいよ」

――どのぐらい長く現役生活が続くと考えていますか。

「何もわからない。僕はその日その日に意識を集中する。今はシリーズ中だ。その先のことを考えても無駄だよ」

――どのくらい先まで人生設計をしていますか。

「大体1日だけ。これまで先のことをしっかり考えて生きてこなかった。１週間先ぐらいまでは予定を入れることはあるけど、どこかへ行くって決まっていれば、レースやテストの予定を把握しておく必要がある。どこかへ行きたくなったら、もちろん少しは計画を立てるよ」

——ミハエル・シューマッハのタイトル獲得回数を追い抜く気力はありますか。ないとすれば、なぜですか。

「そんなこと、そもそも考えていないよ。あまりにも長期的な話になってしまう。これまで成し遂げたことに満足している。これから先のことは成功報酬みたいに考えているよ」

——あなたにとって理想の一日は？

「自分がしたいことができる日だ。本当に何だっていい。レースの日かもしれないし、テストの日かもしれないし、オフの日かもしれない」

——自宅を建てた時、どのくらいプランに関わりましたか。

「フィンランドの自宅は妻と僕が好きな装飾が、すでに施された物件だった。スイスの自宅の方は、設計の段階から意向を伝えて好みに合うように建ててもらった」

——あなたは良き隣人ですか。

「ご近所の人にとって僕は完璧な隣人さ。だって仕事が忙しくてほとんど自宅にいないからね」

——どうやってリラックスしていますか。

「毎日連絡をとっているような親友と一緒に、家族で過ごすと最高にリラックスできる。そして何らかのスポーツをしているよ。僕はやると決めたらすぐに行動に移すタイプだ」

——大親友と、どのぐらいの頻度で会っていますか。

「何人か親しくしている友人がいる。彼らとほぼ毎日連絡を取っている。移動が多い仕事だから、あまり頻繁には会えていない」

——自宅で主宰した最大のパーティは？

「家で祝われたわけじゃないけど、結婚式が僕の人生で最大のパーティだ。それ以外だと毎年夏休みに妻と一緒に親友たちのためにパーティを開いている。好きな音楽を流しながらグリルを囲んで食べたり飲んだりするよ」

——Ｆ１関係者で、あなたの最高の友人は誰ですか。

（答えを読む前に、ジーノ・ロサートが、このインタビューを聞いていることを思い出してください。私がキミにこの質問をした時、後ろでジーノが咳払いした……）

「フェラーリでは、みんなが友人だ。でも、あえて言うならジーノ・ロサートと答えておくよ。彼はアイスホッケーに詳しいし、何事にも息が合うからね」

――どんな車で買い物に行きますか。

「買い物には普段アルファロメオを使っている」

――マクラーレンと比べるとフェラーリに乗るのはどのような気分ですか。

「どのチームにもそれぞれの方針がある。他のチームでも同じさ」

――Ｆ１人生で最高のレースはどれですか。

「難しい質問だ。レースが終わって全力を出しきれなかったと反省することがないレースだ。例えば２００３年のニュルブルクリンクと答えておこう。マシンが壊れるまではポールポジションからスムーズにリードできた最高のレースだった。ポール・トゥ・ウィンできた今年（２００８年）のバルセロナもうまく行った」

――ミスなく１周走れた時は、どのような気分になりますか。

「そりゃ、いい気分だよ。セックスしてるよりいいよ」

――これまで走った最高のサーキットはどこですか。

「スパだよ。昨年は最高の週末だったからね。僕は本当にあそこが気に入っているし、これまで３回優勝している。でも、一番勝ちたいのはモンツァなんだ」

――昨年はタイトル争いで一歩後退しましたが、どうやってモチベーションを維持しましたか。諦めることはありませんでしたか。

「理論上タイトルが獲れないとわかるまでは、つまり、まだ可能性がある限り諦めなかったよ。これまでも諦めたことはない。Ｆ１では本当に何が起こるかわからないからね」

――あなたの考えでは誰が最高のＦ１ドライバーですか。

「わからないし、難しい質問だ。そんなこと一切深く考えてこなかったから」

――フィンランドでは、どのような扱いを受けていますか。

「前に比べれば良くなったかな。昨年から何も問題がなくなっている。何かをすれば、すぐに取り上げられるのは今でも変わらないと思う。でも仕方がない。一般的に言って今は以前よりもずっと良いよ。昔はかなり酷い時もあった。今は何も文句はないよ」

——バーニー・エクレストンは、あなたはマシンを離れると何もこのスポーツに貢献していないと主張していますか。そのことを、どう考えていますか。

「僕がそのようなことをする必要はない。Ｆ１の広報活動は本来僕の仕事ではないからね。僕はただ走るだけだ。それで十分だし、それだって簡単な仕事じゃない」

——なぜあなたは優勝しても感情を表に出さないのですか。

「そんなことないよ。それは僕のスタイルだ。優勝したら嬉しい。でも、優勝した後に飛び跳ねたり手を振ったりするのは僕のスタイルじゃないだけさ」

——あなたは感情を表に出さないと誰からも思われていますが、それはピット内で自分を守るためにしている意図的な戦略ですか。

「そんな下心みたいなものは何もないよ。自分がしたいようにしているだけさ」

——あなたはバーニーと、どのような関係ですか。

「本当に良好な関係だよ。今まで何も問題はなかったよ。僕は彼をよく知っているし、彼に会う時はいつも話をしている」

ブラッドリー・ロードは、記事の最後を模範的な文章で締めくくった。

本物のキミが一体何を考え、どう過ごしているのかを知ることができたのは驚きだ。グリルパーティを主催するのが好きな隣人。パスタも作れる本当に普通の人。気が向けば一日中眠っていることができるプロのスポーツ選手。もし彼がタイトルを防衛できるなら、この異彩を放つフィンランド人は、次世代のフェラーリのレジェンドになるだろう。

57 ― 自分が描かれた切手

２００８年9月5日にフィンランドの文化に貢献した英雄を讃えて2枚セットの記念切手が二組発行された。これらのモデルとして生誕１００周年を迎えた作家のミカ・ヴァルタリが芸術部門から選ばれ、そして２００７年にF１世界チャンピオンに輝いたキミ・ライコネンがスポーツ部門で選出された。

ヴァルタリに捧げられた記念切手の1枚目には白黒写真で撮られた本人が描かれ、2枚目には１９４０年に出版された推理小説『パルム警部の誤算』の表紙が描かれた。F１チャンピオンを讃えた記念切手の1枚目には、２００7年のマシンとともにキミとフェラーリチームが描かれている。2枚目には２００3年マレーシアGPで初優勝したキミが手を振る姿が描かれていた。

記念切手は公式販売前にベルギーGP開幕日に臨むキミに贈呈された。

タイトル争いでライコネンが自分自身を鼓舞する刺激を求めているならば、フィンランド・ポストがベルギーGPに持ち込んだ記念切手が、その役割を果たすはずだ。

フィンランド・ポストの局長マルック・ペンッティネンは１００万枚刷ったキミの切手は2、3週間で売り切れるだろうと予測していた。

「キミは世界で最も有名なフィンランド人だ。そしてフィンランド人はスポーツを愛してやまない。それに切手は思い出を配る方法でもある。このような素晴らしい記念切手を現地でチャンピオンに贈呈できて喜んでいる」とペンッティネンは話した。

フィンランドで記念切手になったスポーツ選手は10名ほどいる。

「私たちは故人だけなく存命の人物も切手の候補として選んでいる。多くの国々では、今は亡き偉人を切手で懐かしむ。もちろん選定には一定の業績が求められるが、国民が望むものを作ることも大切だ」とペンッティネンは強調した。

日本のファンからキミの切手に何千もの注文が入った。記録的な数字だ。

「日本からの注文数は、想像を遥かに超えていた。どうやって日本のファンはフィンランド・ポストの連絡先を見つけたのだろうか」とペンッティネンは驚いていた。

英雄であるキミは、拡大された切手を手にして自慢げに笑った。

「これはとんでもないことだ。多くの人は自分が切手にデザインされる機会はそうそうないからね」とキミは言って笑顔を見せ、プロモーション活動の準備に向かった。

58 ― 空契約

モンツァのパドック近くに右側に膨らんだ一画がある。普段そこはフェラーリとバーニー・エクレストンが率いるフォーミュラ・ワン・マネージメント（ＦＯＭ）の代表の専用駐車場として使われている。私が記者用の駐車場からプレスセンターに歩いて向かう時は、いつもそっちの方向で何か起こっていないか確認している。

２００８年９月12日の金曜日の朝も、そうしていて良かった。私はフェラーリの区画の前で頻繁に車が行き来しているのに気がついた。そっちの方へ向かうと、すぐにニュースが入るだろうと伝え聞いた。ロバートソン親子は、２０１０年度の契約継続オプションをルカ・ディ・モンテゼモロと最終調整していた。

交渉している場所へはフェラーリのキッチンの脇にある裏戸から行くことができた。まず、そこからスティーブ・ロバートソンが出てきた。しばらくして次にデイビッド・ロバートソンが出てきた。フェラーリの会長の姿は確認できなかった。

交渉は結論に至り、金曜日の朝に両者が握手を交わしたという情報を私はすぐに手に入れることができた。しかし、正午になるまで草案に署名されることはなかった。さらに最終契約は土曜日に持ち越されることになった。

キミは1年契約延長の署名をするためにフェラーリのプライベートルームを訪れた。その契約によってキミは２０１０年の終わりまでマラネロの一員であることが保証される。

「もちろん契約できて喜んでいる。フェラーリでの環境を楽しんでいるし、Ｆ１を始めた時と変わらず今もレースを楽しんでいる。何を決めるにしても急ぐ必要はなかったが、テーブルについてチームと将来について話し合った。そして契約することに決めた。2年後のことは、その時どう思うかによって深く考えることにしよう」と

キミは契約したばかりの心境について語ってくれた。

「何も難しい決断ではなかった。すべてのことを確認し、すべてに満足している」

延長の決断に至った経緯を質問してみた。

「本来の速さは出ていた。でも走れない時もあって、それは楽しくなかった。延長を決断する時に、僕がレースが好きだとか、モチベーションがあるとかは重要ではなくて、この契約での焦点はマシンを仕上げることにあった」

2010年以降のことは何も計画を立てていない。

「その時が来るまで待つよ。今は先のことに何も興味がない。次の契約まで何が起きるかわからないからね」

延長の決断は春頃には芽を出し始めていたが、それとは反対にパドックではチャンピオンの引退説が囁かれていた。しかし舞台裏では2009年以降もキミが現役続行に意欲を示していることは明らかだった。

「キミは延長することを3、4ヶ月前に決断していた。正直に言うと、現役引退するという選択肢はなかった。キミがゴーサインを出す時が来て、私たちはフェラーリと契約交渉を開始した」とマネージャーであるスティーブ・ロバートソンは、私と二人きりで話をしている時に説明してくれた。

いつものようにデイビッド・ロバートソンが最終的に契約内容をモンテゼモロと練り上げた。

「もちろん私たちは、キミがフェラーリと契約を延長してくれたことを大いに喜んでいる。ここから、どこへ旅立つのだろう。F1で、フェラーリの契約は最高で最大の関心事だ。このような契約は一瞬で行うことはできない。詳細に練り上げるには相応の時間がかかる」と、デイビッドは言う。

その頃モンツァで、フェラーリはライコネンとフェリペ・マッサが少なくとも2010年の終わりまで一緒に走ると主張していた。

「キミとフェリペはレースになると激しく競い合うライバルだが、チーム内では完璧に調和がとれている。おそらくチームにとって契約を延長する方が恩恵を受けられる。どちらのドライバーも勝てるスピードがあるのだから」マネージャーのロバートソンは明言した。

「この契約でフェルナンド・アロンソ、またはロバート・クビカがフェラーリに加入するという憶測が消え去った。ドライバー移籍市場が一瞬で解決するようなドミノ効果が起きるかもしれない」

アロンソがフェラーリへ２００９年か２０１０年に移籍すると再三「ニュース」で取り上げていた『ＡＳ』紙のカルロス・ミゲルは悲嘆に暮れていた。

「私たちが直面した失望を言葉で表現することができない。これでフェルナンドの勝利は来年も期待できなくなった。キミが引退することを期待していたわけではないが、私はフェラーリがフェルナンドとマッサを入れ替えて、キミと同列で雇用することを望んでいた」とミゲルはため息をついた。

59 — バドミントン仲間

セバスチャン・ベッテルはF1で走り始めてすぐにキミ・ライコネンと親しくなった。インタビューでベッテルは、キミとの思い出として痛快なバドミントンの話をしてくれた。

２００８年ドイツGPの前に、私はホッケンハイムでテストをしているキミとベッテルに会った。

私がベッテルについて質問すると「いい奴だ」とキミは彼を褒めた。一方ライコネンについて質問すると「負けることを知らない親友だ」とセバスチャンは冗談で答えた。

ベッテルがヴァルチウィルの湖畔に居を構えた時に、キミはチューリッヒの湖畔のヴォルラウに住んでいた。ベッテルの家からキミの家まで35㎞しか離れていない。二人の友情は奇妙な偶然から生まれた。キミが出張の時に新人ドライバーだったベッテルをプライベートジェットに乗せてあげた。それから彼らは親しくなった。

その後ライコネンとベッテルは一緒にスポーツをするようになった。スポーツとは、この場合バドミントンを指している。

「体育館があって、僕たちはバドミントンをしに、そこへ行ったんだ」とキミは教えてくれた。

「自宅周辺にいる時は、時々キミとバドミントンをしに出かけた。どれだけ頻繁にできるかは、スケジュールにもよるよ」とベッテルは事実を認めた。

両者ともバドミントンの腕前には自信がある。

「ベッテルは下手くそなんだよ。僕に一度も勝ったことがない。5、6点取れればいいとこだ」とキミはぴしゃりと言う。

「キミは僕より、ちょっと上手い。でも、そのうち追いつくよ。もっと長くやれば、最後には僕が勝つさ」とベッテルは、はしゃいだ。

両者とも同じ考えだったのは、バドミントンをすればトップアスリートが1日に必要とする運動量を完璧にこなせるということだった。

「セバスチャンがバドミントンをしに来てくれて良か

った。僕は長い間バドミントンをしていなかったからね」とキミは言った。

２００８年、トロロッソのホームゲームとなるイタリアで、ベッテルはＦ１の歴史を作った。そのレースで彼は最年少ポールポジション、最年少で表彰台に立ち、最年少で優勝したドライバーとなったのだ。

偶然にも私は日本ＧＰが行われた富士でドイツ人の有望な若手にインタビューする予定になっていた。取材場所に到着すると、トロロッソの広報担当者が、今後ベッテルはチームが行う記者会見以外のインタビューを受け付けないと釘を刺した。それを見ていたベッテルは笑って、私の肩を軽く叩いた。そして例外となるインタビューは、ちゃんとすると言った。

その取材では、ベッテルとキミの交友関係を深く知ることができた。

私はインタビューに入る前、キミの友人であり、気心の知れた仲間であり、バドミントン仲間である、とベッテルについて事前に知っていたことを話すと、彼は頷いた。そして新しい情報として、セバスチャンは8月の夏休みをフィンランドでドライブして過ごすほど、フィンランドとフィンランド人が好きだと教えてくれた。

グランプリで優勝するのとキミにバドミントンで勝つのは、どっちが難しいかと質問してみた。

「僕はすでにグランプリで優勝したことがあるけど、バドミントンでキミに勝ってはいないんだ。いつかキミに勝つと約束した。歳をとらない人はいない。僕は彼より8歳年下だ。だから彼が老人になって、僕がまだ初老ぐらいの時に、僕は彼を打ち負かすよ。今は激しいトレーニングをしているから2、3ヶ月、遅くとも来年になったら、またキミとバドミントンをするよ」

キミは仲間内で、ベッテルは自分相手だと1セットで5点取れれば良い方だと自慢げに話していた。

「調子がいい時は、彼から5点以上取れるよ」とセバスチャンはキミの発言を修正した。

フィンランド人チャンピオンは様々なスポーツを趣味にしている。ベッテルは、どのようなスポーツをしているのか。

「僕とキミとは趣味が合う。でも、僕はゴルフがあまり好きじゃない。それと僕はスケートができない。アイスホッケーはドイツではメジャーなスポーツではないからね。それもあってアイスホッケーに興味がなかった。ドイツ人ならサッカーをする。それなら僕だってできるよ。そうは言っても一番興味をそそるのは、エンジンが積まれているモータースポーツだ」

ベッテルはスイスのヴァルチウィルで快適に過ごしている。ヴォルラウに住む友人の家まで35㎞の距離だ。

「キミが近隣に住んでいてくれて嬉しいよ。彼は良い人だし、キミのことが好きだ。いつも誠実だし、気さくな人だからね。キミのことが好きじゃないと言う人もいる。キミはありのままだからね。でも陽気な面もあるし、いつも態度が変わらない。誰とも同じように接する。決して物事を曖昧にせず、率直に考えていることを言う。僕たちはチームが違うし、それぞれプロモーションの仕事もある。忙しくてなかなか会えないけれど、良好な関係を保っているよ」

ベッテルはドイツ語、流暢な英語、少しのフランス語とイタリア語と4つの言語を話すことができた。そして数単語であるがキミからフィンランド語を学んでいた。「モイ（やあ）」「キートス（ありがとう）」などの挨拶に加えて、若者は放送禁止用語と思しき数個の動詞を使いこなした。

「8月にフィンランドで過ごして、とても気に入ったよ。少し肌寒かったけれど、僕はビーチで筋肉を見せびらかすような輩じゃないから気温は気にならなかった。フィンランド中をドライブした。どこに言っても親切な人ばかりで偏見のない開放的な国だ」

セバスチャンと会うと、いつもフィンランド人のように「テルヴェ（こんにちは）」と挨拶してくれる。彼とフィンランドとの繋がりは他にもある。後にフィンランド人のフィジカルトレーナーやフィンランド人のチームメイトと仕事をして、さらにはフィンランドにサマーコテージを所有することになる。

「だんだんフィンランド人になりつつあるよ」と彼は微笑んだ。

フィンランドとの関わり合いを、どのように考えていますか。

「仕事柄とても移動が多い。そして多くの国や町を目にする。好きになるところもあれば、そうじゃないところがあるのは自然なことだ。僕はフィンランドとの関係を秘密にしているわけじゃないよ。フィンランドと初めて関わったのはF1ドクターのアキ・ヒンツァとの出会いだ。その時、僕は初めてフィンランドを訪れ、すぐに気に入ってしまった」

「フィンランドは最も過小評価されている国の一つだ。極寒の地で、そこに住んでいる人は変わっているとか、そこへ行く理由が見当たらないとか言われることが多い。それは真実じゃない。僕は自然を愛している。フィンランドは美しい国で、素敵な国民が暮らしているというのが本当だ。人口の少なさもフィンランドが僕の目に美しく映る要因だ。そこには広々とした空間がある。フィンランド人の人柄も好きで、何か惹きつけられるものがある。正直で、とても気さくだ。少なくとも僕が出会ったフィンランド人と同じように誰もが接してくれたら、世界中もっと楽に暮らせるようになると思う」

「何はともあれ、みんなポジティブだ。それが僕は好きなんだ。僕の一部は、もうフィンランド人化しつつある。そのぐらい僕はフィンランドが大好きなんだ」とベッテルは包み隠さず話してくれた。

ベッテルはパドックで3番目にフィンランド語を上手に話すドライバーだ。もし、私が先ほどの質問をフィンランド語でしていたら、あなたは私たちの母語で答えることができますか。

「数単語が限界。それ以上は無理だよ。フィンランド語は恐ろしいほど複雑な言語だ」と、ベッテルは謙遜した。

60 — 暗中模索

２００７年、キミは夢を叶えた。２００８年はタイトルを獲得した慌ただしさから日常へ戻るクールダウンの期間となった。そして２００９年は、マクラーレンでの3年目となる２００４年がそうであったように奈落の底へ追い込まれてしまった。２００４年は、どうやってもミハエル・シューマッハに対抗できなかった。２００９年はブラウン・メルセデスのジェンソン・バトンが圧倒的な壁として立ちはだかったのだ。

これらの悲惨な2年間（２００４年と２００９年）に共通するのは、どちらの年も秋に行われたベルギーＧＰの決勝で優勝して意地を見せたことだ。

撤退したホンダのチームをロス・ブラウンが1ユーロで買い取り、メルセデスと手を組んだ時に２００９年の賭けは成立していた。かろうじて救済措置によって新規エントリーを果たしたブラウン・メルセデスは、８日しかテストをすることができなかったが、物議を醸した空気力学を備えた圧倒的なマシンは、蓋を開けるとすぐに信頼性の面でも問題がないことが明らかになった。

実際ブラウンはシーズン前半6戦中3回ワンツーフィニッシュを決めた。ジェンソン・バトンは前半戦で7戦6勝と他を圧倒した。チャンピオンロードを独走し、シーズン前半はレッドブルの追随も許さなかった。

そのような状況でフェルナンド・アロンソがフェラーリへ移籍するという噂が流れ始め、暑い夏に群がる蚊のように情報が飛び交った。２００９年7月にはＦ１メディアの見立てでも二度の世界チャンピオンがフェラーリへ移籍することは既定路線とみなされていた。

ドイツＧＰ前夜のニュルブルクリンクで、このスクープを私は現実的に受け止め始めた。その週に刊行された『アウトスプリント』誌の表紙には、アロンソがフェラーリのドライビングスーツを着ているような写真が掲載されていたからだ。3年前にマクラーレンのドライバーだった時のキミと全く同じ状況だ。

私がパドックに到着すると、来シーズン２０１０年にはアロンソがキミのシートで赤いマシンに乗るだろうと声高に囁かれていた。

木曜日に私はキミの単独インタビューを行い、真実を問いただした。そして、彼自身はフェラーリの誰からもシートが脅威に晒されているとは聞かされていないという裏付けを取った。

番記者として近くで追いかけていたが、チームがキミを部外者のように扱ったり、キミがフェラーリから去るカウントダウンが始まっているような雰囲気は私には一切感じられなかった。

当時ニュルブルクリンクで私はキミだけではなく、チーム代表のステファノ・ドメニカリとも単独インタビューを行った。自然と質問の核心となるのは、ドライバーの移籍話が実際どうなっているのかだ。この難局に私は敢然と立ち向かうしかなかった。

まずはキミに聞いた。

来季あなたの代わりにアロンソがフェラーリに加入するという噂が流れていますが、どのように受け止めていますか。

「そのことは何も考えてないよ。僕には来年の契約がある。もし、このチームでもう走れないなら、その後チームで何が起こるかなんて関心がない。いつも記者は騒ぎ立てる。これまでも散々書かれたよ」

あなたが2010年にフェラーリで走らないという可能性はありますか。

「さっきも言ったように僕には来年の契約がある。最終決定を下すのはチームだけど、走ろうが走るまいが、チームは僕に報酬を支払うことになる。今のところ何か変更があるとは思っていない。もし僕が走ることができないなら、チームから話があって然るべきだ。もちろんチームは、いつだって好き勝手できるけれど」

それからドメニカリのところへ急いで駆けつけた。

フェラーリでは驚くべき噂話が、これまでにもたくさん飛び交っていた。今回はアロンソが2010年からチームに合流するというものだった。それで私は、チーム内でキミがどのような立場に置かれているのかチーム代表に説明を求めることにした。

「そのような噂話を信じてはいけない」とドメニカリは言い、私の目を真っすぐ見た。そして私の肩を軽く叩いた。

キミの状況をもう少し詳しく教えてほしいと私は詰め寄った。

「何も新しいことはない。みんな昨年のことをしっかり覚えている。その時も全く同じ噂が流れた」

それでは、なぜ多くの人たちがフェラーリとアロンソとの契約が確かな情報だと感じているのかと私は食い下がった。

「チームと事実を信じて、噂話はあてにするな」とドメニカリは穏やかに答えた。

とは言え彼はチーム代表に過ぎない。ドライバーと契約するのはフェラーリの会長のルカ・ディ・モンテゼモロだ。彼が以前からアロンソを高く評価していたことは周知の事実だったが、ジャン・トッドがこのスペイン人の加入を望まなかった過去がある。

61 ― ノスタルジックな4レース

これまでキミがF1で優勝したレースで、5分の1はベルギーで獲得したものだ。理論的に言えば、彼はスパ・フランコルシャンを5回連続で制覇していても不思議ではなかった。実際にはマクラーレン時代に2回、フェラーリで2回、ベルギーGPを制している。

なぜスパで強いのか、私は秘密を聞き出そうとした。

「秘密なんて何もないよ。マシンがきちんと走ってトップに躍り出れば、その先は、ここでは何とでもなるよ。他のマシンに抜かれないようブロックすることもできる。僕はスパのレースを、いつも楽しんでいる。これまでも素晴らしいレースと激しいバトルを繰り広げてきた。ここはレースをするには完璧なサーキットだ」

私はスパを訪れる度にノスタルジックにも、ここでキミが優勝した瞬間を思い返している。その思い出を本書の読者にも分かち合っていただこうと思う。

ここで4回優勝しているが最も思い出に残るレースは、どれなのか。

「強いて言うなら最後かな。一番、最近だから」と彼はふざけて答えた。

それからキミはスパで優勝した4戦の思い出を語り出した。

一度目の勝利　2004年マクラーレン・メルセデス MP4-19B　10番グリッド

「その時、僕たちはシルバーストンのレース用に新しい車体を手に入れた。ベルギーの予選は雨で、最終シケインに少し乾いている場所があった。それもあって後方からスタートを切ることになってしまった。決勝では最初のコーナーで大クラッシュが起きたのを覚えている。僕が事故を引き起こしてしまったかもしれない。幸いマシンは壊れずに走り続けることができた。レースでは、それ以外にも何度かセーフティカーが導入された。再スタートしてミハエル・シューマッハとデイビッド・クルサードをオーバーテイクしたのを覚えている。僕の前にはルノーのマシンが2台いた。フェルナンド・アロンソとヤルノ・トゥルーリだ。そのうちの1台が壊れた。僕はスピードが出ていた。新しい車体で速く走るようになったけれど、これが、そのシーズン唯一の勝利だった」

二度目の勝利　2005年マクラーレン・メルセデス
MP4-20　2番グリッド

「雨が降ったけれど、かなり楽なレース展開だった。終盤はコースが乾いていた。それでもミディアムタイヤで最後まで走り切った。チームメイトのファン・パブロ・モントーヤがポールポジションだった。そしてレースの大半を彼の後ろで走った。2回目のピットストップで僕が先頭に立った。そのまま他のマシンを大きく引き離して、最後までトップで走り抜いた。少なくとも全力で走る必要はなかった」

三度目の勝利　2007年フェラーリ
F2007　ポールポジション

「予選は本当に接戦だった（上位3位までが0・097秒差）。決勝は予選と同じような展開にならなかったし、それ以上のことは何も起こらなかった。直線的な話だった」

スパでの3連勝（注：2006年ベルギーGPは開催中止）で、何も特別なものはなかったのか。

「そんなこと全然考えなかった。ここでの連勝は翌年に途切れてしまう。残り2周のところで、雨でスリップしてガードレールに衝突してしまったからね」

しかし、この2008年のレースで2位だったキミが無理してルイス・ハミルトンを追い抜かなければ、優勝していた。レース終了後にハミルトンはタイムペナルティを受けたからだ。

「それは後になって知ったことだったから、レース中には考えなかったよ。僕は自分がしたことを全然後悔していない。それまでは良いレースだった」

四度目の勝利　2009年フェラーリ
F60　6番グリッド

「これまでで最高の優勝のうちの一つだ。僕たちは他のチームと比べて、スピードの面で少し劣っていた。レース序盤にチャンスが来たと思うようなことが起きた。絶好のスタートを切って1周走った後、つまりセーフティカーが導入されて再スタートを切った後にフォース・インディアのジャンカルロ・フィジケラを抜き去ろうとした。僕たちはKERS（運動エネルギー回生システム）を搭載していた。そのおかげでオーバーテイクに成功し、抜き返そうとするフィジケラをブロックすることができた」

62 — さようなら、フェラーリ

日本GPの前にフェラーリは、ついにフェルナンド・アロンソがキミの代わりにチームへ移籍すると公式に発表した。キミとの契約解除の交渉は迅速に淡々と進められていた。そして28歳のアロンソは、シンガポールと日本GPの間の水曜日にフェラーリとの契約書に署名することができた。

「フェラーリのドライバーになることができて非常に幸せだし、誇りに思う。これはどのレーサーでも夢見ていることだ。その夢を叶えるチャンスが巡ってきた。まずはルカ・ディ・モンテゼモロ会長に感謝したい。彼は私との3年契約を望んでいた。本来なら私たちの契約は2011年からの予定だったが、ここ数日で事態が急変した。私たちはマラネロに来るのを1年繰り上げることで合意した」とアロンソはフェラーリのウェブサイトでコメントした。

チーム代表のドメニカリは、ドライバーを入れ替える決断をした経緯を次のように語った。

「私たちはキミと話し合い、契約を1年早めて解除することで合意した。一緒に過ごした3年間は短いながらも実りあるものだった。2007年には劇的なキミのタイトル獲得を祝った。それに加えて二度コンストラクターズタイトルを獲得した。今年のマシンは最高ではなかったが、キミは特にシーズン後半に遺憾なく能力を発揮してくれた。彼はフェラーリに貢献し、多くの成果を得ることができた。私たちはドライバーとしてだけでなく唯一無二の才能、誠実で透明で忠実な男として愛情と称賛を抱いたまま、彼のことを忘れない。同じようにキミがレース人生で最も華やかな瞬間をフェラーリで過ごしたことを覚えていてくれると信じている」

鈴鹿の曇りがかったパドックで記者会見が2回行われ、気の弱い人なら目眩がするぐらい多くのF1メディアが殺到した。

フェラーリへの夢の移籍が実現したことを公言できるようになったアロンソは幸せで輝いていた。ヘイキ・コバライネンはフィンランド人記者たちに、このスペイン人は何ヶ月も前から喜びを隠しきれていなかったと内情を教えてくれた。アロンソが事実をひた隠しにしたのは、キミが契約を解除しない限り、アロンソは契約に署名することができなかったからだ。そうでなければフェラーリが規律を破ることになり、それはフェラーリにとって高い代償となっていただろう。

記者会見でキミは驚くほど清々しい表情をしていた。その様子を見るだけで、彼がスポーツ史上最高額の手切れ金を手にしたことが伝わってきた。スポンサーのサンタンデール銀行は、チーム体制を一気に刷新しようとした。高額を支払ったが、２０１１年まで待てなかった。すぐにでもアロンソをフェラーリに迎え入れたかったのだ。そこで１０００万ユーロを別の口座に移すことにした。

エンツォ・フェラーリの時代とは、すっかり考え方が変わってしまった。イル・コメンダトーレ（エンツォ・フェラーリおよびフェラーリの愛称）は常にマシンに敬意を払い、優先してきた。確かにフェラーリは、かつて世界チャンピオンを一度獲得したドライバー（ファン・マヌエル・ファンジオ／１９５６年）を迎え入れたが、その後、その手のことはしていなかった。

キミはアロンソにシートを譲る羽目になったが、レース人生で初めてクビを経験した彼の態度は何も変わることはなかった。今回もそうだが、チームに悪態をつくことはない。むしろ、チームに馴染みスタッフと仲良く仕事をしていたにも関わらず、キミはチームを離れなければならなかったことを関係者に詫びる結果になってしまった。

鈴鹿のフェラーリのブースで、私は世界チャンピオンの心境を聞き出すためにキミと二人だけでインタビューを行った。

どのような心境なのか私はキミに質問した。

「本当に良い気分だ。この前の木曜日のレースよりは、ましだよ。もう誰からもフェラーリから僕が去るのかと詮索されなくなったからね」

数週間前に自分自身も訳がわからない状況に追い込まれていたと感じていましたか。

「メディアはそういう風に仕立て上げたいんだろうね。でも最終的に、どうなっただろうか。僕は一連の話で、とても上手くやった気がするよ。何も不満は残らなかった」

来季あなたの代わりにアロンソが加入すると、すでにわかっていたからですか。

「いいや、その話を聞いてから、そんなに経っていないよ。それに僕が契約解除を受け入れなければ、来年も確実に走れるはずだった。でも何らかの理由があってチームが望むのであれば、申し出を断るのは理性的ではない。誰かと争うために、ここに残っても何の意味もない。受け入れることで違約金も得たし、彼らは好きなようにすればいい。これで双方ともしたいことができるようになった」

これを機にＦ１を引退するプレッシャーに晒されていますか。

「何もプレッシャーなんてないよ。僕が望めば、どのチームとでも新たな契約をすることができる」

主たる目標は今後も勝てるチームに入ることですか。

「まさにそうだ。優勝できてタイトルを獲れるマシンに辿り着けなければ、契約するつもりはない。少なくとも勝てないチームに行くつもりはないよ。何も得るものがない。僕が欲しいマシンを提供できるような選択肢は、そう多くないと思う」

フェラーリとは今後どのような関係を維持しますか。

「いい関係だ。僕は今回の件とは直接関係ないからね。これまで僕がチームで走ってきたことや、ここでしてきたことに何も影響しない。今回の決断は、チームの仕事にどのくらい関わっているかどうかなんて関係ないよ。今回の件がどうやって解決したか簡単に察しがつく。金で何でも得ることができる。僕は悲しくないし、泣きはしない。可能性は常に存在していたからね。契約が破談になるのは、これが初めてじゃないし、それによって世界が終わるわけでもないさ」

ルイス・ハミルトンのチームメイトとして走る可能性について、どのように考えますか。

「チームメイトが誰かなんて固執はしないけれど、まずは調べてみなければならないことがたくさんある」

フェラーリにとってアロンソは、どのような補強になりますか。

「彼が何をするか見てみよう」とキミは締めくくった。

63 ― それがすべてだ

歴史上初めてヤス・マリーナ・サーキットで行われたアブダビGPが2009年11月1日に終わった。私は葬式帰りのような気持ちになっていた。そこでキミ・ライコネンの現役生活が終わり、そしてヘイキ・コバライネンのマクラーレン時代も過ぎ去ってしまったという絶望感から立ち直ることができなかったのだ。

F1で9年間を過ごし活動休止することを決めたキミは、ロバートソン親子の助けを借りてはいたが、これまでも自分のキャリアは自分自身ですべて決断を下してきたと主張した。

「来年何をするかはすべて僕が決めることだ。誰の指図も受けないよ。ロバートソン親子は彼らがすべきことをする。最終的に決めるのは僕だ。僕を魅了するような契約でなければ他は何も意味がない」

それでラリーに移ろうと思ったのですか。

「最近ハイスペックなラリーカーがある。2つのマニュファクチャラーチームがあって、それぞれプライベートチームを持っている。プライベートチームでも、同じセカンドカーで参戦している。もちろんそれを操るには一から勉強しなければならないけど、最初から仕上がったラリーカーに乗れるならば、それは魅力的だ。出来の悪いのには乗る気がしないからね。いずれにしても、どのクラスで参戦しようがラリーカーを完璧に操れるようになるまで時間がかかるのは確かだ」

フェラーリはコンストラクターズ選手権でマクラーレンに1点差で敗れて3位を逃した。ドライバーのタイトル争いは、キミが1点差でハミルトンに敗れ、6位と低迷した。

F1で現役を続けるためにマクラーレンと復帰交渉を行ったが2009年の終わりには早々と白黒ついていた。私は当時モナコにいたマネージャーのスティーブ・ロバートソンに電話をして事実を確認した。彼はマクラーレンとの交渉は合意に至らなかったと明言した。

「来シーズンF1で走るならマクラーレン一択だった。しかし、キミとマクラーレンの交渉は決裂してしまった。

少なくとも来年キミはＦ１では走らない。しかし今でも走る意欲を失っているわけではない。だから1年の休止期間は何の影響もないよ。むしろ時間をかけて優勝とタイトルを争えるチームが見つかる可能性が高い。Ｆ１はキミが恋しくなる。夏に、すでに開発を中止したマシンでキミは勝負することができた。そんなことができる優秀なドライバーはほんのひと握りしかいないのだから」

ライコネンとマクラーレンの契約交渉が暗礁に乗り上げたことが『トゥルン・サノマット』紙で公式に報道された数時間後、案の定ブラウンからチーム名を変更したメルセデスがキミに興味を示した。だが、マネージャーのロバートソンによると正式な交渉にまでは発展せず、キミは少なくとも1年はＦ１から離れることが確定したと答えた。

「これからキミは短い休憩に入る。その後に私たちは彼がどうしたいのか腰を据えてじっくりと考える」とロバートソンは明かした。

アブダビが終了した時点で、キミは１５６回Ｆ１に出走し、55レースをリードした。18勝を挙げ、表彰台に62回上がった。そしてファステストラップを35回記録した。

3年が過ぎ去った。新たな冒険へ旅立つキミはフェラーリ時代をどのように総括しているのか、私は質問してみた。

「最初の年に僕がずっと欲しかったものが手に入った。２００８年は序盤はまずまずだったが終盤にかけて何も得ることができなかった。そうは言ってもドライバーズ選手権で3位になったし、チームは2回目のコンストラクターズタイトルを獲得した。そんな結果だったが、２年連続でタイトルを獲得する可能性はあった。２００９年は完全に可能性がなくなってしまった。僕たちはテストの時点で、上位を争うことができないことを知っていたからね。それでも最後の年だって、それなりの収穫があった。それを前向きに考えた方がいい」

これがあなたのＦ１最後のレースだなんて言わないですよね。

「正直言って僕にはわからない。どうなるか見てみよう」と、キミはブレーキをかけた。

64 ― 記者の世界

２０１０年のＦ１シーズンはバーレーンで開幕した。それはキミ・ライコネンがＦ１から離れて最初のグランプリだった。キミがサーキットを去って名残惜しい雰囲気に包まれるうちに、何かニュースを掘り出せないかと私は探っていた。

記者の世界にも恨みつらみがある。このバーレーンの後、私は永久に重荷を抱えてしまった。その負担を軽くしようと、私のブログの読者にも理解してもらおうとした。ニュースを巡る競争が、いかに残酷なものか少しでも説明したかったのだ。

Ｆ１の現場で記者は常に競争に追われている。他の記者に遅れることなく最新のニュースを時代に即した形で読者に伝える使命があるからだ。インターネットの世界では、また違った独自の競争が生まれる。そこでは紳士を気取っていては生きていけない。ネットの世界では誰のニュースかなんて関係ない。自分がニュースを伝えようが、盗まれたもので情報を知ろうがお構いなしだ。早く情報を上げた者が、遅い者を食い物にするジャングルの掟に支配されている。

私も自分のニュースを勝手に使われてしまったことがある。バーレーンで私は、記者のパスポートを利用して辺りを彷徨(うろつ)くハイエナたちの餌食になってしまった。

私はマクラーレンのチーム代表マーティン・ウィットマーシュと親しくしていた。彼はフリー走行が行われた金曜日にパドックをゆっくり歩いていた。私が彼に挨拶しようとした時に、英国人記者のジェームス・アレンが同郷のウィットマーシュに声をかけ、彼らはしばらく雑談していた。私はウィットマーシュと話す機会をじっと待った。数分後に同じ場所に現れたドイツ系のベテラン記者が割り込もうとした。順番待ちをしていた私はアレンの次は私の番であることをはっきり伝えて、彼も理解して頷いた。

アレンがその場から立ち去り、私はウィットマーシュと握手を交わした。そして２つほどプライベートな質問をしてもいいかと彼に了承を得た。そうすることで、その質問が私のものであるとはっきり伝えたかったのだ。確認が取れたので私は後ろにドイツ系のベテラン記者が立っていたけれど気にしなかった。

私はウィットマーシュに、ルイス・ハミルトンのチームメイトとしてチーム内の平和維持に貢献するフィンランド人ドライバーがいなくて大丈夫なのか遠回しに質問してみた。すると彼がライコネンを話題に持ち出したので、秋に行われたマクラーレンとキミの交渉は、どのくらい現実味があったのか尋ねることに成功した。すべての質問が終わり、私はドイツ系のベテラン記者に次はあなたの番だと言って、その場を立ち去った。

この後いったい何が起こったか。

私の後ろで並んでいた記者が、私の質問とウィットマーシュの回答をレコーダーに録音し、それをミュンヘンへ送っていたのだ。私のインタビューが『フォーミュラネット』独自の記事として盗用されてしまった。翌朝何も知らない私がネットの情報を確認すると、私が行ったインタビューでウィットマーシュが語ったコメントが至る所で借用されていることに気がついた。コメントの発信元がドイツであることに気がつくまで、私は努力の甲斐があったとぬか喜びしてしまった。

私はパドックに着くとインタビューが盗用されたことにクレームをつけるためにウィットマーシュのところへ向かった。チーム代表は、このコメントは私が使用するために発言したことは疑いの余地がないとはっきり答えた。

私の怒号が朝のプレスセンターに響いた。ネタを盗用した犯罪者は、その場で自ら犯した過ちについて頭を下げて厳粛に謝罪したが、もう手遅れだった。『トゥルン・サノマット』紙に寄稿した私の大切な記事が、ドイツのウェブサイトから拡散してしまっていた。私がした質問が、あたかもそのサイトが取材したかのように書かれているのを目にするのは苦痛以外の何ものでもなかった。

しかし、バーレーンでウィットマーシュは私が投げかけた質問（つまり、ハミルトンとバトンが牽引するマクラーレンには、チームの平和維持に貢献するようなフィンランド人ドライバーの存在が不可欠なのではないか）に、どう答えたのか。そもそも私は、この質問をすることでウィットマーシュに、マクラーレンにフィンランド人ドライバーが不在だった2007年シーズンは内紛の様相で終始したと言いたかったのだ。

「つまり、あなたはフィンランド人ドライバーがチームの平和を維持するために不可欠と考えているのですか。私は、あなたが言うような平和をもたらすフィンランド人がいなくともチームが一丸となれることを望んでいます。少なくとも国籍に関係なく獲得できる優秀なドライバー二人と契約するという方針に誤りはないと信じている」と、ウィットマーシュは微笑みながら答えた。

「今その二人は偶然にも英国人だ。それは本題ではない。そうなっただけだ。まだハネムーン期間なのかもしれないが、チーム内部から状況を見ていると、とても調和のとれた二枚看板だと信じている。二人の競争も健全だ。マクラーレンには、かつて仲が悪いドライバーがチームメイトとなった例が何度かある。コロンビア人とフィンランド人のコンビで戦ったシーズンも思っているほど簡単ではなかったと記憶している」とウィットマーシュはファン・パブロ・モントーヤとキミ・ライコネンがチームメイトだった2005年から2006年シーズンに言及した。

マクラーレンがキミと交渉をしていたことは事実だった。キミがチームに復帰する可能性があったのか、ウィットマーシュに質問した。

「正直に言うと、それについて話すのは無駄だ。彼と近づいてはいたが、実現しなかった。キミの速さを知っているだけに、できるだけの努力は重ねた。私は彼の誠実さが大好きだし、彼にはF1でやり残していることがあるのも理解している。しかし、交渉した時点ではキミの心はすでにラリーの方にあったということだろう」

65 ― マキネンの教え

　F1から少し距離を置いてラリードライバーとして活躍するキミ・ライコネンを、追いかけることにした。私は一張羅を着てトミ・マキネンと一緒に2017年1月7日にユヴァスキュラで行われたAKK（フィンランド・モータースポーツ協会）の伝統的な授賞式に列席した。トミはチーム代表としてラリー世界選手権に参戦するトヨタの陣頭指揮をしていた。私はF1からラリーの世界へ飛び込んだキミの当時の様子をトミから聞き出したかった。

　マキネンはライコネンのアシスタントを務めるサミ・ヴィサの友人だ。なので、サミを介して私はある程度の内情をすでに知っていた。

　キミは、ラリーに本格的に参戦する前に2009年のアークティック・ラリーと2009年夏のユヴァスキュラで開催された世界選手権ラリー・フィンランドにスポット参戦したことがあった。その時にラリー世界チャンピオンに4回輝いたトミ・マキネンがラリーのいろはをF1世界チャンピオンのキミに教えていたのだ。

　ここでは、キミのラリードライバーとしての活躍を追いかけようと思う。まずはキミがラリーを始めるにあたり、トミがどのような役割を果たしたのか彼に質問してみることにした。

「キミが最初にフィアットで走った時に、私は仲間とマシンをコースに適したように整備する程度の手助けをしたよ。かなり大掛かりな調整を余儀なくされてしまって、そのマシンをラリー仕様の本来の姿に組んで走れるようにした。彼がラリーカーに初めて乗った時は、かなり悲惨な状況だった。私はそれなりにF1マシンの運転とコーナリングでどのようにステアリングを切るのかを知っていた。それもあって、そのフィアットをキミが操れるマシンにセッティングしたんだ。すぐにキミはマシンを気に入ってくれた。最終的には、その最初のラリーカーでキミはすぐに良い結果を残した。もしそのフィアットに私たちが手を加えていなかったら、キミはラリーで走ることすらやめてしまったと思う」

ラリードライバーとして、キミはマキネンの目にどのように映っているのか。

「フォーミュラからいきなりラリーの世界に足を踏み入れたことを考慮すると、キミの走りは上出来だと思う。彼はずっとサーキットを走ってきたから、テスト走行で、すぐにラリーでの経験不足が見て取れた。慣れたテストコースをラリーカーで走ればそれなりにうまく走れるが、新しいコースを走ると経験不足は否めなかった。キミは各ステージで同じスピードを出せなくなってしまっていた」

またキミがラリーを走る時が来れば、ラリードライバーとしての基礎はできているのか、トミの意見を聞きたくなった。

「もちろんだ。キミは本当に才能豊かなドライバーだし、F1でも才能を発揮した。彼には、どのカテゴリーのマシンでも器用に操ることができる才能がある」

他のF1経験者、例えばロバート・クビカと比べると、キミはラリードライバーとしてはどうなのか。

「クビカとは知り合いではないが、ラリードライバーとして彼の走りは悪くない。ラリーの経験もキミより長い。負傷して片手で運転せざるを得なかったときは思い通りの走りはできていなかったが、それを含めてもクビカはラリーの世界でも優秀なドライバーと言って過言ではない」

マキネンはF1を離れ、ラリーの世界選手権でWRCマシンを操るフォーミュラのスター選手の活躍に対して、過度に期待せず静観していた。

「ミッコ・ヒルボネンとセバスチャン・ローブに最初から挑むような真似をしない方が良い」

ラリーにおいてドライバーとコ・ドライバーの意思の疎通ができるようになるまでは時間がかかるとマキネンは考えていた。それゆえに彼はキミが舗装路のコースを走っても驚くような活躍は期待できないと思っていた。

「キミはアスファルトを走る時でも、まだコ・ドライバーと微調整を重ねて意思の疎通がスムーズに行くようにしなければならない。そうなるまでには時間がかかる。いくつかのステージで健闘して走っているが、経験が蓄積するまではラリー全体を通して同じように走るのは現実的ではない」とマキネンは予測した。

マキネンは、フォーミュラからラリーの世界に足を踏み入れたキミの勇気を讃える一方で、経験の浅いドライバーにとっては、かつてないぐらい辛い世界になるだろうと考えていた。

「今はレッキで2回走行することができる。それが多少なりとも状況を楽にしてくれると思う」

66 ― ラリー界の変わり者

2009年にアルガルヴェで行われた開幕前テストの後にフィアット・グループの会長であるルカ・ディ・モンテゼモロに許可を得て、キミは1月23日から24日までフィンランド選手権の一部として行われたアークティック・ラリーにスポット参戦した。

ラリーに関しては門外漢であったスティーブ・ロバートソンは、キミならカテゴリーが異なるラリーカーでも速く走れると信じていた。

「ラリーカーの操縦を学んでいる時間はそれほどなかった。トミが最低限の助言を与え、その先はキミが自分でやるしかない状況だった。私が知る限り、彼はどんな車でも不思議なくらいすぐに自分のものにしてしまうから大丈夫だ」

最終的にキミは人生初のラリーで、すべての望みを叶えた。土曜日に格好良くマシンをゴールまで運び、最終結果で13位となった。

7月から8月になろうとする夏にもラリーにスポット参戦した。世界選手権レベルのラリーに参戦し、初めて祖国で走る夢を叶えることができた。

「ユヴァスキュラに参加したのは出来心ではないよ。もしマクラーレンが許してくれていれば、何年か前に僕はラリーを経験していたはずだ。フェラーリが休暇中にラリーで走ることを快諾してくれたから参戦できたんだ。それを周りの人が大きな話にしているだけだよ」

ラリーカーで激しく飛び跳ねるのは、どんな気分なのか。

「マシンがきちんと動けば、あまり驚くことはない。もちろんどのような傾斜を走るかにもよる。少しでも道を間違えば確実にクラッシュしてしまうけれど、普通の傾斜だと、それほど気にならないよ」

コ・ドライバーと一緒に運転するのは、どのようなものか。

「何も違和感はないよ。むしろ慣れてくれれば、もっと楽だ。同じ道を1日中走ってコースを暗記するより、コ・ドライバーが教えてくれれば何も考えずに済んで楽なんだ。何事にも慣れが必要だ。ラリーによっては、コ・

ドライバーが優秀か否かで勝負が決まる。意思の疎通が取れないと、すぐにコースアウトしてしまうからね」

このユヴァスキュラでは、キミは土曜日の夜までラリーを楽しめなかった。昼までは安定した走りを展開していたが、ヴァーリンマヤのスペシャルステージで2回転してリタイアを余儀なくされてしまったのだ。

未知のWRCカーで2010年の世界ラリー選手権に参戦するという、階段を踏み外すようなキミの行為は、もちろん私たちみんなを驚かせた。

2009年12月3日の金曜日の朝、シトロエンがベルサイユから配信した契約に関するニュースが電子メールで舞い込んできた。

「いつかラリーに参戦したいと、ずっと思っていた。できれば世界選手権レベルでWRCカーで参戦できたら、それに越したことはない。レッドブルのコネクションで僕は世界選手権シリーズにシトロエンC4という最高のマシンで参戦できるチャンスに恵まれた。そのことを感謝している。これは僕にとって全く新たな、しかしそれ以上に興味深い挑戦となる。まずは1年の契約だが、先のことはその時になってから考えるつもりだ。これからマシンのテストを行い、初戦のスタートを切るのを楽しみにしている」とキミは綴っていた。

シトロエンのマニュファクチャラーチームには、その時点で世界チャンピオンに6回輝いたセバスチャン・ローブとダニエル・ソルドが在籍していた。ライコネンと、将来チャンピオンになるセバスチャン・オジェはシトロエンのジュニアチームで、同じシトロエンC4でエントリーした。

ラリードライバーとなったことをどう思っているのか、キミの心境を尋ねてみた。

「本当に素晴らしく、そして興味深く感じたよ」とキミは答えた。

契約交渉を行ったデイビッド・ロバートソンはF1に精通していたが、ラリーは全くの畑違いで、ロバートソンにとっても新たな挑戦となった。

「キミは、もう少し後になってからでもラリーに挑戦できただろうが、一方で彼が望めば、まだF1の頂点に復帰できる年齢だ。個人的に私は、彼がそのような決断をすることを望んでいる。そもそもどこかの段階でキミがラリーに転向するのは、私たちには明らかなことだった。キミのレースに対する情熱は変わらない。ラリーとともに彼はル・マン24時間レースにも興味を示している。さらにアメリカのレースにもだ」とマネージャーは今後の見通しについて教えてくれた。

キミは2010年2月にスウェーデンで世界ラリー選手権デビューを飾った。事前に密かに行われたシトロエンのテストで、キミは偉大なチャンピオンであるセバスチャン・ローブが運転する様子を間近で見る機会を得た。フランス人の巨匠が、ヴァルムランドをシトロエンで爆走した時、新人のキミは助手席に同乗させてもらったのだ。

カールスタードで行われた最初の記者会見で、シトロエンに寄せられたすべての質問がキミに集中した。その時『レキップ』紙の馴染みの記者は、ローブはこの手の分業(自分にあまり質問が来ないこと)がものすごく好きだと私に明かした。そもそもラリーのチャンピオンは自分の王座が揺らぐような、いかなる脅威もキミには感じていなかった。

67 ― 猿も木から落ちる

カイ・リンドストロームは2002年のモンテカルロ世界ラリー選手権で、世界チャンピオンであるトミ・マキネンのコ・ドライバーを務めた。その時はさほど注目されなかったが、F1チャンピオンであるライコネンがラリーに参戦すると、コ・ドライバーを務めたリンドストロームは短期間にかつてないほどスポットライトを浴びた。

2009年に初めてラリーにスポット参戦した時、ライコネンとリンドストロームはトミ・マキネン・レーシングチームがチューニングしたフィアット・アバルト・グランデプントS2000でエントリーした。リンドストロームの揺るぎない経験は、外国語が苦手なままラリーの世界に飛び込んだ、サーキットの王者を教育する意味において大いに役立った。

キミは2006年の初めにカイと出会っていた。モンテカルロ・ラリーに出場したキミの友人であるユッカ・ヤロネンがペースノートを作る際に手助けをしてくれたのだ。

「2008年12月にキミが電話をしてきて、ラリーカーを1台購入したからアークティック・ラリーで一緒に走らないかと誘ってきた。私は、その場で座ったまま二つ返事で引き受けて、もちろん行くよと言った」。リンドストロームはキミのコ・ドライバーになるきっかけを手短に答えてくれた。

リンドストロームはすぐに、キミのラリードライバーとしての腕前が確かであると感じ取った。

「キミは走れる。フォーミュラで時速350㎞で走っても、ラリーカーでその速さは出せない。ペースノートを学ぶのが一番厄介な作業だ。決断力と忍耐力の両方が要求されるからね。走る前に、まず押さえておくべきことがたくさんある。でも、その手のことはキミがラリーを初めて走った時にトミに教えてもらったと聞いている」とリンドストロームは、ロヴァニエミでアークティック・ラリー前夜に語った。

目標は完走することで、それは見事に達成された。

リンドストロームは、キミのハンドルさばきに魅了された。

「すべてが思い通りに進んだ。私たちの連携も良くなり、何も問題は起きなかった。こんなことがあるのかと信じられなかった。だって一度もスピンしなかったし、ブレーキングが遅れることもなかった。あのような運転をしてくれると助手席に快適に座っていられる」

キミは２０１０年から２０１１年の2シーズン、世界ラリー選手権に参戦した。フェラーリから去ったキミは、シトロエンが用意した最高のマシンに乗り込むことになった。公式戦が始まる前に、キミは再びウォーミングアップのためにアークティック・ラリーにスポット参戦した。

そのときリンドストロームは以前にも増してキミに発破をかけた。

「経験不足でシリーズを走り切るのは相当なチャレンジになる。キミはラリードライバーとしては、まだ青二歳だ。とは言え、普通の新人とは別格で世界ラリー選手権に参戦できることをユヴァスキュラで見せつけてくれた。高を括らず、地に足をつけてレースに挑むつもりだ。ヘルメットを被り、顎紐を締める時は常に最善を尽くす」

リンドストロームは、以前キミが乗っていたグランデプントＳ２０００よりも馬力のあるワールドラリーカーに慣れるまで、さほど時間はかからないだろうと考えていたが、他に学ぶことが多くあって、そっちの方に若干時間が必要になると見ていた。

「ペースノートを理解できるようになるかどうか。それが間違いなくキミにとって最大の課題になる。12戦すべて上手くやらなければならないからね。スペシャルステージはフリー走行で2回しか走れないから、その点ですべてのコースを知り尽くしているライバルたちは有利になる」

ロヴァニエミでのウォーミングアップ後に、キミはスウェーデンで世界ラリー選手権デビューを飾った。猿も木から落ちると言うが、初戦で、ラリーの世界で生き抜くための多くの宿題がキミに課された。まだペースノートが理解できず、正確に運転できない。キミはラリー・スウェーデン後に、どの程度コースの特徴を細かくペースノートに記載する必要があるか、以前よりも感覚を掴んだ。

コ・ドライバーのカイは、日常生活にもペースノートを理解するヒントがあると考えている。

「例えばキミが車で食料品店を訪れるとする。店までの道を、ペースノートを読むように車を走らせるだけでもペースノートに対する理解を深めることができる。つまり、どこでどのように動けばいいのかを時間をかけて常に深く考える癖をつけることが大事だ。そうすることでペースノートに記載されてない事柄に気づいた時、瞬時に対応できるようになる。こんな感じでラリーの感覚を学び始めるのも手だ。今回ブレーキを早く踏んでしまう箇所が多くあった。しかし、全体的なキミのパフォーマンスを前向きに捉えている。走る度にする作業は少し増えたが、車が手に馴染み始めている」

２０１０年ラリー・トルコでキミは5位となり、10ポイントを獲得した。これがＷＲＣドライバーとしてのキミの最高成績となった。新しいコースで行われたラリーはライコネンとリンドストロームの考え方に良い変化をもたらした。

「どのドライバーにとっても未知のラリーコースに挑むと、この段階でキミがどのぐらい上達したのかを頭で考える必要がなく、純粋にトップドライバーとの差を数字で比較することができる。まだ各ステージを詳細にカウントしていないが、トップと1秒前後の差があることがわかった」

コ・ドライバーのカイ・リンドストロームは、キミが一戦ごとに要求された相応の難題に期待通りに答え、上達の一途を辿っていると考えている。

「キミには、ほとんどラリー経験がないのだから、この結果は上出来だ。だいたいうまく行った。もちろんミスはあって同じ十字路で二度マシンが止まってしまった。でも、それぐらいだ」

２０１０年6月、彼らは初めて一緒に表彰台に上がった。イタリアで行われた地方戦であるランテルナのラリーにコンビで参戦し、チームメイトのセバスチャン・オジェに次いで2位になった。

ユヴァスキュラで行われたラリーで場を盛り上げたの

は、キミとユハ・カンクネンの7位争いだった。キミは攻め過ぎてミスをしてしまったが、シトロエンで完走を果たした。

シトロエンのマシンは破損して、メンテナンスのためにピットエリアで元気なく横たわっていた。そこへトミ・マキネンが状況を確認しに訪れた。

「キミが最初にペースノートをつけた箇所でミスが起きてしまった。確かにペースノートに記すには難解な箇所だ。それが、このミスをもたらした最大の原因だ。同時にF1では起こり得ない対応が求められた」とマキネンは状況を分析した。

リンドストロームは、ペースノートの問題が何を意味していたか正確に教えてくれた。

「ラリーの経験が増えれば、ペースノートを当日も次の日も最初から確認するようになる。特に、最初に印を付けた箇所に最大のリスクが潜んでいる。最初は他と比較できないから曖昧に印をつけてしまいがちになる。トミですら同じようなミスをしたことがある。もちろんキミは集中していたが、それでもミスをしてしまう。このようなことを繰り返して、その場で要求される課題に対応できるような経験が育つものだ」

完走するのは大切なことだ。完走することで高利回りの貯蓄口座にお金を預けるようにキミの経験値がどんどん上がっていく。

「全ステージをクリアできたのは良かった。もしキミがラリーを続けるなら、ユヴァスキュラをこのスピードで完走したことは後々きっと役立つと思う」とリンドストロームは指摘した。

9月19日にストラスブール近郊で行われたフランス選手権、ラリー・ヴォージュでキミは初優勝を遂げた。この1日のラリー人生において記念すべき日となった。彼で競うラリーで、キミはシトロエンC4を駆り、全6ステージでトップタイムを記録した。

2シーズン目の開幕となるラリー・スウェーデンで、キミはラリードライバーらしい風格を備えていた。スーパー・サタデーの後は、これ以上ないくらい落ち着いたリズムで走ることができた。

リンドストロームは、キミの素晴らしい走りに興奮し過ぎないよう落ち着いた様子でいた。

「土曜日は綺麗な走りを見せた。午後の走りも上出来だったと思う。私が絶えず言い聞かせているのは、ミスなく自分の走りさえできれば、落ち着いた運転や自信に繋がるということだ。当然タイムも縮む。キミは今回かなり良いリズムで走った。同じリズムと同じスタイルを維持できるようにするのが大切だ」と、リンドストロームは考えながら言った。

コ・ドライバーは「先に進んだ。もう雪かき用のスコップは必要ない」とドライバーの上達ぶりを比喩で表現した。この開幕戦の残り2日の午後の走りは最高だった。キミは素晴らしいパフォーマンスを見せつけた。

２０１１年シーズン序盤、キミは大きなミスもなく順調なスタートを切った。雪道で8位、砂利道で7位になり結果も伴い始めてきた。

短い期間だったが、キミとカイは世界ラリー選手権に22戦出走し、その他6レースにスポット参戦した。

キミに今後もラリーを続けてほしかったというのが、コ・ドライバーの本音だ。

「キミは自分自身で決断を下す。彼がラリーでトップを目指せるのか、このまま見続けるのも興味深い。ラリーの技術は、ラリーカーを走らせて常に経験を積まないかぎり育まれることはない。車を扱うことにおいてキミには天賦の才能がある。それは外から学んだものではなく、彼の内側に備わっているものだ」

「私たちが一緒に活動を始めた頃に、トップを目指すなら4年のプロジェクトになると言った。最初こそ上達するまで手こずったが、その後の難関と思われることをキミは短期間で次々とクリアしていった」

「キミはラリードライバーとしても文句のつけようがない才能を持っている。お決まりのことは、もう手慣れて来た。あと2、3年ラリーで走れば、トップとの１秒差を削ることができると思う」とリンドストロームは試算した。

リンドストロームは、キミがＦ１に復帰したことに驚いたのだろうか。そのことを彼に尋ねてみた。

「キミは復帰を望まれていたから特に驚きではなかったよ。彼にＦ１に復帰しようという熱意があったことにも驚いていない」

いつかまたラリーを走るキミを見ることができると思うか、リンドストロームの意見を聞いてみた。

「キミが今後もラリーを趣味としてくれればと望んでいるよ。彼にしかわからないことだが、ラリーで走ることはキミにとって趣味以上のものだと思う。ともあれ、私たちは短い経験にも関わらず、ラリーでもそれなりに上手くやっていけたと言える。キミはラリーに前向きな姿勢で臨んでいた。しかし、コ・ドライバーがいない環境で、人対人で走ることが彼にとってもっと自然なことだ。さらに加えるならば、F1ではオーバーテイクする楽しさがある。優先事項で言えばF1が彼の仕事だ。どちらかと言えばラリーは趣味に近い」

スピードの面では、キミはラリーでも速かったが、スタートしてすぐに良いリズムを見つけることが困難だった。

「サーキットで走ると常にスピードを確認できる。そして他のマシンと速さを比べることができる。ラリーでは直接他のライバルと比較することはできない。自分のスピードと自分の走りを信じるだけだ。攻め過ぎればすぐにコースアウトしてしまう危険がラリーにはつきまとう。逆にあまりにも慎重になり過ぎると、タイムが一向に縮まない。適度なスピードとリズムは、日々経験を積まない限り育まれることはない。キミは、このことをよく理解していた」

Photo : xpb

カイ・リンドストロームはキミがラリーに参戦した時、コ・ドライバーを献身的に務めた。そして、猿が木から落ちるのを防いだ

68 — 鶏が鳴き始める頃に

カールスタードのホテルで、早朝4時15分に目覚まし時計が鳴り響いた。キミ・ライコネンとフィジオセラピストのマーク・アーナルの両者にとって仕事の始まりを意味する。その仕事とは二人にとって初参戦となる世界ラリー選手権だ。ラリー・スウェーデンの会場であるハーグフォシュまで110km移動しなければならない。到着後も僅か20分足らずで、野外で朝食をとる慌ただしさだった。

フォーミュラからラリーに転向したキミに付き添ってきたアーナルは、シトロエンのジュニアチームのドライバーとコ・ドライバーの飲料補給を担当することになった。水で満たされた飲料袋2つをキミのラリーカーに積み込むと、今度はスポーツドリンクが入ったリュック2つをセバスチャン・オジェのラリーカーに積み込んだ。正午にメンテナンス休憩があり、ドライバーが素早く食事をとっている間にアーナルは再びマシンへ飲料補給を行うのだ。

日没で一日が終了する。それから朝と同じ長い道のりを通ってホテルに戻る。21時か22時にホテルに着くとベッドに飛び込む生活が続く。また翌朝は鶏小屋が騒がしくなる前に起床しなければならないのだ。

F1からラリーの世界へ移ることは大きな変化だ。ドライバーはもちろんのこと、ドライバーの肉体を管理するフィジオにとっても、それは同じだ。

「レースドライバーは、どの瞬間も運転することに最大限に集中できなければならない。フィジオの仕事は、ドライバーが絶えず精神的に、また肉体的にそれができるように世話することだ」とアーナルは言う。

「その意味でF1とラリーのドライバーには大きな違いがある。グランプリの週末、F1ドライバーはフリー走行の度に約20周を走る。それから予選で1時間、決勝で1時間半ほど走る。肉体と精神をケアする十分な時間がある」

「ラリーは正反対だ。朝早くから活動を開始し、10分から20分の区間をいくつか走る。それからメンテナンス休憩で素早く食事をとり、再びタイトなスケジュールで午後を走る。夕方からホテルに向かうが、キミは早く眠りにつきたい。そうこうしているとマッサージと走行後のケアに割く時間が全然残らない。キミの背中が酷くなれば治療に時間がかかるから、睡眠を犠牲にしてケアを行わなければならない」

「特に暑い環境で、キミの肉体と精神状態を常に一定に保つのは本当に難しい」とアーナルは教えてくれた。

キミがラリーに参戦した当初、この競技はキミにとって肉体的かつ精神的にかなり厳しかった。ラリーを始めるまでは雪に足を取られたラリーカーを走らせるために1時間半もスコップで雪かきしたり、マレーシアGPと同じような灼熱の環境で汗をかく過酷な戦いを経験したことがなかった。

精神的なダメージは、それとは別だ。メンタルが強いキミは尚更、ラリーのトップスピードについていけず、厳しい学校に入学して挫折したような気持ちに苛まれた。

予測できない驚くべきことも起きた。真夏にユヴァスキュラで行われた世界選手権は、シーズンを通じて最も暑いラリーになった。水銀温度計は37度まで上昇し、キミにとって自国開催の大会が、ラリー人生で最も暑く過酷な戦いとなってしまった。

「今シーズン最も過酷で暑いラリーはヨルダンになるだろうと事前に情報が与えられていた。予測に反して、そこはそれほど過酷ではなかった。むしろフィンランドで最も過酷で暑いラリーが行われるなんて誰も想像すらしていなかった」とアーナルは言う。

アーナルはF1時代から過酷な環境にも対応できるようドライバーの肉体管理を行ってきた。英国人フィジオは、マレーシアGPをF1で最も灼熱の気候で行われるレースとして位置付けていた。

「ラリーは短期集中で20分から30分のスペシャルステージを繰り返して行う。その後にドライバーとコ・ドライバーは外に出て水分を補給し、マシンの飲料タンクを満たすことができる。その点ではF1レースよりもコンディションの管理がしやすい」

「F1の決勝はレースが終わるまで大抵1時間40分かかる。その間すべてのドライバーは休むことなくコックピットで運転に集中する。レースが終わるまで500㎖の水分しかない。ラリーは全体としてはずっと長く走るが、ドライバーはF1より水分補給しやすい。どちらの競技も過酷であることには変わりないが、ラリーでは多くの水分を何度も補給することができるという利点がある」

ミカ・ハッキネンとキミ・ライコネン両者と一緒に、マレーシアのF1レースを経験したことがあるアーナルは、その時のことを思い出した。

「とても暑くて湿度も非常に高かった。赤道付近にあるマレーシアの暑さを経験してしまうとヨーロッパのレースの暑さなんてドライバーにとって何でもない」

「F1であれラリーであれ発汗とそれに伴う水分補給は、常にドライバーの、特にラリーではコ・ドライバーのパフォーマンスにも影響することを忘れてはならない」とアーナルは指摘する。

ユヴァスキュラで、キミはラリーカーで最長のジャンプも経験した。このようなジャンプは古傷を抱えるキミの背中に影響を与えることがないのか、アーナルの意見を聞いてみた。

「それに関しては何も心配ないよ。もう背中は安定してきている。それにラリーカーには考えられないほど優れたサスペンションがある。ジャンプの激しい衝撃も吸収してくれる」とアーナルは答えた。

F1ドライバーにとってフィジオは信頼の置ける人物だ。ラリーではサーキットに比べると肉体的なコンディション管理が勝敗の決定的な要因にはならない。アーナルは何度か、キミをフォーミュラに連れ戻そうとする自分がいることに気がついた。

キミが2012年にF1に復帰した時、私はアーナルに2010年から2011年のラリー時代を総括してもらった。ラリーに参戦したのは無駄だったのだろうか。

「勝手が違う別の競技で、どのように作業をしているのか目にすることができて経験値が高まった。ラリーに参戦してF1がテクノロジーの面でも、その他の面でもモータースポーツの頂点であることに気づかされたよ。キミ自身はラリーカーで走る方がF1マシンで走るより70％ほど肉体的に楽だと私に教えてくれた。肉体的な面でラリードライバーがフィジカルトレーナーの専門的な助けを必要としているかと問われれば、その必要はなかったと答えるしかない」

69 ― ミスター寡黙

ラリーの国際的なメディア関係者が唇に手を当てて不思議そうにしていた。キミがスペシャルステージの後に独自の路線を貫いたからだ。本来ならストップする度にドライバーは記者に何かしらコメントをするのが慣例だが、キミはそれをしなかった。キミの場合は、コ・ドライバーのカイ・リンドストロームが助手席の窓を開けて対応した。

この出来事に最初に遭遇したのは2010年のラリー・スウェーデンだった。古い記憶を遡ると、人嫌いで有名なスウェーデン出身の往年のハリウッド映画女優、グレタ・ガルボのようだった。実際ヴェルムランドの新聞は、キミがメディアに対してガルボを演じていると報じ、「ようこそ、ミスター・ガルボ！」と揶揄した

キミが人嫌いであるという評判がサーキットでは年々強まっていた。しかしながら真実は、彼は無駄口を叩かないというだけだ。3年間キミのチームメイトとして走ったフェリペ・マッサですら、2010年の冬にイタリアのメディアに対してキミの寡黙さをジョークにした。数日間でフェルナンド・アロンソと交わした会話の方が、今までキミと話した合計よりも多かったというものだ。

パリで行われた世界選手権の前夜祭でインタビューを受けたキミは、こうフェリペの発言に返した。

「3日前にアークティック・ラリーでダニ・ソルドに会って、すぐに彼と話をしたよ。それはフェリペと3年間で話した合計よりも長かった」とキミはマラネロに向けて挨拶代わりに答えた。

最高のF1チームから最高のラリーカーに勇敢にもカテゴリーを変更してからも、ますますキミはファンを増やしていた。ラリーで成功するためには体が壊れるぐらいの移動と連日の作業に追われたが、これまでにないラリーの新鮮さが、エスポー市出身のドライバーにはあらゆる点で魅力的に感じられた。

「ラリーは、これまでフォーミュラで慣れていた世界とは異なっている。F1のピットでは型にはまった流れ作業をしている感じがした。ラリーの現場では落ち着い

た雰囲気で、みんな目を輝かせて作業している」

「この仕事が単に走るだけだったら、僕にとっては天国で暮らしているようなものだ。それだけマシンを走らせることを愛しているからね。メディアに関してもそうだ。ラリーでは、いくらか落ち着いて取材陣に接することができる。それも僕にとっては気分的に楽だ」

「初めてすべてを一から学ばなければならないほど、僕の人生で最も難しい挑戦であることは間違いない。でもラリーには僕が本当に求めているものがたくさんある。サーキットで他のマシンと競って走っているのに対して、ラリーではタイムを競って走っている。フォーミュラで一人で座って走るのに対して、ラリーではコ・ドライバーと一緒に走る。Ｆ１では感覚がものを言うのに対して、ラリーではペースノートが勝敗を左右する」

70 — 残酷なクリスマス

レースを始めてからキミ・ライコネンは、何度も近親者の死を悲しんできた。しかし2010年12月22日に父マッティ・ライコネンが脳出血のために56歳の若さでこの世を去った時ほど打ちひしがれたことはない。家族が伝統的なクリスマスを過ごすためにポルッカラの自宅に集まった時に悲劇が起きてしまった。

私自身もマッティを失ったことが、ものすごく辛かった。記者の仕事をしていてミカ・ハッキネンの父親ハッリ・ハッキネンやミカ・サロの父親セッポ・サロと知り合うことができた。マッティ・ライコネンに限って言えば、知り合ってすぐに意気投合して最も親しくさせてもらっていた。

マッティは、私が感覚的に、そして仕草からキミの心を読めると思っていた。それゆえマッティは直接キミに電話することなく、週末になるとキミの様子を私に電話してきて聞き出していた。そんなやりとりをしているうちに、私は彼からサウナの誘いを受けるようになった。いつも誘われる度に行くと約束していたが、その訪問も最終的に果たすことができなくなってしまった。

私はエスポー市カルフスオにあるマッティの自宅を訪れたこともあった。キミが劇的な勝利で世界チャンピオンに輝いた記念に、私はその出来事を一冊の本に著した。本が発刊されてすぐマッティに手渡すと、どれだけ感動してくれたか、私は今でも覚えている。

その当時マッティはレジェンドクラスで自身もレースに出場していたのだが、キミとは違って自分の惨めな成績を引き合いに出して冗談を飛ばしていた。普通に考えれば、父を見習って息子が後を追いかけるものだ。しかしライコネン一家では、息子たちがレースに熱を入れ始めてから父親も本格的にレースを始めたのだ。

マッティは、息子がスポーツする姿を情熱を持って見守った。家族全員の共通の趣味であるモータースポーツをするために人の4倍もあくせく働き、息子が活躍するようになると、時に少し危険とも思えることにも挑戦したが、彼は自分の人生を楽しむことができるようになったのだ。

カリ・ホタカイネンが2018年に著した『知られざるキミ・ライコネン』で、キミは初めて父の死について公に心境を述べた。キミは、酒に酔って庭でクレイ射撃をしていた父親から銃を取り上げた。これが原因で父親と口論となり仲違いしてしまう。キミは仲直りを果たせないまま、父親と永遠の別れをすることになってしまった。

「死ぬ前に仲直りしておくべきだった。それが果たせなかった。なんて僕は馬鹿なんだ」と、キミはその時の感情を解き放つように嘆いた。

パウラは36年連れ添った人生の伴侶を失った。後頭部を床に叩きつけた状態で横たわるマッティをパウラが見つけた時、その場は血まみれになっていた。彼女は隣の家にいたキミと妻のイェンニに助けを求めた。しかし、もはや手遅れなほど出血していた。マッティはトォーロの病院で家族に見守られながらこの世を去った。幸いだったのは、この時キミは休暇中で、ラリーを続けるか否かを考えていた。


キミは他にも多くの近親者との悲しい別れを経験してきた。

マクラーレンで走っていた頃、イタリアGPの直前にキミが愛する祖父のパーヴォが亡くなった。家族はモンツァのパドックにいたが、キミがレースに集中できるように、あえて訃報を伝えなかった。レースの後に祖父の死を知らされたキミは、深い悲しみに打ちひしがれてピットから去って行った。

さらにキミの近親者では、父マッティに加えて2009年に祖母シルッカが、2014年にデイビッド・ロバートソンが、2016年にアキ・ヒンツァが、そして2019年にカッレ・ヨキネンがあの世に旅立ってしまった。親交のある人物では、2019年にチャーリー・ホワイティングとニキ・ラウダが亡くなっている。

相次ぐ近親者と友人の死について、心境をメディアに求められると、キミは力を振り絞って悲しみを伝えた。

「死は人生の一部だ。残念なことだが、どうすることもできない」

71 — 自分のチームで

建設まで時間を要した聖イサクア大聖堂のように、キミ・ライコネンの2011年シーズンの契約交渉はなかなか進展しなかった。

シトロエンの最新のDS3で世界ラリー選手権を10戦走ることが確定し、ようやく1月10日に公表された。

「キミはラリーを続けると決断した。続けるなら最高のマシンに乗れなければならない。ラリーカーは変わったが、シトロエンはまだ上位にいるチームだと感じている」とマネージャーのスティーブ・ロバートソンは答えた。

シーズンに向けてスティーブは父のデイビッド・ロバートソンと一緒にキミが望む最適のチームを求めるために奔走していた。

「いつも来シーズンのことを考えている。遅かれ早かれ契約を取りつけたかったが、スムーズに行かない場合がある」とマネージャー親子は交渉が長引いた経緯を説明した。

来シーズンの契約をする段階でF1チームとも接触していたのか私は尋ねてみた。

「キミはラリーで続けることを考えていた。だから私たちはF1関係者とは誰とも接触しなかった。ただし、キミはF1復帰を考えていないわけではない。適したオファーが来るかもしれないから、絶対に復帰はないと言い切るのはやめた方がいい」

もしキミがフェラーリで続けていたなら、アロンソと同じマシンで、どのような成績を残していたと思うか私はスティーブに質問してみた。

「フェルナンドと同じような成績を残していたと思う。フェルナンドは、シーズンで素晴らしいパフォーマンスを見せた。それをどうこう言うつもりはない。間違って理解されては困るが、同じマシンでキミも最高のパフォーマンスを見せていたはずだと信じている」

それではライコネンが初参戦した世界ラリー選手権はマネージャーの目にどのように映ったのだろう。

「何はともあれ、私たちが予想していた通り簡単な世界ではなかった。Ｆ１ドライバーとラリードライバーでは要求されることが全く違う。すべてをものにするまで、それなりに時間が必要だ。キミに関して言えば、Ｆ１の世界チャンピオンという立場でラリードライバーに転身したことが問題だったかもしれない。必要以上に周囲の期待を雲の上まで高めてしまった。多くの人はキミが数回ラリーに出場すれば、ラリーでも結果を出し始めると考えていた。しかし現実を直視すべきだ。ラリーでの成功は、現場で揉まれた経験なくしてはあり得ない。Ｆ１での経験は何の役にも立たない」とロバートソンは力説した。

シトロエンのファクトリーチームは、セバスチャン・ローブとセバスチャン・オジェのフランス人コンビでエントリーした。２０１１年にキミのチームメイトとしてオランダ人のペーター・ヴァン・メルクティンJrが加わった。ジュニアチームのラリーカーはファクトリーチームが使用するものと全く同じものだった。装備が一新されたのだ。

世界ラリー選手権の開幕戦となるラリー・スウェーデンのエントリーリストが公開された時に、ラリーを続けることに曖昧な態度を見せていたキミが参戦することが公になった。さらにライコネンが所有するチームが、アイス・ワン・レーシング（ICE 1 Racing）としてエントリーしていた。キミはブノア・ノジェがチーム代表を務めるシトロエンで続けていたが、ジュニアチームの活動休止が決まると、自身が所有するアイス・ワン・レーシングでラリーに参戦した。

ラリーカーの周りではメカニックがフランス語で白い息を吐きながら作業している。新しいマシン、コンピュータ、そしてエンジンにはファクトリーの外部の者は触れることができない。しかし、可能な範囲でキミは知識を蓄えようとした。

キミの伸ばしっぱなしの後ろ髪はレッドブルの大きいサイズのニットキャップでも隠れなかった。以前より軽く機敏になったラリーカーはキミの運転スタイルに適していて、スピードも僅かに改善していた。

２０１１年シーズン序盤は好スタートを切ることができた。スウェーデンとポルトガルの週末は大きなミスが一切なく順調に走り、雪道で8位、砂利道で7位となった。さらにスウェーデンの午後に行われたエクストラステージで連続してトップ5に入り輝きを放った。だが、その先が続かなかった。

「僕はこつこつポイントを稼ぐ自動販売機みたいだ」とポルトガルのアルガルヴェで開催されたラリー後、南部の都市ファロで夜を過ごしていたキミは言った。

キミはトップドライバーと争えるまで成長したのだろうか。私はカイに、そのことを質問してみた。

「アイススケートの選手がアイスホッケーの試合に出場しても、すぐにはゴールを量産することはできない。土俵が全く違うからね。ラリーでトップと争うために完全に押さえておくべきことは2つぐらいだ。キミはそれらを習得しつつあるが、まだ十分とは言えない。こんなに短い経験でこのスピードに達したのは、彼に才能があるということだ」とカイは、かいつまんで答えてくれた。

72 ― キミ・ザ・カウボーイ

キミ・ライコネンがラリーからF1に復帰する決定的なきっかけになる出来事があった。それは遠く離れた大西洋の向こう側、アメリカ合衆国ノースカロライナ州で行われたレースだった。

2011年の初夏、あの1週間のことは私の記憶に鮮明に残っている。キミがNASCARにスポット参戦した。この出来事の裏ではNHLのスター選手サク・コイブも一役買っている。

F1、そしてラリードライバーとなったキミは、新たな分野を開拓して自分の経験値を高めるために、ラリー選手権の休暇を利用して2つのNASCARレースにスポット参戦した。アイス・ワン・レーシングは、フォスター・ジレットと手を組んでアメリカのレースへ向かった。ジレット一族は、NHLのモントリオール・カナディアンズを所有していた。さらに英国のプロサッカーチームであるリバプールの大株主だった。サーキットでは、リチャード・ペティ・モータースポーツとともにNASCARに参戦していた。

「NASCARの世界に足を踏み入れるのを胸を躍らせて待っている。昔から観戦しているから、激しいレースであることは十分承知だ。そのようなアメリカらしい雰囲気が好きだ。だから参加できて本当に嬉しいよ。間違いなく楽しい挑戦になると思っている。僕はカテゴリーに関係なくマシンを走らせてきた。新しい環境で走るのは、いつも気持ちが良い。今回はこれを試すチャンスが来た。僕にとっては全く初めての経験だ。どうなるか期待することにしよう」とキミは言った。

ジレットとライコネンが手を組んだ背景にはサク・コイブの存在がある。ジレットは経緯を以下のように説明してくれた。

「私たちはモントリオール・カナディアンズを9年間所有していた。私はチームの全試合に足を運び、良い時も悪い時も選手とともに過ごしてきた。これまで経験した最大の困難とリスクは、サクが癌を患い、闘病を余儀なくされたことだった。私がNASCARへ手を広げた時に、サクは私たちを心配して定期的に電話してくれた。そして彼は、役に立てることが何かあれば言ってほしいと気を遣ってくれた」

「ある日、私はスポンサーと先のことを見据えて何か新しいことができるのではないかと思案に暮れていた。そして、私たちがキミ・ライコネンと協力できたらどうだろうかということになった。しかし、どうやったら実現できるのか術を知らなかった。そこで私はサクに電話することにした。サクは助けになれて嬉しいと言って、キミに私の要望を伝えるために必要な連絡先を与えてくれた。それからフィンランドへ電話して、私とキミはマイアミで会うことになった。数ヶ月後、私たちは共通の道を見つけだした」

キミがＮＡＳＣＡＲにスポット参戦することが現実味を帯びてきた頃、私はマレーシアでＦ１を取材していた。そのニュースは、かつてキミが所属したチームでも驚きと称賛を持って受け止められた。多くのＦ１関係者はキミならアメリカで上手くやっていけると信じた。

コロンビア人の記者仲間であるディエゴ・メヒアは、私に宛てたすべてのメッセージにＮＡＳＣＡＲに参戦するキミのことを踏まえて「Kimi The Cowboy」というタイトルをつけて送ってきた。確かにＮＡＳＣＡＲは、生粋のアメリカ人たちが愛してやまないスポーツだ。キミは、このスポーツを通じて本物のカウボーイの雰囲気を味わうことができた。

アメリカから伝えられたビッグニュースは、キミがカイル・ブッシュと手を組んだことだ。キミはカイル・ブッシュ・モータースポーツからマシンを借りてシャーロットのオーバルトラックでレースに参加した。契約が公表される直前に、ブッシュ自身がナッシュビルで行われたキャンピング・ワールド・トラック・シリーズ第５戦で優勝したところだった。

ライコネンは２０１１年5月20日の金曜日、予選を含めて１日で行われるシリーズ第7戦に出走した。キミのアメリカでのオーバルトラック初体験は1周１・５マイルのシャーロット・モーター・スピードウェイとなった。

キミの日程にはシャーロットのオーバルトラックでの２レースが組まれ、まずはキャンピング・ワールド・トラック・シリーズ、次はネイションワイド・シリーズで走ることになった。ラリーはギリシャのアクロポリス・ラリーまで休憩をとっていた。

シャーロットは、アメリカで最も人気のあるNASCARの本拠地だ。多くのチームがその地域に本部を置いている。そういうわけで私たちは『トゥルン・サノマット』紙のカメラマンであるジョニー・ホルメンとともにシカゴ経由でシャーロットへ飛んだ。早朝に到着したが、時差の関係で全く眠くない。ホテルの近くにあるサーキットへ向かうと、まだ他のメディア関係者は到着していなかった。

私たちはプレスルームで現地の記者たちから、じろじろと顔を見られた。年配の記者が一人近づいてきて自己紹介をした。そして私がヘイキ・クルタであるかどうか尋ねた。どうして彼が私のことを知っているのか驚いたが、いつもプレスルームは同じ顔ぶれだからだと説明してくれた。彼らからしてみれば、ヨーロッパから来た記者を見かけたら名簿で名前を確かめて、消去法で私がヘイキ・クルタであるとわかるのだ。

周りは知らない人ばかりだったが、それでもピットで馴染みの顔を目にした。イタリア人ドライバーのマックス・パピスが私を見かけて自分のチームのブースへ招いてくれたのだ。そこで彼とイタリアのエスプレッソを楽しんだ。パピスは、ここでは有名でも新人であれば大手を振って迎えられることはないと現地のルールを教えてくれた。

専門家たちはキミが越えなければならないハードルが二つあると見ていた。彼らによれば、まず技術面でオーバルのバンクによって左右非対称になるようマシンを調整することを学ばなければならない。またスポーツの面で、フェアプレーは大切なことだが、必要に応じて肘打ち攻撃も辞さないドライバーであると他の選手に認めてもらう存在にならなければならないというのだ。

間違いなく最大の問題は、どこにも記載されていないそれらのルールを覚えることだった。つまり、レースをしながら競争相手に一目置かれるような存在になるという非常に難しいことだ。

シャーロットで最初の練習走行を終えたキミは、マクラーレンでチームメイトだったファン・パブロ・モントーヤと再会した。彼はキミが新しいマシンと格闘しているブッシュ・モータースポーツのブースに重たそうな足取りで歩いてきた。

モントーヤを見かけるとキミの口元に笑みがあふれた。しかしコロンビア人が突然彼を両手でハグした後その笑みは消え去った。モントーヤは、その場にいた私にも挨拶してハグをした。F1にいた頃、彼はいつもどこか他へ目を向けていた感じが強かったので、こんな風にお互いに挨拶をするような間柄だったかどうか私は思い出せなかった。

「ここで会えて嬉しいよって、僕はキミに言っただけだよ。でも、このマシンに乗るんだったらここは相応しくない。シャーロットは最も難しいサーキットの一つなんだ」とモントーヤは挨拶を交わした際に教えてくれた。

キミはそれを認めなかったけれど、初めて多くのマシンと同時に難しいオーバルトラックを走るなら、アクシデントに備えて、もっと慎重に始めるべきだと言われたら、それは至極当然のことであった。

モントーヤと再会し、キミは彼の友好的な態度に驚いたかもしれないが、驚いたのはそれだけではなかった。キミの母親パウラが、友達と一緒に現地に応援へ駆けつけたのだ。

「私たちはキミを驚かせたかったの。だから前もってキミには話さなかったわ」とカイル・ブッシュ・モータースポーツのブースに現れたパウラ・ライコネンは嬉しそうに話し出した。これまでパウラがキミのレースを観戦しに訪れていたのは決まってF1ベルギーGPだけだった。

かつて目にしたことがない光景が、もう一つあった。最初の練習走行後にモントーヤとライコネンが落ち着いて楽しそうに談笑していたのだ。こんなことはマクラーレン時代には一度も見たことがなかった。

「何が違うって、マシンに乗り込んでもメカニックたちがドライバーにシートベルトを付けてくれない。すべて自分でしなければならない」とキミはファン・パブロに話しかけていた。

朝の練習走行の前にキミは講習を受けた。講習では、この特殊なトラックで待ち受けている危険性について、そして様々な状況で起こり得るアクシデントにどのように対応するのかについて説明があった。

「このような基本事項を世界チャンピオンである友人の前で話すことを私がどのように感じているか、あなた方は想像できますか」と講師を務めたオースティン・ディロンは鼻息を荒くして話した。

最初の公式練習は、いつものように順調に運んだ。

「予選と決勝がもっとスムーズに運んでくれるといいけれど、その前にこのトラックでベストのラインを見つけてマシンをどう操るか理解しなければならない。それは周回を重ねて経験を積んで初めてわかることだ。予想していたほどコース上は渋滞していないが、感覚を身につけるのが難しいし、マシンの挙動は僕が望んだものではない」

夕方になるとドライバー全員がメインスタンド前に建てられた舞台に登場し、興奮気味の観衆に一人ずつ紹介される。男性合唱団がアメリカ合衆国の国家を斉唱し、現地の観客は右手を胸に置いて、それを聴いていた。

フィンランド人チャンピオンが世界のどこかで出走すると、普通は現地で誰かしらがフィンランド国旗を振って応援している。NASCARのナイトレースでも青い十字のフィンランドの国旗が二つほど視界に入ってきた。一つはトラックの付近に、もう一つは観客席にあった。

キミは31番グリッドからスタートした。彼にとって全く知らないコースであったが、予選を通過するのに十分なスピードがあった。1・5マイルのオーバルトラックで、タイムは31秒593、平均速度は時速170・924マイルだ。キミの後ろには6名のドライバーがいる。

キミは予選でのマシンの手応えに満足していなかった。

「まだオーバードライブし過ぎている。練習の時よりマシンは良かったが、望んでいる仕上がりではなかった。予選自体は何も難しいことはない。マシンのセッティングが難しい」

それから、その瞬間が訪れた。シャーロット・モーター・スピードウェイでナイターで行われたキャンピング・ワールド・トラックレースにキミが出走した。人生で一度限りのトラックレースは、フィンランド人スターのレース欲を刺激して彼をサーキットに復帰させた。定期的にセーフティカーが導入されたレースで、先頭集団と後方集団を行き来するような展開で最高5番手に順位を上げ、最低で34番手まで後退した。

手に汗握る1時間半のレースの最終結果は15位だった。入賞は逃したが、他のドライバーたちに一目置かれる存在になれたかどうかが重要だった。

いつものようにキミはフェアな走りを見せたが、必要に応じて攻撃的な走りも見せた。このレースで走れたことが、どれほどキミにとって素晴らしいことであったのか、どれだけ満足したのか彼の表情から感じられた。このレースには3人の元F1ドライバーが出走していたが、キミがその中で最高の成績を残した。ネルソン・ピケJrは最後スピンをしてしまい、マックス・パピスはレース序盤でクラッシュしてしまった。

「一度マシンを壁にぶつけてしまったが、本当に良いレースだった。最初は軽く接触した程度で、次のはもう少し激しかった。それでコントロールが効きにくくなった感じがした」

73 ― サーキット愛の再燃

ラリーに参戦して1年半、慣れ親しんだものとは異なっていたが、NASCARでサーキットを走ったことでキミはF1に戻ってきたような感覚になった。キミがNASCARにスポット参戦したことはアメリカのメディアに歓迎ムードで報道され、シャーロットのレースで最も注目を浴びたドライバーの一人となった。

キャンピング・ワールド・トラックレースの後にトヨタ・タンドラをピットストレートでメンテナンスしていたメカニックたちに手短に感謝を伝え、キミはコースへ戻って行った。

キミがどこに潜んでいるか探している私に、メカニックが「キミはもう出発したよ。本当に楽しんでいる様子だった」と教えてくれた。

キミはアメリカのメディアに囲まれる羽目になったが、それが終わると足早に関係者とピットスペースへ向かっていった。そこではテレビでサンノゼとバンクーバーのアイスホッケーの試合が映し出されていた。

私もそこへ向かうとアメリカ製の缶ビールをもらった。キミは言葉にはしないが、彼の仕草が代弁してくれた。明らかに全身全霊でレースを楽しんでいるのが感じられた。各段階を経て36人で争われたレースでキミは15位となった。

サーキットでレースをする意欲が回復してきたのか私はキミに質問してみた。

「これは僕が知っているサーキットでのレースではないけれど、またサーキットで走るのが楽しく感じてきたよ。フォーミュラでは多くのマシンが横に並んでいるのを目にすることは滅多にない」とキミは私の質問に楽しそうに答えた。

1年前の1月にキミはWRCの初戦に臨んだ。そしてアークティック・ラリーの2番目のエクストラステージで木に衝突した。さらに難しいと予想された扱いづらいNASCARでの初戦は、何事もなくスタートから全134周をゴールまで走り切った。

「始めるのはラリーの方がずっと難しい」とキミは認

めた。

セーフティカーが計10回も導入され、それにはどのドライバーもペースを乱された。

「マシンは長く走れば走るほど、よく機能し始める。しかし、セーフティカーの導入で留め金がかけられた状況になってしまったのが残念だ。レースが再開してもマシンが正しく機能するまで少し時間がかかった。もっと長くスピードを出せる状態でいられれば、もっと結果は良かったと思う。どのレースでも常にトップに近い位置にいたいんだ」

このレースのルールを覚えるのに時間がかかったか、とキミに質問してみた。

「頭を抱えるほど時間はかからなかったよ。でも、ルールをすべて事前に把握していれば2回目はもっと楽だろうね」

キミが同じ場所でネイションワイド・シリーズも走ることが決まって、シャーロットの主催者たちは喜びでいっぱいだった。

「ネイションワイドのマシンは、もっと馬力がある。僕が知る限り、そっちの方が走りやすい。ただ、このトラックで、どのマシンで走るかはあんまり関係ない。トラックがわかってくるとマシンが違っていても助けになる。それに適切なスタートの切り方を知っていると、それもアドバンテージになる。もっと長く走ることができれば、今回も良いスピードで走れたはずだ」

ライコネンのアイス・ワン・レーシングは、トラックカーをカイル・ブッシュ・モータースポーツから借りた。同じ手順でネイションワイドの方も出走した。

1週間前は31番手からのスタートだったが、ネイションワイドでキミは22番グリッドからスタートした。

キャンピング・ワールド・トラック・シリーズとネイションワイド・シリーズのそれぞれでデビュー戦を終えたキミの感想は、それぞれ完全に違うものだった。有名なフィンランド人の新人ドライバーはトラックレースを最大限に楽しんだ。一方でネイションワイドは、苦しみと発汗と失望に終始してレースの楽しみを味わえなかった。

キミはトップから4周遅れの27位でゴールした。このレースでも、またキミは新しいマシンと新しいカテゴリーに対する優れた適応力を見せつけた。そして再スタートを利用して順位を上げることも習得していた。

Photo : Sutton

スポット参戦したキミは、NASCARの聖地であるシャーロットで大きなニュースとして取り上げられた

74 — 祖国ユヴァスキュラの大地で

キミにとって3回目の地元開催となったユヴァスキュラ・ラリーは、自ずと最も盛り上がった。先のことは全然決まっていないキミが発言すればするほど、今後の去就に関する質問が飛び交うことになった。

「何も情報がない。ただし、選択肢はいくつかある」とユヴァスキュラに到着したキミは含みのある返答をした。

フィンランド・ラリー選手権2日目の朝、キミは元気溌溂で走り出した。しかし夕方サービス・パークに現れたキミはぐったりしていた。

「1日中ずっと車の中で座っている。特にフィンランドは日が長い。ラリーは基本的に2日間で行われるから、さらに厳しい」

ホテル・ユヴァスホヴィに友人のマッティ・ニュカネンがコンサートのために訪れていたが、キミは休養するためホテルへ向かうほど疲れ切っていた。

世界選手権のポイントを狙った戦いは、レウフツのエクストラステージ17で失速していく。左側に激しく膨らむコーナーでシトロエンは石に衝突し、最初にリアが前へ押し出され、その後に激しく木製の柵に衝突してしまった。

エクストラステージ22が終わった時点でキミは9位につけていたが、勝者となったセバスチャン・ローブに4分近くも差を広げられてしまった。

キミはラリー選手権の初ポイントを地元フィンランドで獲得した。走りも様になり、専門家の評価も高くなっている。

「順位ばかりに目が行って、またキミは9位かというように評価するのは正しくない。私はキミを違う視点で見ている。彼のパフォーマンスは期待していた以上のものだった。頭と体をバランス良くコントロールしていたね。このレベルでは限界すれすれで競い合う。当然ミスする余地が増える。そんな状況で良くやっていると思う。キミに脱帽だ」と、フライング・フィンの祖父として知られるラウノ・アールトネンはキミを勇気づけた。

私はラリー・ドイチュラントに行くのを、いつも楽しみにしている。ラリーが行われる8月にトリーア地域は最大の盛り上がりを見せる。2011年のドイツは記者の私にとっても最高に盛り上がるものになった。

トリーアのサービス・ピットでラリー前夜、キミに少し長めの特別インタビューを行うことができた。現地には大勢のライコネン・ファンが群がり、特に日本人が多かった。私のことを知っているキミのファンもいる。私はファンたちに記念写真をせがまれ1分間ほど一緒にフラッシュを浴びることになった。馴染みの女性ファンが、彼女たちのアイドルの今後の見通しについて世界最高のキミの番記者である私の意見を聞きたいと頼んできたりした。

インタビューで私はキミの来シーズンの動向を探るため、いくつか罠を仕掛けて遠回しに質問を試みた。行間から読み取ることができたのは、キミのF1への情熱に再び火がついているということだった。

私は記事に「自由契約選手のミスター・ライコネンはすべてのオファーを受け付けている」とタイトルをつけた。F1のチャンピオンは過去の人になったわけではないが、それ以上にまだ将来の計画に着手していないという意味合いで記事を綴った。

インタビューの冒頭でキミはラリー選手権で2年目を迎えた自分の上達ぶりに満足していると言った。実際に世界選手権のポイント争いで5位につけたこともあった。

それでは、もしラリー選手権で3年目を走るとすれば、どのように上達が見込めるのか、私はキミに遠回しに質問してみた。

「時が教えてくれる」

それでは、現時点であなたの選択肢から排除していないはものはあるか。

「無駄な質問だよ」とキミは、すぐに答えた。

あなたは10月に32歳になります。まさかその年齢で現役を引退することを計画してはいないですよね。

「知らないよ。あなたは本当に無駄なことを質問してくる。100回違う方法で遠回しに質問してきても、答えは変わらないよ。僕自身が知らないことは、他の誰も知らない」と彼は主張した。

03

75 ── 吉報は届きましたか

2011年11月下旬のことだった。ブラジルGP決勝が日曜日に行われ、私は週末にドイツへ留学している娘のアンニが住むベルリンで過ごしていた。

正午に私たちは旧東ベルリンの国境付近にウインドウショッピングに出かけた。その時に携帯電話が鳴ったが、すぐに切れてしまった。電話番号を確認すると「41」から始まっていた。誰かがスイスから電話をしてきたことは察しがついたが、その当時まだ電話番号と名前を一致させていなかったので、電話の主が誰なのかわからなかった。

海外からの電話は、ほぼF1関連のものであることもあって、私はヘルシンキにいるキミの代理人に連絡を取り、誰が私に連絡を取ろうとしたのか尋ねた。用件を伝えると追って連絡するとのことだった。

私たちが自宅に帰るためベルリン・テーゲル空港へ向かおうとした時に連絡が入った。電話をかけてきたのはスティーブ・ロバートソンだった。彼によるとキミが直接私に連絡を取ろうとしたが、私が電話に出なかったのだそうだ。

ロバートソンは、キミがロータス・チームとの契約に署名したというニュースを伝え、翌朝9時に公表すると教えてくれた。それ以前にインターネットで、このスクープを公開してはいけないとのことだった。これは約束事項だとスティーブは念押しした。ここで私は、ある種の言葉の壁に出くわした。もし翌朝に私の記事が『トゥルン・サノマット』紙に掲載されたら、定刻より前に世界中のネットに大波となって波及してしまう。

私はロバートソンに翌朝になってからニュースを公表すると約束した。もちろん、それによって、かなり苦々しい思いをした。私はキミ絡みのニュースを誰よりも早く伝えることで記者としての評判を得ていたからだ。段取りを確認した後、飛行機で自宅へと向かった。家に着いてスーツケースを運んでいる午前0時頃に再び電話が鳴った。今回は番号をすぐに認識した。キミからの電話だった。

「良いニュースを新聞に掲載できたかな」とキミは最初に質問してきた。その瞬間に私はしくじってしまったことに気がついた。私は正直にスティーブから、インターネットの記事は翌朝にならないと公表できないと言われたと答えた。

その時になって、ようやく私はこのニュースをすぐに公開して良かったのだということを理解した。世界で二紙だけが新鮮なニュースを公開することが許されていたのだ。『トゥルン・サノマット』紙とフランスのスポーツ紙『レキップ』だった。後者がすぐニュースを報道したのに対して、最初に述べた新聞社の記事が掲載されたのは朝9時前になってようやく、しかもネットニュースで報道するのが精一杯だった。

唯一の救いは、キミが電話してきてくれたおかげで30分ほど夜中に彼と話せたことだ。それによってF1の世界に驚くべき復帰を果たした経緯を知る上で役立つ情報を入手することができた。こうして私は、他の記者が誰も手にしていないキミの最新のコメントを僅かながら入手したことで記者としての威厳を保つことができた。

ライコネンはタイミングに恵まれた。2011年2月6日にイタリアで行われたラリーでロバート・クビカが事故を起こして重症を負った。ロータス（ルノー）は、クビカに代わる新たなスターを熱烈に欲していたが、ニック・ハイドフェルドはその役を担うことができない状況にあった。折しもNASCARにスポット参戦したことでキミの心にサーキット愛が再び目覚め、慣れ親しんだ競技に復帰する意欲を見せ始めていた。キミにしてみれば相応しいチームを探しているところだった。

ウイリアムズと交渉していたが結論は先延ばしされるばかりだった。チームはキミを雇うために経済的な面で奔走している状態が続いた。長引く交渉に痺れを切らしたロバートソン親子は、ロータスとの交渉に切り替えることにした。

チーム代表であるエリック・ブーリエは、アブダビGPの週末にキミのマネージャーがチームの状況を確認しに訪れたことを隠さなかった。ロータスと接触した後、F1メディアが予測していたように、マネージャーはキミとウイリアムズの交渉は現実的ではないという最終判断を下した。

２０１２年にルノーからロータスにチーム名を変更した英国チームの首脳陣は、ブラジルＧＰ前夜にドライバーを選定するために候補者リストを作成していたことを明らかにした。キミも候補としてリストアップされていた。そして文句なしに候補者の中で最も名の知れたドライバーだった。

それから2日後、つまりブラジルＧＰが終わった２０１１年11月29日にロータス・ルノーはキミと2年契約を交わしたことを公表した。これにより、６人の世界チャンピオン経験者が同時に走るＦ１史上初めてのシーズンを迎えることが確実になった。キミ・ライコネンに加えて、セバスチャン・ベッテル、ジェンソン・バトン、ルイス・ハミルトン、フェルナンド・アロンソ、そしてミハエル・シューマッハがエントリーする。

２０１１年のルノーはコンストラクターズ部門で5位になった。投資会社のジニー・キャピタルがチームを所有し、さらに上位を狙って手を差し伸べようとした。

「我々のチームでＦ１に復帰を決断したキミは、これから公表されるプロジェクトの最初のステップに過ぎない。その計画によって我々は以前にも増して手強いチームになる」とジニー・キャピタルの代表であるジェラール・ロペスは、チームの将来像を語った。

契約が公表される7、8時間前に私が深夜に行ったインタビューで、キミは復帰に対して心の整理がついた雰囲気であった。

ラリーからフォーミュラへの復帰は、どのように感じるのか心境を尋ねてみた。

「晴れ晴れとした気分だ。もう泥の中を駆けずり回る必要はない。ラリーで走るのも楽しいと思っている。でも、やっぱり僕はレースが恋しい。それはどうしようもない。Ｆ１から離れて時間が経てば経つほど、そこへ戻りたい気持ちが増してくる。僕がいない間にＦ１に大きな変化は見られない。今でもそのままだ。自分の人生の３分の１を過ごしてきた場所だ」

なぜルノー（ロータス）だったのか。その経緯を教えてもらった。

「僕たちは長い間ウイリアムズと話していた。しかし何も進展がなかったから、ルノーに話を持ちかけた。その後は3週間でスムーズに事が運んだ。契約して再びF1マシンでレースができることに満足しているよ」

F1に復帰する意欲は、いつ頃目覚めたのか。

「5月にNASCARでレースをして、サーキットを走ることがどれだけ心地よいものなのかに気がついた。それで火がついて深く考えれば考えるほど復帰したいと思うようになった」

ラリーで走るのは飽きてしまった？

「そんなことはないよ。今でも、ふとラリーで走りたくなる。でも、サーキットで他のドライバー相手に争いをするのは別の話だ。僕の人生で、そればかりしていたからね」

どのラリーが最高でしたか。

「今年のユヴァスキュラだと思う。初日は本来のスピードを出し切れなかったけれど、その後は良く走れた。柵にぶつかるまではずっと良いペースを保てていた。ラリーではほんのちょっとしたことでも時間をロスする大きな問題となってしまう。例えば車を軽くぶつけてもメンテナンスを行うサービス・パークまで遠ければ、それも多くの区間でタイムに反映されてしまう」

世界ラリー選手権で表彰台に上がるまで、どのぐらい時間がかかると思いますか。

「かなり時間がかかると思う。トップと同じタイムで走ることができたことなんて、ほんの一瞬だけだったからね。もっと良い結果を得ようとするなら、ワークスチームと同じくらいテストをする必要がある」

キミにとって最後のラリーは途中で棄権して終わった。ラリー人生で最適なスペインの舗装路を残り2日間走るために、マシンを修理に回すことはできたが、彼は走らないことを決めた。

ラリーカーからF1のマシンに変わると感覚を取り戻すのは難しいですか。

「そんなに難しくないと思う。僕はF1マシンを長く運転してきたからね。F1から離れていたのも2年ぐらいだ。最後にF1で走った時にはKERS（運動エネルギー回生システム）もあったし、その時からステアリングのボタンで操作していた。ボタンの扱いにも、すぐ慣れるんじゃないかな」

「最大の違いはタイヤだ。タイヤの性能を最大限に引き出すまで時間がかかる。でも、F1で走っている頃にマクラーレンのミシュランからフェラーリのブリヂストンにタイヤが変わった時の方が難しかった。F1のタイヤで2年間近く走っていない。だからタイヤに関しては感覚をすぐには掴めないかもしれない。なんとかして新しいタイヤに適応していくよ」

ピレリのタイヤについて、どのような印象を持っていますか。

「昔チームメイトだったペドロ・デ・ラ・ロサと話をしたことがあって、彼の話を聞く限りではタイヤに良い印象を持った。最初からグリップ性能が相当高いらしい。僕が気にしているのは、どちらかと言えばフロントノーズが機能するかどうかだ」

ロータス・ルノーについて、どのような情報を持っていますか。

「たくさんは持っていないよ。月曜日に初めてチーム代表のエリック・ブーリエと電話で話をしたばかりだ。今週エンストンのファクトリーを訪れて、そこでチームのクリスマスパーティに参加する予定だ」

キミが最後にF1で走ったアブダビGPから2年1ヶ月が過ぎた。2009年にベルギーで優勝してから2年3ヶ月が経った。

レースに対するモチベーションが世間で疑問視されていたが、ロータスの広報紙を通じてキミはこの手の噂を一掃した。そして2007年の世界チャンピオンは、F1世界選手権に完全復帰することを宣言した。

「モチベーションがなければ、僕は復帰しないよ。やたらとモチベーションについて取り沙汰されるけれど、僕以外に僕が何をして、何を考えているのかを知っている人はいない。仮にF1が好きでなければ、わざわざ自分の名前を契約書に書くことはないさ」

「F1は少なくとも僕が知らないところじゃない。現場を十分に熟知している。ラリーに移った時は右も左もわからなかったし、NASCARに挑戦した時も勝手が掴めなかった。慣れ親しんだカテゴリーに復帰するのは、ずっと楽なはずだ」

76 — アブラカダブラ!

マネージャーのデイビッドとスティーブ・ロバートソン親子は、今回もドライバー移籍市場で旋風を巻き起こした。その功績は大きい。キミは8月に、彼らにF1サーキットへ復帰できるよう手配してほしいと頼んだ。デイビッドとスティーブは、すぐ行動に移した。そして3ヶ月後に契約は署名された。

「この決断は、すべてキミがしたことだ。復帰することにキミは一切の迷いがなかった。F1マシンで再び走りたいという情熱に私たちが口を挟むことはできない。すべての可能性を洗い出すようキミに頼まれてからは、キミに尻を叩かれっぱなしだった」

「キミはこれまでも、そしてこれからも私たちが最も親密にしているドライバーに変わりはない。F1マシンに再び乗ることができてキミは幸せだ。同時に私たちにとってても幸せなことだ。キミは本来の居場所に戻る。2009年シーズンが終わった時、私は個人的にキミはF1から去るにはあまりにも若いと考えていた。今でも彼は、このスポーツに多くのことを与えてくれる」とスティーブ・ロバートソンは私のレコーダーに向かってキミのことを褒め讃えた。

復帰するため、どのような階段を上ったのか経緯を聞いた。

「私たちがウイリアムズと話していることを、みんなが知っているように感じた。話し合いは数週間続いたが、いくつかの点で私たちは合意に至らなかった。交渉が合意に至らないとわかると、私はルノーのチーム代表エリック・ブーリエに電話をしてアブダビGPの少し前に話をした。ここで事態が急転した。双方とも迅速に契約する必要があった。キミは復帰を望んでいたし、シートの数は限られていてる。市場には多くのドライバーがいて早い行動が求められた」

「このような契約を成立させることができて嬉しいよ。キミは本当に復帰したがっていたからね。ある程度の期間現場から離れると、それに比例して現場に戻りたくなるものだ。キミはこれからもF1にたくさん貢献してくれるはずだ」

現在のDRS（ドラッグ・リダクション・システム）のリアウイングを搭載するF1マシンとピレリのタイヤに、どうやって適応できると思っているのか私はマネージャーに質問してみた。

「DRSウイングのことかな。キミならそれを習得するのに1日もあれば十分だと思う。でもタイヤに関しては疑問符がつく。通常であればキミは数周走れば感覚を掴んでいた。特に何もなければ彼はそれらのことを、すぐにものにすると思う」とロバートソンは経験を踏まえて答えた。

2年間ラリーで過ごした後にF1に復帰するキミは、世界中から注目を浴びた。私の携帯電話と自宅の電話は朝早くから夜まで鳴り響いた。とりわけ馴染みのロシア人記者から、その他にもオランダ、英国、ドイツそしてイタリアからも祝福の声が寄せられた。

F1復帰に備えてキミは早い段階からマーク・アーナルとともに激しいトレーニングをこなしていると聞いた。キミは何もしなくても、すぐにでもF1マシンを運転できたかもしれない。もちろん冬季休暇中には本格的に筋力トレーニングをする時間があった。ヘレス・サーキットで2月7日に新しいマシンで開幕前テストが行われる時にはフィジカル面は仕上がっているだろう。

アキ・ヒンツァは、再び世界の頂点で現役を続けることになったキミの肉体に不安を感じてはいなかった。

「肉体的に、キミは確実に以前と同じぐらい強靭だ。2年前に復帰したミハエル・シューマッハよりキミの方がF1にスムーズに復帰できると思っている。さらにキミはそれほど長くF1から離れていないし、その間も違うカテゴリーで過酷なレースをしていた」

シューマッハが1月上旬に43歳になっていたのに対して、キミは10月に32歳になったばかりだ。

「復帰する時に10歳の年齢差があるとトップアスリートであっても影響が出てくる。スポーツ選手が40歳になると、反射速度が自然と遅くなる。これは仕方がないことだ。時計の針のように反射速度を逆回しすることはできない」とヒンツァは指摘した。

77 — マネージャーたちの引退

キミ・ライコネンがF1復帰に向けて汗を流してトレーニングに打ち込んでいた時に、一つの衝撃的なニュースが舞い込んできた。フィンランド人のスターをモータースポーツ界の頂点へ導いたデイビッドとスティーブ・ロバートソン親子がマネージメント業務を引退して、これからはサポートへ回るというのだ。

しかし、キミとの関係が完全に途切れたわけではなかった。必要に応じて契約交渉の場で、引き続き強力なサポートをロバートソン親子から得ることになっていた。

「2009年の終わりに一つの節目を迎えた。キミはラリーの世界で私たちの助けを必要としなかった。正直に言えば私たちはラリーのファンではない。F1には精通しているが、ラリーは私たちにとって未知の世界だ。キミがF1サーキットに復帰する契約を得るために私たちに助けを求めてきたので、数ヶ月間一緒に仕事をした。そしてキミは最終的に望んでいた契約を勝ち取った。キミは再びF1で走るが、これから私たちは日々のマネージメント業務は行わないし、彼のレースにも同行しない」とスティーブ・ロバートソンは今後の役割を説明した。

「私はキミを11歳か12歳の時から知っている。そして父のデイビッドとともに私たちにとって本当に近しい存在になった。キミが助けを求めれば、いつでも彼を助ける準備が整っていた。私は根っからのF1ファンだ。キミは一度そこから離れたけれど以前と同じように私は彼の活躍をつぶさに見ていたし、『オートスポーツ』のウェブサイトに何が書かれているか毎日読んでいた」

「しかし、キミは再び戻ってきた。私たちは定期的にF1の話をしている。少なくともキミに関して、私は再び内輪の情報を知るようになった」とロバートソンJrは興奮気味に話した。

スティーブ・ロバートソンは、その当時から現在までドバイに住んでいる。

「ドバイで自分のビジネスをしている。家族には幼い子どももいる。家を離れてばかりもいられない」とキミのロータス時代が始まる時にスティーブは状況を話してくれた。

　もちろんロバートソンは、すべてではないが数レースを観戦しに現地を訪れると約束した。Ｆ１ファンとして彼はライコネンの復帰に歓喜した。

「本来属するモータースポーツの頂点にキミを復帰させることができた。嬉しいよ。この間キミのモチベーションに関して様々なデマが拡散していたが、真実は違う。キミが復帰を決めた理由は一つだ。それは、彼にＦ１でレースをしたいという非常に高いモチベーションがあったからだ」

78 — 口達者なロペス

「ヘルッポヘイッキ」と呼ばれる人たちは、これまでも常に存在した。ヘルッポヘイッキとは、本来声高らかに商品を販売していた市場の商人や聴く者の心を揺さぶる話し上手な人に対する呼び名だった。ビジネス、政治、そしてスポーツの世界にもヘルッポヘイッキが登場した。

F1界でヘルッポヘイッキが登場した。ジェラール・ロペスが相応しい。やり手のセールスマンとして手広く事業を展開し、F1でもチーム代表としてキミ・ライコネンの復帰に一役買った人物だ。彼は多くの約束をし、話し合いをし、自分の運を試したが、どう転ぼうが最終的には自分が利益を得るように話を持っていくような人物だった。

1971年生まれのスペイン系ルクセンブルク人のビジネスマンは、マイペースを重視するキミに対して、おそらくどのチームにもない家庭的な雰囲気を作り出すことに成功した。一方で、キミに対して経済面で最も厳しいストレスを与えることにも成功した。

ロペスが代表を務める投資会社ジニー・キャピタルは2009年の終わりにルノーのファクトリーチームを買収し、2015年に破産してフランスの大企業に売却するまでチームを所有した。

ロペスは莫大な資金を要するF1で個人の資産を失うことなくプライベートチームを所有した異例の経営者だ。今でも経済的に良い状態でスポーツビジネスに関わり、とりわけフランスのサッカーリーグでトップチームであるリールを所有している。

ロータスの名でプライベートチームとして参戦したエンストン陣営の2回の勝利は、キミ・ライコネンによって2012年のアブダビと2013年のオーストラリアで成し遂げられた。エリック・ブーリエがマクラーレンに移籍すると、2014年シーズンから、ついにロペスがチーム代表を正式に務めた。

建前はそういうことになっているが、ロペスはレースチームのことには口出しせずアルゼンチン人のフェデリコ・ガスタルディがピットで陣頭指揮をとった。予算はマイナスの方向になった。

個人的に私のロペスとの思い出は、もっぱら彼の個性によって形作られた。彼とはすぐに仲良くなった。しかし私はロータスの金銭面での問題を記事にせざるを得ない日々が続いていた。その点はきちんとするとか、その点に関しては問題に備えなければならないとか、ロペスは口だけは達者だった。

当時40歳だったロペスは笑顔が絶えない人物だった。髪の毛は額とこめかみから抜け落ちてあご髭となり、頭の丸さが際立っていた。

ロータスが２０１２年2月にヘレスで行った開幕前テストで、新たなチームメイトとニューマシンE20を紹介した時、私はロペスと会った。キミが新しいマシンですぐにトップに躍り出ると、ロペスは上機嫌になった。

キミの加入で何かチームに影響があったのか私はロペスに質問してみた。

「とてもポジティブだ。彼が何を欲しているか明確だ。キミがタイトルを獲得した時に、チームスタッフは彼を羨望の眼差しで見ていた。今回のテストで、キミは最高の方法で、その気持ちをスタッフに味わわせてくれたと私は思っている」とロペスはキミの走りを称賛した。

当時ヘレスのプレスルームで、私がテストの結果を整理していた時に、スイスの日刊紙『ブリック』のベテラン記者であるロジャー・ブノワが向かい側に座っていた。彼はF１を熟知した記者としてだけでなく、パドックのブックメーカーとして知られていた。

ブノワはキミのことが好きな記者としても有名だったので、開幕前テストでのキミのパフォーマンスは彼に大きな衝撃を与えた。しかし、私とブノワの会話は噛み合わなかった。ロータスのマシンで参戦するキミがタイトルを争うことができるかという話になると、最初から見解が分かれたのだ。結局私たちは賭けをすることになった。

私はシーズンが終わった時にキミが上位8名に入っていると主張した。それにブノワは異論を唱えた。私にとっては人生で最も楽な賭けとなった。

その時この賭けについて私はロペスにも語った。彼はにっこり笑って頷き、私が間違いなく賭けに勝つと言った。ロペス自身は、キミが上位8名よりもっと上に入ると考えていたようだ。

ロペスはすぐ結果を出したドライバーコンビに満足していた。そしてキミの雇用に関してはロペスが個人的に処理していると明かした。

「私たちは2010年の秋には、すでにキミと接触していたんだよ。私は、彼にはラリーでまだ物足りなさがあるような印象を受けたね。ラリーで2年目のシーズンが終わった時、がらっと印象が変わったよ。その時キミがF1に復帰すると私は確信した。彼の優先事項はレースすることで、金銭面は二の次だったんだ」とロペスは愛嬌のある口調で話した。

ロバート・クビカの後任として、つまりチームの第1ドライバーとしてタイミング良くキミを獲得できたのですねと私が聞くと、ロペスは上機嫌になった。

「キミは間違いなく最高のドライバーだ。私たちは彼を獲得することができたし、確実に世界で4本の指に入る速さを持つドライバーだと思っている」

当時ロータスの代表は、キミが最終的にどれほど優秀なドライバーなのか熟知してはいなかった。それゆえ永久の秘密として葬られた、1ポイントあたり5万ユーロのボーナス契約を結んでしまった。それが効力を発揮する頃には、契約内容がチームに重くのしかかることになる。2011年シーズンにキミは75ポイントを獲得したのだ。

バーレーンGPで2位に入り、キミは順調に軌道に乗ることができた。好成績だけではない。ベルギーGPの決勝ではオー・ルージュの手前で、キミはメルセデスのミハエル・シューマッハに対して誰も予期できなかったオーバーテイクをやってのけた。夏の終わり頃からキミの評価も高まっていった。

このオーバーテイクにロペスはとても喜び、レース後に彼と握手を交わすと、いつもより情熱的に手を握りしめてきた。

「本当に素晴らしいパフォーマンスだった。シューマッハは外側から抜いてくるなんて絶対に思っていなかった。キミはこのような荒技をやってのける」

その翌週、モンツァでロータスのオーナーであり投資会社の代表であるロペスと席をともにした。契約交渉の段階でキミと言い争いになったという噂が流れたことについてロペスは洗いざらい話してくれた。

「正直に言えば、今シーズン以前にキミを雇う計画は私たちにはなかった。ちょうどその頃、キミが私たちのチームには来ないと発言し、我々も彼を決して獲得することはないと主張したとする記事を目にしたけれど、２０１０年に私たちは交渉すらしていなかった。このエピソードを聞いて私はキミと一緒に大笑いした。このようなガセネタが生まれる、かなり馬鹿げた状況だった。Ｆ１で落ち着いて仕事をするのは難しい。ニュースがないと架空の話が作られる」とロペスは簡潔に説明してくれた。

それでは正式にキミの獲得に動いたのはいつ頃なのか。

「前からキミの評判を聞いていたし、彼のことが書かれている記事を読んでいた。しかし読んで得たことを一切忘れて、白紙の状態から動くことが最善だと思った。つまり、自分の目で確認することに決めた」

「キミはすぐチームに溶け込んだ。彼はチームプレーに適した人物だ。個人的にも私たちはすぐ親しくなって、キミがおしゃべりなのに驚かされた。彼は普段とても親切で忠実だが、ことレースとなると完全に自分の世界に入る面白いタイプだ。私はロマン・グロージャンと付き合いが長い。彼らと一緒に仕事をするのは本当に快適だ。Ｆ１で最高のチームメイト同士だと私は思っている」

「キミとは四六時中レースのことばかり話しているわけではない。ブラックユーモアがお互い好きなようだ。彼とはとても気が合う。キミと私、そしてビジネスパートナーのエリック・ラックスはＦ１に骨抜きになっているのではなく、純粋にそれが好きで愛している。Ｆ１は夢のようなスポーツだ。しかし、その周辺には愛せないものも存在する。そのことに関してはキミと全く同意見だ」

チームはキミを最大限に活用していると感じているのだろうか。

「キミはチームを最大限に活用しているし、同じようにチームも彼を最大限に活用している。ロータスはおそらくドライバーと最も堅く結ばれたレーシングチームの一つだ。チームの優先事項もレースで勝つことだ。そのために私たち全員が仕事をしている。私たちはF1で政治をするつもりはない。ただレースで走る。キミはすぐそのことに気がついた。私たちは、キミがマシンに乗って速く走ってくれることを望んでいる。その他のことは二次的と考えれば、もっと楽に走れる。もし反対に、私たちがあらゆることをドライバーに要求すれば、レースが後回しになってしまう」

「何はともあれ、私たちは結果を気にする。キミはチームの首脳陣であるエリック・ブーリエやジェームズ・アリソンと良好な関係にあるが、キミは黙っているタイプじゃない。何か言うことがあれば、彼は自分の意見を率直に言う。そうしてもらった方がチームも楽に仕事ができる」

ロペスの指揮のもとエンストンのチームは、彼が代表を務めるジニー・キャピタルがルノーから買った時よりも大きくなっていた。購入時に従業員が480人だったのに対し、この時には540人に膨れ上がっていた。

2012年初秋にキミがフェラーリまたはマクラーレンに復帰するという噂が流れると、ロペスはとても冷静に対応していた。キミのロータスでの将来がどのようなものになると考えているのか尋ねてみた。

「少なくとも短期的には私たちと一緒にいると思う。私たちには出来高に基づく契約がある。金銭面の問題を克服した。チームを去りたい者がいれば強引に引き止めたりはしない。キミもロマン・グロージャンもチームにいることを望んでいる。そしてチームも彼らに満足している」

他のチームが興味を示しているというような噂は、驚きとして受け止めているか。

「驚きではないよ。F1はそんな世界だ。根拠のない噂話が的を射ているときもあれば、誰かが作り出した架空の話である場合もある」

シンガポールで行われたFIAの記者会見で、キミがF1を続けるか確かでないと発言するとドライバー移籍市場が混乱した。

「僕たちは契約にオプションを設けている。次に何が起こるか全くわからない。もし朝目覚めてF1で走りたくなければ、それはそれまでだ。今はＦ１でレースを楽しんでいる。チームも気に入っているし、素敵な仲間と仕事ができている。ただ、この先のことはわからない」

ロペスのチームはアブダビでの優勝で活気づいたが、外部の多くの人たちにとってはキミがレースエンジニアのサイモン・レニーに発した一言「ほっといてくれ、何をすればいいかは、わかっている」で盛り上がった。

この一件は、キミをありのままでいさせるためにチームがフィンランド人ドライバーにいかに自由を与えているかを示す良い例だとロペスは私に冗談を飛ばした。

「キミはキミだ。彼は悪意をもって、あの発言をしたわけではない。その時に感じたことを、そのまま伝えただけだ。キミは確実にＦ１で最も誠実なドライバーだ」

「彼のように誠実でオープンな人は他にいない。だから多くの人がキミのことをクールだと言い、彼に一目置いている。私たちにとって、もちろん例のアブダビの勝利はシーズンを通じて最高の瞬間だった。あの無線でのコメントだって思い出と考えている。私たちはドライバーを型にはめることはしない。彼らは本来あるべき姿で言いたいことを言う。そんなことが言えるロータスだから好かれているのだと私は信じている。私たちは自然体のチームだ」

契約延長のオプションを確定させた後、シーズン最終戦となるブラジルＧＰに備えていたキミにある憶測が飛び交った。ロータスの報酬未払い問題だ。週末ロペスに会った時に、彼は私の方を向いて透き通るような目でフィンランド人ドライバーはきちんと報酬を得ていると明言した。

「キミは私たちの想像を遥かに越えたポイントを獲得した。そのために予算を見直す必要性に迫られた。彼はすでに報酬を受け取っている。私たちの関係は良好だ。もしそれが事実と反するなら、キミは継続契約を私たちと結んだだろうか。キミは機知に富んだ人物だ。愚かなことはしない」とロペスは淀みなく話した。

キミはロータスでの1年目に世界選手権で２０７ポイントを得て、加えて1勝したことでボーナスを獲得した。このボーナスは、ロータスが見積もっていた予算を遥かに超えていた。

契約を交わした時点でキミがどのくらいポイントを獲得できるとロペスが予想していたのか、私は遠回しに尋ねてみた。

「最終結果が120から150ポイントで、タイトル争いでは5位か6位と想定していた。もし自分の意見にだけ耳を傾けていたら、キミは3位になると思っていた。しかし他の人たちの意見を聞き、ミハエル・シューマッハが復帰した時の記憶を頼ってしまった。期待と現実のバランスをとるのが難しかった」

「いずれにせよキミは再び、みんなに自分の実力を証明することができた。200ポイントを超えるなんて、本当に物凄い成績を残した。おかげでチームはコンストラクターズ4位に入った。それに比例してチームの懐が暖まることになる」

まさにロペスの笑みは確かなものだった。シーズンの好調ぶりを祝うようにロータスの新たなスポンサーにコカコーラが加わったからだ。私も本当に良かったと思ったし、キミがアブダビで優勝した時と同じぐらいめでたいことだと感じた。

2013年シーズンに向けた開幕前テストでロータスの目標は再び高いところにあった。少なくとも傍目にはチーム首脳陣とライコネンの関係は、光に満ちあふれた望みのあるものだった。

2013年のシーズン序盤はタイトルを占う上で、キミは基準となるような成績を残した。開幕戦の勝利の後にマレーシアで躓いたが、それに続く3戦でキミは連続2位となった。85ポイントと好スタートを切り、夏のシーズンに向けて心地よい追い風となることが期待された。

一方でチームにとって、このポイントはボーナスで425万ユーロの支払いになることを意味した。舞台裏では、ロータスの財政が揺らぐ音が日増しに強く響き始めていた。キミは忍耐強いことで有名だったが、それはマシンの能力を引き出す上での話だった。今回その忍耐力は、報酬を得る上で試されることになってしまった。

開幕戦オーストラリアでの勝利の後、自分のチームのドライバーが初めてタイトル争いのトップに躍り出た時、自慢好きなロペスは心からこの状況を楽しんでいた。

私はキミの契約で保証されたポイントによるボーナス

のことが気にかかった。単にオーストラリアだけでもキミは25ポイントを獲得したことになる。このように強いマシンならキミは1年目よりもさらに多くポイントを稼ぐだろう。ロペスはどう思っているのだろうか
「そうは言ってもキミだけがポイントを稼いでいるわけじゃない。それにポイントは、チームにとってもドライバーにとっても良いことだ」とロペスはしどろもどろに答えた。

「我々が開幕戦で勝利したのは驚きだったたって？　そんなことはないはずだ。マシンは良いのだから、勝つこともあれば、入賞することもある。時に優勝するには運も必要だが、オーストラリアでの優勝は偶然じゃない。私たちが勝ち獲った結果だ。目標はシーズンが終わった時点で3位に入っていることだ。しかし、もっと上位を目指せるとわかれば、もちろん上を目指す」

バーレーンでの週末、ロペスはサクヒールのパドックで幾何学模様の壁に寄り掛かかってリラックスしていた。シーズンで初めて二人のドライバーが同時に表彰台に上がり、満足感に浸っている様子だった。

キミとロータスがタイトル争いでベッテルとレッドブルに対抗するために、どのような可能性を持っているのか尋ねてみた。

「良い可能性があると信じている。その可能性をキミが手にするのは、私たちには明らかなことだ。どの週末もマシンが彼の望むように仕上がっていれば、勝利に向かってひた走る可能性が高い。ベッテルに勝つために多くのポイントが必要なことは、みんな承知だ。厳しい挑戦になるが、それに備えている。できれば暑い気候のレースを願っている。私たちのマシンにはその方が適しているからね」

さらにスペインGPを終えて立ち去るロペスは見るからに上機嫌だった。

「タイトル争いでセバスチャン・ベッテルとキミは4ポイントしか差がない。レース前よりも良いポジションにつけている。キミは安定して強い。私は、彼がタイトルを獲得しても不思議だとは思わない」

ロータスの代表は、レースチームの代表には似つかわしくない独自のスタイルを持っている。例えば、彼はこ

のタイトル争いのことをブルース・ウィリスの映画のタイトルになぞらえて『ダイハード』つまり「不死身」と呼んでいた。

　モナコとモントリオールで不発に終わったロータスは、キミとチームのタイトル争いはここまでだと思わせる不安なレース展開を続けた。

　ロペスはレース結果を真剣に受け止めたが、まだ諦めなかった。パドックの裏庭にあるモントリオールの人工ボート競技場に武器を捨て去るような真似はしなかった。

「二つのグランプリでタイトル争いの状況を悪くした。あってはならないことだ」

　夏の記者会見で最も話題になったのは、2014年のキミの去就だ。当の本人はまだ先の契約のことは考えていないと明言していたが、この件に関して情報をもう少し得るため、いつフィンランド人スターと交渉を開始するつもりなのか、私はロペスに質問することにした。

「キミは私たちと難しい関係にあるわけではない。もし双方が気に入れば、少なくとも今までのような関係が続く。すべては今のところ完璧だ。その時がくれば継続について話し合うことになる。どうやって冒険を一緒に続けるか話し合う時が来ても、その時に交渉すべきことはあまりないと私は信じている」とロペスは答えた。

　確かに傍目には評判通り、ロペスとキミの関係は良好であるように見えた。

「私たちの関係を維持するのは本当に簡単だ。キミは徹底的にプロフェッショナルだ。彼は非常に優秀なレーサーだ。彼が私たちのところで走ってくれて、私は本当に満足している」

「ロータスは僕にとって完璧なチームだ。彼らなしでは僕はF1サーキットへ復帰することはなかったと思う。逆にチームも僕から何か良いものを得ていると思っている。僕には何も不満はない。これまで彼らと一緒に素晴らしい時間を過ごした。しかしながら、特定の事柄を改善しなければならない。それが何かを私たち双方とも詳細に知っている」。報酬に関する問題が発生していることは明らかだったが、キミは大人の対応で答えた。

　ドイツGPでロータスは、決勝の終盤でチームメイトを追い抜かせて2位にするようにとグロージャンにチームオーダーを出した。もしフランス人がフィンランド人より速く走行していて、後方からもっと速いマシンが近づいてくれば、同様のチームオーダーをキミにも出していたとロペスは話した。おかげでキミは、このレースで2位となった。

金曜日にスパのパドックでロータスのブースにいた私は、ロペスとコーヒーを飲んでいた。彼は将来的に自分のチームが強くなることを信じようと自分を奮い立たせていた。そしてチームがキミと契約を維持するため、すべての要求に完全に応えるよう努力すると話した。

まさにその時だった。キミが私たちのテーブルを通り過ぎるように猛スピードで走り去って行った。チーム代表は私たちが、ちょうどキミについて話していたと叫んだ。ドライバーは「そうだろうね」と答えた。

私はいずれにせよ報酬の支払いが滞っているのではないかと考えていた。しかし、少なくとも彼らの関係は良好であるように思えた。さらにキミが今後についてどのような決断を下すにせよ、ロペスは私に友情は保たれるとはっきり言った。今後も私が記者としてチームのブースに訪れるのを歓迎すると言ってくれた。しかし、ロペスが何を言おうが、キミはこのチームにはもういないだろう。

2013年9月11日、フェラーリはキミがマラネロに復帰すると発表した。ロペスは失望を隠さなかった。同時にロペスにとって面倒なことになった。キミが別れを発表する置き土産に、約束されていたボーナスは支払われないままだったとはっきり公言したのだ。

「これがF1だ。あのようなことを言えば、大きな爆弾が炸裂する。キミは本当に素晴らしいドライバーだし、素晴らしい人だ。今日は彼について他に何も話すことはない」とロペスはシンガポールで行った私のインタビューで残念そうに答えた。

キミの決断に、どのように向き合うのか私はロペスに尋ねた。

「このチームにはキミの家族がいる。子どもというものは親元を離れて両親を罵ることがある。私は謝らなければならない。私たちを置き去りにした仲間のことが、私は本当に大好きだったからだ。彼が他の人たちに見捨てられても、私は彼を信じる」

ロータスにとってキミの穴を埋めるのは、どのくらい難しいことなのか。

「わからないが、新しいキミが見つからないことは確かだ。しかし、キミだってロバート・クビカではないし、ロバートはフェルナンド・アロンソでもルイス・ハミルトンでもない。獲得できる優秀なドライバーは何人かいる。優秀なドライバーを獲得することができる最高のチームであると私は確信している。しかし、その優秀なドライバーもまだ完璧ではない。私たちは獲得したドライバーを新たなレベルへ押し上げることができる」

「キミだってそこいらのスーパーマーケットのショッピングカートを動かしていたわけではない。本当に上等のレースカーで走っていたことを忘れてはならない。その他に高品質な資材も提供してきた。キミをキミで埋め合わせすることはできないが、誰か優秀なドライバーを獲得して対処する」とロペスは、はっきりと答えた。

ロータスの首脳陣は、心のどこかで最終的にはキミがチームに残留すると信じていた。キミの移籍報道の後にロペスとエリック・ブーリエは、苛立ちと困惑が入り混じった複雑な表情をしていた。家庭的な雰囲気を売りにするロータスは、シンガポールで家庭崩壊を起こしたように見えた。キミを馬鹿にするような記事を載せないようにとチームの広報が報道陣に苦言を呈する一方で、チーム自らフィンランド人との距離を置き始めたのだ。

アブダビGP前夜は一触即発の状態だった。スティーブ・ロバートソンは、未払いだった報酬を処理するために最後までロペスと掛け合ったのだ。もし支払いに確証が持てなければ、同時に両者の亀裂は確定的なものとなる。

それから私は、苦い思いをしたロペスと会った。

「私は普段とても幸せな男だが、今は本当に悲しい。正直に言えば、かなり前から悲しみのどん底にあった」とキミがチームを去った時、芝居がかったように彼は私に告白した。

「キミもチームを去るのは悲しいだろう。私たちは今でも友達だ。どちらともこの状況に満足していない。私は木曜日にキミと話をした。難しい状況に追い込まれた。

真実はチームがドライバーを失っただけではなく、会社の内部で個人的に親しくしていた仲間を一人失ってしまった気分だ。ふざけて言っているわけではない。キミは来年も私の友人だ。しかし、現状を容易に理解することができない」

「チームの雰囲気に問題はなかった。私は仲間とコミュニケーションをとっていた。おそらく誤解が誤解を生んだのだろう。キミは、彼の友達と私、そして他の数人としかコミュニケーションをとらなかった。それは意思疎通の面で良くないことだが、チーム内でキミのことを誰も嫌ってはいなかった。自慢するタイプでもないし本質的に彼は良い人だが、誠実であることがチーム内に伝わらなかったのかもしれない」

「ロータスが騒げば騒ぐほど、他のチームは確実に腹を抱えて笑う状況だ。なぜなら彼らはチーム内でキミと大きな問題を抱えていると思っている。彼らがそのように思うならそうさせておこう」とロペスは感情を高ぶらせた。

予選日にメディアは報酬問題に進展があったのか再びキミに質問を試みたが、ドライバーは、そのことは話したくないと答えた。『ガゼッタ・デロ・スポルト』紙のパオロ・イアニエリが詰め寄り、ジェラール・ロペスがその件に応じないのかと質問すると、キミは外部の記者には関係ないことだと返した。

スティーブ・ロバートソンとロペスは、特に報酬の未払いによって生じた確執を紳士的に解決しようとしていた。すべて合意したとロータス側が主張する一方で、ライコネン側は前向きな方向で話し合いが行われ始めたと主張した。両者には温度差があり、問題の核心を突く回答が得られない状態にあった。そんなこともあって、契約の内容よりも、どのような合意案が提示されているのかに関心が高まった。

ロペスが報酬を全く支払っていないと言うことよりも、600万ユーロの未払いを大きな問題と考えていないことがキミのサポートチームを疲弊させた。

アブダビGPがロータスでのキミの最後のレースになった。翌秋に行われたロシアGPのパドックで、私は久しぶりに二人だけでロペスに会った。その時に私たちはフェラーリに移籍したキミの低迷ぶりに対して一緒に驚いていた。

「キミがシーズン序盤で発生したトラブルを解決できていないことに私は驚いている。もっと活躍するだろうと期待していたし、どんなに優秀なドライバーか私は知っているからね。しかし、フェラーリではすんなりいかなかった。逆に言えばキミと契約していた2シーズン、我々のチームは仕上がったマシンと装備をキミに提供していたことになる」とロペスは饒舌になり始めた。

「レギュレーションが変わったことでキミがフェラーリへ移籍した後、ロータスにいた時とは状況が変わると私たちは思っていた。しかし、キミがこんなに困難に直面するようになるとは思わなかった」

キミがラリーからF1へ復帰した時、ロータスがライコネンのためにマシンを用意したと発言したレースエンジニアのマーク・スレードの言葉は真実だとロペスは明言した。

「私たちは当時そのようにしていた。当時と今年（フェラーリはキミのためにマシンを作っていない）を比べると大きな違いがある。それでも私はキミがもっと活躍できるだろうと信じていたが、c'est la vie（仕方がない、それが人生だ）」とロペスは感想を述べた。

Photo : Wri2

ロータスを去るカウントダウンが始まろうとしていた。メディアは報酬未払い問題に揺れるキミの発言に耳を傾けている

79──『トップ・ギア』と禁じられた質問

キミ・ライコネンがロータスでF1に復帰した頃、ある特別な出来事が私の思い出として残っている。2012年シーズンを間近に控えていた3月上旬のことだった。メールボックスに、このようなメールが飛び込んできた。

宛先：ヘイキ・クルタ
件名：BBC『トップ・ギア』UK
問い合わせ：キミ・ライコネン

BBCで最も人気のある自動車番組のアシスタントディレクターであるニック・ダルトンが私にコンタクトを取り、番組制作の一部を手伝ってほしいと丁寧に依頼してきた。

突然の連絡、失礼いたします。私は『トップ・ギア』という番組を制作しています。『F1 RACING』誌が、あなたに連絡を取ることを勧めてくれました。キミは水曜日に私たちの番組に出演する予定です。私たちは全員キミの大ファンで、彼を番組に迎えることを嬉しく思っています。そこでキミをよく知るあなたに、どのような質問をすれば話が盛り上がるのか、どうやったら彼の心を開かせることができるのか、アドバイスしていただきたいのです。

もちろんテーマは「待望のF1復帰を果たしたこと」ですが、他の話題も取り上げます。あなたにアドバイスしてもらい、できる限り最高のトーク番組になるように準備したいのです。キミはクールな男性なのでスタジオには彼のファンたちに集まってもらって盛り上げようと思います。

よろしくお願いいたします。

ニック

もちろん頼まれたら私は仕事をする。この話をごく真面目に受け取り、私はテレビ司会者のジェレミー・クラークソンと話をした。少なくともキミに酒と家族の話題を振らない方がいいと彼に助言した。

そして番組が始まった。F1に非常に興味深いドライバーが復帰しましたとクラークソンが冒頭で発言すると、キミが拍手喝采のスタジオへ歩いてきた。

一瞬もしないうちにクラークソンはキミに対して飲酒の話題を持ち出した。

ラリーからF1へ復帰して、再びハードなトレーニングをしていると思います。あなたは飲酒をやめましたか。

「やめてないよ」とキミは答え、スタジオが爆笑に包まれた。

ここでキミが番組に登場する謎の覆面キャラクター、ザ・スティグのことに触れて、この仕事はザ・スティグに相応しい、だって彼は話す必要はないからねと言うと、さらなる爆笑が起こった。クラークソンは、ザ・スティグの憧れの人はキミだと言った。それから彼はモナコでの出来事に話題を移して、ザ・スティグがバーカウンターの前に立っていたら、そこへF1チャンピオンが泥酔した状態でふらふら歩いてきて、ザ・スティグの足に躓いたと意味深に話した。

それを聞いて「それはおそらく僕だ」とキミが答えると再び観客は爆笑に包まれた。

「飲酒について聞くな」と、あれだけ口を酸っぱくして言ったのにと私は思った。

司会者はキミが、正確にはアイスマンが、どのチームで走るのかを確認するように質問してキミを困惑させた。

それはロータスですか。

「違うよ、それはメインスポンサーだ」

では、ルノーですか。

「違う」

それでは、どこですか。

「以前ルノーのマシンを作っていたファクトリーで組み立てられたマシンに乗る」とキミは質問をはぐらかした。

それに対して司会者は全く理解できないといった表情で頭を振った。

それでは(スタジオに用意されたマシンに貼られたスポンサーのステッカーを見て)「フケ防止薬品クリア」という名のチームですかと冗談を飛ばし、司会者はクリアの効果を確かめるためにキミの帽子を外して、キミの長髪にフケがないことを確認し始めた。

　クリスマス前のスノーモービルでの事故にも話題が及んだ。この話の前に番組のディレクターは、スノーモービルのレースのことを取り上げていた。２００７年のチャンピオンを獲得したシーズン前にフィンランドで行われた危険とも思えるスノーモービルのレースにキミはジェームス・ハントの名前で参加し、転んで左腕を骨折していた。

　キミがスノーモービルのレースに参加するためにチームの許可を求めなかったと言うと、クラークソンはシーズンを控えたドライバーにとってスノーモービルは危険なスポーツだと苦言を呈して、キミの腕に大きな傷があることに気づく素振りを見せた。この怪我は、まさにスノーモービルによるものだったので、スタジオが再び盛り上がった。

　番組ではキミがダンスフォールド飛行場でスズキのリアーナをドライブし、タイムを競う映像が流れた。雨天だったこともあって記録は1分47秒1と伸びなかったが、かろうじてビリを免れた。キミより遅かったのは、マーク・ウェバーだった。彼も雨天で記録を測ったため最下位になってしまった。

　何はともあれ『トップ・ギア』の、この放送回は素晴らしい反響があった。

80 — グロージャンよりクロワッサン

２０１２年マレーシアＧＰの週末、私は以前から顔見知りだったフランス人記者たちと親交を深め、ドライバーたちの近況について情報を交換するようになった。

きっかけは、フランス名物のクロワッサンだ。

フランス人が主導するロータスＦ１チームのドライバーにキミ・ライコネンとロマン・グロージャンが就任すると、チームのブースにはフィンランド人とフランス人のメディアが多く集まるようになった。フィンランド人記者たちはライコネンの名前を正しく発音できなかった。一方、私たちフィンランド人はグロージャンの名前を正しく発音できないような状況だった。

当時キミのために用意されたテーブルの脇に私が座っていると、フランス人カメラマンのジャン＝フランソワ・ギャルロンが話しかけてきた。彼の写真はフィンランドでも使われていたが、自分が撮影した写真を私に直接売り込みに来たのだ。何か必要な写真がないかということだったので、私は少し考えて彼に向き直り、１枚あると伝えた。

しかし私の発音が悪かったこともあって、フランス人カメラマンには、クロワッサンの写真が欲しいと聞こえたようだった。彼はジンジャークッキーの写真しか持ち合わせがないと恐縮して言った。私は彼が何を言っているのか見当すらつかなかったが、やがて事情を飲み込んだ。私はＲの発音をすべて間違っていたのだ。ようやくフランス人のカメラマンに、私がクロワッサンでなく、グロージャンと言いたかったことが伝わった。

私たちは大声で笑った。それは、もちろんフランス人の記者たちにも伝わった。このちょっとした誤解はチーム関係者の笑いも誘った。その後の朝食から夕食まで私に、ずっとクロワッサンが振る舞われた……。

81 — 名誉と衝撃のスピーチ

2012年スペインGPの週末に、キミの功績が讃えられた。カタルーニャ・サーキットのチャンピオンロードに記念プレートが設置されたのだ。フィンランド人ドライバーとしてミカ・ハッキネンに次ぐ快挙だった。記念プレートにはフィンランド語でキミの言葉が刻まれ、予選が行われた土曜日に披露された。

土曜日のカタルーニャは暑かった。このグランプリでは蜃気楼のように不思議なことが二つ起こった。どちらの方が驚きだっただろうか。ウイリアムズのパストール・マルドナドがポールポジションを獲得したことであろうか、それとも記念式典でのキミのスピーチだろうか。どちらも、かなりのインパクトがあるものだった。

この二つの出来事に、81歳になるF1の家長とも言えるバーニー・エクレストンは落ち着いて座ってはいられなかった。

まずバーニーは、古くからの親友であるフランク・ウイリアムズのところへ急いだ。サー・フランクを車椅子から立ち上がらせ、スピーチの間サポートバーにもたれかけさせた。この後F1の会長は熱く照り返すパドックに沿って、自分のブース前まで敷かれたレッドカーペットを行進した。そしてキミの功績を讃えた記念プレートが披露された。

バーニーはキミのような優秀なドライバーが復帰してくれたことはF1にとって名誉であると感謝の言葉を伝えた。その後に表彰されたドライバーがスピーチを求められたが、キミは驚くことに何も用意をしていなかった。なので、その場で思いついたように、このコースではこれまで良い結果が出ているから日曜日もそうなってほしいと望みを述べて、短いスピーチを終えた。

そのチャンピオンロードに設置されたプレートには、キミの名前に加えてフィンランド語で「F1サーキットで最難関コースのひとつだ」との思いが綴られている。

82 — 古典中の古典

２０１２年11月４日にキミ・ライコネンが発したフレーズが世界中に広まり、Ｆ１用語を賑やかにした。ラリーに2シーズン参戦した後にＦ１復帰を果たしたキミは、アブダビＧＰ決勝でロータスに初優勝をもたらした。しかし、このレースに関しては、優勝よりもレースエンジニアのサイモン・レニーの無線にフィンランド人ドライバーが威勢よく返した「Leave me alone（ほっといてくれ）」のフレーズの方が印象に残っている。

レニーはセーフティカーが導入された状況で、ドライバーにタイヤの温度を気にするように再三指示を出していた。それに対してキミはちゃんとやっているから、ほっといてくれと返したのだ。

ちょうど7年後の２０１９年、その出来事が起こったヤス・マリーナで、私はキミが自由を求めて叫んだ当時のことを思い出していた。この時、私はアルファロメオでキミに単独インタビューをしていた。

当時を振り返るように、あの無線での発言はＦ１で最も有名な一言になったとキミに話を振った。

「僕は知らないよ。そんなの比べたことがないからね」

とキミは声を出して笑った。

同じように無線でレース中に繰り返し発言したことはありますか。

「正確には把握していない。だって僕は無線でしょっちゅう話しているし、年が経つにつれて何を言ったかなんて思い出せなくなる。それに無線の内容は、すべてテレビで中継されているわけじゃないからね」

7年前の状況を、どれくらい鮮明に覚えていますか。

「すべては覚えていない。ただし、うっすら覚えているかな。そんな嫌な瞬間を、いちいち細かく覚えていないよ。もちろん気分良く走れたレースのことは、いろいろと覚えている」

「ほっといてくれ」は視聴者を笑わせた。キミ自身は、この発言をどのように捉えているのか。しかめっ面をしての発言なのか、それとも笑みを浮かべての発言なのだろうか。

「笑える場面なら、彼にそんなこと言わないよ。その時のことを外部の人たちは、まるで僕たちが何か喧嘩をしていたかのように悪い風に捉えようとしていたみたいだけど、もちろん真実は喧嘩なんてしていなかった。むしろ普通のレースだった。そんな言葉は、しょっちゅうやりとりしているよ」

キミは、この一件に端を発して、テレビでチーム無線を過剰に流す傾向になっていることに苦言を呈した。

「テレビで見聞きしていることは、半周か1周遅れで放映されている。だから視聴者が見ていても、いったい何のことを言っているのか理解できない。その時、画面では何も起こっていないのだから」

キミが無線で発した「何をすればいいかは、わかっている」は、決して彼の座右の銘ではない。この発言は無駄に注目を浴びたとキミは考えている。

「いつもそんなふうじゃないよ。時々は何をしていいのかわからなくなることだってある。たまたまその場面では叫び声に聞こえたのかもしれない。無線があんまり良くなかったし、チームが確実に聞こえるように大声で叫ばなければならなかっただけだよ。何か必要ならば、もちろん僕自身もチームに連絡を取るけれど、メッセージを受け取ることには積極的ではない」と、キミはロイター通信社のアラン・ボールドウィンからの質問を一蹴した。

当時キミが必要のないメッセージに無関心でいたことは確かだった。

「僕はフェイスブックを使っていない。スマートフォンだって捨てることができるなら、確実にそうしている。音声なしでやりとりするのも嫌だし、そもそも電話するのも好きじゃない。こんな端末がなくて、街角に公衆電話があった頃でも十分に生活できた。みんなに自分がどこで何をしているのかを語る気にはなれない。家族と友人と過ごすだけで満足だし、それで十分だ」

２０１２年シーズン終盤、キミは3年ぶりの勝利を挙げて、マーケティング部門の担当者は大忙しになった。翌週にはエンストンのファクトリーのスタッフの顔に笑顔が絶えなかっただけではなく、服装にも変化が現れていた。ロータスのスタッフはキミ語録が燦然と印字された新しいTシャツを着ていたのだ。

ロータスの広報担当者アンディ・ストバートは、エンストンに到着した500枚のTシャツはチームのスタッフへキミからのプレゼントだと伝えた。キミは冗談半分に、このチームで誰が命令をするのか今後みんなが覚えておくように、とコメントを添えた。キミの言葉のようにTシャツの前面には、例の「ほっといてくれ、何をすればいいかは、わかっている」とプリントされていた。

「キミは自分が復帰したことを名実ともに示した。表彰台に上がり優勝トロフィーを受けることは、キミ自身にとって、チームにとって、そしてファンにとって、この上ない喜びだった。さらに『Leave Me Alone, I Know What I'm Doing』は、すでにF1の古典的なフレーズとなった」と指揮官のエリック・ブーリエは語った。

ヤス島には、世界で最も素晴らしいプレスセンターがある。日曜日の夕方、私はMTV3のコメンテーターであるエルッキ・ムスタカリと一緒にプレスセンターに設置された巨大なスクリーンでレースのライブ映像を見ていた。ルイス・ハミルトンがリタイアし、キミがトップに躍り出た。優勝する可能性が現実的になってきた。そして可能性は確信へと変わり、私とエルッキは映像にかじりついた。

接戦となった。アクセル全開のロータスは、フェルナンド・アロンソを0・852秒差で抑えてチェッカーフラッグを受けた。マーク・ウェバーがニコ・ロズベルグに0・643秒差で勝利したモナコに次ぐ、シーズン2番目の僅差での勝利となった。

60戦勝利から見放されていたフィンランドに3年ぶりの勝利が舞い込むと、思わず私はムスタカリと抱き合って喜ぶところであったが——私たちはハイタッチを交わし、歓喜の声を張り上げるにとどめた。

ハンガリー人テレビコメンテーターのゾルタン・ズジョは、パドックでフィンランド人ドライバーのインタビューをする時いつもフィンランド語で「キートス(ありがとう)」と言って締め括る。彼は私たちに近寄ってきて、ついでに私たちにもインタビューをした。その時、キミの優勝に浮かれる私たちの様子を馴染みのカメラマンが写真に収めてくれた。

勝利に混乱していたのは私たちだけではない。チーム代表のブーリエは初勝利を経験して、もっと混乱していた。彼が代表を務めてからエンストンのチームは2位に5回、3位に9回入ったことがあったが、表彰台の頂に上がるのは今回初めてだった。

「慌ててしまって私は手順を忘れてしまった。幸いにもフェルナンド・アロンソが助けてくれた。どうやって表彰台へ行くのか教えてくれたんだ。そこで私たちのチームが勝利者として立ち、トロフィーを受け取った。本当に嬉しく、誇りに思っている」とブーリエは自らの慌てた様子に苦笑いしながら私に説明してくれた。

「キミは予選を2周走り終えた時点で優勝の可能性を感じていた。素晴らしい走りだった。彼は二度の再スタートを見事に決めた。チームは適切な戦略でサポートした。ハミルトンのリタイアをうまく利用したし、他の場面も私たちに有利に働いた。キミのパフォーマンスは、彼の走りを疑問視する人たちを驚かせたに違いない。逆に私たちチームにとっては、キミが実力を証明し、最高のアタックでトップに返り咲いたことを示してくれたと思っている。彼にとってもチームにとってもファンにとっても最高の出来事だ」

ロータスはコンストラクターズ選手権で4位になるという目標を、すでに達成していた。同時にキミはセバスチャン・ベッテルの連勝を4で止めた。アブダビの決勝でキミが操るロータスを誰も抜くことはできなかった。レース後、キミは自身の勝利よりもチームの初勝利を喜んだ。

「シーズン中に勝利することを強く望んでいた。そして、このレースでついに優勝することができた。この勝利でチームのみんなが安堵してくれることを願っている」

夕暮れ時に自分の仕事を片付けた私は、ロータスのプライベートエリアでリラックスしている、その日最も幸せなフィンランドの英雄と合流し、マネージャーとフィジカルトレーナーと一緒にヤス・マリーナの港の上に広がる大空の下で乾杯した。それは世界で最も美味しいビールの一つとなった。キミと一緒にビールをごくごくと流し込んだ。

83 — 意気消沈

２０１２年アブダビＧＰ決勝後、いつものようにインタビューを終えた私は特別な行動をとった。シャンパンが撒き散らされたロータスのガレージに立ち寄って、マーク・スレードを祝福したのだ。彼はキミのレースエンジニアとして10度目の優勝を喜んでいた。しかし、そこで注目の的になっていたのはレースエンジニアの補佐をしていたサイモン・レニーだった。

スレードは、よくキミのことを知っていた。それもあって彼は同僚に、キミに無闇と指示を出さないよう、あらかじめ頼んでいた。セーフティカーが導入されてタイヤの温度が気になり始めたサイモンは、スレードの忠告は理解していたが、自分がすべきことをした。

「チーム内で、あれこれとキミに伝えなければならないことがあると催促されたが、私はサイモンに伝えなくていいと言った。ドライバーを煩わせない方が良いと勧めたのも確かだ。ただし、ドライバーに伝えなければならない時もある。あの場面では連絡をしても不思議ではなかった。特に問題があったとは思っていない」

スレードは、ドライバーとエンジニアの立場を両方とも理解していると言った。キミはレースをリードした。レニーは興奮してしまい無線で指示を出した。一方ドライバーは指示通りにしているから、自分をそっとしておいてほしいと声を荒らげて返しただけのことだ。

「レース中にキミと無線でコミュニケーションをとった。彼が感情的になる時は、すべて順調というサインだ。キミなりに何をすべきか知っていると言うことで、完全に集中できていると伝えたかったのだ。ずっとバックミラーに赤いマシンが見え隠れしている状況だったから、キミが集中力を途切らせてはいけない場面でもあった。無線での発言は、単に彼なりの伝え方だ。本当に悪意をもって発言したわけではない。彼は完全に集中していて、指示されたことは承知していると伝えたかっただけだ。それは本当にキミが順調に走れている証なんだ」とスレードは、私のレコーダーに向かって主張した。

セーフティカーが導入された状況で大きなリードを失

ってしまうことは、レースエンジニアにとって、どのくらい気を揉むことなのか。

「レース中ずっと心配しているよ。特に2回目のセーフティカー導入時は、本当に不安になった。私たちはタイヤの温度を保つことに問題を抱えていたからね。今回はキミが完璧にケアしてくれたおかげで助かった。再スタートで、すぐにタイヤの性能が落ちないようにしてくれた。最初の2周でアロンソに0・5秒差をつけたことが勝因となった」

「最高のレースとは、簡単に勝てないレースで勝つことだ。走っている瞬間は楽しんでなんかいられないが、勝利の瞬間に『やった！』と歓喜の雄叫びが出る。僕たちは本当に素晴らしい仕事をしたし、この勝利を忘れることはないだろう。私はアブダビでの今回の優勝は、2005年にキミが17番グリッドから優勝した鈴鹿と同列と考えている。この勝利は、それに匹敵するパフォーマンスだった。キミとはこのような勝利を多く経験してきた。例えば2004年のスパ、2005年のモナコ、2005年のハンガリーなどが、それだ」とスレードは答えた。

シーズンが終わり、スペインで行われたシーズンオフのテストで、私はアブダビでの出来事を思い返した。キミのレース中の発言で意気消沈してしまったサイモン・レニーはレッドブルへ移籍し、マーク・ウェバーのレースエンジニアとなった。スレードは現在もロータスのエンジニアたちを統括している。

「サイモンは予選と決勝で、キミとコミュニケーションをとる役割だった。私はフリー走行3回目までエンジニアの仕事を担当していた。今後は、またサイモンの役割も私が担う。以前マクラーレンで私とキミが仕事していた状態に戻ることになる」

アブダビでは「ほっといてくれ」発言が大きな話題になった。スレードは、この件に驚いただろうか。

「驚いたかだって？　そんなのは慣れているよ。だってキミがマシンに乗って熱いバトルに集中している時、話しかけられるのが嫌いなのは十分承知しているからね。あの場面でも何も異常なことはなかった。強いて言うなら、話していたことがテレビで流れてしまって、それを大観衆が初めて耳にしただけだ」

ドライバーによってコミュニケーションの取り方に違いがあるのか。

「常に情報を把握していないと気が済まないドライバーもいれば、そうでないドライバーもいる。キミは極端な方で『ほっといてくれ』ということになる。私と一緒に仕事をしたドライバーたちは、みんなマシン開発の面でも優秀で、献身的に働いてくれる。彼らが意見を言って、必要なことを一緒に話し合いながら作業を進める」

「ミカ・ハッキネンはレース中に話しかけるのを好まなかった。その意味で彼はキミと同じタイプだ。私たちはヘイキ・コバライネンとも他のフィンランド人と同じように仕事をした。彼は当時とても若かったから、もしかすると、もっと情報を伝えてもらえるものと期待していたかもしれない。ルノーで走っていた時は多くのインフォメーションを得ていたようだ。彼はマシンに加えられた変更についての情報を、もっと知りたがっていたとしても不思議ではない」とスレードは、これまでのフィンランド人ドライバーとの関係を教えてくれた。

「フェルナンド・アロンソも無線で情報を欲しがるタイプだと私は思っている。それ以前に担当したドライバーたちは無線での連絡が好きではなかったから、アロンソのニーズを全く理解していなかったようだ。もしタイムマシンで昔に戻れたら、フェルナンドと違った方法でやりとりしていただろうし、もっと多くの情報を与えていたと思う。ミハエル・シューマッハは、その点はっきりしていた。最初からすべての情報を伝えるよう私に指示した」とスレードはメルセデスでの短い経験を語ってくれた。

この後も私はパドックにいるマーク・スレードとキミのレース人生の節目節目で話し合った。最近会ったのは2019年シーズンの終わりだ。その時は再び「ほっといてくれ」のパラドックスを取り上げた。

「それを言われたのは私じゃなくてサイモンだ。キミは彼に噛みついた。正直に言うと、キミがかなり張り詰めていてサイモンの指示に過剰に反応しただけだ。サイモンがしつこかったのかもしれないが、あの場面では誰でもそうしていたよ」

「キミは、復帰してからも極めて優秀なドライバーだった。落ち着いていたし、その年は本当に速かった。2013年前半もシルバーストン後にタイヤを変更するまでは驚異的な速さを見せつけた。それまでキミは、どのレースでもロマン・グロージャンを上回っていた。しかし、タイヤの変更が彼には悪影響として出たようだ」とスレードは過去を総括した。

英国『オートスポーツ』誌のF1特集号に、キミの無線コメントについて風刺画が掲載された。ロータスのナンバー「9」のマシンのトランクで6人のエンジニアが競い合ってドライバーに指示を出して叫んでいる絵が描かれていて、「アロンソが迫っている、私たちは燃料を消費し過ぎている、攻め過ぎだ、ブレーキの温度を注視しろ」。彼らにキミは「ほっといてくれ、何をすればいいかは、わかっている」と答えていた。

風刺画のタイトルは「後部座席のドライバー」だった。キミの威勢の良いコメントは電波に流れた途端に古典となった。数日後の報道で、キミはレース無線の文豪と揶揄されたが、当の本人は気にしていなかった。

「僕たちが無線で話していたことがテレビで放映されたと聞いた。僕は、どのくらいレースに集中したいのか、仕事をさせてほしいのか、レースに勝ちたいのかって伝えただけだ。後ろにいるアロンソとの差がどのくらいあるかを伝えてくれれば僕には十分だった」とキミはまとめた。

私は、その時の発言が刺繍されたパーカーを1枚所有している。しかし記念の印が無駄に着古されないように、あえてまだ身につけていない。

84 — 情報源、ティートゥス

　私が青年だった1960年代にフィンランドで最も賢い男性はクイズ王のエスコ・キヴィコスキだった。彼と競ったエストニア人のクイズ王ハルディ・ティドゥスのことも記憶に残っている。数十年経った2013年に、このエストニアで最も賢い男性のことを思い出す出来事が起こった。キミの兄ラミの息子の名前がティートゥス・ライコネンで、ティートゥスとティドゥスという二つの似た名前が私の頭の中で入り混じってしまったのだ。

　2013年2月から3月に行われた開幕前テストは、キミにとって散々な結果だった。バルセロナで残り2日しかない仕上げのテスト日に食中毒に見舞われてしまった。

　キミは金曜日の昼に海老と魚を食べた。そして翌朝に具合が悪くなった。

「キミのお腹は空っぽだ。少なくとも土曜日は運転できる状態ではなかったが、日曜日には、どうにか回復してくれそうだ」と近況をメールでやりとりしていたフィジカルトレーナーのマーク・アーナルが、土曜日の朝の状況を説明してくれた。

　日曜日に体調が回復したキミは、いつものようにサーキットへ到着し、テスト最終日のウォームアップをするためコースに出て行った。ロータスのマシンは数周走り終えるとピットへ戻り、その後しばらく走行を再開する様子はなかった。

　多くのメディア関係者は私がチームと直接コンタクトが取れると思っていて、キミがコースへ出てこない理由を私に尋ねにきた。私は機転を利かせて、二日酔いが原因だろう……と主張し、その場をやり過ごした。

　私は何か助けとなることがないだろうかとパドック周辺をしばらく歩き回っていた。そんな日曜の朝に、ひょんなことから過去最年少の情報屋と出会うことになった。

　状況が進展しないので、私は何が原因なのかを確かめることにした。ロータスのブースへ足を運ぶと、ラミ・ライコネンが息子たち、ユストゥスとティートゥスと一緒にテーブルを囲んでいた。私はキミの甥っ子たちと前日に初めて会っていた。そしてすぐに子どもたちと話をする間柄になった。

挨拶もそこそこに、そのテーブルでライコネン一族で最年少のティートゥス（6歳を少し過ぎた少年の見た目は、手を腰に当ててロータスのキャップを斜めに深く被り、ところどころ歯が生え変わって抜けている）が「キミの車に何が起こったか知らないの？」と私に質問してきた。ちょうどそれを調べに来たんだと答えると「ギアボックスからオイルが外にあふれて、運転できなくなっちゃったの」とティートゥスが教えてくれた。

時に、このようにしてニュースを知ることもある……。

私は急いでプレスルームへ戻り、この件を他の記者が知る前に記事を掲載した。もちろんロータスチームの馴染みの関係者に裏取りしている。

その日キミの甥っ子たちは、父親とコースエリアのあちらこちらを見学していた。移動する度にサーキットの職員が彼らに付きっきりで対応した。ティートゥスは叔父さんのキミからクリスマスにプレゼントされたｉＰａｄでマシンとその場にいたピットクルーを撮影した。兄弟はサーキットで楽しい一日を過ごした。その日の終わりに彼らは、キミがチャーターした飛行機で新しい冒険へ旅立っていった。

シーズン開幕戦で優勝したキミは、まるでロト7に当選したようだった。ナンバー7のマシンでアルバート・パーク・サーキットで行われたオーストラリアGPの決勝を7番グリッドからスタートしてトップでチェッカーを受けたのだ。

同時にキミは5年ぶりに選手権をリードした。なお、この年を最後にキミはタイトル争いから見放されている。私は前回オーストラリアで勝利した時に、世界チャンピオンになったねと上機嫌のキミに声をかけた。

「そうだね。でも一度しかそうなったことはない」と彼は返した。

キミの二度のオーストラリアでの優勝に共通することは、どちらも新人フィンランド人ドライバーがF1デビューした年だった。２００７年にヘイキ・コバライネンが、２０１３年にはバルテリ・ボッタスがＦ１ドライバーとなった。

キミはＦ１で最も楽な勝利の一つとなった二度目のオーストラリアＧＰ制覇に感謝した。私は当時レースエンジニアを務めていたマーク・スレードに楽に勝てた理由は何か質問した。

「マシンのバランスが取れていて快適に走れたことが、その理由だ。つまり私たちはタイヤを効率良く使うことができた。タイヤが少しでも扱い難くて壊れやすいと車のバランスを取ることができない。そして早い段階でダメージに繋がる。すべてが想定していた範囲内で収まって、楽に勝利することができた。他のチームよりタイヤを上手に使えたことが勝因だ」

85 ── ミントゥのデビュー

２０１３年ハンガリーGPで、カメラマンと記者たちは、これまでにないぐらいロータスに注目していた。正面玄関の近くで素性のわからない二人の美女が手すりにもたれかかっていたからだ。

パドックでは、キミの新しいガールフレンドではないかという噂が一気に広がった。

金髪の女性と黒髪の女性がいたのだが、どういうわけかキミの新しい彼女はブロンドだと世界に配信された。実は黒髪の方がミントゥ・ビルタネンだ。その時ミントゥはボーイフレンドの仕事の様子を間近で見るために初めてサーキットを訪れていたのだ。

６年後の２０１９年に同じハンガロリンクのパドックで私はミントゥにインタビューを行い、当時のことを質問した。ブロンドの女性と一緒にいたのは、意図的にメディアを煙に巻こうとしたのですか。

「そんなつもりはなかったわ。ブロンドの方がメディア受けする選択肢だったんじゃないかしら」とミントゥは答えた。

キミとイェンニ・ダールマン＝ライコネンは２０１３年の冬に別居していることを公表し、２０１４年秋に離婚が成立した。ミントゥとキミの馴れ初めは２０１３年の真夏にフィンランドで行われたヘルシンキ・ナイトというイベントだった。

その日、社交界で……。

霧雨降る木曜日の午後、ハンガロリンクのパドックへキミがのんびり歩いて来た。もちろんF１メディアが去就に注目し続けていることを彼は十分承知していた。そこでキミは何を答えればスムーズに対応できるか準備していた。

「僕が知る限り状況は以前と変わらない。すべての可能性がある。まだ来シーズンの契約をしていないし、どの方向へ行くかも決めていない。だから今、来年のことを考えるなんて無駄なことはしないよ」

ハンガリーは素晴らしい成績を残している場所だ。そこでキミは75回目のトロフィーを獲得し、フィンランド人としてF1史上150回目の表彰台に上がった。キミは最高のタイミングで休暇に入ることができた。7月に2位に2回入賞し、タイトル争いで好位置につけている。さらに休暇明けのレースは、お気に入りのスパで行われる。しかし残念なことに、このハンガリー以降キミが連続でポイントを獲得してきた記録が途絶えてしまう。28戦連続入賞が期待されたベルギーでのレースは、ロータスでの初リタイアとなってしまった。ヘルメットのバイザーから剥がされたティアオフシールドがブレーキ冷却口を塞いでしまったことが原因だった。

86 ― ロシアンルーレット

２０１３年イタリアＧＰの時、ドライバー移籍市場で一番注目を浴びていたのはキミ・ライコネンだったが、レースでは低迷が続いていた。そういうこともあってフィンランドでは、彼が本当にフェラーリへの復帰を果たすのだろうかという思いが人々の頭の中に渦巻いていた。

キミは今後の去就について洪水のように押し寄せる、シーズンで最も厳しい質問にどう答えるか決めていた。低迷が続く彼をフェラーリが獲得すれば、非常に批判的なイタリアのメディアの格好の餌食になってしまうような状況だった。

「前回のレースから何も変わっていないよ。あなたたちは事あるごとに同じ質問ばかりしてくる。何回聞かれても前と同じ答えしか持ち合わせていないよ」とキミは繰り返される質問に挨拶代わりに答えた。

どういうわけか、私が記者仲間と話をすると、いつも同じ内容に帰結してしまう。結局のところキミはＦ１というスポーツに欠かせないヒーローということだ。本人は人気者になろうなどとは思っていない。その反対で普段から彼は無愛想にも、すべての質問に手短に答えてきた。これについても、むしろ短い回答が美徳とみなされてしまっている感がある。

このような振る舞いが逆に、図らずもキミの人気を不動のものにしている。ありのままの自分でいる以外には何ひとつ抵抗などしていないのに、不思議なことにＦ１ドライバーの中で異端児扱いされている。

「私たちには、もっと異端的なトップドライバーが必要だ。キミは私たちのジェームス・ハントだ」と『アウト・モトール・ウント・シュポルト』の記者であるミハエル・シュミットが認めているほどだ。

フェルナンド・アロンソとキミ・ライコネンがフェラーリでチームメイトとなるかもしれないという情報は、各チーム関係者をむず痒くさせた。この情報に関して、私は三者三様の反応を記者たちから聞き出すことができた。

『オートスポーツ』を定年退職したコラムニストの先

駆者であるナイジェル・ルーバックは、そのようなコンビが実現する可能性は低いと見ていたが、実現した場合それが何を意味するのか先読みすることに興味津々だった。

「どうなるかと言うのは難しい。私が知る限りアラン・プロストの全盛期、彼はいかなる状況でも感情を爆発させない人物だった。しかしアイルトン・セナがチームメイトになると、プロストは感情を抑えることができなかった。仮にアロンソがライコネンと一緒に走り、キミの方が速いと、その状況で彼らの関係性が試されることになるだろう。私はカナダで起こった出来事を覚えている。その時ジャンカルロ・フィジケラがアロンソより速かった。すると、アロンソは感情を抑えきれなくなりクラッシュしてしまった。いずれにせよアロンソとライコネンのコンビは、フェラーリに大量のポイントをもたらす非常に強力なコンビになると思っている。プロストとセナに匹敵する最強のコンビだろう。フェルナンドとキミは世界でトップ4に入るドライバーのうちの2人なのだから」

1996年の世界チャンピオンであるデイモン・ヒルは、こう考えを示した。

「二人は経験の面でも速さの面でも全チームで最強のドライバーだ。両者とも素晴らしい世界チャンピオンだということは間違いない。その二人がタッグを組めば非常に強力になると思っている。お互い激しく争うようなことになれば、そこから問題が生じるかもしれない。あのレベルに達した二人が同じチームにいれば、危険と隣り合わせであるのは否めない。ディ・モンテゼモロは、同じ鶏小屋に二羽の雄鶏を入れてはいけないと言っていたけれど、そのようなコンビが必ず良好な関係で居続けられないと言い切れるわけでもない」

『アウト・モトール・ウント・シュポルト』誌のミハエル・シュミットは次のように語った。

「キミとフェルナンドがチームメイトだって。それはうまくいかないよ。それは戦争のようなものだ。キミ側からではなく、確実にフェルナンド側から開戦するだろう。アロンソは何でも自分のものにしたがるドライバーだ。ベッテルに似ているが、ベッテルがレッドブルへ来た時、すでにそこにはウェバーがいた。なのでセバスチャンはウェバーと一緒に走りたくないなんて言えなかった。彼ら二人は、その手のドライバーだ。みんなの注目を浴びないと気が済まない。そうされているうちは、彼らはとても優秀なドライバーだ。かつてネルソン・ピケが、自分がタイトルを獲得しようとしているのに、別のドライバーに力を注ぐのは馬鹿げていると発言したことを思い出す。このことはキミには何も問題にならないと思う。モントーヤと一緒でもキミは問題を起こさなかった。一方モントーヤはチームでうまくやっていけなかった」

ＭＴＶ3のミカ・サロは、こう語った。

「そのようなコンビになっても、キミに問題が降りかかるとは思っていない。そのコンビを目にするのは非常に興味深い。予選の1周だけならアロンソに少し分があると思うけれど、レースになれば二人はかなり接戦になる。例のプロストとセナのような状況だ。アロンソのことを話すのは難しいが、そっちから何か火種が飛んでくると思っている。キミは他人が何をしていようが気にしないことで有名だから、アロンソが何かをしたとしてもキミに問題はないと思う。もちろんレースの途中でアロンソがキミをブロックするようなことがあれば、キミの方から火がつく可能性もある。このコンビの実現は興味深いことだと思っているが、本当に成立するのか見守るしかない」

『フォーミュラ・プレス』のルイス・バスコンセロスは、こう語った。

「キミが来年の開幕戦でフェルナンドに勝ったら、戦争が始まる。フェルナンドはそのような状況に、そもそも耐えられない。このコンビには大きなリスクが存在する。メルボルンで、キミはいつも速い。一方フェルナンドは多くの場合トップスピードに至るまで何らかのトラブルを抱えてきた。アロンソが状況を支配してシーズン前半までにキミに対して優位に立っていれば、それが唯一フェラーリで大きな内部対立を回避できる展開だ」

イタリアのスカイスポーツのカルロ・ヴァンジーニは、こう語った。

「キミがフェルナンドのチームメイトになったら、フェルナンドはドライバーとして自分の方が優れていることを証明しなければならない。彼はフェラーリにタイトルをもたらすために雇われたが、今のところ達成できていない。キミの方にはアロンソがチームメイトであっても同じようなプレッシャーがかからない。すでにキミはフェラーリでタイトルを獲得して、実力を証明している。キミは安定したパフォーマンスをするだけで十分だ。ただしフェリペ・マッサよりも速いということは示さなければならない」

フェラーリの会長であるルカ・ディ・モンテゼモロは、以前にキミと舞台裏でいろいろあった。再びキミと仕事をすることを彼はどう思っているのか。

「過去に何かあったとでも言うのかな。私たちは、その時に世界チャンピオンになったんだぞ」とモンテゼモロは答えた。

夏の間ずっとそうだったが、とりわけここ最近は国際的なＦ１メディアが来季のキミの動向を執拗に質問していた。そのことをキミがどれだけ迷惑と感じていたのだろうかと、私自身もモンツァの夜に自覚するようになった。というのも、その夜にプレスセンターで各国の記者に囲まれて移籍に関する私の意見を述べることになった。その時、私はキミの気持ちが多少なりとも理解できる状況に追い込まれていたのだ。

87 ― マラネロの火種

2013年9月11日水曜日、米国を象徴する世界貿易センターのツインタワーがテロ攻撃で崩壊してから12年後の同じ日に、F1界に衝撃が走った。フェラーリが2014年から2015年に向けて2年間の契約をキミ・ライコネンと交わし、イタリアのチームに復帰すると公表したのだ。

だいぶ前から噂は出回っていたが、それに確信を持てる専門家はほとんどいなかった。守秘義務もあって正直なことは言えないが、私は誰からもキミがフェラーリへ復帰するという話を持ちかけられてさえいなかった。

それから「おかえり、キミ！」という情報が目の前に飛び込んできた。

「僕はフェラーリに戻ってくることができて幸せだ。このチームでタイトルを獲ったことがあるしチームのことをよく知っている」とキミは話した。

このような雰囲気の中、フェラーリはライコネン復帰のニュースを公式ウェブサイトで公表した。世界中のメディアが、この件を確実な情報として報道する準備を整えていたが、フェラーリは1日遅れでニュースを公表した。再び交渉の最前線で手柄を上げたスティーブ・ロバートソンは、交渉相手のルカ・ディ・モンテゼモロとの話し合いは、もう少し長引く可能性があったが、週の初めに何とか契約に漕ぎ着けたと明かした。

この頃マネージャーのプライベートでは人知れず不幸なことが起こっていた。2013年の秋にデイビッド・ロバートソンが喉頭癌と診断されたのだ。彼はアメリカで治療を行ったが、2014年2月に息を引き取った。ちょうどキミがフェラーリのドライバーとして二度目の活動を開始する前のことだった。

一人で契約交渉の重責を担ったスティーブは、フェラーリの首脳陣と面会した後、キミ本人がフェラーリを最適なチームだと認識したのだと語った。それをキミ本人も認めている。

「正直、気分が良いよ。彼らが本当に僕を欲しがっているることがわかった。僕はチームが何を与え、どのように機能しているかも知っている。チームを選ぶ時、それが最も重要な要因になる。それに彼らは僕の復帰を喜んでくれた。最後に一緒に走った2009年のマシンは最強ではなかったけれど、そのマシンで結果を残した。そのことが良いイメージとして残っていた」

アロンソは、キミがF1を始めてから最も相性の悪いチームメイトになるのか、私はマネージャーに意見を聞いてみた。

「アロンソは素晴らしいドライバーだ。それに関しては誰も疑っていない。新しいレギュレーションに伴うマシンとエンジン面での変更を考えると、フェラーリには開発作業に携わる二人のトップドライバーがいることは有利だ。もちろん彼らはフェラーリにドライバーとコンストラクターズ両方の選手権で勝利するために雇われている。二人は全く違う個性を持っているが、私はチームプレーに徹してくれると信じている。少なくともメディアや私たちファンにとって見どころ満載なのは確かだ」

2014年に向けてキミは、どのように最適なチームを選んだのか。

「少し前にキミは、彼にとって最も大事なことは、自分が最も正しいと感じるチームを選ぶことだと言った。フェラーリの重要人物たちと面会した後に、彼はこのチームが正しい選択だと感じたのだろう」とロバートソンは語った。

キミがラリーからF1に戻り、ロータスで優勝して、すでに史上最高の復帰劇を成し遂げたとマネージャーは力説した。

「私はキミに復帰するように頼んでいない。彼は自ら復帰を望んだ。彼には決して言わなかったが、2009年にF1をやめるには年齢的に若すぎると私は思っていた。しばらくして彼が復帰したいと連絡を取ってきた。正直驚いたし、難しいかもしれないと思っていた。その頃に復帰したミハエル・シューマッハが困難を抱えていたからだ。私たちは、うまい具合にキミを復帰させることができた。そしてキミが最高のカムバック劇を披露した。それがフェラーリ復帰へ繋がった」

シンガポールで高温多湿のレースを控える週末の最初に、私はキミと同席した。その場所はロータスの広報担当アンディ・ストバートが私のために用意してくれたものので、テーブルには「予約席：キミ・ライコネン」と札が置かれていた。

ロータスのブースではエンジニアたちがモッツァレラサラダと他のご馳走で皿を満たしているのを横目に、キミは額に汗しながら珍しくも落ち着いてメールや書簡で送られてきたメディアの質問に答えていた。『トゥルン・サノマット』紙と『ヘルシンギン・サノマット』紙のために私が行ったインタビューにも同じように気軽に答えてくれた。

長時間に及ぶ取材に寛大すぎる対応を見せたキミの態度から、どれだけ彼が気持ちを伝えたかったのか察することができた。フェラーリの首脳陣が熱心に自分をチームに連れ戻そうとしていたことを、キミは何度も満足そうに話した。1年前にはルイス・ハミルトンのマクラーレンからメルセデスへの大型移籍が報じられた。今回それがライコネンのフェラーリ復帰だった。

私はフェラーリに移籍が決まったキミに心境を聞いた。

「僕の気分は何も変わらないよ。簡単な選択だった。チームを知っていたし、そこで働く人たちのことも知っている。この段階で来シーズンがどう展開するかなんて言うのは不可能だ。何年もF1にいるとわかることだが、ルールが大きく変わる状況で新たなシーズンが始まると、チームが大きいほど有利だ」

なぜフェラーリに戻ろうと決めたのですか。

「なぜダメだと思うの。僕にとって最善の選択肢だった。このチームに入れるチャンスは滅多に巡ってこない。多くの友人がいるし、チームが僕のことを本当に望んでいるという熱意が伝わった。僕は自分にとって最善の選択肢を求めていると、ずっと言っている。F1に復帰した時、タイトルを争える場所を望んでいた。さらにもう一度タイトルを勝ち獲るために今回フェラーリに移ることを決めた」

2006年のモンツァでキミは現役を引退するならフェラーリでと思っていた。それはまさにマラネロの関係者とともに最初の契約を正式に発表した時だった。今回シンガポールのパドックで、私たちはこの話題について再び話し合った。

自分のキャリアを終えるためにフェラーリへ戻ったのですか。

「まだ確かなことは言えないけれど、おそらくそうなると思う。これ以上何が起ころうが、僕は新たな契約を交わそうとは思っていない」と10月で34歳になろうとしていたキミは考えを巡らせた。

かつて追い出されたチームへ復帰することを、どのように感じていますか。

「僕が、そこへ戻りたいんだ。それと彼らが僕を取り戻したいんだ。それ以上のことは何も考えていない。もちろん違う形で対応すべきこともあったのかもしれないが、それはもう過去のことだ。今さら言ってもしょうがない」

チームメイトのフェルナンド・アロンソに関してはどうですか。

「レースのことしか考えていないよ。彼と初めて同じマシンに乗る。みんなで同じ大きな目標を成し遂げるために努力する。チームで何か問題が生じるとは思っていない」

「僕たちは、もういい大人だ。どうやったらうまくいくか知っている。チームも何をするか知っている。もう20代じゃないんだから、必要に応じて率直に話し合うよ。レースになれば確実に激しいバトルになるが、僕は問題ないと確信している」

アロンソとゴーカート時代から一緒に走っていますが、これまで彼との間に確執のようなものは何もないのですか。

「少なくとも僕は何かあったかすら覚えていない。何かあったとすれば、毎回その場で話し合って、すぐに片付けたはずだ」

契約でアロンソと同じ条件が保証されていますか。

「僕が理解している限りでは、もちろんそうだ」

それではアロンソの政治的な面はどうですか。

「彼が政治的かどうかは知らない。政治的なことに関心がないし、なぜそんなことをするのかも理解できない。僕たちはチームとして一緒に勝つ。それがみんなにとって最も大切なことだ」

アンドレア・ステラは、フェラーリでライコネンとアロンソのレースエンジニアを務めていた。

「マラネロはキミが復帰してくれて歓迎ムードになっている。実は4年前、キミがチームを去らなければならなかったことをチームは本当に申し訳ないと思っていたからね。２００９年シーズン後半のキミの走りは強烈な印象を残した。そのシーズンは彼に満足のいくマシンを提供できなかったけれど、彼は連続ポイントを獲得してチームに貢献してくれた。その時に一度、優勝もしている。キミのチームへの復帰は大歓迎だ」とステラは目を輝かせた。

　モンテゼモロが決定を下した時、アロンソと対等に扱うことを明言していた。彼によるとチーム代表のステファノ・ドメニカリが、マッサの後任としてライコネンを最も強く推していたそうだ。

　マーティン・ウィットマーシュは、マクラーレンのチーム代表としてアロンソとライコネン双方と仕事をしたことがある。シンガポールのパドックで、二人のドライバーがフェラーリで一緒に上手くやっていけるか、私は彼に質問した。

「このコンビがうまく行くとは思っていない。キミはチームメイトが誰かを気にしないが、フェルナンドはキミがチームメイトであることを好まない」

88 — 兄弟愛とは程遠い

フェラーリは、2009年シーズン終了後にキミ・ライコネンをフェルナンド・アロンソと入れ替えた。その時は世界で最も伝説的なレーシングチームと密に仕事をしてきた期間が過ぎ去るのだと私も覚悟していた。しかし広報担当のルカ・コラヤンニは、これまでのように私と連絡を取り合うと約束してくれた。

2010年の夏頃、私はアロンソとの特別なインタビューを行うことができるか、コラヤンニに確認をとった。彼は顎をさすりながらスケジュールを確認し、ドイツGPの週末に適当な空き時間を見つけてくれた。

「ホッケンハイムで行いましょう」と広報部長は約束した。

そういうわけで2010年7月22日の暑さが厳しい夏に私はホッケンハイムのパドックに向かった。そして馴染みのフェラーリのモーターホームの2階でインタビューの時間を待った。フェルナンドが私の前へ連れてこられた。私たちはお互いを知っていた。それまではライバルチームにいたので張り詰めた雰囲気になるかと思われたが、アロンソの落ち着いて陽気な佇まいはインタビューを楽しいものにしてくれた。

後になってわかったことだが、フェルナンドは親切に振る舞ってフィンランド人のインタビュアーが望んでいる回答をすることで、ご機嫌を取りたかったようだ。

こういった政治的な駆け引きは、ライコネンがアロンソのチームメイトとして2014年にフェラーリに加入した時に、あらためて明らかになった。アロンソは、最も近い同僚であるチームメイトにフィンランド人が選ばれる前に、キミの周りにいる者たちを自分の方に取り込むことでキミとの戦いに備えたのだ。直接そのことを記事にしないようインタビューをする度にキミに頼まれていたけれど、結局キミはアロンソのそのような政治的な面に不満を漏らしていた。

ともあれ、2010年7月、ドイツGPの木曜日にホッケンハイムでアロンソに行ったインタビューに話を戻そう。時間が経つにつれて、フェルナンドは弄ぶような含み笑いをしていた。このインタビューのコメントを記事にするなら、タイトルは「アロンソは誠実なライコネンを恋しく思っている」となる。

開幕前テストの後にフェルナンド・アロンソは、フェラーリF10が自身のキャリアで最高のマシンだと明言した。7月の時点で彼はランキングで5位だったが、それでもF10が最高のマシンだという考えを変えなかった。

アロンソがタイトルを獲得した時と比べると状況は異なっていた。2005年は選手権をリードしたままキミとタイトルを争い、同様に2006年はミハエル・シューマッハと争った。その時は4人のドライバーが勝利する混乱した状況で、アロンソは追いかける立場となった。

「今は私がタイトルを獲った時よりもレース数が多い。タイトル争いで私の前に4人のドライバーがいるから、自分の順位を改善しなければならない。状況を厄介にさせているのは、一人の相手に集中できないことだ」

長い間ライバルだったキミ・ライコネンがF1サーキットから消えた。アロンソにとって、そのことは何を意味するのか。

「キミは全く特別なF1ドライバーだ。性格も違う。優秀なドライバーで、私が知っている最もフェアなライバルだ。キミは尊敬されていて、尊敬すべきレーサーだ。キミとバトルをしていると、オーバーテイクでも安全な感覚がある。彼は常にフェアな運転をするからね」とアロンソはキミを称賛した。

「24名のドライバーはキミがいなくなってしまって明らかに寂しがっている。私は、彼がラリーを満喫していると思っている。でも、また戻ってくるなら歓迎するよ」

キミが走っているラリーを観戦していますか。

「もちろんだ。キミは、もう優秀なラリードライバーだ。経験の面で対戦相手が数年先を行っていると、キミだって戦うのは容易ではない。そうは言っても、ラリーでも優勝すると思っている。彼がラリーでも世界チャンピオンになることを心の底から願っている」

キミのように数年を要する新たな世界に飛び込む忍耐力が、アロンソにもあるのか尋ねてみた。

「参戦しようと思うほどラリーを愛していない。それに耐え得る忍耐力もない。ラリーは競争が激しい種目だし、学ぶことも多い。DTM（ドイツ・ツーリングカー選手権）と少し似ている。どちらも見ている分には良いが、自分が参加するとなると慣れるまでに1年か2年は必要になる」

特にフィンランド人のF1ファンは、なぜフェリペ・マッサが予選でライコネンと互角に争うことができたのか不思議に思っている。一方でアロンソはブラジル人（マッサ）を7対2で圧倒した。そのことについて、私はアロンソに質問した。

「答えられないよ。キミは最終的にマシンをものにできたのに対して、フェリペはそれができなかったのかもしれない。もし一緒にチームにいれば、私が今そうであるようにキミがフェリペの前にいると思う。今年フェリペは予選でタイヤの温度調整に問題を抱えていたが、フリー走行と決勝で私たちの実力は拮抗していた」とアロンソは論じた。

ライコネンはシミュレーターを嫌った。キミがシミュレーターで車酔いしたと聞いて、アロンソは笑い出した。

「多くは言えないが、何かしらの作業をシミュレーターで行う。シミュレーターの結果の半分は正しいが、残り半分は検証する必要がある。シミュレーターは優れたツールだ。しかし、フェラーリの哲学は、本物のマシンだけが現実というものだ」

あなた自身はフェラーリ後のレース人生を考えていますか。どこか他のチームで走っていると想像することができますか。

「フェラーリに来るとすべてが変わる。このチームで走ると引退するまでフェラーリのドライバーでいたいと思うようになる。人生すべてを変えてしまう。いつか私がやめたら、子どもたちや孫たちに自分がフェラーリのドライバーだったと語ることができる。他のチームにどれだけ長くいても、その合計をフェラーリは上回る。フェラーリで走った後に、もはや他のチームで走るのは不可能だ」

私はインタビューを記事にまとめることにした。ただし記事を書くにあたって、二人のチャンピオンの関係性を政治的な駆け引きを抜きに解釈することにした。

フェルナンド・アロンソは傲慢なトップドライバーと

して知られている。チームメイトの利益が損なわれても、さほど気にせずアクセルを踏み続けるからだ。つまり、アロンソは自分の利益を優先するタイプのドライバーだ。

普段インタビューでスペイン人のスターは、瞬きもせずに率直に自分の考えを連射するように話す。しかし少人数の仲間内では、アロンソの存在感は変わってしまう。目の前に臆病な男子学生が現れたかと思うほど大人しくなってしまうのだ。

アロンソの返答は筋が通っていて、立場を明確にしている。しかし間違っても、質問者の目を見て話さない。海外で言葉が通じない外国人のように世界的スターは臆病にも視線を絶えず下に向けている。

アロンソが親密にしている人物によると、彼は誰も信頼していないし、誰もが彼の敵だと思っていて常にそれに備えている。それが彼の振る舞いの根本にあるようだ。確かに彼はフィンランド人と一緒にいても、自分が1年前倒しでフェラーリのドライバーになったことを何も気にしていなかったようだった。

89 — コルチゾンと不屈の魂

シンガポールの週末は、大型移籍のニュースで始まった。キミの2年契約がフェラーリと結ばれたことが水曜日に公表されたのだ。この週末もう一つ話題をさらったのは、フリー走行で背中を負傷したキミの衝突事故だった。そのことが公になったのはマリーナベイ・ストリート・サーキットで予選が終わる直前だった。当初それは軽視されていた。

土曜日にキミは背中に強い痛みを感じた。シンガポールの慌ただしい予選が1時間後に迫っていた頃、ファーストドライバーは痛みを抱えながら休憩室で横になっていた。ロータスのブースは大騒ぎになっていた。

ロータスのイタリア人サードドライバーのダヴィデ・ヴァルセッキが緊急招集された。ダヴィデが最後にマシンを操縦したのは7月で、それ以降は何も準備していなかった。レースエンジニアのスレードは予選に備えて、この若者に助言を与えた。

マーク・アーナルは不安を感じてマクラーレンの医師アキ・ヒンツァに助けを求めた。キミの症状を和らげるためにコルチゾンが投与された。最終的にキミが予選に出走することになったが、容態を見ながら、その先のことを検討すると決まった。金曜日に行われた最初のフリー走行の1周目、コースの縁石に激しく乗り上げた時にキミの背中に耐えられないほどの痛みが走った。「完全にお釈迦だ」とキミ本人が表現したように、土曜日の朝に背中の状態は悪化していた。

「フリー走行を途中で止めようと考えた。この週末はもう走れないだろうと思った。痛みは朝、最も強かった。それからフリー走行で、もうこれ以上は無理だと感じた時に手を抜いて走った。幸いにもアキの治療が功を奏し、マシンをスターティンググリッドまで持っていくことができた」とキミは激痛に苦しめられた日のことを思い返した。

「僕が背中を痛めて走るのは、これが初めてじゃない」

「それに、これが最後になるとも思っていない。決勝で症状が改善していることを願っている。また朝のような激痛が走ったら、レースは恐ろしいほど厄介になる」

これまでヒンツァは何度もキミを助けたことがあった。そしてシンガポールでの緊急事態の時に彼の助けは何物にも代え難いものとなった。カイロプラクティックが効かなければ別の治療が必要になる。

「コルチゾンの投与で痛みはなくなった。現場で彼をレースで走れる状態に回復させることができて嬉しいよ」と医者は答えた。

世間ではキミの痛みの原因について乱暴すぎる話がそこかしこで流れていたので、私はヒンツァの詳細な分析に従って一連の出来事について記事を書いた。

金曜日の最初のフリー走行で、1周目にライコネンは縁石を越えて走った。その時に体が急激に揺さぶられ、背骨が動いた。そして脊椎が圧迫され、呼吸が阻害された。ロータスのシートは僅かに傾いていて、それが運転姿勢に影響を与えた。その後に右に曲がるコーナーでブレーキを強く左足で踏んだ時に毎回、耐えきれないほどの痛みを感じるようなった。

フリー走行が終了すると、カイロプラクティックの施術で脊椎を圧迫している骨の位置を下の方へ解放しようと努めたが、土曜日の朝に痛みはさらに酷くなっていた。フリー走行でキミは走るのを止めるつもりだったが、最終的には続行した。予選にも調整不足でスピードの出ないマシンで参加した。予選の時点で背中の症状は非ステロイド性抗炎症薬で、辛うじて楽になっていた。

キミは13番グリッドとなり、2戦連続で予選Q3進出を逃してしまった。ミーティングには参加せず、背中を真っすぐに伸ばすため仲間のヨーナス・ロイリとともにピットからホテルへ急いで移動した。

日曜日にキミの背中は良くなっていた。夕方、マーク・アーナルは決勝に予定通り出走すると明言した。7月のハンガリーGPから途絶えていた表彰台に再び上がるため、フィンランド人の不屈の魂「SISU（シス）」を見せつけた。シーズンで最も過酷なレースで信じられないバトルを展開したキミは最終的に3位入賞を果たした。

ラスト7周で追いついたジェンソン・バトンを強引に抜き去り、キミは勝敗を決するオーバーテイクに成功した。その後は表彰台までの道がスムーズに開けた。

コルチゾンの投与と非ステロイド性抗炎症薬の助けでキミはレースができるまでに回復した。

「レース中は何も痛みに気がつかなかったが、レースが終わると少し疼き始めた。背中は本来あるべきような状態ではないが、金曜日よりは随分ましだ」

人生で最も痛みを伴ったレースになりましたか。

「もちろんだ。金曜日と土曜日が酷かった。でも、これまでだって何かうまくいかなくて、もっと痛い思いをしたことがある。肉体的な痛みを伴う必要はない。つまり、怪我じゃなくても痛いレースがある。完走できないと痛いよ。この週末のように、本当に何が起こるかわからない。そういうことと共存してレースを続けなければならない」

フェラーリへ移籍する決断をしたキミに対して、ロータス陣営がある種の憤りを感じていることが、この週末で顕著に感じられた。双方の関係は前戦よりも明らかに冷めきっていたのだ。

チームを去るドライバーが、このような状況でも結果を求めて戦った後でさえ、スポーティングディレクターのアラン・パルメインは、レースの感想を求めた私の質問をはぐらかした。

「もちろんレースの結果は、チームにとってもキミにとっても良かった。しかし、エンジントラブルがなければロマン・グロージャンがキミに勝っていただろう。それも私たちにとって良い知らせになった」とパルメインは答えた。

フィンランドで人気のお笑い番組『Jopet-Show』を愛してやまない私は、この番組で何度か国際的なインタビューを受ける架空のレーサー3名のコントを見たことがある。ドイツ人の優勝者がドイツ語を話し、2位になったフランス人がフランス語を話す。そして3位になったフィンランド人は、あれこれフィンランド語で話している。フィンランド人が記者会見場の照明をすべて消しても話をやめないので、表彰式のスケジュールが大幅に遅れてしまう。

シンガポールでは現実に同じような状況が起こった。お笑い番組との違いはドイツ人の優勝者ベッテルが聞き手が嫌になるほど話しまくったことだ。一方で3位になったフィンランド人のライコネンは、短いコメントを数回発言しただけで満足した。現実ではコントの優勝者と3位の役割が入れ替わっていた。

90 — スミス&ジョーンズ、そしてヒンツァ

キッド・カーリー：ヘイズ、俺たちがやらなきゃいけないことがある。

ハンニバル・ヘイズ：それは何だい。

カーリー：この稼業から足を洗うことだ！

この決まり文句で西部劇『エイリアス・スミス&ジョーンズ（西部二人組）』が始まる。このテレビシリーズで、お尋ね者コンビ、キッド・カーリーとハンニバル・ヘイズは、追っ手から逃れるために馬を全力疾走させる。

西部の荒野と2013年シンガポールGPのナイトレースは全く関係のない話のように思われる。しかし、双方が交わる瞬間がある。あの決まり文句でキッド・カーリーが相棒のハンニバル・ヘイズに提案したことを医師アキ・ヒンツァが実行に移したのだ。

医者の責務は倫理的な規則に従うことだ。それは古代のヒポクラテスの誓いに基づいている。まさに、この基本に忠実な行動が、マクラーレンのチーム代表マーティン・ウィットマーシュと同チームの医務を担当したヒンツァの間に小競り合いを生じさせた。

フィンランド人ドライバーのフィジカルトレーナーであるマーク・アーナルがヒンツァに助けを求めた時に、ロータスで走るキミ・ライコネンは背中の痛みで酷く苦しみ、普通に呼吸することすらままならない状態だった。ヒンツァは急いで助けに向かった。おかげでキミは予選に出走することができ、決勝では3位入賞を果たした。

ウィットマーシュはライバルチームの選手を助けたことに怒り心頭でヒンツァの行動を厳しく咎めた。これを聞いたアキは物凄い勢いで、エンジニアと打ち合わせをしているウィットマーシュのもとへ向かい、自分の職業倫理が批判されたことに対してチーム代表に反論した。

2015年の春に行われたマレーシアGP前にフェルナンド・アロンソの怪我の診断に訪れた後、アキは私に秘密を打ち明けてくれた。彼がマクラーレンを去った時のことについて話し合い、ナイトレースで行われた2013年シンガポール決勝後、どういう思いだったのか明確に語ってくれたのだ。

ウィットマーシュと口論した後、ヒンツァは落ち着きを取り戻した。夜になってホテルに向かって歩いていると、あの古い西部劇の台詞が彼の脳裏を掠めた。シーズンの終わりにアキは西部劇の主人公たちの目標を叶え、マクラーレンでの「稼業から足を洗う」ことにした。

癌との長い闘病の末、２０１６年11月にスポーツ界はヒンツァを失った。最後までヒンツァはライコネンとミカ・ハッキネンの主治医を務め、彼らにとって信頼の置ける友人でもあった。

ライコネンの家族は、間一髪のところでヒンツァに助けられたことがあった。キミがグランプリへ向かおうとしていた時に、当時義理の兄弟であったカッレ・ダールマンが重傷を負った。トゥルク大学病院に搬送されたダールマンに、ヒンツァが迅速に遠隔で救急処置を行った。

カッレとイェンニ・ダールマンの母親であるリーサ・ダールマンは、今でも緊急救命でヒンツァがとった行動に大いに感謝している。ヒンツァは、トゥルク大学病院の集中治療室の医師と常に連絡を取り、血圧測定に基づいて治療の相談を行っていた。同時に彼はダールマンの両親とも連絡を取り合い、カッレの状況について母国語で語った。

「アキがカッレの容態が良さそうだと言ってくれた時、どれだけ安心したことか。彼は命の恩人なの」とリーサ・ダールマンは感謝した。

ライコネンがマクラーレンからフェラーリへ移籍した時に、マクラーレン陣営ではルーキーのルイス・ハミルトンとフェルナンド・アロンソとの間で確執が起きていた。その内紛は最終的に3年契約の途中でアロンソとの契約を解消することで幕引きとなった。

フェラーリはシーズン終盤ファーストドライバーに戦力を注ぎ、ライコネンがタイトルを勝ち取った。しかしマクラーレンでは、この戦略が忘れ去られ、双方を競わせる結果となってしまった。

しかしながらヒンツァは、アロンソとハミルトンのどちらからも最後まで信頼を得ていた。アロンソはルノーやフェラーリに移籍した後もヒンツァと一緒に仕事をしたがった。一方ハミルトンはヒンツァを自分の守護聖人として感謝していた。彼はフィンランド人医師が亡くなったその日にヒンツァのところへ駆けつけるほど慕っていた。

セバスチャン・ベッテルに至っては、F1ドライバーになった当初からヒンツァの助けを求めていた人物だ。

「私はセバスチャンに親しくしている人物の名前と電話番号をノートに記入するように言った。F1で初優勝したら、友人の数は10倍以上に増えると私は彼に助言したんだ。世界チャンピオンになったら、さらに友人が増えて混乱してしまう。その時このノートを手に取れば、誰が本当の友達だかわかる」とヒンツァは、ヴィエルマキにあるフィンランド・スポーツ学校で行ったメンタルトレーニングのセミナーで語った。

ライコネンは、困難に陥った時いつも助け舟を出してくれたヒンツァに感謝を忘れていない。

アキ・ヒンツァはフォーミュラ・ドクターと言う肩書きが好きではなかった。しかしフォーミュラドライバーと一緒に仕事をしたことで公に知られる存在となった。ジュネーブで診察していたヒンツァは、彼いわくフォーミュラドライバーたちが「最適なパフォーマンスを維持する」ための仕事に専念した。

「F1は、ずっと実験室だ。そこで私たちは極限のプレッシャーと要求の狭間で、いかに人々の処理能力を制御するか学んでいる」

私はヒンツァとの最後のインタビューを2015年シーズン最終戦アブダビで行った。その時、彼はハミルトンの招待で現地で友人がチャンピオンになるのを応援していた。

「私にとって、とても興味深い週末だ。木曜日にここへ来た時、随分前に初めてF1の仕事でオーストラリアに来た時よりもナーバスになった。最高なのは至る所で和気藹々とした雰囲気を感じられることだ。誰かと楽しく語り合うまで10メートルも歩く必要がない」

当時ヒンツァの会社にはF1ドライバー13名と4チームが顧客として登録されていた。

「他の医者が『ヒンツァ・パフォーマンス・AG』から現地に派遣されるようになって、私の役割も違うものになった。彼らは医学的な治療を行う。そして私の会社には他にも各種コーチが在籍している。もう私が現場で待機する義務はない。どちらかと言うと、現場を指揮するために訪れている」

「私はスイスにいる妻へ電話をかけて、自分は一番幸せな人間かもしれないと伝えた。病に侵されているにも関わらず、これまで以上に人々を励まし、助けるという自分の使命を果たすことができているからだ」とヒンツァは微笑んだ。

癌が見つかる前、ヒンツァはハミルトンとスカッシュを楽しみ、いつもフィンランド人医師が勝利していた。

病気が判明するとハミルトンはヒンツァに会うため急いで彼のもとへ駆けつけた。

「その時、私は自宅で癌治療の投薬と点滴をしていた。死の病に侵された男性に（スカッシュで）負けに来たのかと私はルイスに冗談を飛ばした。彼は私の運命を嘆いたが『心配するな。Ｆ１で君を負かすつもりはない。落ち着いて勝利を目指すんだ』とルイスに伝えた」

闘病を始めた時、ヒンツァはハミルトンに約束した。

「夏に、私は11月まで生きていると約束し、タイトルを獲得するよう彼に頼んだ。そうして私たちは、ここアブダビで一緒に成功を祝うため会うことになった。先週ルイスが電話してきて、私が現地に来るのか確認した。何かを約束したら、それを守るのはフィンランド人として当然だと彼に伝えた」

ライコネンは多くの愛する近親者を失っていた。ヒンツァがあの世に旅立った時もキミはお決まりの台詞を繰り返した。

「もちろん、このような知らせは、みんなにとって残念だ。しかし残念ながら、それも人生の一部だ」

91 — 無給の戦士

キミはインドGPが終わると、すぐにスイスの自宅へ飛んだ。そこで気持ちを整理していた。4日前にレースに熱中するあまりアラン・パルメインが無線でキミを嗜めた。それに対してドライバーも同じ口調で言い返した。その後、アブダビで木曜日に行われた記者会見にキミは現れなかった。

自然とF1メディアは、キミが週末すべてをボイコットするのではないか、すでにシーズンを終えた可能性もあるのではないかと騒ぎ立てた。

私はキミのレースエンジニアであるマーク・スレードに声をかけた。キミが現場に一切現れなかったら、マシンを整備するのは無駄な作業になるのではないかと。チーム内の雰囲気は見た目には怪しかったけれど、マークは気丈にも、キミはいつものように金曜日のフリー走行に現れると明言した。

私はキミがチューリッヒで本来乗るはずだった飛行機に乗り遅れたと聞いた。インドでの言い争いもそうだが、報酬未払い問題もあって、そもそもキミは現地に向かう気分ではなかった。

金曜日の夜、ロータスの灼熱のブースは何とも言えないものものしい雰囲気に包まれていた。テレビ出演の後、キミは狭い場所に大勢が押し込まれた記者会見の席に現れた。

最初に、彼がレースをボイコットする可能性がどのくらいあったのかという質問が出た。それに関する明確な回答は得られなかったが、その可能性があったとしても、実際にキミは現場に足を運んだ。それでも彼が最終戦まで参戦するためには金銭面での完全な解決策を見つけなければならないのは明らかだった。

単にアラン・パルメインとの言い争いと報酬の未払い問題だけで直ちにシーズンを切り上げることをキミは考えていなかった。むしろ心外だったのは、チームの最善を考えない悪いプレーヤーだと非難されたことだった。

「今年は1ユーロも支払われていない。前向きに考えることができる状況ではない」とキミは直接理解を求めた。

この件を取り上げるメディアの割合は減ってきたが、多くの意見が寄せられた。報酬の未払いは、悩みの種だった。キミは新たな心構えでアブダビへ向かった。そして、なぜ木曜日に家にいたのか包み隠さずに打ち明けることにした。

「僕はここにいる。なぜならレースを楽しみにしているし、レースに出る時はいつもベストを尽くしたいからだ。時にあってはならないことが起こる。F1には、スポーツとビジネスの両面がある。ビジネス面がきちんと管理されていないのに、スポーツの面だけが順調なら十分だということにはならない」

「僕は面倒な立場に追いやられている。すでに様々な噂が広がっているけれど、僕には今年1ユーロも支払われていない。チームがどうなってしまうのか僕は気にしていないが、僕がチームプレーを乱しているとか、さらには僕がチームの最善を考えていないとか非難される筋合いはない。これまで一切報酬が支払われていないとすると、流石に救いようがない」

常識的に考えれば、マネージャーのスティーブ・ロバートソンが顧問弁護士とともにロータスのオーナーであるジェラール・ロペスの会社と何らかの妥協案を見つけているとは思われるが、キミは金曜日の記者会見の場で最終戦まで走ることを明言しなかった。

「この職業では合意したことがきちんと守られる確証は何もない。もし約束が守られなければ、今季がここまでになるか否か、僕にとっては全く同じことだ。僕の人生は何も変わらないよ」とキミは答えた。

木曜日にロバートソンはドライバーにすべての選択肢を提示し、それらを踏まえて、キミは自分なりの決断を下した。

「僕は長い間この業界にいる。ある程度の信頼関係がなければならない。同じことが何度も繰り返されて何も変わらないのであれば、状況は緩和されていない。もちろんいつもベストを尽くしているが、今回は快適にレースに臨める状況ではない。ただし、はっきり言えることは、勝つつもりがなければ僕はここへ来ていない」とキミは釘を刺した。

ドバイ在住のロバートソンは、土曜日だけアブダビに足を運んだ。そして私と二人きりで最近の出来事について話し合った。そして、私はレコーダーに彼の考えを収めることができた。F1メディアに今シーズン全く報酬が払われていないとキミは語った。根も葉もないことを言ったわけではないとロバートソンは後押しした。

「そういうことだ。キミが金曜日に公にしたことで、再び脚光を浴びるようになった。今はキミがレースに参加するために身銭を切っている。苛立たしい状況だ。キミは金曜日に現場で何が起こっているのか、何が原因なのかをはっきりさせた。金銭に関しては問題の一部分に過ぎないが、それでも最も大きい割合を占めている」

ロバートソンは未払いとなっている報酬を回収すべくジェラール・ロペスと週末中ずっと駆け引きをしていた。もし送金の確実な保証が整わない場合、アブダビGPがロータスでのキミの最後のレースになるだろう。

ここでキミのシーズンが終わってしまう大きなリスクをはらんでいるのか、私はロバートソンに尋ねた。

「もし私たちが望んでいる回答を得ることができずキミが満足しなければ、彼は次のレースを走ることはない。私たちは状況を解決するためにチームに時間を与えているが、何も起こらない。いろんなことを約束するのに、何も守られない。もう今シーズン残り3戦しかないとなると、どこかで最終的な境界線を引かなければならないし、何か他の行動に移さなければならない。私たちが望んでいる満額回答が得られることを期待している」とロバートソンは説明した。

チーム代表のブーリエは、自分にとって今シーズンは制御するのが本当に難しかったと素直に認めた。私は、いくつか彼に質問をしてみた。

このレースでキミが走らないと言う可能性は、どのくらい大きかったのですか。

「彼はここにいる。それだけで意味がある」とブーリエは答えた。

それでは、もし契約問題が解消されなければ、アメリカやブラジルに参加しない可能性はありますか。

「ジェラール・ロペスとキミ・ライコネン双方が答えるべきことだ。それ以外のことしか私はコメントできない」

この点に関してキミは感情的になり過ぎていると思いますか。

「それに関して私は何も言わない。もちろんキミだって感情はある。彼は無感情な人間ではなく、本当に普通の人間だ」

大成功で始まったキミとチームの物語が、ハッピーエンドで終わらない可能性もありますか。

「イエスとノーの両方を言うことにする。もちろん素晴らしい物語を最後まで続けるのが良かっただろう。しかし、キミがチームを去るとすれば、それ相応の理由がある」とブーリエは説明した。

2013年アブダビGPは、ライコネンのキャリアで192戦目であり、リタイアによって最も短いレースの一つとなった。二つ目のコーナーに入る前にゲームオーバーとなってしまったのだ。かつて2003年バルセロナでは、グリッドでエンジンストールしていたジャガーに追突してスタートシグナルを越えることすらできなかった。今回はロータスで出走した計37戦のうち二度目のリタイアとなった。

キミは完全に運に見放されていた。レースは始まったばかりで、すぐに終わってしまった。リタイアした後も、ヘルメットを被ったまま記者たちの横を通り過ぎた。テレビクルーに状況説明をするために少し立ち止まり、それからサンダルに履き替えて駐車場に停めているレンタカーで宿泊先へ向かった。

92 — 忘れられない父の日

２０１３年11月10日、父の日を祝うには、まだ早い時間だった（注：北欧では11月の第２日曜日が父の日）。眠っていた私は携帯の着信音で目を覚ました。時計に目をやると朝6時だ。こんな朝早くに父の日のメッセージを送ってくるのは、早起きの娘のどちらかだと思って、私は寝返りを打って再び眠りについた。

数時間後いつもの時間に私は目覚めた。そして、ようやく早朝に受信したメールを目にした。メッセージはスティーブ・ロバートソンからだった。起きたら連絡をくれるようにと書かれていた。

すぐに私は電話をかけ、ドバイの自宅にいたスティーブと連絡がついた。前置きはさておいて、キミが背中の手術を受けることになった、と彼は私に伝えた。そして私が、このニュースを世界へ伝える役目を担うことになった。徹底的に裏取りしてから、『トゥルン・サノマット』紙のウェブ用にフィンランド語と英語で記事を書き始めた。

通常であれば火に油を注ぐような状況だった。キミはロータスの首脳陣と衝突している最中だ。報酬とボーナスが未払いのままになっていたからだ。フェラーリに復帰する契約は、すでに行われており、もはやシーズン残り2戦は消化試合となっていた。

そうこうあってジェラール・ロペスと彼の部下は、このニュースをネットで読むことになった。フィンランド語のタイトルは「背中の手術がキミの今シーズンを終わらせた」だった。

これまで私が書いた個別の記事の中で最も拡散されたニュースとなった。この記事が世界中を駆け巡ったことをよく覚えている。『トゥルン・サノマット』紙によると、キミのシーズンは終わる」という見出しがアメリカの『シカゴ・トリビューン』から『ニュージーランド・ヘラルド』まで、そして南アフリカの『デイリーサン』から『ロンドン・タイムズ』に至るまで、世界中の紙面に掲載された。

キミ・ライコネンの２０１３年Ｆ１シーズンは終わった！　タイトル争いでは１８３ポイントで３位につけていたロータスのフィンランド人ドライバーは、木曜日に背中の手術を受けるために残り２戦のアメリカＧＰとブラジルＧＰを欠場する。

　長い間ライコネンは背中を患っている。シンガポールのフリー走行で痛みが悪化し、コルチゾンを投与して、辛うじて予選と決勝に出走することができた。アブダビ決勝後に背中の症状は悪化し、強い鎮痛剤なしでは眠ることができなかった。

「専門家たちは手術を推奨した。手術は来週の木曜日にザルツブルクで行われることになった」とライコネンのマネージャーであるスティーブ・ロバートソンが『トゥルン・サノマット』紙へ情報提供した。

　手術後キミは４週間安静にする必要があり、今シーズンの残りのレースは欠場を余儀なくされる。

「キミがＦ１に復帰してから２年間、実り多いシーズンとなっていただけにロータスとの関係を絶つのは残念だ。しかし、もはや先延ばししている余裕はない。この段階で問題を適切に処置することが肝心だ。そうすれば完璧なコンディションで２０１４年を迎えることができる」とロバートソンは見通しを示した。

　実際の手術はザルツブルクでは行われなかったが、そのことは誰も気にしていないようだった。患者は他の場所で落ち着いて手術を受けることができた。

　私の記者仲間ゲルハルト・クンチックは、ザルツブルクに住み、地元紙『ナハリヒテン』に記事を書いている。彼は電話で、キミは本当にザルツブルクの病院へ来るのかと私に質問した。彼は事前に状況を確認しており、有名なＦ１ドライバーがザルツブルクの病院に予約を取っていなかったことを裏取りしていた。

　その時、世界中から私に多くの連絡が入っていた。メディアはニュースを流した当事者から、手術が行われる場所を確認したかったのだ。私は少なくともブラジル、中国、日本、ドイツ、イタリア、そして英国の担当者と話した。

　ニュースに付されたコメントでは、キミの感情をウイリアム・シェイクスピアが著したハムレットの心情になぞらえて言及した。

走るべきか、走らざるべきか？　報酬の未払い問題で苦痛を味わっているキミのハムレットのような問いかけは自ずと解決した。長い間患っていた背中の痛みが再び決定的な一撃としてアブダビGP決勝後に彼に襲いかかった。眠れない夜が続き、キミは馴染みのフィンランド人医師アキ・ヒンツァの診察を受けることを決めた。その診断によって、できるだけ早いうちに背中の手術を受けることを決断した。「ライコネンは、もうロータスで走らない。オースティンでもサンパウロでも」というのがシェイクスピアの答えであった。

手術の前に、私はキミ本人のコメントを得ることができた。

「ここでは健康上の理由が優先事項になってしまった。手術が必要になったら、症状を克服するためにも一刻も早く手術するのが最善だ。大事に至る場合もあれば、そうでない場合もある。それらとうまく付き合っていかなければならない」

「僕は2年連続でトップ3を争っていた。残り2戦に出走できず、さらにコンストラクターズ選手権でロータスの力になれず失望している。できることならシーズンを最後まで走りたかった。けれど、マシンに乗ることすらままならない背中の痛みに悩まされている。最善策は、できる限り早急に問題を取り除くために手術を受けることだった。このスケジュールによって、最高のコンディションで来季を迎えることができると確信している」

キミはロータスで過ごした2シーズンで37回の出走を果たした。そのうち2勝（２０１２年アブダビと２０１３年オーストラリア）を挙げ、合計で15回表彰台に上がった。３９０ポイントを得て、レースごとの平均値は10・５ポイント。秋のベルギーと最後のレースとなったアブダビで2回のリタイアを喫した。２０１２年バーレーンから２０１３年ハンガリーまで27戦連続ポイントを獲得し、キミ・ライコネンの名が歴史に記された。

術後、キミは4週間の安静を強いられた。

93 ― 兵役仲間バイランダー

私は一度もフィンランド中西部の町カンカーンパーを訪れたことがない。この町について思いつくことといえば、汚職事件で有罪となったカウコ・ユハンタロ大臣と、フィンランド式野球の元打撃王セッポ・ウーシ＝オウカリ、F1ファンである私の長年の同僚アンッティ・ヴァルモ、そしてキミ・ライコネンの大親友であるトニ・バイランダーのことだけだ。

トニとキミを結びつけたのは少年時代の共通の趣味であるモーターレーシングだ。彼らレース仲間は、生涯にわたる信頼関係を育んでいった。品位のないユーモアのセンスを持ち合わせていたこともあって、二人の仲はより親密になっていった。

トニとキミが友情を保つために言葉など必要なかった。長年コース上で楽しんでいる多忙なF1ドライバーに相応しいルームメイトは、1歳年下の兵役仲間であるトニ以外にいなかったのかもしれない。ドライバーとして、どちらも日程の遅れには慣れっこだった。携帯を指で押したり、あるいは現代ではスマートフォンをフリックすれば、すべて済むことが何もできなかった時代に、レースが忍耐力を育ませ、待つことを教えてくれた。

二人は小さい頃からゴーカートで競い合ってきた。1994年はフィンランドのカート選手権で歴史的なシーズンとなった。この時トニはラケット部門のチャンピオンになり、キミは準優勝だった。

この後も両者はレースで競い合ったが、あくまでも練習という意味合いだった。コロナ禍が始まった頃、最後にトニと会った時に、どちらが優勢だったか、はっきり教えてはくれなかったが、結果は彼にとって好ましいものであったことが言葉の端々から遠回しに伝わってきた。

一緒に徴兵の義務も果たした。それから両者ともに夢を叶え、世界中のサーキットでレーシングドライバーとして活躍している。

2013年11月、キミがロータスで最後のグランプリとなったアブダビを、トニはパドックで観戦していた。ミカ・サロの仕事を引き継いでMTV3のF1解説者に就任していたのだ。解説者としてのデビューは事前に決まっていて、それがアブダビの決勝だった。

当時トニは記者用のパスを初めて首にぶら下げてサーキットを訪れた。

「今のところ問題ないっていう気分だ。ずっとF1を観戦しているし、長い間モータースポーツにレーサーとして関わってきた。よく知っている友人、関係者、ドライバーと、これからはメディア側の人間として接することが私の人生ではとても新鮮だ」とヤス・マリーナの暑いパドックで予選を待っているトニは答えた。

「生放送は、最初はいろいろと学ぶことがあるが、経験を駆使して、うまくやり切ろうと考えている」

ロータスでのキミの最後のレースに暗雲が立ち込めたのは、大きく膨れ上がった報酬の未払い問題だった。それについてトニは直接チームの首脳陣を糾弾した。

「そもそもキミが、この騒動を始めたんじゃない。チームが先に表に出て、すべてがきちんと処理されていると主張したんだ。それによって収拾がつかなくなった」

トニにはレースを走りたいという禁断症状は一切起こらなかった。なぜならフェラーリに雇われて世界耐久選手権（WEC）でレースを続けているからだ。コメンテーターの仕事は、レースの合間に行っている。

このアブダビの週末、トニはサーキットの側にある豪華なヴァイスロイ・ホテルでキミのルームメイトになった。

友人関係は解説をする上でどのように影響するのか、私はトニに質問した。キミに関する発言に気を遣うのか、それとも気にしないのか。

「プライベートなことであれレースのことであれ、公に話すべきではないことがいくつかある。そういったことをキミと普段から深く話し合うことはないし、もともとキミは何でもかんでも話す性格ではないから、今までと同じ関係を保っている」

「コメンテーターとしてメディアで取り上げられていることを話すのは問題ないと思う。記事で酷いことが書かれても、どんな見出しを見ても、そんなものは気にせずに自分の意見を述べている。基本に忠実に、フリー走行、予選、そして決勝をドライバーの立場で解説するように努める」

その時から数年経った今、ちらほらテレビで批判的なコメントを発言し始めたトニに、私はキミとの友人関係が保たれているのか、しつこく質問してみた。

「常に言って良いことと悪いことを線引きするように努めている。非公式に耳にした情報を故意にコメントで使うようなことはしなかった。本当に常識の範囲で仕事をしてきている。もちろんテレビでは許される範囲で楽しい話題を語ることもあるけど、スキャンダルに関しては触れないようにしているよ」

トニは時々グランプリの週末にキミと部屋をシェアしている。

「何度かルームメイトになったことがある。本当に偶然にそうなっただけで、前もって計画していたわけじゃない。キミが頼んでくれるとホテルを予約しなくていいし、サーキットのすぐ近くに宿泊できるから、すごく楽なんだ」

キミとトニはホテルで同部屋になっても、レースに関することは少しも話さなかった。もっぱらトニは、友人に冗談ばかり飛ばしていた。

「確かに30年間、プライベートでレースについて話をすることはほとんどなかった。料理の話とか冗談を言い合ってばかりいた」

友人関係は両者の人柄にも窺える。トニはキミを全力で応援し、キミの成功を自分の成功のように分かち合っていた。

「もちろん解説をしている時に、バルテリ・ボッタスが順調であれば彼にも同じように共感するし、いい気分になる。でも正直に言って、キミが優勝したり、ポールポジションを獲った時と同じような気持ちになることはない。それだけ昔からキミのことを知っているし、一緒に過ごした期間も長い。もちろん、その間には喜怒哀楽があった。バルテリとも親しくしているけど、年齢が離れていることもあるからね」

ライコネンの勝利で、最高に素晴らしいものはどれかトニに聞いてみた。

「個人的に最高の週末は2004年ベルギーだと思っている。キミは10番グリッドからスパでの初優勝を飾った。すべてがうまくいった。ディビッドとスティーブ・

ロバートソンが一緒にいる頃で、その時も私はキミのルームメイトだった。予選では本調子ではなかったが、私たちは土曜日の夜ホテルで楽しい時間を過ごした。そして、翌日に素晴らしい勝利が舞い込んできた」

「キミは1年後に日本で、もっと後方からスタートして優勝した。私はスパに行ったけれど、鈴鹿には行かなかった。だから、キミのこれまでのレースの中でベルギーの勝利を最高の優勝にランキングしようと思う」

実はスパでの優勝はトニが現地で実際に目撃した唯一のものだ。

もちろんトニはライコネンのニックネームを知っているが、彼自身はシンプルにキミと呼び続けている。

「そのニックネームは仲間内でいつも耳にしていた。普段それを使う時は、ふざけて彼をからかう時ぐらいだ。私にとってキミは、いつでもキミだ」

トニは2005年シーズン終盤にGP2シリーズへ昇格した。その時にキミがコネクションを使って、友人がコローニ・チームへ入るのを手助けしたという憶測が流れた。しかしトニは、同年の春にF3000でコローニと契約を結んだ時すでに救いの手があったと思うと修正した。当時ディビッドとスティーブ・ロバートソンが、コローニにトニを勧めていた可能性が高い。

その年にライコネン自身はF1のタイトルを争って走っていたが、トニを応援しに現地に駆けつけることもあった。

「私がアドリアでポールポジションを獲ったと聞いて、キミはスイスからイタリアへ私のレース（編注：2005年イタリアF3000開幕戦）を観戦しに、車で駆けつけてくれた」

ともあれGP2の契約は、全く予期せずに結ばれたようだ。

「私はキミのスイスの自宅で休日を過ごしていた。とても楽しんでいたよ。もともとキミのF1のためにモンツァへ出かけるつもりだったが、週明けに電話が鳴ったんだ。エンツォ・コローニからだった。GP2で彼のチームで走りたいかと私に尋ねてきた。最初は冗談かと思って対応したが、真剣な話だった。それで、私はキミと一緒にモンツァへ行った。木曜日に専用のシートが作られて、金曜日には初めてGP2マシンで走ることができた。何も準備していなかったけど、スムーズに事が運んだ。その後はシーズン途中でGP2へ移ってきた新人たちの走りを注視するようになった。それから判断すると私はかなり上手くやっている方だと思う」

２００６年の冬、ライコネンのヴォルラウの自宅ガレージにエンツォ・フェラーリが加わって車のコレクションが増えた。サウナはガレージの横にあって、トニ、そしてサミ・ヴィサがサウナのベンチに座っていると、キミは音楽をかけてくると言って一瞬サウナから立ち去った。しばらくするとガレージにフェラーリのエンジン音が唸り声を上げた。それはチームが変わったことを友人に語るためのキミの演出だった。

「そのことは、もうすでに知っていたんだけれど」とトニは、にやっと笑った。

二人ともフェラーリ陣営でレースをしていたので、チームのレセプションでライコネンとバイランダーは、いつものように一緒にいた。２００７年には同時にスポットライトを浴びる瞬間が訪れた。二人揃ってフェラーリで世界チャンピオンになったのだ。キミはF１の世界チャンピオン、そしてトニはFIA-GT２シリーズのタイトルを手にした。さらにミカ・サロが北米のタイトルをフェラーリへもたらし、フィンランド人の宴に花を添えた。

フェラーリの英雄たちの凱旋を待ち受けるイタリアのファンの前にフィンランド人ドライバーたちが登場すると、ムジェロで行われた祝勝会はお祝いムードに包まれた。フィレンツェの近くにあるサーキットに３万人のティフォシが集結したのだ。

「不思議なことに、私たちは同じ日に優勝したり、同じ日に負けたりしたことが何度もある。私がゾルダーで自分の勝利を喜んだ後にテレビをつけると、素晴らしいレース展開でキミが世界チャンピオンになった。なんていう偶然なんだと信じられなかったよ」とトニは当時の心境を語った。

２００９年にフェラーリの本拠地マラネロで行われたクリスマスパーティの雰囲気は、その時とは全く別物だった。伝統的なクリスマスのイベントは、当時キミがフェラーリで行う最後の公式行事となった。フェラーリはキミと2010年の契約を解消するために違約金を支払ったのだ。キミの相席には信頼の置ける友人のトニが座った。トニは、それ以降もフェラーリのGTドライバーとして現役を続けた。

ゆっくりホテルで自分の時間を過ごしたかったキミは、夕食会のあたりで切り上げたかった。トニはキミの後についていき、しばらくして電話が鳴った。会長のルカ・ディ・モンテゼモロが、フェラーリの最後の世界チャンピオンと良い関係を維持するために電話してきたのだ。しかし、タイミングを見誤った。

キミは、モンテゼモロに自分の扱いについて意見を伝えた。キミはドライバーとの契約を守らなかったチーム首脳陣のだらしなさと、特に事前通告することなしに契約を解消したことを叱責した。

「短い電話だった。その時、私はキミはもうフェラーリには一生戻ってこないだろうと確信した。キミがレースだけでなく、いろんな噂にうんざりしていたのを、彼の様子を見ていて理解した。ラリーへの転向はキミを研ぎ澄ませた。経験を増やし、どんな装備でも走り、常に新しい技術を吸収する。彼が、この先どのシリーズに行こうとも、その時の経験を有効に使うことができる」と、トニは当時の感情を身振り手振りを交えながら語った。

Photo : Sutton

トニ・バイランダーとキミ・ライコネンは長年にわたる兵役仲間だ

94 ― 惨めの極み

キミがフェラーリに復帰したシーズンは、アスリートとして年齢を重ねてきたフィンランド人ドライバーにとって最も惨めな年になった。仮にザウバーでデビューを飾った2001年と同じポイントシステムであったならば、4ポイントしか稼げていない有様だった。特筆できる成績はハンガリーのハンガロリンクでの6位とベルギーのスパで4位と連続入賞したぐらいだった。

19戦でトップ10に13回入ったが、トップ10入りを5回逃し、一度リタイアしたことはワースト記録とも言える。

チームメイトのアロンソも未勝利のシーズンとなったが、それでもスペイン人は表彰台に2回立っている。チームメイトに対して、レースでは161対55ポイント、予選の勝敗は16対3とアロンソが圧勝した。

フェラーリはコンストラクターズ選手権で216対701とメルセデスに悲劇的な大敗を喫して4位に甘んじた。ドライバーズランキングではアロンソが6位で、ライコネンは12位だった。

この惨めなシーズンが終わると、チーム代表のステファノ・ドメニカリだけでなく、アロンソもマラネロを去って行った。チーム代表は早々に解雇され、苦境に追い込まれたアロンソは逃げるようにマクラーレン・ホンダへ移籍した。

2014年第3戦バーレーンの翌週、4月14日にチーム代表のドメニカリは辞任を表明し、後任に、どこからともなくフェラーリ北米部門の最高経営責任者だった42歳のマルコ・マティアッチが抜擢された。これまでマティアッチをサーキットで見かけることは皆無に等しかった。しかし彼はマーケティング部門のトップとして北米部門で優秀な実績を残していた。

イタリアで人気のある『フォーミュラ・パッション』というウェブサイトが風刺画でフェラーリを揶揄した。アナウンサー役の人物が、誰か勝利に飢えている者はいないかと尋ねる。メルセデスがトラブルを抱えていたからだ。ダニエル・リカルドが熱意をあふれさせて現場へ走ってくると、横でアロンソとライコネンがビリヤードをしている。フィンランド人は居眠り状態だ。セバスチャン・ベッテルは自分のキューにもたれながら退屈そうに彼らのビリヤードを眺めている。フェリペ・マッサは何かに驚いた表情で唖然としている。なぜなら誰かが彼のキューをヘルメットに打ちつけて折れてしまったからだ。

「ドライバーを比較すると完全にアロンソが有利のようだ。ライコネンは時々素晴らしいパフォーマンスを見せるけれど、アロンソは継続的に安定した成績でライコネンを圧倒した。フェリペ・マッサの後任として加入したフィンランド人の成績は、フェラーリファンからすれば心中穏やかではない。問題を解決しているようには思えない」と、かつてのチーム代表であるチェザーレ・フィオリオは『フォーミュラ・パッション』のコラムに綴った。

イギリスGP決勝前の記者会見で、キミは2年契約の期限が切れる2015年末にF1キャリアを終わりにすると、ほのめかした。

加えてフェラーリは、その段階でジュール・ビアンキをフィンランド人ドライバーの後任として昇格させようとしていたことが判明した。冷酷にも、その年の秋にキミは今後の身の振り方がわからなかった。

キミにとって成績不振の理由となっていた、フェラーリのフロントエンドが彼の望むような状態になっていない問題は、それ以前にも取り沙汰されていた。シーズン中、私はこの問題に関する回答を、ある男性に求めていた。マーク・スレードだ。キミはフェラーリに移籍したが、彼はロータスに残った。

キミの運転スタイルには、どのようなフロントエンドが必要なのか、私はスレードに質問した。

「キミの運転スタイルは、手術をするように正確で、とてもしなやかだ。このスタイルに反しない彼の手に馴染むマシンが必要だ。私がキミと一緒に仕事していた時は、そのようにマシンを仕上げていた。キミのスタイルは極めて特別なものだ。だからマシンは彼の運転スタイルに合致した、まさに彼が望むような動きをするものでなければならない。長い間様々なドライバーと仕事をしているが、ドライバーが替わって、すぐに新たなドライバーが求めているものを理解して形にしようとしても、それなりに時間がかかるものだ」

「フェルナンドは、キミよりもずっとアグレッシブにマシンに対する要求をする。だから今のレギュレーション下でフェルナンドに有利に働いているのかというと、そうかもしれないが、そうだと言い切るのも難しいと思っている。なぜなら、フェルナンドはフェラーリで5シーズン走っているからね。一方キミは冬にチームに合流したばかりだ。フェリペ・マッサの運転スタイルがどのようなものか知らないが、おそらくアロンソの方に近いと思う。マシンは確実にフェルナンドの要求に応じて作られている」とスレードは解説してくれた。

95 — ツイートで小競り合い

物事が上手くいかないと、自然と神経が過敏になる。2014年カナダGPの週末に、それを象徴するような事件が起きた。6月7日土曜日の朝、ヨーロッパ時間14時41分に、記者仲間であるドイツ人のトビ・グリューナーがモントリオールのパドックで流れている噂を世界に向けてツイートした。記者独自の情報源によると、フェラーリはシーズン終了後、来年の終わりまで契約が残っているキミをクビにするかもしれないという内容だった。

このツイートの裏取りを現場でしていると、レース後そのドイツ人記者が慌てて私のところへ駆け寄ってきた。トビによるとフェラーリの記者会見で、キミとツイートの件で衝突してしまったのだそうだ。そのことを私が他の記者から聞く前に、一連の出来事について私に直接語りたかったのだ。

この件に関して私はフィンランドから情報を得ていた。それによると、キミはドイツ人のツイートを少し誤解を招くような形で受け取っていた。当時キミはSNSをしていなかったが、フィンランドの友達からツイートのことを聞いていたそうだ。しかし、その情報はドイツ人が発したツイートの内容と全く違うものだった。

この日までトビ・グリューナーはキミに好意的な記者だった。しかし激しい衝突の後、敵対勢力に回ってしまった。今でもトビは、あの週末の一件を昨日のことのように覚えている。

「私はキミが2015年まで続けるだろうと言いたかった。なぜなら彼には確固たる契約があったからだ。彼がクビになるなんてことを暗に伝えようとしたわけではない。フェラーリの記者会見が始まって、私が終わったばかりのレースのことを質問すると、キミは私の方を鬼のような形相で見て『変なことをツイートした馬鹿はお前か』と言って攻撃してきた」

「本当は彼を助けようとしただけなんだと、私は自分を守ろうとした。しかしキミは刺々しく、黙れ、言い訳なんて聞きたくないと言った」

「あのツイートのことを事前にフェラーリの広報と話

していた。彼らによると何も問題はないとのことだった。キミがあんなにも腹を立ててしまって、私も本当に困惑した。彼はチームの広報関係者とツイートについて何も話していなかったのだと思う」

「記者会見でキミが気の利いたコメントをしない時、他の記者が彼のことを非難しても、私はいつもキミの味方をしてきた。キミはいつもありのままでいるのだと思っていた。しかし、あのカナダへの出張の後、私もキミを非難する側に加わって、誰かが彼のことを間抜けだと嘲ると私も同調した」とグリューナーは声を荒らげた。

傍観していた私は『アウト・モトール・ウント・シュポルト』誌に寄稿しているグリューナーの記事が、いつもキミに対して感情的なものでなかったことを知っている。つまり個人的な憤りがあったとしても、記事に反映するようなことはなかった。いずれにせよ陰で中傷するようなことはいつでもどこでも起こり得るのだから、キミが心配する必要はなかったし、ドイツ人のツイートに過敏に反応することはなかったと私は思った。

初夏の頃、キミのパフォーマンスについてメディアの同僚たちが、どのように記事で評価していたのかを証明するため、私はそれらをブログに箇条書きにした。

ルイス・バスコンセロス／フォーミュラ・プレス：評価5

「キミ本人がシーズン序盤に一番失望している。レース後の記者会見でメディアに話している時も、キミの頭の中では週末の反省会が行われているように映った。それが声の調子に現れていた。シーズン中、キミは速さの片鱗をいくつか見せつけた。しかし、レースでアロンソだけが安定した結果を残し、キミはそうではなかった。キミには状況を改善する経験も腕もあるが、触手をもった烏賊（いか）のようなアロンソがチームの中にいる。キミは早く結果を出す必要がある。そうしないと、彼は抜け出すことができない罠にかかってしまうからだ」

ジョナサン・ノーブル／オートスポーツ：評価7

「キミにとってシーズン序盤は容易ではなかった。フェラーリのマシンの特性もあってブレーキングとコーナリングで明らかに問題を抱えていた。それでもキミは、アロンソのように、ひどく拳を血に染めることもなかった。短期間で状況を好転させたいなら、彼はこれまで以上にもっと深く問題の根本を掘り起こさなければならない。そしてこれまでで最強のチームメイトに対してリーダーシップをとるような実力を示し、彼の強さを証明する必要がある」

ミハエル・シュミット／アウト・モトール・ウント・シュポルト：評価6

「キミは自分の運転スタイルに合わないマシンと新しいエンジンに苦しんでいる。マシンがキミ仕様になっていないだけだ。さらにキミは、私の見立てでは最強のチームメイトと競って走っている。逆にアロンソの好調ぶりが際立ってしまう。マシンはもちろんだが、キミはパワーユニットの制御もアロンソと同じくらい自分のものにしなければならない。しかも早急に」

ヘイキ・クルタ／トゥルン・サノマット：評価6・5

「キミは新たなシーズンを迎えるにあたって、開幕前のテストでマシンに馴染む時間を多く失ってしまった。それもあってシーズン序盤、時に雨天の予選でツケが回ってくるような走りになってしまった。同様に決勝でも彼本来の強さが消え去った。最強のチームメイトに対してキミの困難が強調されるばかりだった」

96 ― 赤ちゃん誕生の知らせ

２０１４年の夏休みの最中、キミの周辺から嬉しい知らせが舞い込んできた。ミントゥ・ビルタネンが第一子を懐妊したのだ。経過はとても順調で２０１５年の初めに出産予定と聞いた私は国際的なメディアに向けて、すぐにこのニュースを知らせたくなった。

仲間内では、キミは子ども好きとして知られている。彼は自分の子どもを作ることを急いでいなかった。しかし、すでに兄ラミの息子ユストゥスと、友人トニ・バイランダーの息子ルーカスの名付け親となっている。

懐妊報道に関して確認しておきたいのは、報道以前にミントゥとキミがコルシカ島でクルージングとマリンスポーツをして休暇を楽しんでいたのは、この嬉しい期間をメディアを避けて安静に過ごすことを望んでいたからだった。

キャビンアテンダントを務めていたミントゥ・ビルタネンは当時すでにキミのパートナーとして多くのＦ１サーキットのパドックを訪れていた。その時スターティンググリッドに名を連ねたドライバーで父親となっていたのは、フェリペ・マッサ、ロマン・グロージャン、パストール・マルドナド、そしてセバスチャン・ベッテルだ。

休暇が終わり、ようやく私はベルギーで、キミの家族に子どもが加わる知らせを祝福することができた。

子どもが生まれたら人生が変わるのか、私はキミに聞いてみた。

「ある程度は変わるだろうね。それでも世界が引っくり返るわけじゃないから」とキミは微笑んだ。

オーストラリアでシーズンの開幕を迎える時のように、キミは見るからに自信に満ちあふれた新たな気持ちで仕事に戻った。夏休み前のドイツとハンガリーでの結果は振るわなかったけれど、フィンランド人ドライバーはＦ14Ｔに手応えを感じていた。

「シーズン前半より後半の方が良いだろうという気構えで臨んでいる。少なくとも、これ以上悪化の一途を辿ることはないと思っている」

Ｆ１に復帰した時、レースが楽しめるうちは長く続けると発言していたキミに、今もレースを楽しむことができているのか質問してみた。

「物凄く楽しめているとは思っていない。立て続けにトラブルが生じて上手くいかないからね。でも、それはレース人生で初めてじゃない」

フェルナンド・アロンソとの1秒差が、世界中のメディアで取り沙汰されて叩かれていますが、どのように受け止めていますか。

「コーナー一つでも問題があるようではダメだ。差はそこで生じている」

キミはドライバーの中でセバスチャン・ベッテルと最も親しくしている。今年のマシンの問題点について彼と話し合っていますか。

「僕たちは二人とも何か問題を抱えているように感じるが、プライベートで会う時はレースのことは話さないよ。休暇中に彼を見かけた時も、クルージングをして遊んだだけだ。彼は同じ場所で休暇を取っていたんだ」

ベルギーの4位入賞の後、キミはF1で通算1000ポイントを獲得して歴代7位となった。2014年から導入された固有ナンバー制度により、ドライバーたちは各自それぞれのカーナンバーを選んでエントリーするようになった。フェラーリでフェルナンド・アロンソは「14」、キミ・ライコネンは「7」を望んだ。順番で、アロンソは全体の2番目に固有ナンバーを取得し、ライコネンは5番目に取得した。ポールポジションで、つまり最初に自分のナンバーを選んだのは当時の世界チャンピオンであるセバスチャン・ベッテルだった。彼は2014年に固有ナンバー制度が導入されてからナンバー「1」を使った唯一のドライバーとなった。彼は翌年ナンバーを「5」に変えている。

ライコネンはF1で21回優勝している。ナンバー「6」で8勝し、2007年にタイトルを獲得した。2005年にナンバー「9」で7勝し、最高の結果を残した。加えて伝説と讃えられる2012年アブダビGPはナンバー「9」をつけたロータスで優勝を果たしている。

チャンピオンとして挑んだ2008年、キミはフェラーリでナンバー「1」をつけて2勝した。2009年に一度だけ勝利した時はナンバー「4」だった。固有ナンバー制度に移行する前、ロータスの２０１３年オーストラリアはナンバー「７」で優勝した。この固有ナンバーで二度目の、そして今のところ最後の優勝は２０１８年アメリカのオースティンまで待たなければならなかった。

これまでキミは７つの異なる番号を使っている。デビューイヤーにザウバーでナンバー「17」、勝利に見放されたマクラーレンでの２００６年はナンバー「３」で走った。

私は、なぜがキミがナンバー「７」を選ぶに至ったのか、その経緯を明らかにしようと試みた。彼はナンバー「７」で１６０回出走している。

なぜ、あなたはナンバー「７」を選んだのですか。

「ただの番号だよ」と彼はいつものように笑った。

ルーレットやロトくじをする時、７を多用しますか。

「いいや。どちらも一度ぐらいしかしたことがないから。そのナンバーに何も意味はないよ。『７』は、ただの数字だ」

フェラーリでタイトルを獲得した時のナンバーは「６」だった。なぜ選ばなかったのですか。

「『６』じゃなくて『７』を選んだだけさ。それは数字の一つに過ぎない。それ以外何も意味はないよ」。キミは選んだ理由を説明するのに、うんざりした様子だった。

97 — 秋の衝撃

２０１４年にモンツァで行われたイタリアＧＰは、ルカ・ディ・モンテゼモロ会長の配下で行われる最後のフェラーリでのレースとなった。23年続いた一時代がイタリアＧＰの翌週に終焉した。この情報は、すでに決勝前夜にはメディアに漏れていた。

このようにしてフェラーリの歴史を知る人物がチームを去っていった。１９９１年11月にルカ・ディ・モンテゼモロはフェラーリの会長に就いた。当時マラネロはＦ1で18戦未勝利という不名誉を抱えていた。そして彼が去る年に、フェラーリは27連敗という屈辱を味わっていた。

モンテゼモロはチームの重大局面で、常に後ろ盾として強い権限を行使してきた。彼は強い時代のイタリアのオーナーの印象を残した。服装や髪型を含め他のすべてをきっちり整えるスタイルを貫いた。しかし退任の時は髪型こそ決まっていたものの、他のすべてのことはスムーズに運んでいないようだった。

シューマッハはモンテゼモロのチームへ72勝をもたらし、5度のタイトルを獲得した。それに加えてタイトルまであと一歩のところまできたことが3度あった。キミはタイトルを1回もたらした。それからモンテゼモロはフェルナンド・アロンソを獲得することで、より一層の成功を貪ろうとしたが、その目論見は不発に終わってしまった。

パドック界隈では、フィアットを２００４年から率いていた62歳のセルジオ・マルキオンネが66歳のモンテゼモロの後任につくことが事前に知られていた。加えてチーム代表のマルコ・マティアッチがスポーツ部門から退き、後任に誰か新たな人物が就任すると予見されていた。

長い間モンテゼモロは絶大な影響力を確保する上で、イタリアの財閥アニエリ家の支援を頼りにしていた。しかしエルカーンの兄弟たちが率いる若い世代がマルキオンネを支援するようになると、モンテゼモロは財閥のメンバーから外され、社内で孤立を深めた。

マルキオンネはモンテゼモロからフェラーリ会長の地

位を引き継いだ。彼はフィアット・クライスラー・オートモービルズ傘下のフィアット、クライスラー、そしてフェラーリと主要3会社の最高経営責任者を務めた。

「フェラーリのモットーはF1で勝利することだ。私はチームのドライバーが7位や8位になるのを見たくない。もっと言えば最高のドライバー、飛び抜けて素晴らしい組織、優秀なエンジニアを擁しながら、2008年から何も勝ち獲ることができなかった状況を受け入れることができない」とマルキオンネは自身の就任式で声を上げた。

モンテゼモロ会長の退任に加えて、サンタンデール銀行の会長エミリオ・ボティンが死去し、フェラーリ王朝は大きく揺らいだ。

幸いにもフェラーリ経営陣の交代は、マラネロの支配下にあるライコネンの地位に影響を与えなかった。私がキミの状況をマネージャーのスティーブ・ロバートソンに確認すると、キミは新会長の下でもこれまで通り仕事を続けるとのことだった。

「キミの契約はフェラーリのレーシングチームと交わしている。モンテゼモロが相手ではない。キミには契約があり、彼に関しては、すべてがこれまで通りだ」

マルキオンネはロバートソンにとって、あまり知らない人物だった。

「私はよく知らないが、キミは以前からマルキオンネと接点があるし、経営陣の刷新に対してもプロらしく冷静に受け止めている」

「どのような変化が今回起こったのかは時間が過ぎてみなければ検証できないが、来シーズンに前向きな一歩を踏み出していると私は信じている。そして私たちにとって良い結果がもたらされると願っている。モンテゼモロの退任は、私たちには何も影響しない。長い間彼を知っているが、同様にマルキオンネが有能な人物であるということも知っている。何も疑問符は付かない。彼は、私たちをタイトル争いで戦わせてくれる」

2014年10月上旬に行われた日本GPの週末は、次の衝撃をもたらした。今回は日出ずる国で大地が揺れたわけではなかったが、鈴鹿のピットに激震が走った。それは本当の衝撃的なニュースとなった。

普段ドライバー移籍市場が活気づくのは夏に入る頃なのだが、一つ目の出来事は契約の最前線での激震だった。二つ目は雨天で行われたレースで悲劇的な事故が起きてしまったことだ。当時のドライバーたちは、初めてレース中に仲間を失う悲しみを経験することになったのだ。

フェラーリの木曜日の記者会見に記者が押し寄せた。そして今季限りでフェルナンド・アロンソがマラネロから離れる可能性に焦点が当てられた。契約はあったものの、チームが継続について明確に公表していなかったからだ。

関係者によるとマルコ・マティアッチがアロンソの金銭面での要求に同意せず、それ以外にもチーム内でのアロンソの権力を制限しようとしたようだ。アロンソはチームメイトより先にエンジニアやメカニックを選ぶことができる特権があったようで、それをやめさせようと制限をかけたと囁かれていた。

鈴鹿のフリー走行日の最初に、ベッテルはレッドブルを去る決断をチーム代表であるクリスチャン・ホーナーと顧問のヘルムート・マルコに伝えていた。土曜日の朝に世界チャンピオンの決断が正式に公表された。この時点で何も言わなくともベッテルが向かう先はフェラーリであることは明白だった。

クリスチャン・ホーナーは最終的にベッテルの結論を後押ししてくれた。

「セバスチャンはフェラーリで運転する選択肢があり、そのチャレンジに手を伸ばしたいことを私たちに告げた。セバスチャンがフェラーリへ行くことを明言するのは私の仕事ではない。しかし、彼は少なくともケータハムに移籍するわけではない」とホーナーは機知に富んだ鋭いコメントをした。

マラネロの本部は、アロンソが出て行くことが正式に書面に記されるまで、この件について何も公表しなかった。アロンソがマクラーレン・ホンダと契約を結び、移籍することが確定すると、シーズン最終戦アブダビＧＰで、ようやくベッテルとフェラーリの3年契約が公式に発表された。

1年前はライコネンがベッテルのチームメイトとしてレッドブルに移籍することが期待されていたが、このコンビは2015年にフェラーリで実現することになった。ベッテルとのコンビ成立で、フィンランド人ドライバーの現役生活がさらに長くなる可能性があるかもしれないと私は記事に書いた。

98 — 類は友を呼ぶ

２０１５年シーズンに向けてフェラーリでは、新たなドライバーとしてセバスチャン・ベッテルとキミ・ライコネンがコンビを組むことが正式決定した。第一線で働く専門家たちは、このニュースをどのように受け止めたのだろうか。フェルナンド・アロンソが去って、フェラーリは強くなるのか、それとも弱くなるのだろうか。

マーティン・ブランドル／スカイスポーツ

「ドライバーの変更が行われてもフェラーリは、ほぼ現状を維持すると私は見ている。ベッテルは移籍に伴い自分のエンジニアを連れてくるなど、おそらくチームに新しい変化と新たな活気をもたらす。アロンソは我慢の限界だ。彼の忍耐力も尽き始めたことが窺える。私が思うにドライバーの変更は、みんなにとってメリットになる」

ミハエル・シュミット／アウト・モトール・ウント・シュポルト

「ドライバーの変更が吉と出るか凶と出るか、まだ明言できない。なぜならフェラーリが抱えている問題は技術的なことで、それを正しいレベルに持っていく必要がある。それがチーム最大の弱点だ。マシンが良ければ、ベッテルとライコネンはマシンの能力をすべて引き出すことができる優れたドライバーたちだ。しかし、エンジンに最大の問題を抱えている。それをライバルチームと張り合えるレベルに持っていかなければならない。それに加えてフェラーリはキミとセバスチャンに最適なマシンを用意しなければならない」

シュミットは、アロンソが世界最高のドライバーであると公言している。私は、アロンソがフェラーリを去ったことが、どう影響するのか彼に質問した。

「まだマシンが批判を浴びるようなレベルであれば、フェルナンドが最適なドライバーになる。もしマシンが仕上がれば、キミとセバスチャンはロータスやレッドブルで彼らが見せていたようなパフォーマンスを見せるだろう。しかしマシンが悪かったら、フェラーリにとってはフェルナンドの方が良かった可能性が高い」

ミカ・サロ／MTV3

「キミとベッテルのコンビでフェラーリは良い方向へ歩み出すと私は考えている。仕事をするのが楽しければ、自ずと結果もついてくる。政治的になる必要もない。みんなの居心地が良くなるし、職場に行くのも快適になる。キミとベッテルはともにいろんなことを成し遂げてきた。あの二人はチームの雰囲気を良くし、それがいい方に働くと私は信じている。もちろんマシンが非常に重要だが、今シーズンのキミとアロンソよりは、キミとベッテルの方が一緒にマシンを開発することができるのではないだろうか。ドライバーたちが協力して仕事できると、開発作業を効率的に先に進めることができる。キミとアロンソではマシンを一緒に開発することができないと思っている」

「アロンソは確実に最も速いドライバーの一人ではあるが、彼は自分の利益を得るために、かなり政治的な活動をする。チームにとってそれは足枷だ」

アルベルト・アントニーニ／アウトスプリント

「良い方向へ進むか、悪い方向へ進むか、まだ何とも言えない。しかし、ドライバーの交換によって変わることは確かだ。フェルナンドは、そもそも策略家のドライバーだ。彼は自分の望むように、つまり自分の有利になるようにチームを操ることができる。それは事実で、それも彼の個性の一部だ。そして周囲にいる人に依存する。その点においてセバスチャンは完全にアロンソとは異なるタイプだ。彼はもっと家族的だ。とてもおおらかで、チームの方針にそんなに首を突っ込むようなことはしない。運転技術の面ではアロンソとベッテルはかなり近いレベルにあると私は思う。一方でベッテルはライコネンと同じような面があり、アロンソのような策略家とは違う。ベッテルとライコネンの方がチーム内の物事はずっとシンプルに解決すると信じているが、何よりもまず彼らが速く、そして競争能力のあるマシンを手に入れられるかどうかにかかっている。ドライビングの面を基準にするなら、私は間違いなく、このドライバー交代はフェラーリにとって吉と出ると考えている」

99 — 新たな表情で

２０１４年シーズン最終戦アブダビＧＰが終わった。フェラーリ陣営にとっては来季が待ち遠しい前向きな閉幕となった。フェルナンド・アロンソの後任ドライバーとして獲得したセバスチャン・ベッテルに、チームは新たなミハエル・シューマッハのような役割を期待していたからだ。

ベッテルは4年連続チャンピオンの座から陥落した後だった。運命をともにするライコネンは、フェラーリで成績が低迷し苦杯をなめていた。

「キミは自分が望んでいるようにトラブルを解消できていなかった。彼の運転技術について話す必要はないし、誰も疑っていないよ。何年もの間、キミは平均速度でもトップレベルを維持してきたし、レギュレーションが合うか否かに関わらずマシンの能力をすべて引き出すことができるドライバーだ。それは彼の適応能力の高さを物語っている。彼がマシンに求めている手応えのようなものが今年のマシンから得られなかったことは明らかだ。今のレギュレーションはドライバーに可能性を与えるのではなくて、むしろ可能性を取り除いている」とベッテルはキミに同情した。

ビッグチームのマラネロにとって、シーズンを通じて過去最悪の結果であると、逆に今後どれだけの伸び代があるのか期待されるところだ。フェラーリは21年ぶりに1勝も挙げることなくシーズンを終えた。１９９２年にジャン・アレジが3位に2回入賞して以来、22年ぶりに表彰台2回だけに満足せざるを得なかった。そしてキミはザウバーでのデビューイヤー以外で初めて表彰台に上がることなくシーズンを終えた。19戦で55ポイントしか獲得できず、ドライバーズランキングでも12位と低迷した。

「この仕事で前年の良し悪しは、翌年に何も関係しない。シーズンが終わると、新たなシーズンに向けて準備が始まる。すべてのことが通常は一から始まる」とキミは指摘した。

シーズンが進むにつれて、どのチームのドライバーコンビよりも順位の差があったため、キミは多くの批判を浴びてしまった。

「うまく走ろうが下手に走ろうが、いつも否定的に考える連中がいる。ドライバーが正しいことをしたか誤ったことをしたのか、誰でも意見を持っている。それは前からそうで、今後も変わることはない。僕は今まで他人の言うことを気にしてこなかった。何が起こっているのかを自分が把握することが最も重要だ。もし僕がもう運転することに興味がなくなって、以前のように速く走ることができないのではないかと疑うようになったら、何か他のことをしていると思う」

ベッテルがチームメイトだとフェラーリでの仕事がどのように変わると期待しているのか。

「ようやくセバスチャンと一緒に同じチームで走れる。それは嬉しいことだ。フェラーリが本来いるべきトップに返り咲けるように一緒に努力するつもりだ。僕たちがお互い競い合うのは当たり前だし何も変わらないが、もちろんチームが優先される」とライコネンは、だいぶ前から知っていた友人の移籍のニュースについて話してくれた。

「僕たちが役割を果たし、同時に楽しくしていれば、少なくともチームは別物になる」

私はキミのことに関する質問ができる記者として評価を受けてきた。アブダビのＦＩＡ記者会見でも私は責務を果たし、ベッテルに他のドライバーと比較して、キミとチームメイトとして一緒に仕事をするのは、やりやすいかと質問した。

「もちろんだ」とベッテルはキミの物真似をして答えた。同席していた記者から爆笑が起こった。

「キミのような受け答えだ」と私は返した。そして、それに対してこのドイツ人のお調子者は、記者会見の前にキミが自分にこのように答えるよう頼んでいたことを明かした。もっと長く、キミを持ち上げるような返答をした方が、その場を盛り上げたかもしれないと私は思った。

私はベッテルとのやりとりを後でキミに話した。そしてキミがベッテルにそのように答えるよう指示したのかを確認した。答えとして、彼は微笑んだだけだった。その笑みで、二人の世界チャンピオンたちが、打ち合わせをしなくても意思の疎通ができるのだと理解するのは簡単だった。

マティアッチは世界で最も有名なレーシングチームが何も獲得できなかった時のチーム代表として、不名誉にもフェラーリの歴史に名を刻んでしまった。

新しいチーム代表にマウリツィオ・アリバベーネが選任されたことはキミにとって嬉しい驚きとなった。すらっとした体型のアリバベーネは、長い間フェラーリのメインスポンサーであるフィリップ・モリスの経営陣の一人だった。キミは彼をよく知っていて、お互い尊敬し合っていた。

「マティアッチはF1とは関係のない分野から来たことを考慮すると良い仕事をした。アリバベーネを僕は長い間知っている。この任務に最適な人物だと確信している」

キミは早い段階から剛腕マウリツィオを最高のチーム代表であると称賛した。

100 ― ロビン・エース・マティアス・ライコネン

夏季休暇を過ごしていたキミ・ライコネンとミントゥ・ビルタネンは、家族が増えることを世界に公表した。ミントゥは初めての子を身ごもり、新年を迎えるあたりに出産予定だ。二人はシーズン最終戦のアブダビGP前に婚約した。

不甲斐ないシーズンを終えた後の冬休みは、あっと言う間に過ぎ去った。ニューマシンSF15-Tのテストで忙しくしていたキミは父となった。

第一子となる男子が、2015年1月27日火曜日の夜遅くにスイスのツーク州の病院で誕生した。キミは病院で出産を見守った。この喜ばしいプライベートなニュースは開設したばかりのミントゥ・ビルタネンのウェブサイトで水曜日の朝に公表された。身長51センチ、体重3700グラムだった。

それから3日後の1月30日にマラネロの新たな主任デザイナーであるシモーネ・レスタが生み出したフェラーリのニューマシンSF15-Tがお披露目された。新米パパは慌ただしい日々を過ごした。病院から直接イタリアでの仕事のためにファクトリーへ急いで向かうと、そこでフェラーリのスタッフ全員から父親になったことを祝福された。

ニューマシンのお披露目の後、最初のテストがスペインのヘレス・サーキットで行われる予定になっていた。最初の2日間はフェラーリに新加入したベッテルがテストを行う日程が組まれていたため、束の間だったがキミは自宅へ立ち寄る時間があった。キミはスイスからヘレスへ2月2日の月曜日の夕方に飛行機で向かい、3日の火曜日の朝にマシンをコースで走らせた。

総勢100名ぐらいの記者がヘレスのパドックで父親になったばかりのキミを待っていた。この週末に少なくとも記者の二人に一人が、キミの息子の名前は何になるだろうかと興味本位で私に質問してきた。多くの国々では生まれた時にはすでに名前がつけられているが、フィンランドではそのような習慣がない。名前は洗礼の時につけられるということの説明に私は追われた。そして、キミがRの文字を避けようとしていることを私は知っていたので、少なくともその文字は息子の名前には使わないだろうと自信満々で言っていた。私の予想が外れていることは、すぐにわかった。誕生して5日後の日曜日にキミ＝マティアスの息子の名前がRobin（ロビン）であることが判明したのだ。この情報は母となったミントゥ・ビルタネンのブログに書かれていた。

「幸せな家族は、新しい家族の一員を迎えてから、ようやく落ち着いてきた。この愛と幸せの気持ちは、とても言葉で表すことができない。寝たり、食べたり、微笑んだりするのが好きな子よ。母である私は、この世で最も可愛らしい子を見つめてばかり。生まれて5日のロビンと家族全員にたくさんの祝福が届いています。私たちのことを気にかけてくれているみなさんに心から感謝します」とミントゥは綴っていた。

キミは人生の節目を迎えて、ニューマシンの開幕前テストを始めた。彼が新しいフェラーリのマシンを初めて試した日に少し空き時間があった。その時に私はキミを祝福し、父親になった心境を二人きりで聞き出すことができた。

「自宅で何日も過ごしていないけれど、それは嬉しいよ。もちろん家にいるに越したことはないが、仕事をしなければならない。そんな感じかな」とキミは早口で話した。

それからフェラーリの狭いブースで公式の記者会見が行われ、スカイスポーツのレポーターであるテッド・クラヴィッツが国際的なF1メディアを代表してロビンの誕生を祝福し、父親になった気分はどうかと私と同じ質問をライコネンにした。

「ミントゥは自宅で赤ちゃんとまだ数日しか過ごしていない。僕自身は自宅にいるより仕事に出ていることの方が多い。でも、そのこと以外は前と何も変わらないよ」キミは微笑みながら言い方を変えて説明した。

バルセロナでの2回目のテストが行われた時に、私はプライベートなインタビューをする機会を得ることができた。それは2015年2月27日金曜日、ちょうどロビンが誕生して1ヶ月後のことだった。その日キミは開幕前テストの休日だったが、ボートでカタルーニャ・サーキットに到着した。表情は引き続き太陽のように穏やかだった。

　ちょうど打ち合わせていた時間にフェラーリの広報担当のニコレッタ・バッフォンがフェラーリのホスピタリティのテーブルまでキミを連れてきた。すでに私は数杯エスプレッソを味わっていた。

　秋にベルギーでキミと話をした時に、父親になる気分について質問していたことを思い出した。その時、彼は世界が引っくり返るわけではないだろうと言っていた。私は彼に世界が引っくり返ってしまっていないか確認したくなった。

「息子の誕生は、本当なのかと思うぐらい僕にとって新鮮なことだ。素敵なことだし、素直に喜んでいる。もちろんすべてが僕にとって本当に目新しいことだけれど、テストで走っていたし、ファクトリーでの仕事もあったから、まだそれほど自宅で過ごせていない。母子ともに健康であることが何より大切だ。まだ子どもが小さいからね。何はともあれ、子どもが産まれるのはこの世で最も素晴らしいことだ。幸いにも今のところすべてが順調だ」

　家族が増えて、レースで走ることに何か変化を感じていますか。

「今の段階では、まだレースは走っていないけれど、おそらく何か違う気分になるだろうね」とキミは、にやりとしながら答えた。

　キミの兄ラミが初めて父親になった時に、彼の父マッティ・ライコネンは産婦人科に赤ちゃんのためのゴーカートを運んでいた。今は亡きマッティは、もうプレゼントを持ってくることができない。

「でも、すでに息子はモトクロスバイクをもらっている。モトクロスチームの代表アンティ・ピュルホネンが僕に1枚の写真をプレゼントしてくれた。彼は、このようなバイクを息子に送ってくれる」とキミは気丈に振る舞った。

　キミが所有するモトクロスチームの世界選手権シーズンはカタールでの2勝で始まった。ピュルホネンは機転を利かせて、キミの息子が「すぐに正しい種目へ」進むようにプレゼントを事前に選んでいた。

これまでフィンランド人ドライバーたちの息子は、同じくレーシングドライバーになっている。キミも例外になり得ないのではないだろうか。

「もう少し大きくなって息子が何を趣味にしようが、僕は口を挟まないよ。何が好きなのかを決めるのは息子自身だ。息子が何をやるのか押しつけるようなことはしない」

「息子がレースを走ろうが走るまいが、レースを観戦しに来ようが来まいが構わないが、僕自身が現場で息子を助けるようなことはしない。息子が何になるかは時間が解決する。息子が幸せで、好きなことをしていることが肝心だ」

私のインタビュー記事は、いくつかの国際的なメディアでも取り上げられた。オリジナルの記事のタイトルは「子どもが産まれるのは、この世で一番素晴らしいこと」だった。今回そのタイトルは海外でも手が加えられることはなかったが、フェラーリが英語で「Raikkonen：To Have a Child Is The Greatest Thing in the World」と伝えると、それが拡散された。

新たなシーズンが始まった。フィンランドではロビンの洗礼式が身内で祝われた。そのために家族はイースター休暇を利用してフィンランドへ飛んだ。『美容と健康』という雑誌でミントゥが息子の正式な名前を明らかにした。「ロビン・エース・マティアス・ライコネン」

「最後の最後にロビンと名付けた。というか、私がそうすることにした。幸い男性の名前としてキミもそれを気に入ってくれた。セカンドネームのエースは私たちの親友の名前でロビンの名付け親のジーノが考えてくれたもの。彼もフェラーリで働いていて、みんなが息子のことをエースと呼ぶように仕向けてくれている」とミントゥはコラムで語った。

キミが最も信頼している友人のジーノ・ロサートは、洗礼式の前にミントゥに名前を選んだ理由を語っていた。

「エースマンはアイスマンの息子だ。ライコネン一家にクールなＤＮＡが続くように気を遣ったよ」と、ミントゥはジーノが送った英語のメッセージの中身を教えてくれた。

サードネームであるマティアスは、キミのセカンドネームでもある。

ミントゥは洗礼式の後、インスタグラムのアカウントにロビンと家族に届いた祝いの品が映った写真を掲載した。

Photo : Wri2

家族が父親の後を追いかけてパドックに来た時、F1のスターは公私を見事に両立した。ハンガロリンクに向かうキミとミントゥとロビン

101 ― 携帯の息子の声

２０１５年６月21日オーストリアで行われたレースの日、フェラーリのパドックに初めてロビンが訪れた。その時ロビンは生後５ヶ月だった。この日のことを後に父親のキミが息子に語っても、確実に彼は何も覚えていない年齢だ。夏至祭は楽しい雰囲気で過ごすことができたが、この週末は、レーサーのキミにとっては悪夢だった。

父親になったことが、フェラーリのドライバーたちの士気を高め団結させたことは確かだ。

「子どものことはセバスチャンと少し話しているよ」とキミは、それ以上説明することなく微笑んだ。

それでは、ロビンの近況を教えてください。彼は、すでに何かを覚えましたか。

「もちろん息子はどこかをじっと見たり、何かを見て不思議そうにしていたり自分の世界で何かしら考えているようだ。生まれた時と比べるとだいぶ大きくなった。すぐに子どもは成長する。僕が１週間カナダにいた間に息子はまた成長していた。家を空けることが多い人は、子どもの変化に気がつきやすい」と父親は説明した。

おむつ交換もキミが行い、もう板についてきた。

「それは全然複雑なことじゃないよ。何も問題ない」とキミはにっこり笑った。

それから10ヶ月が過ぎた。ロシアで行ったインタビューで私たちは１歳３ヶ月になったロビンについて話をした。キミが携帯電話に録音した息子の言葉になっていない声をフェラーリのブースで再生すると、その場にいた人たちを和ませた。ロビンの声だけで、その場を盛り上げるのに十分だった。

ロビンは明らかに父親の血を受け継いでいて、ゆりかごの中でも、すでに車を運転しているようだった。

もうテレビ画面に映る父親を認識しているし、自分の遺伝子が受け継がれているようだとキミは語った。

「ロビンはテレビを見て、インタビューを受けているのが僕だとわかっているようだ。それが僕だって、この子は気づいているんだ。よくしゃべるし、もう数単語話せるよ。ぎゃーぎゃー喚（わめ）いて騒ぎ声をたてて困らせることもある」とキミは答えた。

キミも幼い頃は同じようだったのか。

「よく知らないよ。自分で覚えている人がいるのかなぁ。少なくとも母は、ロビンのことを僕の完全なコピーだと言うけど」

ロビンが騒ぐ声と車の騒音は似ていますか。

「ロビンは車の音を真似ているんじゃないかな。先週ドイツで行われたモトクロスの大会を訪れた時、夜、息子を寝かしつけようとした。1時間半ずっと息子はブーブー言って全然眠らなかった。朝になって目を覚ますと、すぐにまた喚き始めたんだ」とキミは楽しんでいるようだった。

子どもは成長する。2018年の夏にロビンは3歳になっていた。オーストリアで行ったインタビューで、ロビンがレーサーになるかもしれないとキミは考えているのかと私は質問した。

「そうじゃないといい。それはわからないけど。もちろん息子は車が大好きだ。いつも車のことを話している。でも、バイクの方がもっと好きそうだ」

ロビンは父親のレースについて、どのように話しているのですか。

「今までそんな質問をしたことがないから、僕はわからない。でも、もちろん彼はレースを見ている。先週末にフランスのレースを見て物凄く興奮していた。ザウバーのマシンがフリー走行で出火した時、ロビンはそのマシンに父親が乗っているのではないかと、物凄く不安になっていたとミントゥが言っていたよ」

102 — 剛腕マウリツィオの立て直し

マウリツィオ・アリバベーネが2014年の終盤にフェラーリのチーム代表に任命された時、彼は57歳だった。「剛腕マウリツィオ」はマラネロの職場の雰囲気を瞬く間に一変させた。彼の方針はみんなに好感を持たれ、連敗で深い失望と激しい議論が繰り返された時期とは完全に別の雰囲気になった。

灰色でパーマのかかった髪型をオイルで固め、顎髭をたくわえたアリバベーネは、フェラーリの赤いトレーニングジャンパーに身を包みイタリアのブランドのスカーフを巻いている。それがアリバベーネ本来の姿だ。生まれながらの役者がビジネス界の頂点からレースチームの代表に昇格した。そしてイタリア語と癖のある英語で1分ぐらいの熱弁を振るった。

開幕前テストで良い結果を残し、彼は十分な収穫を得ていた。

「私はファクトリーに大鉈を振るいにきたわけではない。すべての変化には様々な意見がある。私たちは各人が最も得意とする仕事で能力を発揮できるようにチームを立て直す。最も大切なことは、再びチーム全体を同じ目標に向かって一致団結させることだ。私たちはこれまでとは違う雰囲気を望んでいる。そして私は変革の実現のために全員を歓迎する」

私はフィンランド人の記者として、批評を忘れてアリバベーネのことを少し語ろうと思う。というのも私はマールボロ時代から、すでに彼が愛想の良い仲間意識のある人物だと知っていたからだ。そのような気構えでアリバベーネが仕事をしていたことを覚えている私にとって、開放的になったフェラーリの雰囲気は、まさに彼の仕事に対する姿勢の表れだと感じた。チーム代表の妻であるステファニア・ボッチは、フェラーリの広報部門で長く務めていて、キミをPRイベントへ連れて行く業務を5年間担当していたのでアリバベーネよりも馴染みがあった。

フェラーリのニューマシンのお披露目の日は、モータースポーツの世界では祝日を意味する。2014年の世界選手権はフェラーリにとって近年にない低迷となったが、ニューマシンSF15-Tは下馬評では高い評価を受けた。

　メルセデスとの大差を縮めるために、フェラーリの前進の最大の一歩となるのはエンジンの改良だった。イタリアチームはブレーンストーミングで、シリーズ後半に開発作業を進める上で重要となるレギュレーションの抜け穴を見つけることに成功した。

　アリバベーネは白紙の状態から始め、新会長であるセルジオ・マルキオンネから全幅の信頼を寄せられていた。キミは新たに英語を母語とする経験豊かなレーシングエンジニアを頼んだ。そしてマルシャからヘッドハンティングされたデイブ・グリーンウッドと作業をともにすることになった。最後の頼みの綱として、大型補強でセバスチャン・ベッテルがチームに加入した。彼とチームメイトのキミとの近しい関係は、チーム内の士気を高めることに貢献した。

　アリバベーネは、ベッテルとキミがそれぞれ1勝する、つまりクリスマス前には、すでにフェラーリが2勝することを目標に掲げていた。

　ヘレスとバルセロナの開幕前テストでフェラーリは速さを取り戻していた。ベッテルがファステストラップを叩くと、ライコネンがそれに続いた。アリババーネは、彼らしくスタイリッシュに決め込んで、バルセロナでの2回目のテストでのランチタイムに初めてF1メディアの前に現れた。彼はカタルーニャのサーキットで行われた初会見でスクープを明らかにした。

「木曜日にキミに笑顔が絶えなかったのを私は目にした。間違いなく、それはこのテスト期間最大のスクープだ。彼は微笑み、話がやむことはなかった。私はキミに病気じゃないかと質問したが、彼は本当にどこも悪くないよと答えた」とアリバベーネは嬉しそうに語った。

　新しいチーム代表は、どうやってフィンランド人ドライバーの能力を引き出すことに成功したのだろうか。

「まずはミハエル・シューマッハが去った後、キミはフェラーリで世界チャンピオンに輝いた唯一のドライバーであるということを忘れてはならない。昨年はあらゆる面でそれほど悪かったわけではない。キミは彼の走りに適していないノーズのために、マシンを自分のものにできないという問題を抱えていた。今キミは以前よりもマシンに手応えを感じているし、微笑みが絶えない。チーム内での雰囲気も申し分ない。私たちみんな、あの寡黙なキミがとめどなく話をしていることに驚いている。彼のモチベーションは高まっていて、セバスチャンとの相性も最高だ。私たちには夢のようなドライバーが二人いる。それは素晴らしいことだ」

しかしながらアリバベーネはテストでの好調がフェラーリの目標ではないと明言した。

「私はテストが好調でも、それを真に受けることはしない。私は狂人ではないし、私たちがメルセデスに勝つという約束で舵を切ったことを忘れているわけではない。最大の目標は再びチームが一丸となって、今年は2勝を挙げることだ。それが完璧な成果だ」

「私にF1での経験がないと主張し続けている人たちがいるが、それは真実ではない。私にはF1での経験がある」

アリバベーネは、フェラーリの立て直しを担う自分の功績を包み隠さなかった。

「マラネロに非常に優秀な人材を抱えているのだから、彼らに本来の仕事をさせなければならないだけだ。そう理解して私は会長セルジオ・マルキオンネとともにチームを再編することにした。技術部門のトップにジェームズ・アリソンを据えて、チームの方向性を明確にした。各自が能力を最大限発揮できるように人員を配置し、すべての人材を統括する権限を与えた。私は最初にアリソンと話し、180度方向転換するように頼んだ。彼は私が言いたいことを理解した。そしてチームの雰囲気が一変した」

「ファクトリーでは昼も夜も関係なく仕事をしている。すでに変化を感じることができているし、私たちは最高のマシンを組み立てている。クリスマス前に街中でジングルベルの音が響く頃、私たちはエンジンの爆音だけを聞いていた」

パドックで私は、アリバベーネが賞賛していた笑顔を、キミが報道陣の前では隠していることに注目した。チーム代表はキミがご機嫌な様子であると明かしたことを引き合いに出し、私はマシンに手応えを感じたから笑顔が絶えなかったのかとキミに尋ねた。

いつものようにフェラーリのブースへ戻ってきたキミは真面目に答えた。

「そんなこと質問しないでくれ」と真剣な面持ちで言ったが、すぐにまた太陽のような穏やかな表情に戻った。「確かに昨年よりマシンはずっとましだが、最初のレースを走ってみないことには、このマシンがどの程度通用するのかはわからない。ただ、出だしは上々だ」

フェラーリのドライビングスーツに身を包み、赤の男爵となったベッテルは、その感想をとても特別なものだと隠さずに話してくれた。

ベッテルはフィンランドが大好きであると公言している。フィンランドの地方紙『ヨウッツァン・セウトゥレフティ』はベッテルがパイヤンネ湖畔にサマーコテージを購入したことを報道した。この地方紙によるとその価値は130万ユーロで、『イルタ・サノマット』紙によるとドイツ人のスターは、その別荘をアキ・ヒンツァから購入したようだ。


フェラーリは勝利に飢えていた。メルセデスがハイブリッド時代のF1を卓越したチーム戦略で制圧すると、これに負けじと勝利に対する欲がエピデミック（感染拡大）のように他のチームに伝染していった。

ヘレスでのテストは、ようやくキミがレースで戦えるマシンを手にしたことを伝えてくれた。新マシンのノーズはライコネンだけでなくベッテルの運転スタイルにもマッチしていた。

「昨シーズンのマシンで走り始めた時とは随分、気分が違う。普段は乗ればすぐに、どんなマシンなのかわかる。今回は最初から前向きな気分になれるマシンだ。昨年とは全く話が違う。セバスチャンのテストのデータからある程度のことを把握していたが、実際マシンに乗ってみて僕はもっと手応えを掴んだ。どれをとっても昨年のマシンより良いパッケージになっている」とキミは感想を語ってくれた。

「おそらくベッテルは一緒にいて一番気の合うドライバーだ。ただそれ以上のことはまだ言えない。まだ一緒に多くのテストを重ねていないし、そんなに話をしたり、メールをやりとりしたりする時間は持てていない。それに同じ仕事をしていても、まだ楽しい日々を数日しか過ごしていない。レースになれば、それはまた別の話だ。だけど、彼がチームにいて本当に良かった」

103 ― 優秀な技術者たち

　レースエンジニアであるデイブ・グリーンウッドがマラネロへ加入したことは、キミにとって価値のある補強となった。1年前にキミは、絶望的なぐらい不安定で威力のないマシンに苦しめられた。さらに経験不足のレースエンジニアであるアントニオ・スパニョロにも悩まされた。彼はドライバーの要望通りにマシンを良くすることができないどころか、むしろマシンの動きをさらに不安定にしてキミに悲劇的な苦痛を味わわせてしまった。

　グリーンウッドが加入したことで状況は改善されたのか、私はキミに尋ねてみた。

「物凄く優秀なエンジニアだ。デイブは本当に腕があって、本来そうあるべきように正確にマシンを調整してくれる」とキミはレース人生で6人目のレースエンジニアを褒め讃えた。

「レースエンジニアが英国人であると意思の疎通の上でも都合がいい。彼と一緒だと仕事が楽になった。彼には独自のスタイルがあって僕はそれに満足している」

　グリーンウッドのスタイルには、あなたが11勝をともに勝ち獲ったマーク・スレードと共通するところがありますか。

「エンジニアは、みんな違う。でも確かに、デイブはマークと多くの点で似ているところがあると思う。どちらも英語を話し、マシンに精通している。そして僕がマシンをどうしたいのか理解してくれる」

　グリーンウッドがキミのレースエンジニアを務めるようになって4戦目のバーレーンでキミは初めて表彰台に上がった。

　この時キミは、グリーンウッドだけでなくスレードを含む英国人エンジニアの仕事を高く評価した。

　バルセロナにいた私は、スレードにキミが称賛していたことを伝えると、彼は眼鏡の奥で目を輝かせた。

「もちろんグリーンウッドのことは知っているが、友人ではない。キミが英国人のレースエンジニアと仕事をして満足していると信じている。キミは英語が上手だし、情報を端的に短い英語で話されるのを好む。レースエンジニアの母語が英語でないと、意思の疎通の問題もあって仕事がスムーズにいかないことは確かだ」

「両者が第2外国語で話していると、少しの遅延が発生するし、誤解が生じる可能性もある」とスレードは説明した。

「私は生涯キミのファンだ。もちろん昨年より彼がもっと良い走りができていることは嬉しいことだ。週末に何かトラブルが生じたようだが、それでも彼は順調だ。加えてセバスチャン・ベッテルも非常に速く走れているようだ」

秋に行われたシンガポールGPで、フェラーリはデイブ・グリーンウッドの単独インタビューを私に許可してくれた。

この落ち着き払った英国人に会うやいなや、なぜフェラーリがグリーンウッドをフィンランド人ドライバーのレースエンジニアとしてマラネロの人員に加えたのか納得できた。

「私はマルシャでチーフエンジニアを務めていた。仕事がなくなってしまった時に、フェラーリが私を拾ってくれたのは本当にラッキーだった。世界中のみんなと同じようにキミが誰であるかは知っていたけれど、それ以前に全く面識はなかった」

２０１２年アブダビGPで大きな話題となった無線での発言「ほっといてくれ、何をすればいいかは、わかっている」のことはグリーンウッドもよく知っていた。あのメッセージは当時ロータスのサイモン・レニーに発したものだが、グリーンウッドはルノーのエンジニアをしていた時にレニーと同僚だった。

グリーンウッドは、キミと仕事をするにあたって事前にレニーの助言を求めたのだろうか。

「もちろん私たちは、それについてレニーと少し話し合った」

レニーは、あのアブダビの一連の出来事を覚えていましたか。

「冗談だろ！　みんなが覚えているよ。でも、私は他人の過去のことについて話すのは控えたい。確実に言えることは、次のレースでは、もうキミとサイモンは再び以前の仲に戻っていたよ」

「普通のことではなかったし、当時は憶測を呼んだかもしれないが、私からすれば全く明快なことだった。ドライバーに言うべきことがなければ、私は何も言わない。何か必要があれば、私はそれについて無線で通知する。もちろん私たちは無線で話す。重要なことを伝える必要があれば、それを伝える。重要でなければ、私は何も言わない。そのような関係がキミは好きだ」とグリーンウッドは説明した。

グリーンウッドは、キミと一緒に仕事を始めても、仕事への向き合い方を変えることはないとはっきり言った。

「もちろんドライバーによってどのように接するかの違いがあることは確かだ。しかし、どこのチームであれF1であることに変わりはない。プロセスはすべて同じだし、レースをしてデータを分析するか、あるいはドライバーと話し合って問題を解決する。ドライバーとレースエンジニアの間には、お互いをよく知るために微調整がつきものだ」

2015年もチームにとってもキミにとっても、かなり厳しいシーズンとなった。開発する上で何度も躓いてしまった。

「躓きなのか、失敗なのか他の原因なのかわからないが、最終的に、運に頼っていてはいけない。チームとして最高の仕事をしていなかった時期があったし、キミが低迷していた時期もあった。重要なことは、私たちが互いに対して誠実であり、自分たちの手で先を切り開いて進むことだ」

「私たち、つまりキミ、エンジニアそしてメカニックは運命共同体だ。一つの成果に向けて、みんながそれぞれの仕事をする。私が信じる限り、今シーズンの序盤よりも今の方がずっと強くなってきている。これだけ新しい人材が一緒に仕事をしていると、最初から順調に進むとは思っていない。多くのことを経験し、団結力が強固になり、一層経験が磨かれる」

「もちろん制御しきれていないこともいくつかある。私たちは完璧を求めているからね。しかし、以前より団結している。それはキミの大きな功績だ」

最大の困難に立ち向かうキミの姿勢は、グリーンウッドに大きな衝撃を与えているようだ。

「キミと一緒に仕事をしていて私は本当に満足している。キミの仕事に対する向き合い方は一緒に仕事をする上で大いに助けになっている。物事が順調に進み始めている。今年お互いをよく知ることができていると来シーズンの開幕前テストに行く時には今年より確実に楽になっていると思う。最適なマシンを作るための下地もあるし、キミがどのようなマシンを求めているかというイメージも掴んでいる。昨冬はまだ課題が山積していた。今は物事が良い方向に進んでいる。もはや大がかりな開発について話す段階ではない。微調整について話し合う時だ」

104 ― 中国の皇帝

　今回もキミは中国で大歓迎で迎えられ人気の絶頂期にあった。中国では1勝しかしていないが、世界で最も人口の多い国のファンの数を数えると、キミが中国に到着する度に、まるで本物の中国の皇帝にでもなったかのようだ。

「中国でのキミの人気の高さは全く信じられないし、彼が引退するまで続くのではないかと感じる」と中国のタイタン・メディアのレポーターとして世界中を巡っているF１記者のウェイ・アン・フランキー・マオは称賛した。

「もしキミが引退したら、中国GPのチケットの売り上げが激減するのではないかと恐れている。キミが２０１０年と２０１１年にF１を離れてラリーに参戦した時、上海のF１中国GPの入場券の売り上げは20％減ってしまった。キミが現役を引退してしまったら同じようなことになってしまう」とマオは不安そうに話した。

　キミがラリーからF１に復帰した後、上海の週末の観客数は毎回20万人と膨れ上がっていた。２０１５年のチケットは前回より８０００枚も多く売れた。

　マオは彼の勤める新聞社、どちらかと言うとその読者に、毎回何かライコネンに関する記事を書いてほしいと要求されていることを明かしてくれた。彼は、このキミ現象の理由を深く考えていたが、何もレシピを思いつかない料理人のようになっていた。

「最もファンが関心を寄せているのは、キミが他の人からの批評を気にせずに、ありのままの自分で行動をするところだ」

　キミ本人が、中国や日本、あるいは世界中のどこか他の場所でファンを増やそうと媚を売っているわけではなかった。それでも彼の人気は衰え知らずだった。

「僕は本当にありのままの自分でいるからかな」と毎年、中国で自分の人気について質問されるとキミはその秘密を答えていた。

　コロナ・エピデミックが始まり、中国で最初の犠牲者が出た。上海GP中止のニュースが中国人ファンに衝撃を与えると、キミは中国のファンにメッセージを送った。

「中国にいるアイスマン、いや僕のファンのみなさん、こんにちは。レースは今回中止となりました。僕はみなさんの幸福を願っています。そして年内に私たちが会えることを願っています」と中国で人気者になったキミは伝えた。

バルセロナで行われた開幕前テストのインタビューで、どうしてそのようなメッセージを送ろうと思いついたのか、キミに聞いた。

「時々気の利いたアイデアを思いつく。それは単にファンへの感謝の気持ちというだけさ」とキミは微笑んだ。

105 ― バーレーンでの祝福

セバスチャン・ベッテルは、開幕戦オーストラリアで3位入賞を果たし、マラネロの8戦連続ノーポイントという不名誉な記録を止めた。そして待望の勝利を2戦目のマレーシアでフェラーリにもたらした。

金曜日の夕方にキミはフリー走行での危険行為で審議委員会から警告を受けたが、そんなキミにも、ようやくシーズン4戦目のバーレーンで待望の瞬間が訪れた。

キミはピットロードで数台のマシンを追い抜いてしまった。その時、彼の元フィジカルトレーナーであるヨーゼフ・レベラーが、あわやフェラーリのマシンと接触するところだった。横に立っていたカメラマンも間一髪のところで危険を回避した。

キミの危険走行は委員会の審議にかけられた。そこでキミは自分の行為をポール・グチャール率いる審議団に説明する羽目になった。審議団にはドライバーの立場から見解を伝えるためミカ・サロが委員として同席した。

おそらく委員会でフィンランド語が話された初めての審議となった。審議委員の一人が彼を知り尽くした友人だったことは、キミにとっては確実に有利に働いた。審議委員会の結論は警告で、異議申し立てすることなく受け入れた。

後になって私はレベラーとこの件について話したが、彼は愛想良くこの話を笑い飛ばした。F1パドックでは、ちょっとしたことが雨天のキノコのように一気に大きく育つ。そしてプレスルームに話が伝わると、レベラーは身の危険を感じてフェラーリとの接触を間一髪のところで回避したと話がさらに誇張されてしまう。

「昔はピットロードを猛スピードで暴走した事例はあったが、今は時速60㎞以上では走れない。私はキミが遠くから来るのを目にして、少し後ろにジャンプした。本当に怖くなかったし、大したことはなかった」とレベラーは説明した。

サロは、キミが運転している近くにいたのはレベラーだけだったと指摘した。審議委員会も関心を持って様々な方向からカメラでこの件を調査し、レベラーが大きく後方に飛び跳ねたのを確認したと報告した。キミ自身は この調査を全く無駄だと考えていた。キミ自身が、その人物は元フィジカルトレーナーだったと証言していたからだ。

サロによると審議委員会で状況はとても深刻に受けとられ、5グリッド降格ペナルティが科せられても不思議ではなかったようだ。

母親になりたてのミントゥ・ビルタネンが、シーズン最初のF1訪問としてバーレーンを選択したのは正解だった。待ちに待ったキミの表彰台への復帰を現地で祝うことができたからだ。

焦燥感を抱いていたキミに、家庭の支えが助けになった。1年前にミントゥはキミと一緒に多くのレースに足を運び、彼女のブログによると、中国からキミの遠征に同行していた。そして今年初めて彼女はバーレーンのパドックへ戻ってきた。生後3ヶ月のロビンも両親の旅に同行したが、まだベビーシッターとホテルで過ごしていた。ヘルメットデザイナーのウッフェ・タグストロムは、キミのヘルメットと同じ色に塗られたロビン用のイヤープロテクターを用意してくれていた。

「本当に最高の気分だわ」とミントゥは、韓国GP以来18ヶ月ぶりに2位で表彰台に上がるキミを見て、喜びを爆発させた。

アリバベーネも最大限に喜びを言葉にした。

「アイスマン！　私は君を誇りに思う。グランデ（偉大だ）キミ！」とチーム代表はチェッカーフラッグが振られると無線でキミを祝福した。バーレーンは、キミにとって相性の良い場所だ。優勝こそなかったが、すでに表彰台には7回上がったことがあった。

久々の表彰台は、いったいどのように感じられるのだろうか。

「少し複雑な心境だ。優勝したかったのに2位だったからね。喜んでばかりもいられない。でもずっと様々なトラブルを抱えていたから、それを考えれば2位に入れて、もちろんとても嬉しいよ」

キミは正しいタイヤを選択した。そしてレースは戦略的に見れば完璧だった。

「僕は好スタートを切れたが、最初の周回でニコ・ロズベルグを相手に順位を一つ落としてしまった。ただ、その箇所は思うようにスピードが出ていた。僕たちは2回目のピットストップでミディアムタイヤに交換した。それが勝負を分けた。エンジニアのデイブ・グリーンウッドに終盤は硬いタイヤに交換した方が良いかと確認した。しかし軟らかいほうが速いと言われて、それが本当に正しい選択肢だった」

キミは最初のコーナーでロズベルグのブレーキが効いていなかったのを見て、残り2周でロズベルグをオーバーテイクした。その後にバーレーンで連勝していたルイス・ハミルトンに迫った。

「だんだん近づいてメルセデスが視界に入った。しかし、追い抜くには周回数が足りなかった」

2009年のイタリアGP以来久しぶりにフェラーリのドライバーとしてキミは表彰台に上った。キミが2位に入ると、再び契約状況に関するキミの去就に関心が寄せられた。フェラーリがルイス・ハミルトンの獲得に興味を示しているという噂についてアリバベーネも記者から質問を受けていた。

「あなたにルイスが電話をしたのですか。少なくとも私はこれまで彼からの電話を受け取っていない。ただし、どのドライバーもフェラーリで走ってタイトルを獲りたいと思うのは自然なことだ」と、アリバベーネは英国人記者バイロン・ヤングの質問に答えた。

「私はキミの分まで嬉しい。ようやく、キミが正式に復帰したと言うことができるからね。チームには非常に強い二人のドライバーがいる」

キミは1月の終わりに父親となり、あらゆる面で世界チャンピオンの生活は落ち着きを取り戻した。逆に家を離れたくないと言う気持ちが芽生えるのは当然のことだ。キミはその点もしっかりと考えているようだ。オーストラリアGPとマレーシアGPが終わると一目散で自宅へ向かったが、中国GPからは家族を同行させていた。

キミはF1で現役を少なくともあと1年は続けたかった。家族を大切にする考え方は予想されていたような制限をキミにもたらさなかった。キミは、うまい具合に、仕事と趣味と家族すべてを軌道に乗せていた。

106 — モトクロス界のマルキオンネ

２０１５年5月にオランダのファルケンスワールトのサンドコースでモトクロス世界選手権が行われた。キミが所有するチームが参戦し、成功を収めた。ドイツ人のモトクロスのスターであるマックス・ナグルが2位に2回入り、モトクロスの最高峰MXGPをリードした。キミは自分のチームの成績が好調ということもあって、意気揚々とスペインGPに向かうことができた。

「僕は本当にマックスのパフォーマンスを誇りに思っている。とても安定した仕事ぶりだ。選手権をリードしていることからもよくわかる。このコースでチームの活躍を観戦できて最高だよ。みんなが共通の目標に向かって仕事をしている」とアイス・ワン・レーシング・チームのオーナーは自慢げに話した。

普段キミと私はパドックでF1の話をしているが、時々ラリーやNASCARの話もする。しかしキミが特に話したがっていたと思われるモトクロスの話を蔑ろにしていた。キミはモトクロスに精通していた。彼自身もかなり前にバイクでレースに参戦したことがあり、当時は本気でモトクロスに夢中になっていた。

キミがオーナーを務め、レッドブルがスポンサーとなったアイス・ワン・ハスクバーナ・ファクトリーチームは、２０１５年7月にモトクロス世界選手権で首位に躍り出た。

キミは自分の道を踏み固めF1のトップに上り詰めた。そして彼はモトクロス世界選手権でも独自の道を歩み、苦労の末にトップまで辿り着いた。しかも自分が好き勝手できるチームのオーナーとしてだ！

フェラーリのF1スターは、オーナーを務めるアイス・ワン・ハスクバーナ・ファクトリーチームにおいて「アリバベーネとマルキオンネ」と同じような立場だった。本業であるF1に加えて、積極的にモトクロスの最高峰でタイトルを狙うチームの活動を陣頭指揮していた。

キミは、どのようなスタンスでモトクロスに参加しているのか。チームの会長をしているのだろうか。

「好きなように物事を決めることができる。もちろんチームは僕の指示に従って活動している。チーム代表はアンティ・ピュルホネンが務めている。毎日モトクロスに関わっているが、アンティは僕が何をしたいか知っている。僕たちはモトクロスに関して同じような立ち位置だ。チーム代表として最適な彼がいるから、モトクロスの運営は僕にとって楽なものなんだ」とキミは意気揚々と語ってくれた。

「時間がある時は、いつも観戦に訪れる。そして時々、自分自身もベルギーでモトクロスをテストしている」

F1からラリーへ移り、シトロエンで世界ラリー選手権を走っていた時にライコネンはピュルホネンと出会った。ピュルホネンは2009年にヴァンターで行われたモトクロス世界選手権で優勝し、シリーズで3位入賞を果たした。同じ年の終わりにイタリアで行われた団体戦の最終戦で彼は現役を引退した。チーム代表はチームオーナーより1歳年上だが、キミとアンティはほぼ同世代で意気投合した。

チームオーナーとしてタイトルを争うことをキミはどのように感じているのだろうか。

「以前より、ずっと雰囲気は良くなっている。前はあちこち駆け回ってばかりだったからね。僕たちが望んでいた結果が出始めてきているから今は楽な気分だ。モトクロスを始めて数年が経って、最初の頃に抱えていた問題をだいぶ改善することができた」

2015年当時モトクロスのメインライダー二人は、怪我もなく好調を維持していた。それはポイントに表れていた。

キミはF1で15年のキャリアを積んでいた。それを通じてチーム運営について何を学んだのか、そしてF1で学んだことをモトクロスでも応用しているのだろうか。

「僕たちは事前に何をしたいのか、そして何をしなければならないか明確な青写真を持っていた。アンティがチームに加わった時に、それらをどのように実現することができるか考えが一致した。もちろんチームには僕がF1で学んできたことを取り入れている。モトクロスのピットへ行って僕たちのチームを見れば一目瞭然だ。他のチームとはかなり見た目が違う。あらゆるものが清潔だ。みんなが考えているようにモトクロスは泥だらけの種目なんだけど、僕のチーム周辺には汚れも泥もない」

「やろうと思えばできることだ。それは単に姿勢の問題だ。チームのクルーに現場を綺麗に保つようになんて要求していない。最終的に環境が清潔だと仕事をするのも快適になる。本来こうあるべきという考え方を以前からモトクロスに持ち込みたかった。何かが傾いていれば、真っすぐになるようにする。同様にアンティが指示した日々の仕事を適当ではなく、きちんとこなす」

チームオーナーとして、キミが望んでいる世界チャンピオンのタイトルを勝ち獲ることは何を意味するのか。

「タイトルを獲得することは本当に素晴らしいが、まだそのことを話しても無駄だ。この種目は繊細で、この先何が起こるかわからない。まだレースはたくさん残っている」

その場にはチーム代表のピュルホネンもいた。彼はライコネンのモトクロスに関する専門知識と競技への理解を絶賛した。

「チームオーナーとしてキミは、このシリーズで起こり得るすべてのことで大きな助けとなってくれている。彼はモトクロスの分野でもプロフェッショナルになった。基本的にキミとは専門的なレベルで話し合うことができる。キミは私たちに適切なアドバイスを与えることができるぐらいモトクロスを観戦している。このスポーツを外側から見ると、内側から見るより鋭い視点で観察できる。それはチームに、とても役立つことだ」

ピュルホネンは、ドライバー市場でキミは目利きだと力説した。

「いい例は世界選手権のシーズン序盤をすべてトップで走ったマックス・ナグルの選択だ。キミは昨夏に怪我から復帰して間もなかった彼を選んだ。僕たちは他のライダーとも交渉を行う予定だったが、キミはナグルと契約すると言った。キミはチームに何が必要かを知っていた。彼の直感が今回も当たっていた」とピュルホネンはキミに感謝した。

しかしながら、残念なことにナグルは自国開催のレースの予選で負傷してしまう。足首を骨折し、回復とリハビリの期間が必要となってしまった。

107 — 行使するか否か

２０１３年の夏頃すでに長期計画のもとに行われていたキミ・ライコネンの契約交渉は最終局面を迎えていた。そしてスティーブ・ロバートソンとマラネロの当時の会長であるルカ・ディ・モンテゼモロは、ロータスからキミを獲得してフェラーリに復帰させることで合意した。

契約は2年となった。そこには延長のオプションも含まれている。オプションはフェラーリに有利に働くもので、契約満了時に1年ごとに延長するかどうか判断できるものだった。

本契約の2年目に当たる２０１５年の夏の終わり頃、オプションが行使されない可能性もあったが、フェラーリの首脳陣は２０１７年と２０１８年も契約を延長することを決めた。しかし２０１９年シーズンに向けた当時の会長セルジオ・マルキオンネの構想に、もはやキミは入っていなかった。

キミの去就が議論される年を迎える度に私はスティーブ・ロバートソンを頼りにしていたが、彼は私がメモを取る余地すら与えず、彼らの側としてはどのチームとも正式な交渉をしていないと門前払いされてしまった。すべては２０１３年の夏から始まった契約に則って動いていた。サポートメンバーとキミができることは、マラネロがどのような決断を下すか待つことしかなかったのだ。

２０１８年8月にマルキオンネが癌で他界すると、新たに会長に就任したジョン・エルカーンに全権が移行した。エルカーンは前任者の意向を尊重したかった。そしてそれに沿ってライコネンのフェラーリでの扱いについて結論が下された。チーム代表のアリバベーネは、まさにフェラーリの地元であるモンツァでの週末が始まると、すぐキミにチームの決定事項を告げた。

この通知を受けて、その場からキミはザウバーのピットへ、つまり彼の友人でもあるベアト・ツェンダーのところへ向かった。ツェンダーは以前にも何度かキミにチームへ戻ってくるように誘っていたこともあって、もし契約の面で可能性があれば、いつでもキミを歓迎すると約束していたのだ。

そういうわけで、ロバートソンによるとザウバーとの契約には通常の駆け引きのようなものは一切なく、キミは一人で交渉を持ちかけたようだ。キミとチーム代表のフレデリック・バスールが話し合った後に、ロバートソンとザウバーの弁護士たちが最終的な契約の内容を調整した。

キミが毎年同じように面倒な立場に追いやられたのは自然なことだった。期待を裏切る結果になっても悲嘆せずに受け入れるしかない。そして週末が終わる度に去就について質問されていては、ドライバーの怒りが頂点に達するようなことが起こっても仕方がない。キミは現状の無力さでは今後の契約に大きく影響することを知っていた。そんなことは露知らず、メディアは舞台裏で熱い交渉が行われており、双方が妥協案を模索していると想像した。

しかし、ゲームは次のように行われていた。フェラーリの意思決定者が緑色のライトを点滅させた場合、キミはそれが何を意味するのか十分に承知していた。もう一つの可能性は、シーズン終了後にチームから去らなければならないことだった。

２０１５年オーストリアの週末の前に『ガゼッタ・デロ・スポルト』紙は、フェラーリは報酬を少なくし、ポイントによる出来高での契約をキミに提示したと報道した。記者会見でドライバーは２０１６年シーズンのオプションに対する記事の内容を強く否定した。

「チームが契約にサインするか否かが問題なだけだ。それはとてもシンプルな話だ」とキミはうっかり口にしてしまった。

ドイツの『ビルド』紙が、報酬が下がることを容認する心構えなのかとキミに質問すると、ドライバーは反撃に出た。

「そのような話を聞いたことがある。その記事を書いたのはあなたなのか。誰が書いたのか知りたい。誰も僕の契約についての情報を持っていないし、持っているはずがないからだ」

キミが記事を書いた人がここにいるのか質問すると、イタリア人の記者であるルイージ・ペルナが手を挙げて頷いた。

「あなたは僕の契約書を見たことがあるのか。イエスなのか、ノーなのか」とキミは詰め寄った。

「私は知らない」とペルナは答えた。

「知らないだって？　あなたが書いたのに。ちゃんと正しいことを書いてくれないと」とベテランドライバーは言い返した。

このやりとりの後すぐに私はフェラーリの最も神聖な場所でキミと二人きりのインタビューを行った。推測だけで記事を書いたイタリア人の記者に噛み付いて機嫌が収まったのか、まず質問した。

念のために私はフェラーリのベテランドライバーにクロスワードパズルの雑誌に掲載されていたジョークを見せて気分転換させようとした。ある商人が門戸を開けていれば、お金が舞い込んでくると語っていた。いったい彼は何を売っているのだろう。えー、その商人は門と戸、つまり門戸を売っていたのでした。このジョークでキミの表情も和らいで、インタビューは30分も伸びてしまった。

この時に私がクロスワードパズルの雑誌を携帯していたのは、フェラーリと打ち合わせていたインタビューに備えて、朝のフライトでその雑誌に質問を記入していたからだ。

私は契約の進捗状況からインタビューを始めた。契約で何が要求されるか、あなた自身は知っていますか。

「もちろん知っている。言うまでもなく彼らは可能な限り良い結果を求めている。普通の環境で何が可能で何がそうじゃないのかを判断することは容易だ。悪い結果ではなかったと思っているが、もっと上手くやれたということかもしれない」

ベッテルはすでに優勝していますが、契約を延長するには、あなたも優勝する必要がありますか。

「フェラーリに聞いてくれよ」とキミは笑い出し、アリバベーネがテレビのインタビューを受けている隣の部屋を指さした。

フェラーリがオプションを行使するかどうかは8月の夏季休暇まで待たなければならなかった。

夏季休暇の終わりにサンタンデールは、キミにヘルシンキの公開イベントと記者会見を用意した。私はイベントに招待され、家族と一緒にいるキミと会った。その時に私は契約の報道が近日中に出るはずだと悟った。キミの仕草が、休暇を楽しく過ごしたことに加えて、将来の見通しが立ったと物語っていたのだ。

次の日に前置きもなく、フェラーリは広報紙で、アリババベーネは言葉を無駄にせず端的に２０１６年シーズンもキミはフェラーリで継続すると書いた。

「スクーデリア・フェラーリは、技術面とレース面においてキミ・ライコネンと契約を交わしたと通知した。ドライバーは昨年に引き続き来年度もフィンランド人ドライバーとセバスチャン・ベッテルのコンビで編成される」

この決定の責任者はアリババベーネと会長のセルジオ・マルキオンネだった。それはフェラーリが２０１３年にキミと交わした契約のオプションを行使すると決めたということだった。

フェラーリのウェブサイトにキミ本人の感想が寄せられている。

「これに対して何を言うことができるのか。さらに１年間フェラーリで続けられるということは、僕の夢が今後も続くということだ。スクーデリアは、いつも僕が言っているように家族だ。僕はこのチームで現役を終える。かつてないぐらいチームと絆を深めているし、このチャンスを与えてくれた人々に感謝する。すべてのフェラーリファンの支援に大きな感謝の言葉を捧げたい」とキミは喜びを語った。

一度しか表彰台に上がれなかったキミはサポートを必要としていた。チームメイトのベッテルが１６０ポイントを稼いでいる一方で、キミは76ポイントしか獲得できなかった。

もしベッテルのチームメイトが、もう少し弱気なドライバーだったなら、魚にミミズを与えるように一瞬で食い物にされてしまっていただろう。ドライバー間の優劣は明らかだった。圧倒的な差がついてしまったベッテルをチームメイトとして、レースを続けるキミの精神状態を聞き出すことができた。

あなたたちは以前よりもお互いのことを知り合えていますか。

「今の方がお互いを知り合えているかはわからない。すべてが思っていたようになっているからね。僕たちの間には何も問題はないよ。これから対立する場面も、どこかの段階で出てくる。だって何に対しても意見の相違は起こらない方が不思議だ。でも、これまでと同じようにお互い話し合うことで、そのような状況に対応できると僕は信じているよ」

共通するユーモアセンスと同じような人生観が二人の友情関係を強固にしているのですか。

「何はさておき、僕たちはずっとありのままでいるようにしている。それが普通に感じるように努めている」

ベッテルはフィンランド語ができる。ライコネンは少しドイツ語ができる。しかしながら共通の言語は、自然と英語だ。

チームメイトとフィンランド語で話しますか。

「ちょっとした単語を言うぐらいで、会話はしないよ。彼はフィンランド語を理解するけど僕たちの間でフィンランド語をあえて話そうとはしない」

それでは、ベッテルは理想的なチームメイトなのだろうか。キミが以前よりも開放的である理由はチームメイトの影響なのか。

マーク・アーナルは、キミのことをどのドライバーにとっても理想的なチームメイトだと思っている。なぜならキミと一緒だと、陰でこそこそ何かを企てることもなく、誰もが自分の仕事に集中できるからだ。加えてドライバーたちが、いわゆる同じ波長でいることができると、どちらも機嫌良く仕事に向き合うことができる。

108 — スタジアムの鼓動の中で

ヘルシンキのノルデンショルド通りにアイスアリーナがある。ここでキミ・ライコネンは、攻撃的なディフェンダーとしてアイスホッケーの試合に出場したことがある。2015年8月にキミは同じアリーナで行われた別のイベントに参加した。今回はアイスアリーナの駐車場を利用したゴーカートのイベントだった。フェラーリのフィンランド人ドライバーが参加したこともあって多くの国民がこのイベントに駆けつけた。現場レポーターの役目をきっちりと務めたオスカリ・サーリは、世界チャンピオンにゴーカートで挑戦することができる、一生に一度の思い出だと宣伝して希望者を募ってイベントを盛り上げた。

プライベートで屋外で走るとすればモトクロスに乗るぐらいだったキミにとっても、屋外コースでゴーカートを操るイベントは滅多にないご馳走となった。

イベントのスポンサーを務めたサンタンデール・コンシューマー・ファイナンスは、AKK(フィンランド・モータースポーツ協会)が企画した若手育成プログラム「フライング・フィン100」にキミとともに参加した。モータースポーツ界の若手の活動を支援するプロジェクトで、その目的はクラブに所属するジュニア選手の多様な活動を支援することにあった。プロジェクトのために、キミの固有ナンバー「7」が刻まれた特別仕様のゴーカートが寄贈された。

ヘルシンキの記者会見ではF1関連の話題も出たが、もっぱらゴーカートの話が中心だった。フィンランドではゴーカートのレベルが高く、同国のトップF1ドライバーとして、キミは若者たちの模範となる存在だった。30年のレース経験があるにも関わらず、キミは若いカート選手にアドバイスするのに四苦八苦していた。

「これまでもゴーカートのことをよく質問されてはいたが、答えるのが毎回難しくなっている。果たしてしっくりくるアドバイスがあるかどうかすら僕にはわからない。自分を信じ、好きなことをするのが大事だ。もちろんある程度、適した時に適した場所で、という運も必要になるだろうし、手助けしてくれる正しい人々を見つけることも必要だ」

私はヘルシンキで、キミと長年の親友だったサミ・ヴィサが、彼の新しいマネージャーになったと報道することができた。

「報道されているように、私はキミの縁の下の力持ちのような存在だ。いろんなことでキミをサポートできればと思っている」とヴィサは新たな任務について簡潔に答えた。レースや契約関連のことは引き続きスティーブ・ロバートソンが担当し、アイス・ワン・レーシングのモトクロスチーム関係の仕事はチーム代表のアンティ・ピュルホネンが引き受ける。

ヘルシンキで印象に残ったのは、ベテランドライバーがイベントを楽しんでいるように感じたことだ。ヴィサは、このイベント前の休暇で、いい気分転換ができたからだと明言した。この直前に行われたプロモーションの仕事も陽気な様子だったそうだ。キミは夏休みを、まずイビザ島の海でアイスマンという名のクルーザーに乗って快適に過ごし、それからフィンランドのポルッカラにある別荘でゆっくり過ごせていた。

109 — ち、ち、ちくしょう!

２０１５年10月11日のロシアGPと11月1日のメキシコGPは、衝突音が鳴り響くレースになってしまった。フィンランド人ドライバーがＦ１に参戦するようになってこんなことはこれまで一度もなかったことだが、キミ・ライコネンとバルテリ・ボッタスのようにフェアで運転技術も確かな二人のトップドライバーが３週間で２回も激しく衝突してしまったのだ。数年後の今も驚きを禁じ得ない出来事だった。

昔フィンランドで人気を博したラジオドラマの主人公ペッカ・リッポネンの決め台詞「ち、ち、ちくしょう！」が、特に私のように年配の世代の記者の口から込み上げてくる。

統計を重んじる記者として、この忌まわしい出来事を私なりに語ることにする。

Ｆ１史上９３０戦目のロシアGPで初めて二人のフィンランド人ドライバー同士がレース中に激しく衝突してしまった。その衝突から数えて、両者が一緒に走ったレースで27周後に二度目の衝突が起こった。

ロシアとメキシコでフィンランド人同士がクラッシュした精神的な傷がまだ癒えない私は、公式の統計情報をこの分野のスペシャリストであるイタリア人のミケーレ・メルリーノから入手した。

Ｆ１の歴史で、これまで事故や衝突による１７００回のリタイアが報告されている。この統計で合計44回がフィンランド人ドライバーによるものだ。

Ｆ１で最初のフィンランド人の衝突とみなされている事例は統計に加えていいものなのか疑いが残る。というのも当時の事例は接触した程度のものだったからだ。１９９６年モナコで起こった多重クラッシュでミカ・ハッキネンがミカ・サロのティレルの後部に接触してリタイアとなった。２００８年トルコではスタート後にライコネンのフロントウイングがヘイキ・コバライネンのリアタイヤに接触してパンクさせてしまった。

メルリーノの統計によると、メキシコでの衝突によってキミは11回目となり、ミカ・ハッキネンを追い抜いてフィンランド人ドライバーのクラッシュに関する統計でトップとなってしまった。

フィンランド人同士の衝突をソチで目の当たりにして、記者である私の力も完全に抜けてしまった。

フィンランド人ドライバーたちは残り2周で立て続けにフォース・インディアのセルジオ・ペレスをオーバーテイクし、その後に二人のバトルが始まった。4つ目のコーナーでライコネンは、ボッタスのウイリアムズを追い抜こうとした。しかし、スペースがなかった。キミはウイリアムズの脇腹に衝突し、バルテリをコースアウトさせてしまった。

フェラーリはダメージを受けたが、それでもゆっくり火花を散らしながら走行を続けることができた。キミは5位でチェッカーを受けたが、衝突による30秒のタイムペナルティが科されて8位まで順位を落とす結果となった。

少し前にボッタスは、フィンランドのアイスホッケーリーグの優勝チームを予想してキミと競っていた。奇しくもソチのサーキットはアイスアリーナを取り囲むように作られているが、フィンランド人同士が本物のサーキットで競って衝突事故を起こしてしまった。

両者ともアドレナリンが出過ぎていた。残り1周で、表彰台に上がることができる3位入賞が見えていたからだ。キミは勝負をかけなければならない状況にあったが、それをバルテリは予期することができなかった。両者とも正確な運転技術の持ち主で、普段は衝突することもなく、ましてや互いがクラッシュするなんて考えられなかったので、メディアセンターでも大きな驚きを持って受け止められた。

私はパドックで両ドライバーと話せる機会を得た。苛立った様子のキミは、衝突が起きるなら相手がどの国のドライバーかは関係ないと言った。バルテリも最初は罵声を飛ばしていたが落ち着きを取り戻し、最後に、フィンランド人と衝突したのは若い頃のゴーカート以来だと答えた。

フィンランド人らしく両者とも怒りを抑え、一見穏やかに振る舞った。

クラッシュした後ボッタスは酷く失望していた。審議委員会の調査を受けて、彼はメディアの前で心境を語った。

「このクラッシュで少なくとも私は悪くない。明らかに自分の方が前にいたし、普通のライン取りで走っていた。誰かが後ろから衝突してきて、その人のミスなのは明らかだった。その場所で明らかに前にいたことを知っていたし、いつも通りにコーナーで左に曲がった。そのコーナーに差し掛かった時に、誰かがマシンの脇へ衝突してきた。いったい彼が何を考えていたのか理解できない。表彰台が目の前まで来ていたのに衝突されてしまった。本当に失望している」

バルテリは前にいた。そして前年のように3位に入るため決然としてウイリアムズのマシンに鞭打って走っていた。一方キミは以前のレースでもフィンランド人ドライバーを同じようにオーバーテイクしたことがあったし、4つ目のコーナーで追い抜きを試みようと決心するぐらい接近していた。キミはどういう状況になるか知っていたが、どうすることもできなかった。

「3つ目のコーナーでスピードも出ていて、僕は彼を捉えた。4つ目のコーナーで追い抜こうと決断した。もはや後戻りできなかった。最後の瞬間に彼が内側に曲がったのを目にして接触を回避しようとしたが、スペースがなかった。彼は僕がそこにいたのを見ていなかった。それは僕たちにとっても彼らにとっても不運なことだ。誰もクラッシュを望んでいないが、レースとはそんなものだ」とキミは状況を説明した。

衝突した相手がライコネンだと知った時に、どれだけ驚いたのか、私はボッタスに質問してみた。

「とても驚いたよ。私は、できることはした。この衝突に関して潔白なのだから、何も後ろめたいことはない」

チーム代表アリバベーネは、この事故はダニエル・リカルドがモナコでライコネンと衝突した時と同じようにレース中の普通の事故であると考えた。

ロシアのレースで起きた気分を害する事故のことで何かわだかまりがあったとしても、少なくとも木曜日にオースティンで行われた記者会見で、ボッタスとキミの振る舞いに遺恨は見受けられなかった。FIAの記者会見でも、あの衝突のことは依然として最大の関心事だった。

「ソチの時から私の考えは変わっていない。最終ラップまではうまく行っていた。表彰台に上がれず、ポイントも失ったことに失望している。ただし私は今までのようなレースを続ける。何も間違ったことはしていなかった」とバルテリは、はっきり答えた。

「事故に関する僕の意見は、ソチの時と同じだ。そこで事故のことをすべて話して、僕はペナルティを受けた。残念ながら僕たちはクラッシュし、どちらも勝てなかった。その状況での行動について謝罪することはない。また次回も同じようにすると思う。その時は最終順位がもっと良いことを願っている」とキミは気丈に語った。

「おそらくメディアはこの話題に興味があるのだろうが、僕たちはそうではない」と両者は呟いた。

メキシコでF1が行われたのは23年ぶりだった。決勝で、にわかには信じがたいことが起こった。フィンランド人ドライバー同士が再び衝突したのだ。

ロシアでキミは最終ラップにオーバーテイクを試みた。逆にメキシコでは22周目にバルテリがキミを追い抜こうとした。5つ目のコーナーでライコネンのフェラーリがカーブを曲がると、内側から横に並んだボッタスのウイリアムズに衝突した。フェラーリの右リアタイヤが衝突でねじれてしまい、キミはリタイアした。しかしボッタスはレースを続けることができた。

ロシアとメキシコの衝突に違いがあるとすれば、マシンの間隔だった。ロシアではライコネンはウイリアムズの後ろでマシン2台分の間隔から衝突に至った。メキシコではボッタスはマシン半分の間隔で後方から追い抜こうとした。審議委員会はすぐに調査をしたが、ボッタスにペナルティは科せられなかった。

3週間で2回ライコネンと衝突したボッタスは、コースアウトすることもなく表彰台に上がった。そしてロシアでの激しい失望感を払拭した。

私は自宅にいて、現地の雰囲気を感じることはできなかった。

フェラーリの記者会見の冒頭でライコネンは、今回の件についてボッタスと話したのか質問されていた。

「それほどスペースがなかったが、彼がもう少し縁石の方へ行っていたならば、スペースがあったと思う。ただし、それはレース中の状況だ。彼は自分ができることをした。それについて話したところで何も変わらない。僕は彼が前のコーナーで外側を走っているのを目にした。何度も言うようだが、そこはタイトだった。もしあなたたちが彼に聞いたら、僕に責任をなすりつけるかもしれない。ともあれ、彼が縁石を越えていれば、そこにはスペースがあったということを僕は確信している。もちろん、そこはかなり滑りやすかったから、彼が前輪をロックして最終的にあのような結果になってしまった。僕は真っすぐに行くことができなかったから、いずれにせよどこかでステアリングを切らなければならなかった」

「僕は現場にいたが、その状況について、くどくど繰り返し話すのは無駄だ。各々が自分の意見を持っているからだ。メディアはいつも何かを責め立てる。しかし、それは何の効果もない。それは予期できたことだ。誰もが自分の立場で物事を見る。僕はこれに関して悪いと思うことはない」。キミは質問がより攻撃的になってくると、苛立ちを隠しきれなかった。

表彰台に上がったボッタスはインタビューで落ち着き払っていた。

「あのような結果になる必要はなかったと思う。私は内側から抜こうと試みた。そのスペースから前へ行ける現実的なチャンスがあると考えた。普通あの状況なら2台のマシンがコース上で並ぶことができる。今回は収まらなかった。また私たちが衝突してしまったのは運が悪かった。抜こうとしたがスペースがなかったし、残念だが接触を回避することはできなかった。それ以上は話すべきことはない。順位を争っていたのだから引き下がるつもりはなかった。しかし、スペースがなかった」とボッタスはため息をついた。

04

110 ―「フェルスタッペンのくそ野郎」

史上最年少で優勝したマックス・フェルスタッペンは、キミと同じ時代にF1を走ったレーサーの中で最も汚いやり方で頂点に上り詰めた。この章の見出しのような汚い言葉をキミの口から幾度も聞きたくなかったが、それ以上に2016年の夏のレースの余波でフィンランド人ファンからも酷い罵声を聞くことになってしまった。

スペインに向けてレッドブルは、ファーストドライバーにフェルスタッペンを指名した。このオランダ人はすぐにF1史上最年少で優勝し、表彰台に上がったドライバーとなった。2位となったキミは、終盤20周から炭火でグリルをするようにフェルスタッペンを追い立てていた。

もちろん、この勝利をキミは喉から手が出るほど欲しかった。しかし、キミらしく若いオランダ人ドライバーの健闘を讃えた。

ライコネンとフェルスタッペンは幾度もバトルを展開した。スペインでは圧倒的な強さを誇るメルセデスのニコ・ロズベルグとルイス・ハミルトンがファーストラップで早々にクラッシュし、他のドライバーにチャンスが巡ってきた。

その状況でフェルスタッペンは、年上のドライバーのキミのおかげと言っても過言でない勝利を手にすることができた。フェラーリがレッドブルより速いマシンであることは言うまでもないが、後に問題となるブロッキングを気にすることなくフェルスタッペンは先頭を死守することができた。キミはゴール後もちろん悔しがったが、この時は勝者の労をねぎらった。

「マックスが勝利できて僕も嬉しいよ。しかし、自分のパフォーマンスには失望した。2位で終わるのは気分が悪い。勝てる可能性があったからね。何度も試みたがマックスに近づくと最終コーナーでいつもグリップを失った。オーバーテイクするには十分ではなかったし、最終コーナーでどうしても十分な速さを出せなかった。やむなく、ずっと彼の後方を走っていた。排気ガスで前が見えづらい状況で何もできないくらいダウンフォースを失っていた」

チェッカーフラッグが振られた時点でフェルスタッペンとの差は0・616秒だった。

スペインでの激しい競り合いの後も二人はオーストリア、ハンガリー、そしてベルギーでバトルを繰り返した。この頃には両者とも罵り合うような緊迫した状況になり、スペインの時とは雲行きがすっかり変わってしまった。

オーストリアでは、キミがオランダ人を残り5周で捉えた。この時それほど緊迫感はなかった。トップを走行していたメルセデス同士が接触し、フェルスタッペンを追い抜くことができなかったからだ。なお、この接触でロズベルグは入賞を逃した。

「簡単に追いつくことができて、フェルスタッペンをオーバーテイクできると確信したが、フラッグが振られて追い抜くチャンスを奪われてしまった」と3位に甘んじたキミはレース後に悔しがった。

ハンガロリンクでは3つの異なるバトルがレースを盛り上げた。優勝をメルセデス同士が争い、ダニエル・リカルドとセバスチャン・ベッテルが3位争いをしていた。

しかし、観客の注目を本当に集めたのはフェルスタッペンとライコネンの5位争いだった。

キミはパフォーマンスの面でも、テレビ中継でもハンガリーで最も目を惹く存在だった。彼は積極的に攻め、またもマックス・フェルスタッペンを追い抜くところまで順位を上げた。ここでまたオーバーテイクの問題にぶち当たってしまった。両者のバトルは、1年前にキミとバルテリ・ボッタスの間で起きたことと同じぐらい、お互い遺恨を残すように感じられた。

スペインの時と比べると、ハンガリーでは明らかにタイヤがフェラーリに有利に働いていた。キミには疑うことなくレッドブルを追い抜くのに十分な速さがあった。

残り13周でキミはチャンスが来たと判断した。そして2つ目のコーナーでオーバーテイクを行った。フェルスタッペンが左へ移動する時にキミは右を突いた。しかしオランダ人はキミの方へ再び方向を変えた。キミは衝突を避けたが、レッドブルはフェラーリのフロントウイングの一部を左側から吹き飛ばした。

マシンは接触していたけれど、キミはさらに1コーナーでフェルスタッペンに襲いかかった。しかし、それもフェルスタッペンは同じようにブロックした。

「僕の考えでは少なくとも最初の状況が問題だ。彼は左へ行こうとして、僕が右側から抜こうとすると彼はそこに戻ってきた。アタックしている相手をあのようにブロックしたら、激しく衝突することは明らかだ。僕は危険を回避したが、そこでフロントウイングが壊れた」

「二度目の時もそうだ。彼はちょうど同じところに曲がろうとした。そうされてしまうと、追い抜こうとする方は行き場を失ってしまう。その時も僕たちは衝突するところだった」

「オーバーテイクをする際に衝突しないようにできる限りのことを僕は試みた。ルールはルールだ。もし審議委員会が場当たり的に、あれを容認したり咎めたりするような曖昧な判断をするなら、何のためにルールがあるのか僕にはわからない。もしルールが当てはまらないのなら、そんなルールは存在すべきではないと思う」とキミは苦痛を感じていた。

フェラーリは、この件を無線で安全委員会の代表であるチャーリー・ホワイティングに伝えた。しかし審議委員会はフェルスタッペンがルールの範囲内で走行したと判断した。キミは一度しか許されていないライン変更をフェルスタッペンが二度していたと考えたが、審議委員会の考えでは一度しかラインを変えていないという見解だった。

もちろんフェルスタッペンは自分が何も過ちを犯していないと考えていた。

「僕はフェアな方法で自分の順位を守ったと思っている。キミが迫っているのを目にした。彼は楽観的にインサイドに潜り込んできた。もちろん彼の方がずっと速かったが、僕は自分の順位を守りたかった。本当にぎりぎりだったが、制限の範囲内で走っていたと思っている。もしペナルティを受けていたら、僕は驚いたに違いない」

このレース後、キミは若手ドライバーの行為はフェアだったかと記者から質問を受けた。

「何がフェアで何がそうじゃないかは僕が決めることではない。少なからず僕はこれまでにも今回よりも軽いことでペナルティを科せられた事例をいくつも見てきている。ルールは、ここ最近では単なるジョークのようなものになっている」とキミは現状を嘆いた。

キミはハンガリーでの出来事をフェルスタッペンとも、安全委員会の代表のホワイティングとも、それ以上話し合っていなかった。

危険な運転をする若者というレッテルを貼られたフェルスタッペンも考えを曲げなかった。

「おそらく僕はキミと一緒にアイスクリームを食べに行った方がいいかな」。次のレースが始まる前にキミとの確執を解決しないのかと問われたフェルスタッペンは、ホッケンハイムで冗談を飛ばした。

フェルスタッペンは四六時中、年上のドライバーたちから批判に晒されていたけれど、自分の運転スタイルを変えるつもりはないと明言した。

「もし動くことが許されないならばアンフェアだ。そうならば相手が内側から追い抜こうとして飛び出しても自分のポジションを守ることができない。その場合それはもうレースじゃない」

フェルスタッペンはルールに従っていれば十分だと主張した。

「かなり明確じゃないか。ぎりぎりだけれどルールの範囲内でできることだ。僕はルールで許されていることをした。他のドライバーたちが言いたいことはわからないでもない。彼らは気に食わないようだけど、僕はレースをしているだけだ。自分の順位を守る。同じ状況なら彼らも同じようにしているはずだ」

「後ろを走るドライバーはフラストレーションが溜まることを知っている。ドイツでキミを追い抜けなかったし、マシンも良くなかった。だからと言って僕は苛立たないし、大騒ぎするつもりもない。そもそも可能性がなければ、追い抜くことはできない」

ベルギーGPは本当の時限爆弾と化した。フェルスタッペンがトップ集団に君臨し、後方でフェラーリは追い抜けずに、ぐずぐずしていたからだ。

スタートシグナルが消え、フェルスタッペンは直線でフェラーリの後方に落ちた。ベッテルは先行する2台のマシンに対して外側から最初のコーナーへ入った。彼はキミが並んでいると思っていた。しかしフェルスタッペンが内側からコーナーへ飛び込んできた。この時ベッテルはライコネンと接触し、キミはフェルスタッペンに接触した。

「最初のコーナーでセバスチャンは明らかに反対側のマシンを気にしていた。彼は僕がぎりぎりのところでコーナーを曲がるのを待った。もちろんチームにとって理想的ではなかったが、そのようなことはよくある」とキミはスタートの悲劇を説明した。

フェルスタッペンは怒りを押さえてはいたものの、この事故に関してフェラーリのみを責め立てた。

「フェラーリは、最初のコーナーで僕のレースを台無しにした。彼らに抜かれるなら彼らをコースアウトさせた方がましだ。僕のレースを台無しにするなら、僕も彼らのレースを台無しにする。コースで自分の順位を守っていただけだから、彼らは文句を言うこともないはずだ」

ピットに戻りメンテナンスをして3人はレースを続けた。騒動が収まらないうちに再びフェルスタッペンは、フェラーリ勢が前に行くのを防ごうとした。オーバーテイクの状況になる前に、まずはキミ、次にベッテルに対して、彼は非常の納得のいかない方法で相手の動きを封じて自分の順位を死守した。まさに同じことをキミはハンガリーでもされていた。

身の毛もよだつフェルスタッペンとのバトルは、このコースで最速のケメル・ストレートに向かう途中で頂点に達した。追い抜こうとしたキミはブロックされて減速するしかなかった。キミを苛立たせたのは、相手がさらに汚いやり方で順位を守ったことだった。

「これは笑うしかないな」とストレートで最もスピードが出ている時にフェルスタッペンが行った危険運転に対して、キミは無線で呆れた様子だった。

どちらともトップからかなり引き離されていた。12周の時点で14位を争って駆け引きをしている時の出来事だった。

キミが抜き去っても、フェルスタッペンはフェラーリの脇腹あたりに迫った。キミは衝突を回避するためにコーナーを大回りせざるを得なくなり、コースアウトしてしまった。

「もし僕がブレーキを踏まなかったら、激しく衝突していた。僕が右に動いた時に、彼よりも15～20km／h速かったからね。このようなことが今後も許されるなら、大きな事故が起こってしまう」とハンガリーの件の怒りが冷めやらないキミは当然、今回の件を非難した。

「彼の唯一の意図は、接触して僕をコースアウトさせることだ」とキミは無線で伝えた。

日曜日の夕方にスパのメディアセンターにいた多くの専門家たちは16年前のデジャヴを経験した。キミがケメル・ストレートでオーバーテイクを試みた時にフェルスタッペンが減速してブロックした事例は、2000年にミハエル・シューマッハがミカ・ハッキネンに対して行った行為と共通する点が多く見受けられた。

時速350kmであのように順位を守る行為は、大事故に繋がるリスクを高める。16年前のレースでシューマッハとハッキネンは優勝を争っていた。今回フェルスタッペンは14位を死守しようとした。

ハッキネンはレース人生で最も素晴らしいオーバーテイクを決めた。優勝した後にミカはシューマッハに率直に自分の意見を伝えに行った。彼らは口論にまで発展した。今回キミはレースの後にフェルスタッペンと話し合うこともなかった。オランダ人の素行の悪さのとばっちりを食ったベッテルは、レース後に彼と話し合うことができず残念がった。

フェルスタッペンは怒りが収まらずに、オランダのテレビで白黒つけた。

「特にベッテルは自分のレースを台無しにした」とフェラーリ勢のオーバーテイクを阻止したのは、彼にしてみれば復讐だったことを隠さなかった。

レースでのフェルスタッペンの攻撃的な走りに記者も怒り心頭だった。

記者仲間のミハエル・シュミットは、追い抜こうとするドライバーの動きを待って、前に飛び出す時にそれを阻止するオランダ人のスタイルは汚いにもほどがあると評した。

キミは、審議委員会が一度もフェルスタッペンの節度を欠いたブロックを調査しなかったことが理解できなかった。もちろんお咎めなしも腑に落ちなかった。キミ自身は、あのような無茶な運転をしないだろう。

「もちろん常に様々な意見があるが、全く状況が改善される感じがしない。おそらく大事故が起こらない限り、この件を真剣に考えてはくれない。そうならないことを望む。大事故が起こったら、みんなが悲しむことになる。誰かが負傷するなんて誰も見たくない。レースで激しいバトルをすることは問題ないが、あのような走り方が正しいとは僕には思えない」

「僕は相手の立場で話すことはできないが、今回の件はこれまで僕が他のドライバーと戦ってきたものと比べても酷い。誰もがポジションを守ろうと必死だが、それは正しいやり方でだ。相手が最高速度で走っている時にブレーキを踏ませるようなやり方はあってはならないと思う。それはシンプルに正しくない」とキミは問題提起した。

モンツァで行われた次のレースでフェルスタッペンは、各方面から批判が出ているにも関わらず、自分の運転スタイルは変えないと再び明言した。

「僕は似たような状況を見たことがある。そして、シューマッハは7度の世界チャンピオンになった」と彼は付け加えた。

フェルスタッペンはスパで何が起こったと考えているのだろうか。

「そこで何かが起こったとでも言うのかな。最初のコーナーはとても運が悪かったが、その後に新たなバトルが始まった。お咎めもなかったんだから、僕は何も変える理由がない」

そのバトルのことをキミが強い口調で非難していることに驚きましたか。

「キミと僕は戦った。その時点で僕のレースだった。何かしらの異論が出るのはいつものことだ。そこで僕が後方にいたとしても、同じような意見が必ず出ていたよ」とフェルスタッペンは言い逃れた。

フェルスタッペンが、どれだけ多くのルールを破ったと考えているかを私はキミに聞いた。

「彼との間に何も個人的な確執はないよ。彼は疑いなく素晴らしいドライバーだ。でも、特定の行為は疑問が残る。もちろん審議委員会のことは理解している。常に多くの見解はある。そして状況の捉え方は人によって違う。僕たちは誰でも各自どう感じているのか言う権利がある」

「彼と話そうとは思っていない。しかし最初のコーナーでの接触に対して、その後に何かをすると言うならば、それは復讐だ。故意に復讐するようになってしまえば、それはスポーツではない。残念な結果になるだけだ。もちろん人は間違いを犯す。誰でもだ。みんなに起こることで、それは受け入れなければならない。しかし、レースでそのような馬鹿げた行動をするのは相応しくない。レースは復讐する場ではない」とキミは自分の考えを明らかにした。

モンツァでホワイティングは、まずベッテルとキミとの話し合いの場を設けた。そこでベルギーでの激しいバトルについて意見聴取した。そして金曜日の朝にホワイティングはフェルスタッペンと非公式の話し合いを行った。

経験豊富な安全委員会の代表は、あらためてレースの出来事を調査した後に、特にフェルスタッペンのライコネンに対するブロッキングについて、彼はブラック・アンド・ホワイトフラッグ（非スポーツマン行為に対する旗）を示すように審議委員に指示することができただろうという結論に至った。つまり公式のペナルティが提示される前に、警告として示されるフラッグが振られていてもおかしくなかった。

ドライバーズミーティングの前にフェルスタッペンは、マネージャーと一緒にライコネンとベッテルと会った。その会話はドライバーズミーティングより長くかかった。そこで面と向かってフェルスタッペンと今回の件について率直に話すというベッテルの希望が叶った。

フェルスタッペンは強引なライン取りについて多少なりとも自分の意見を曲げざるを得なかったのだろうと感覚的に私は理解した。

それから秋のアメリカGP前に、フェルスタッペンはオースティンで彼のために作られたような専用のルールを受け入れなければならなくなった。FIAは減速してオーバーテイクをブロックするような不適切な走行を防止するため、ルール改定に乗り出したのだ。

フェルナンド・アロンソ、ルイス・ハミルトン、キミ

・ライコネン、そしてセバスチャン・ベッテル、4名の現役チャンピオン経験者は、安全委員会の代表ホワイティングに危険なブロッキングの解釈を明確化するように要求した。その後FIAは、ブレーキングをすることで他のドライバーが回避しなければならない状況を強いる、いかなる進路変更も異常な行為であり、他のドライバーを危険に貶める行為とみなし、それについて審議すると公表した。

これに該当する行為をフェルスタッペンは、ハンガリーとベルギーでライコネンに、日本でハミルトンに対して行っていた。ロズベルグとベッテルも似たような場面に遭遇していた。

ブロッキングのルールは以前より明確に解釈できるものになったのか、私はキミに質問した。

「あのケースは決してブラック・アンド・ホワイトなんかじゃない。どの状況もそれぞれ違う。審議委員会は事態を時折、違う方法で二度目に調査する。誰もが多かれ少なかれ何をしていいのかを知っていると思う。しかし今後何が起こるかを僕は言うことができない」

このことはドライバー間でルールとして明確化した方が良いだろうか。

「もちろん何かしらルールが必要だ。そして、いつか何か不明瞭な状況が起きたら、新たなルールを設ける。おそらく僕たちにはルールがありすぎる。しかし、それでレースを行っている。もしルールがなければ僕たちは何でもできてしまう。ガイドラインは必要だ。馬鹿げているように聞こえることもあるかもしれないが、それが、みんなに役立つ時もある」

それ以降ライコネンとフェルスタッペンは100戦以上レースをしている。二人の間には友情は決して生まれてはいないけれど、事務的な関係を保ち、互いに敬意は払っている。両者とも自国での人気はとても高い。あるインタビューでマックスのことを私がオランダのキミと言うと、彼は素直に喜んだ。

111 ― トスカーナの結婚式

ホッケンハイムで行われたドイツGPは、夏休み前の最後のレースだった。この時期に休暇に入れるのはレースドライバーのライコネンにとってベストタイミングだと私には感覚的に伝わってきた。

3戦連続で表彰台に上がれないままイタリアの誇りであるフェラーリは夏休みに入った。7月は毎週、フェラーリは完全に低迷していた。7月に唯一フェラーリに入賞をもたらしたのはオーストリアのキミだった。

「成績がこのように振るわないと心苦しい。残念ながら僕たちのスピードは伸びなかった。今後ダウンフォースは助けになるだろうし、これから何をしなければならないか僕たちは知っている」とシーズンで最もつまらないレースとなったホッケンハイムを6位で終えたキミは荷物を片付けた後に心境を語った。

ドイツGPの1週間後の2016年8月7日にキミとミントゥの結婚式が執り行われた。イタリアのトスカーナが式場に選ばれた。式はサン・ガルガーノ修道院で行われ、ボルゴ・サント・ピエトロの高級ホテルで披露宴が開かれた。

セレモニーはイタリア語とフィンランド語で行われた。介添人として指輪を渡したのは息子のロビンだった。F1関係者で招待客として、フェラーリのチーム代表マウリツィオ・アリバベーネ、そして彼の妻でキミのメディア関係を担当しているステファニア・ボッチが訪れた。招待客は、大型バス2台分ぐらい。ウエディングケーキはキミの望み通りチェッカーフラッグの図柄で作られた。

実際ハネムーンを過ごしている時間はなかったが、休暇でリフレッシュして気分転換することができ、秋からの新たな戦いに備え活力を蓄えることができた。秋のレースはベルギーGPの週末に開幕する。

112 — チャンピオンの相棒

私が以前使っていた携帯電話にはマーク・アーナルと交わしたメッセージがたくさん残っている。一方通行ではなく、やりとりが記録されている。私は英国人トレーナーから届くメッセージをキミの近況を知るのに役立てていた。マークは私からのメッセージを必要に応じて見返し、時系列や統計に関する情報を有効に利用していた。

２０１７年2月16日に、このようなメッセージが馴染みのスイスの国際番号から入った。「ちょっと教えてくれないかな（というのも、あなたはすべての統計に詳しいでしょ）。１９９７年にＦ１で仕事を始めて、２０１0年と２０１１年シーズンはＦ１にいなかったとして、これまで私がどのくらいレースに同行したことになるのか教えてくれると助かるんだが」

詳しいと言っても、すぐに返信できる内容ではなかったので、私は各シーズンのレース数とその他のことを確認しなければならなかった。その後、彼に返信した。

「正確な数字を弾き出したよ。あなたは３１７戦レースに行っている。そのうち66戦はミカ（ハッキネン）で、２５１戦はキミに同行している。２０１３年の最後の２レース（注：ライコネンが手術のため欠場した）を抜いていないことに気がついた。追伸：キミの近況が知りたいから、今日どこかの時間帯に電話させてくれないか」

こんな感じだ。このやりとりの時点で、レースに同行した数は私の方が20戦ぐらい多かったが、その後マークにオーバーテイクされてしまった。私が記者としてレースに出向いた回数は２０１９年シーズン末で３７１戦だった。

このようなメッセージをやりとりすることで、私はキミに関する最新の情報を都合良く入手することができた。普段マークは、このようなメッセージを送ってくる時に「just between you and me（ここだけの話）」と書き始める。その場合、私は一般のメッセージとして受け取り、個人のフォルダに振り分けた。

長年記者をしているとＦ１パドックで様々な人たちに会う。フィンランド人以外で私が最も長い時間を過ごしたのはアーナルだったと思う。

彼は20年以上、Ｆ1世界チャンピオンとなったフィンランド人ドライバー、ミカ・ハッキネンとキミ・ライコネンのフィジカルトレーナーをしている。マークはフィンランド人の心情に共感するようになっていた。彼自身は、長期にわたるフィンランド人との仕事を通じて身についていったものだと感じていた。

人生のパートナーもフィンランド人だけれど、アーナルの口にフィンランド語が感染することはなかった。

「フィンランド語を聞いていて、何について話しているのかは理解している。理解はできているけれど、会話にならないんだ。もちろん、すべての単語は理解できない。いつだったかキミの父マッティ・ライコネンとフィンランド語で話そうとした。あなたたちの母国語を聞くのは慣れているけど、私には、なんとなく話がわかる程度で十分だ」と最近のインタビューの冒頭で、アーナルは答えた。

ミカとキミは、あなたから英語を学びましたか。

「少なくとも上品な英語は学んでいないよ。学んだとしても、ちょっとした語彙ぐらいかな。私の語学能力は酷いからね」

アーナルは直接Ｆ1の世界へ飛び込んだわけではなかった。

「英国でコーチとセラピストの教育を受けた。当時は、その二つに分かれていたんだ。本当はアウトドアスポーツが好きだったけど、クライミングを教えていた。クライミングが他の仕事につく契機となった。英国の中部で、たくさんプライベートトレッスンを行った」

Ｆ1と出会わずフィジカルトレーナーをしていなかったら、今あなたは何をしていたと思いますか。

「その場合は、おそらく何か別のスポーツでフィジカルトレーナーを務めているだろうね。テニスにも興味を持っていた。自分の会社を持っていて、各種目のスポーツ選手をトレーニングした。コーチとして多くのトップアスリートと一緒に仕事をしたこともある。大学でイングランドのラグビーのスター選手であるダン・ルカを指導していた。陸上競技では、マーゴ・ウェルズがオリンピック金メダリストであるアラン・ウェルズのコーチを務めていた時に一緒に仕事をした」

「他の種目のスポーツでも、実際の仕事内容は同じようなものさ」

アーナルは1997年にF1の世界に飛び込んだ。

「その時はサリー大学で働いていた。そこでマクラーレンの関係者にクライミングを教えていた。その時、私がクライミングの指導以外にセラピストを務めていることを彼は知らなかったようだ」

「彼が授業料を支払う時に、マクラーレンのF1チームで働いていると語った。私は彼に自分の経歴を語った。そして彼は、F1ドライバーのパフォーマンス向上を助けてくれるセラピストを探していると言った。私は、その仕事に興味があると伝え、そうやってウォーキングのファクトリーで働くことになった」

「まずデイビッド・クルサードと仕事をした。そのシーズン最初の遠征でデイビッドよりミカと仕事をすることが多くなった。ヨーロッパに戻ってミカと仕事をするようになり、レースに向けて主にミカのトレーニングを手伝っていた。フィジカルトレーナーの仕事は、どちらのドライバーとも行ったが、レースの週末はミカの専属になった。それからミカが私にコーチになってほしいと頼んできて、ヨーロッパラウンドの開幕戦となるイモラの後、コーチとして一緒に始めることになった」

「F1の経験は僕にとって何もかも新しいものだった。どのレースも違う国で行われる。常に何か違う調整が求められる。どこにホテルがあって、どこにコースがあって、各国での習慣がどうなのか初めは全く知らなかった」

「今は誰かがF1で仕事を始めたと聞くと、F1に入った当時の記憶を遡って考えなければならないほど、この世界にどっぷり浸かってしまった」

アーナルは、ハッキネンと1998年と1999年のタイトルを勝ち獲った。それからもミカは幾度も祝杯をあげ、2001年シーズンの秋に活動休止を宣言し、そのまま引退した。

マクラーレンはハッキネンの後任として22歳のキミ・ライコネンをザウバーから引き抜いた。この時にアーナルは新たなフィンランド人ドライバーとコンビを組むことになった。

ライコネンは、ハッキネンより口数が少ない。このことをアーナルは、どのように感じたのだろうか。

「コーチとドライバーは、すぐに良好な関係にならなければならない。お互い良い関係にないと仕事が捗らない。幸い、私は困った状況に追い込まれたことはない」

最初にキミと握手を交わした時に何を感じましたか。

「すぐに彼のことが好きになったよ。彼はレースを愛している。いつも自分は何が好きで何が好きでないか、はっきりしていて誠実だ。正直な人と仕事をするのは快適だ」

「個人的に特別だったのは、キミだけではなく彼のマネージャーのデイビッドとスティーブ・ロバートソンと親密に仕事ができたことだ。私は常に彼らと行動をともにした。マネージャーの仕事や、本来ならドアの向こうで行われるような仕事も一緒だった」

「私たち4人は何事においても密に連絡を取っていた。舞台裏で何が起こっているのか知ることができるような信頼を得ていることは、とても嬉しかった。私たちの間には高次元の信頼関係が最初から築かれていたし、それは絶えず強固なものになっていった」

ハッキネンをサポートした後、ライコネンのトレーナーになった時に、トレーニング内容に変化はあったのか。

「F1の規則が変われば、常にトレーニングは変更を余儀なくされる。私が仕事を始めた時は、レース中の給油が許されていた。マシンはずっと軽い状態を維持でき、どの周回も予選アタックに等しかった。それからレギュレーションが変わって燃料が満タンの状態でスタートを切るようになった。マシンは予選より1周で6秒も遅かった。この時のことをキミは重たいマシンでサーキットを走っているだけだと表現していた。肉体的に、そんなに過酷ではなかった。F1マシンのシステムは、どんどん洗練されている。マシンが速すぎるので、グリップ力も変わっている。重いマシンでの変化の一つは、もうドライバーはスタートからゴールまで予選のペースで走ることはできないということだ」

２００６年シーズンを終えたライコネンは、マクラーレンで選手権2位に2回入り、フェラーリへ移籍した。

「それについては事前に知っていた。キミが私に一緒にフェラーリへ来るように頼んだ時、私はキミとロバートソン親子とテーブルを囲んでいた」とアーナルは明かした。

マクラーレンをやめることを、どう感じたか。

「大きな決断だった。マクラーレンは、私が仕事をした唯一のF1チームだったからね。みんなを知っていたし、チームのやり方を知っていた。マクラーレンは私に契約続行を提示した。私はチーム代表であるマーティン・ウィットマーシュと話し合い、彼は私をチームに引き止めたいとはっきり言った」

「無駄な時間を取らせたくなかったので、キミからフェラーリで働かないかと誘われていることを話した。ウィットマーシュは彼らなりの譲歩を示したが、報酬を釣り上げるような交渉は始めたくなかった。私はキミと契約すると、はっきりチームに伝えた。私は正直でいたかった。ウィットマーシュは私に感謝し、いつか戻りたくなった時は大歓迎で迎えると言ってくれた。私は、後ろ髪を引かれることなくチームを去った」

フェラーリの赤いユニフォームでの初日は、どのようなものだったか。

「とても不思議な気分だった。10年間マクラーレンのユニフォームを着ていて、急にフェラーリの赤いユニフォームで仕事をしたからね。正直言って最初はしっくりこなかったよ。その感覚を説明するのは難しい。フェラーリにいると全く違う世界にいるように感じるのは私も同感だ。なぜなら、すべての規模が桁違いだからだ」

ライコネンは2007年にフェラーリでのデビューシーズンで、すぐに世界チャンピオンとなった。すでにハッキネンと二度のタイトルを経験しているフィジカルトレーナーにとって、そのタイトルはどのように感じたのか。

「難しい質問だ。どのタイトルも、いつも夢のような気分になる。プロセスに参加することができると、それぞれの意味合いが違うように感じられる。もちろんタイトルはどれも素晴らしいが、最終戦に大逆転でタイトルを勝ち獲ると、なおさら夢のような気分になる。ブラジルでの感覚を覚えていて、キミが最後に優勝したオースティンでも同じような気分になった。普段より嬉しさが増して、お祝い気分が最高潮になる」

アーナルは、ベストだと思うレースをリストアップしてくれた。

「2000年のスパで、ミカがミハエル・シューマッハとリカルド・ゾンタを連続でオーバーテイクして優勝したレースは本当に凄かった。それから同じようにキミが2005年鈴鹿で17番グリッドからスタートして、最終ラップのオーバーテイクでトップに立って優勝したのは圧巻だった。どのタイトルより、このような勝利の後には歓喜の度合いが最高になる。劇的なパフォーマンスで勝利が舞い込むと、それに勝るものはない」

失望したレースは。

「2003年と2005年はチャンピオンを狙えるマシンだった。しかし私たちは目の前のタイトルを逃してしまった。そろそろキミはタイトルを獲らなければならないだろうという考えが、頭の片隅に常にあった。2007年シーズン最終戦で、その夢が叶った。その前に何度もタイトルを獲れていたはずなのに、なかなか手に入らないでいたから、その分タイトルが獲れた時には肩の荷が下りた感じになった」

2008年の序盤は選手権をリードしていた。その後、マシンはマッサ仕様になっていったのですか。

「本当に失望したよ。キミの考えでは我々は二種類のマシンを持っているようだった。リヤとノーズが全く違う特性で、エンジニアと何度も話し合った。その年はスパがそうだったように運も悪かった（編注：残り2周、首位ハミルトンとの攻防でライコネンはクラッシュ。トップでチェッカーを受けたハミルトンはペナルティで3位に降格した）。キミは優勝できたはずなのに、運を逃してしまった。このようにタイトル争いの行方を左右してしまうような悪いレースが数回あった」

「キミは2009年あのマシンで本当によく走った。チームが2010年のマシン開発に完全にシフトした時にアロンソとサンタンデールが現れた。しかしキミは、あのマシンの能力を完全に引き出すことができた。あのマシンでスパで優勝するなんて、とんでもないパフォーマンスだった」

2010年と2011年のラリーの時はどうでしたか。ラリーに参戦したのは、あなたにとって無駄だったのか。

「他のモータースポーツがどのように行われているのかを見て成長できる年になった。F1は技術の面でも、他のすべての面でもモータースポーツの頂点だと気づかされたよ。ラリーを走るのは、F1で走るより肉体的に70%ぐらい楽だとキミは言っていた。肉体的な負担に関してF1と同レベルではなかったね」

NASCARは、どうでしたか。

「キミは物凄く楽しんでいたよ。彼はラリー以外も楽しみたかったんだ。オーバルトラックで他のドライバー相手に接触すれすれで走って、楽しさを体感した。キミは満足していたし、その手のものに恋焦がれていた。F1を一時的に離れて、ロータスに復帰したのは良かった。ラリーは興味深い経験だったが、F1の方がフィジカルトレーナーとして私の専門知識を活かすことができる」

「ロータスへ行ったのは良い判断だった。契約交渉でスティーブ・ロバートソンは素晴らしい仕事をした。ジャッキー・スチュワートも相談相手としてキミを助けていた。マシンも戦える力があったし、雰囲気も理想的なチームだった」

「フェラーリへの復帰は、私が予期していない何かがあった。もちろんキミも同じだ。私たちは、そこに5年間だけ在籍することになった」

キミはアルファロメオで表彰台に上がれず、もどかしさを感じているか。

「キミは期待されていることを知っている。表彰台を十分狙えるコンディションにあることは間違いない。このチーム（かつてのザウバー）からキャリアを始めて、チームを助けるために戻ってきたというのがキミのスタンスだ。何かを恩返しするには適した環境だ。心の奥底では望んでいるかもしれないけれど、私はキミが表彰台を期待してチームに入ったとは思っていない。状況を冷静に分析するなら、彼は6位か7位で満足していた。上位6台のマシンがゴールした後ろになるが、現状では7位が最高の可能性になる」

「キミは力が出し切れると満足する。もしフェラーリかメルセデスのマシンで走ってトップ3に入れなければ、マシンの能力を知っているだけに散々な週末だったと感じる。フェラーリで2位になったとしても、キミは満足しない。それは勝利が狙えるマシンだからだ」

２０２０年シーズン初めに、いつまでキミが現役を続けるのか、私はアーナルに質問した。アーナルは悩むことなく、すぐに答えてくれた。

「ここ最近キミは再びレースを楽しんでいる。純粋にレースをすることに喜びを感じている。年齢は何も意味を持たない。キミはアルファロメオで自分の仕事に集中できていて、それが好きなようだ」

ライコネンのように、アーナルも仕事に高いモチベーションを持っている。この先も仕事を続けようと考えているのか、私は質問した。

「全く見当もつかない。この環境でキミと一緒に仕事をすることを私は楽しんでいる。もちろん彼が引退したら、その時に何をするか決めなければならない。いくつか考えはある。どのくらい長くキミが現役を続けるのかを見守るのは興味深い。楽しい人生だよ」とアーナルは笑みを湛えて答えた。

コーチ自身もコンディションに気をつけていますか。

「選手をトレーニングで追い込むから、選手と同じことができるようなコンディションを維持しなければならない。一緒に練習していて、コーチが同じ速さを保てない状態なら、それは選手を軽視していることになる。コーチとは、そういうものだ。特定のトレーニングでキミの速さに追いつけないのは事実だ。例えば彼は、私よりずっと水泳が得意だ。できる限り同じレベルでいるようには努めているが、常にそうできるわけでもない」

「しかし私は映像だけ使って指導するようなコーチでいたくない。選手に特定のトレーニングをするために動画を見せるのは別の話だが、キミはスプリンターのように一人でトレーニングしているわけではない。ランナーが十分に才能があるなら、コーチがアインシュタインのように理論を講じる必要は何もない」

「フィジカルトレーナーはベストコンディションでいる必要がないと主張する人もいるが、それは選手と一緒にトレーニングをしているのか、スライドを見せて指示するように練習しているのか、どの立場で発言しているのかによると私は思っている」

113 ― お金には代え難いもの

２０１６年の春、カタルーニャのメインスタンドにかけられた独特の横断幕が目に飛び込んできた。その横断幕には「キミ・ライコネンは単なるレースドライバーではない、そしてマーク・アーナルは単なるトレーナーではない」と書かれていた。その言葉の横にキミとマークが肩を組んで、にっこりしている写真がプリントされていた。

キミとマークは当時すでに15年間も同じ道を歩み続けていた。その歩みを止めることなく、新たなチャレンジに向けて来季の準備をしていた。私は残暑厳しいセパン・インターナショナル・サーキットで彼らに貴重なインタビューを行うことができた。

キミにとって、これだけ長く同じコーチと仕事をする意味は。

「僕はマークとずっと仕事をしてきた。彼と一緒だと何をすべきか、どう行動すればいいのか事細かく知ることができる。いちいち聞く必要もないし、悩む必要もない。いつもマークがすべてを準備してくれているから、淡々とトレーニングをこなすだけだ。それはとても大きな助けになっている。もちろん物事が望むように捗らなかったら、こんなに長く僕たちは仕事を一緒にしていなかったと思う」

「マークは本当に優秀だ。彼の代わりになる人は他に誰もいない」とキミはマークを褒め讃えた。

英国人トレーナーは、フィンランド人スターと一緒に信じられない人生の旅を経験できたことに感謝している。

「キミとの仕事を本当に楽しんでいる。この仕事は壮大な人生の旅路となった。だってスポーツ選手が青年から立派な男になり、そして父親になるのを見てきたからね。キミが父親となったことは私にとって、とても感慨深いし、彼がロビンと戯れているのを見るのもそうだ。キミは理想的な父親だ。彼の人生の変遷を近くで目の当たりにできたことは私にとって素晴らしい経験だ」

「これまで15年の歳月を振り返ると、すぐに頭に浮かぶのはマレーシアでの初優勝、ニュルブルクリンクでの初めてのポールポジション、モナコでの初勝利、そして世界チャンピオンになったことだ。しかし、そういった最高の瞬間に加えて、勝利目前の最終ラップでマシンが壊れたニュルブルクリンク、ロン・デニスから電話がかかってきた時にアヒルの人形と一緒に眠りに落ちていたキミの写真を見た時のことなど、いろんなことが頭を駆け巡る」

「キミの近くで快適に過ごせた日々は挑戦でもあった。その1日たりとも捨て去る気はない。キミと過ごした日々は夢のような経験だった。その中でも最高の瞬間は、もちろん世界チャンピオンになったことだ。キミは獲得すべくしてタイトルを獲得したと思っている」とアーナルは話をまとめた。

「キミは今でもスターティンググリッドで最も才能あるドライバーの一人だ。レースに関して彼は、どこも衰えていない」とアーナルは答えた。

ドライバーとトレーナーは珍しいほど意気投合している。

「きちんと話し合って物事に対応してきたから、つまらないことで口論する必要はなかった」と二人は教えてくれた。

経験豊富なドライバーは何も焦らない。マレーシアのフリー走行では、こんなことがあった。フェラーリのメカニックが使っていた細長いライトが、コックピットに置き去りにされてしまった。それはアクセルの下に転がり込んだ。キミはペダルが非常に硬いと主張した。ピットに戻るとライトが見つかり、すぐに問題が解決された。ここでも再び一つの経験が積み重なった。

F1最年長ドライバーに37回目の誕生日が近づいていた。通常スポーツ選手は、年齢を重ねるとトレーニングを増やさざるを得ない。キミとマークに、トレーニングを増やしているのかと尋ねてみた。

「そんなことはないよ。僕たちは一緒に話し合って計画を立てる。状況によってマークが別メニューを組むことがあるが、年齢のために、さらなるトレーニングをスケジュールに加えることはない」とキミは答えた。

ドライバーが歳をとることはトレーナーのアーナルに困難をもたらすだろうか。

「あなたの質問への答えは、どのスポーツをしているのか、何歳なのか、どのようなことに挑戦しようとしているのかによって変わってくる。37歳で100メートル走をするなら、それはうまくいかないと私は答える。レースで走るのは別だ。走るのはマシンだから、それを操るための肉体的なトレーニングが要求される」

Photo : Wri2

ファンたちは、ちゃんと知っている。マーク・アーナルは単なるトレーナーではないし、同じようにキミは単なるドライバーではないのだ

114 — フィンランドのスポーツ親善大使

キミ・ライコネンのキャリアで最速のフェラーリが、2017年2月24日にフィオラノのサーキットでお披露目された。その前にキミはフィンランドを国際的にアピールする新たなスポーツ親善大使に就任していた。

1月20日、フィンランドのスポーツ界の授賞式がヘルシンキ・ハートウォールアリーナで行われた。キミは関係者とともに密かに裏口から会場へ向かった。私はAK（フィンランド・モータースポーツ協会）の招待客として会場に足を運んでいた。前夜にキミが会場入りするという情報を得ていたが、秘密を厳守しなければならなかった。

会場では2016年に活躍した優秀な選手たちが選出され、盛り上がりを見せていた。そして待ちに待った瞬間が訪れた。首相のユハ・シピラがF1のスターに賞を授与したのだ。首相は海外の要人と懇談する際にキミの名前を多く耳にすると語り、これから国際的なスポーツ親善大使となるキミに期待の言葉を送った。

「この大使の存在は、私の自宅のソファが壊れる原因でもあります。なぜなら私はソファが壊れるほど興奮して大使のレースを見ているからです」とシピラ首相は会場を盛り上げた。

キミが登壇し、自らの名誉を喜んでいる表情だった。彼は正直に授賞式でのスピーチには慣れていないからと言って観衆を笑わせた。しかし、キミは感謝の言葉として、自分のスタイルで成し遂げた成果を評価してもらって特に嬉しく感じていると話した。

「レースをしていて、まさかと思うような出来事がこれまで多くあった。良い瞬間もあれば、悪い瞬間もある。しかし僕は、いつも自分がしてきたことを信じているし、自分が好きなようにしてきている。それは誰かの指図を常に聞く必要はなく、自分の道を歩んで、良い結果に結びつくことがあると物語っている」と、自分のスタイルを貫いて勝利を重ねたフィンランド人の頑固さを語った。

「フィンランドが独立100周年を迎える年に、このような賞を受賞できて大変に光栄だ」と言葉を付け加えた。

キミを追いかけてきた私は、このフィンランドのスポーツ大使と二人で話すことができた。彼は称号をひけらかすことはしたくなかった。

この称号が何を意味しているのか、私はキミに質問した。

「素晴らしい称号だが、それが何かを変えることはない。素晴らしい賞を受賞して、本当に良い気分だ」とキミは感慨深げに答え、フェラーリ専用の椅子で大使らしく姿勢を正した。

その称号を持つフィンランド人で唯一の人物となった心境を聞かせてください。

「だから、いっそう素晴らしいんだよ。でも今後、他の人も選ばれるんじゃないかな」

これまでにも増してフィンランドを代表しなければならなくなり、何か変化はありましたか。

「本当に何も変わっていないよ。僕は常にありのままの自分だし、今後もそうだ。大使になったからと言って何も変わらない」

レースをしている時にフィンランドを背負っていると感じますか。

「実際そんなことはない。僕はフィンランドのためにレースをしているわけじゃないからね。他のドライバーは違うように捉えているかもしれないが、僕は本当に自分のために走っている」

レース結果の名前の後ろにフィンランドの国旗がついていても、ですか。

「それでも僕はフィンランドのためにレースで走っているわけではないよ。フィンランドをアピールするために走ってはいない。僕が誰のために走っているかをあえて言うなら、祖国のためにというよりは、むしろスポンサーのために走っていると答えると思う。僕がレースに出場する時にフィンランドに支援してもらっているなら話は違うけどね。でも、そんなことはあり得ない。フィンランド人であることが嫌なわけではないが、僕自身のためにレースをしている」

ユハ・シピラ首相が賞を授与する前に、日曜日にフィンランド人の多くがソファでじっとしている理由はキミのレースがあるからだと語っていましたが、これについてどう思いますか。

「それを聞けて嬉しかったよ。だからと言って、僕の考えが変わることはない。フィンランド人だからレースをしているのではなく、僕は僕だからだ」

フィンランド国歌が表彰台に響いても心を揺さぶられませんか。

「国歌が流れた後そのように思うドライバーはいるかもしれない。少なくとも僕は国歌を聴くことに不平不満はないが、フィンランドのためにレースはしていない。僕の国籍がどこであれ、僕自身が、ここで自分の喜びを感じているだけだ」

つまりアイスホッケーの世界選手権で代表選手がそうであるようにはフィンランドを背負っていないということですか。

「それとは全く別の話だよ。F1は国別対抗戦ではない。モトクロスのように国別対抗の別のレースがあれば話は変わってくる。モトクロスの選手だって対抗戦以外は国に対してではなく、自分やチームのためにレースをしている」

もしF1がオリンピックの種目だったら、その時はフィンランドを背負っていると感じると思いますか。

「おそらく今よりはそうだろうね。しかし、その時もどちらかと言えば自分のためにレースをしている方が強いと思う。オリンピックは国なくしてはあり得ないが、それは個人競技よりも団体競技の方がより強く感じられる」

フィンランド人であることを誇りに思っていますか。

「もちろん。そのことを、これまで深く考えたことはなかったから言葉で表現することはできないが、フィンランドは素晴らしい国だ。国籍を変えようとは思わない」

世界でフィンランド人は寡黙で従順な国民として知られている。そうだとすると、この競技にフィンランド人は向いていると思いますか。

「それは何も意味がない。仕事や物事への向き合い方は人それぞれ違う。そういったステレオタイプの考え方に根拠があるのか僕はわからない。フィンランド人が100人いるなら半分がそうであっても、もう半分は当てはまらないと思う。そして、あなたのようにトゥルク出身のフィンランド人はおしゃべりだ」とライコネンは満面の笑みで私の質問にダメ出しをした。

世界中どこへ行っても熱狂的なファンがいて、対応に配慮することはありますか。

「特に配慮していないよ。国によっていろんなファンがいて、文化も違うけれど、だからと言って僕自身が変わることはない」

本当に落ち着いて臨めるレースはありますか。

「バーレーンは、他と比べると落ち着ける場所だと思う」

人気は年々落ちてきていますか。

「僕は知らないよ。統計を取ってるわけじゃない。それはファンに質問してもらわないと。でも、それは逆の方向へ行っているように感じている。ファンは増える一方だ。以前の方が、もっと落ち着いていられたよ」

あなたは公私の境界線を、どこに引いていますか。

「境界線は職場で引かれている。それ以外は引いていない。誰にも知られずにレースだけできたら、もっと快適だと思う」

あなたはスイスに17年間住んでいます。引退したら、フィンランドに移り住む可能性はありますか。

「知らないし、答えられないよ。そんなこと深く考えたことがなかったからね。その時が来たら、はっきりするよ。僕たちはスイスに住むのが好きだ。いろいろ理由はあるけれど、落ち着いて過ごせる場所だ」

115 — ちびっこファンの涙

２０１７年5月にスペインへ到着したライコネン一家は、より家族らしくなっていた。氷のような神経で知られているキミは、カタルーニャ・サーキットのピットで父親のような温かい表情をしていた。

母の日に行われたレースは、キミに関して言えば、すぐに終わってしまった。スタートして最初のコーナーに向かったキミは、強引にインサイドを走っていたボッタスと外側を攻めていたフェルスタッペンの間に挟まれてしまった。ボッタスがフェラーリの右のリアタイヤに軽く接触し、その時、キミの左フロントタイヤとレッドブルの右フロントタイヤがぶつかり両者のサスペンションが壊れてしまった。

「僕は好スタートを切った。しかし、ストレートでボッタスが一度ブロックしてきた。そして僕は左へ避けなければならなかった。それから最初のコーナーで僕が彼にスペースを譲ると、メルセデスは何とか右のリアタイヤに触れる程度で回避できた。しかし後ろから押されてしまうと何もすることはできない。彼に十分なスペースがあったのは僕からすれば明らかだった。しかし何が起こったのか僕は知らない。僕のマシンが跳ねて真っすぐレッドブルの方へ向かった。僕は何もすることができなかった」とキミは状況を説明した。

キミがリタイアするとテレビカメラは、観客席にいるフェラーリのシャツとキャップを身につけた男の子を映像に捉えた。この少年は自分が応援した選手がリタイアしたために泣き出していた。しかし、この6歳のフランス人のやんちゃ坊主の一日は悲しみで終わらなかった。彼はフェラーリのブースに招待され、彼のアイドルであるキミと面会する機会を得たからだ。

泣きじゃくる少年の映像がテレビで世界に放送されると、フェラーリの広報担当のアルベルト・アントニーニは迅速に対応した。Ｆ1を統括するＦＯＭ（フォーミュラ・ワン・マネージメント）の事務所に連絡をとり、この少年を招待する手助けをした。ブースに現れた少年にキミはキャップを被せてあげた。この出来事は、スポーツの種目に関係なく、世界中で感動を呼び起こした。

後にキミは、この件でローレウス世界スポーツ賞の候補にあがった。厳密にはチーム側の粋な計らいだったが、キミの行為が注目を集めた。

「僕は何も票を稼ぐために何かをアピールしようとして、やったんじゃない。ただ単に心を打たれたからだ」

ローレウス世界スポーツ賞の候補になったことは、どんな意味があったのか。

「もちろん少年の笑顔は、僕がリタイアして彼を泣かせてしまった時よりも良かったよ。レース中は観客席で何が起こっているのか僕は知る余地もない。人に好感を持たれるためにしたのではなくて、少年を機嫌良くさせることが目的だった。それが本題で、何らかの票を稼ぐつもりはないよ。候補になったのは本当に良いことだけど、僕がそうしたのは、それとは何も関係がない」

２０１７年初秋、キミはローレウス世界スポーツ賞を受賞する可能性があった。スペインでのリタイアで涙を流した少年トーマス・ダレールとの面会が、その年のスポーツで最高の感動的な瞬間として多くの票を集めていたからだ。

そのため２０１８年初春にキミはバルセロナで行われた開幕前テストから、モンテカルロで開催されるローレウス世界スポーツ賞の授賞式に立ち寄らなければならなかった。しかしブラジルのサッカークラブであるシャペコエンセが２０１７年のベストスポーツモーメント賞を受賞すると、キミは授賞式の途中で会場を後にした。

それから1年後の２０１８年、あのフランス人の少年が再びスペインの観客席を訪れていた。キミのファンのトーマスは固唾を呑んでレースを見守っていた。

「あの子が、また同じ理由で泣かないように願っていた。レース後に彼に会うのが本当に楽しみだ。今回会う理由は、もちろん僕たちが会いたいからだ。また彼が泣くとしても別の理由であってほしいと願っている。今回のレースが上手くいけば僕たちみんなにとって良いことだ」とキミは笑顔を見せた。

しかし、そううまくはいかなかった。フェラーリのエンジンは馬力を失い、キミはレースを25周走ったところでリタイアした。ゆっくりマシンをピットまで走らせるのがやっとだった。

116 — リアンナ・アンジェリア・ミラナ・ライコネン

子どもたちと過ごすようになるとF1ドライバーのスピードも落ちたものだと揶揄されるのが普通なのかもしれない。しかし父親になったことで、キミ・ライコネンは以前よりも速くなる一方だった。娘のリアンナが2017年5月16日に誕生すると、キミは翌週のモナコで9年ぶりにポールポジションを獲得した。

それは同時にキミが父親になって初めてのポールポジションとなった。その前に息子ロビンの父親として彼は二度、最前列グリッドを経験している。

モナコでのポールポジションはリアンナが生まれて10日ほどのことだった。家族の幸せな出来事がキミに新たな刺激を与えたのだろうと、その瞬間は心から思えた。1周に集中する予選に苦しんでいたが、それも克服されたと傍目に感じられた。

ミントゥとキミ・ライコネンの娘がスペインGPとモナコGPの間に誕生して、2歳になったロビンはお兄ちゃんとなった。

母であるミントゥは、いつものように吉報を個人のインスタグラムのアカウントにその日のうちに報告した。

「私たちの心は愛と誇りに満ちあふれています。本日、神の恩恵を受けて私たちの娘リアンナ・アンジェリア・ミラナが誕生しました」とミントゥは報告し、ゆりかごや娘の服、ピンクの風船の写真で文面を飾り立てた。

『エッレ』誌のインタビューで、ミントゥは息子と同じように娘の名前の頭文字がRであることを、すでに明らかにしていた。

2019年にリアンナが2歳になった時、キミは娘の誕生のことを思い出すようにインスタグラムに投稿した。

「2年前の19時07分にアイスキューブ2号が生まれた。僕とロビンは病院でハードな日を過ごした」と父親のライコネンは娘の誕生日を祝福するメッセージを記した。

娘が誕生した週の水曜日、幸せな男がモナコGPのパドックに現れた。2017年シーズン最初のリタイアで終わったスペインGP後に、キミは2日間スイスの病院で娘の誕生を見守っていたのだそうだ。

「娘だった。これで家の中は（男女が）２対２だ。大事なのは、母子ともに健康であることだ。その他のことは、すべて二の次だ」とフェラーリの記者会見で顔を輝かせた。

国際的なメディアは普段キミに優しく接してくれないが、モナコではみんなが喜びを分かち合ってくれた。

「本当にありがとう。すべては順調に行っている。まだ娘が生まれたばかりで、報告できることは今それ以外にない」とキミは祝福がやまない状況で、気を落ち着かせた。

自宅に新しい家族を迎えた環境で、ちゃんと睡眠が確保できているのかと記者から質問されたキミの返答は、記者たちを微笑ませた。

「娘が家にいるからといって生活は変わらない。僕はぐっすり寝ているよ。僕に関して全く問題はない。僕が子供たちに食事を作るわけではないから、今は特に何もすることがない。僕たちは幸せだ。これは本当に本当に家族にとって素晴らしいことだ。もちろん最も大切なのは、みんなが健康でいることだ」

「家庭が順調だと、レース週末の仕事も捗る。本当に毎回レースに集中し、最高の結果を求めてレースに臨んでいる。僕たちが求める結果を得ることができないとしても、そこで人生は終わらない。しかし、それを達成するために毎回僕たちはベストを尽くしている」

ライコネン一家は幸せでいっぱいだった。さらに家族は絆を深めていた。

117 ─ 屈辱的なポールポジション

ラリーから復帰して以来、キミにとってモナコが鬼門となっていた。この場所で走った過去5年で合計11ポイントしか獲得できず、順位も2015年シーズンの6位が最高だった。

2017年シーズンの予選で、キミはモナコの市街地コースを果敢に攻め、チームメイトのセバスチャン・ベッテルを0・043秒差で、バルテリ・ボッタスを0・045秒差で抑えた。キャリア17回目のポールポジションでキミは娘の誕生を祝うことができた。

この時キミは統計上の記録を作った。前回のポールポジションと今回のポールポジションまでの間隔が、レース数でも日数でも過去の記録を上回ったのだ。前回のポールポジションは2008年6月21日にフランスで獲得した。その後キミは128戦出走しているが、次にポールポジションを獲得するまでに8年360日の月日を要した。

ベテランドライバーは、久しぶりのポールポジションを獲得した後も特にのぼせあがることはなかった。

「これが最初のポールポジションだとか、久しぶりのポールポジションだとかは、僕にとってどうでもいいことだ。いつもベストを尽くしている。僕たちは今年すでに何度かポールポジションを獲れるところまで来ていたが、いつも最後に何かしらのトラブルに見舞われた。今日は良い日の一つに過ぎない。もちろんポールが獲れて本当に気分が良かった」

モナコでキミが最後にポールポジションを獲ったのは2005年だった。それはフィンランド人ドライバーたちがF1で獲得した通算50回目のポールポジションでもあり、キミの名前が歴史に刻まれることになった。

「僕たちは好タイムで走れた。予選は何も問題がなかった。チームの2台のマシンがトップにつけることができて、僕自身もそうだが、チームの分まで嬉しい」

何はともあれ、ポールポジションが欲しかった。

「日曜日のレースが待ち遠しい。みんなによろしく伝えてほしい」

およそ9年もの間ポールポジションに見放されていると、特別に感じるものなのか。

「実は、そんなに長く時間が経っているようには思えないんだ。僕にとって期間はどうでもいい。ポールポジションが獲れたことが肝心だ。今僕たちは本来あるべき姿ですべてがうまく行っている。完璧にコースを1周することはできない。どのラップを走っても後から、どこかの箇所でもっと速く走れただろうとか、もっとブレーキングを遅らせていればと感じることがある。だから最も重要なのは、ポールポジションに十分な速さで1周を走ることだ」

モナコでのポールポジションは、キミにとって、またフェラーリの戦略においてファーストドライバーの位置付けにも関わってくる。それによって、まずキミがピットストップのタイミングを選べるだろうし、ベッテルはそれに従って行動せざるを得ないだろう。モナコでのポールポジションはサーキットの性質上、他のどのコースよりも価値があった。

「僕の考えでは五分五分だ。レースは長い、たとえすべてをミスなく走ったとしても何が起こるかわからない。すべてを自分でコントロールできるといいけれど、何でも起こり得るから、そんなにポールポジションに浮かれてもいられない。日曜日の決勝後も同じ順位にいられるよう努める。それで、ようやくこのポールポジションの価値が出てくる」とキミは冷静にレースの抱負を語った。

レース後に雰囲気は一変した。キミは決勝で何もミスはしていない。好スタートを切り、リズムに乗った走りを見せていた。そして33周まで、問題なく優勝へ向けて走った。しかしレースを主導するキミがチームメイトより先に唯一のピットストップに呼ばれた。遅れてピットに入ったベッテルは6周で差を縮め、ピットからコースに戻った時点でチームメイトの前へ、つまりキミの前に躍り出たのだ。

2位となったキミは、レース後に失望感を隠しきれなかった。

「2位は悪くない。でも、その上を何よりも望んでいた」と、キミはFIA記者会見で、フィンランド語でコメントを求められた時に素直に答えた。

ベッテルは、チームオーダーのような戦術に関するデリケートな話題を避けた。

「僕たちの計画通りのレースを展開できなかった。差を広げるのが狙いだった。それに従って走った。ボッタスがピットへ入った時、キミはそれに対応した。僕は本当にマシンに手応えを得ている状態で先へ進むことができた。それから僕は自分のピットストップ後に先頭でコースに戻ることができた」とベッテルは説明した。

記者会見でキミは、ピットストップのタイミングについて明確にした。

「僕はピットに入るように呼ばれた。僕はそれに従った。僕にしてみれば、あまり良いタイミングではなかった。今日のストーリーはハッピーエンドで終わらなかったが、それでも2位に入った。それが、このレースから得たものだ。チームにとって素晴らしい結果だ。いろいろ後になって考えてみても最終順位は変わらない」

モナコはフェラーリにとって通算82回目、ベッテルとライコネンのコンビでは初のワンツーフィニッシュとなった。

会長のマルキオンネとチーム代表のアリババーネは、マラネロのドライバーたちが1位と2位を独占し、モナコで世界選手権のタイトル争いを先導する立場となり、彼らにとって本当の意味での成功を掴んだ瞬間になった。

「この結果はフェラーリにとって申し分ない結果だ。コースで我々のマシンとそれらを操るドライバーたちの質を物語るものだ。どちらのドライバーも世界チャンピオンらしい走りをしてくれた」とマルキオンネは力強い歩みを称賛した。

118 — 映像は嘘をつかない

２０１７年のシーズン中、フェラーリはスポンサーと一連の滑稽なコマーシャル動画を製作した。その動画でライコネンとベッテルは、まぎれもない戦友のように映し出されている。最高傑作は、貨物運送会社ＵＰＳ（ユナイテッド・パーセル・サービス）とベッテルの誕生日の７月上旬に制作した49秒のサプライズ映像だ。

その動画でベッテルは30歳の誕生日をスペインのどこかで祝っていた。一方、フィンランドにいるキミはカレンダーを見てベッテルの誕生日であることに気づく。キミは慌てて電動のこぎりを手にして離れの工房に向かい、自分の姿をプレゼントとして彫刻する。それをＵＰＳのトラックでベッテルのところへ運んでもらう。

スペインでベッテルは誰かと電話で話していて、キミからは何も連絡がないと答えている。その時、彼の自宅の庭にＵＰＳのトラックが到着してドイツ人ドライバーはプレゼントを手にする。プレゼントを開封すると、ライコネンの姿をした氷の彫像が現れる。貼り付けられたプラカードに、アイスマンからベッテルに宛てた誕生日祝いの言葉が書かれている。最後にベッテルは、氷の彫像が溶けないようにパラソルを開き、プールの脇でチームメイトに乾杯をした。

私とのインタビューで、キミは映像は嘘をつかないと、ほのめかした。

あなたたちは本当に、あのストーリーのような付き合いをしているのですか。

「もちろんだ。一連の動画が証明している」

それでは本当に氷の彫像をベッテルに贈ったことがあるのですか。

「動画でもあったように僕は、そこで彫刻……。あなたはどうして疑っているの」とベテランドライバーは悪ふざけをした。話を盛り過ぎて真に受けられそうになると、キミは返答に窮した。

「もちろん僕たちはお互いメッセージを送り合っている。しかし少し間隔が空いてしまうことがある、つまり隔週の週末、大部分は同じ仕事をしているから僕たちは無線で話し合っているよ。僕たちは二人ともプライベートの時間を大切にしているからね」とキミは教えてくれた。

　メキシコの週末は、公開されたばかりのライコネンとベッテルの動画の話題で持ち切りだった。9月のフェラーリのホームレースの後、キミとベッテルはバルセロナへ出張することになった。チームメイトたちはサンタンデールの広告塔として登場する。今回は、トランペットを演奏するために初心者向けのレッスンを受ける。

　ルイ・アームストロングのような美しい演奏は全くできなかった。キミによれば「何かブブブみたいな音」を楽器から出すのが、やっとだった。

　音楽と言えば、キミはフィンランドで、もっぱらカラオケで熱唱することが知られていた。しかしコマーシャルは歌ではなく、どちらがトランペットを早く演奏できるようになるかチームメイト同士で競い合った。この動画を見た後、私は「真剣な管楽器の演奏者たち」というタイトルで記事を書いた。その秋にキミとベッテルは、このビデオと同じようにお互い競い合っていたからだ。

Photo : Mario Luini

世界チャンピオンのセバスチャン・ベッテルとキミ・ライコネンの仲は、お互いがフェラーリを去った後も良好だ

119 — 映画のような

２０１７年の夏、休暇から戻ってきたキミは再びフェラーリとの契約延長に備えた。フェラーリはレースウイークの火曜日にキミと契約を1年延長することにした。キミのフェラーリ残留が決まり、契約に署名されると情報はすぐに公表された。

キミにとって8回目の契約は、マラネロのドライバーとして最後のシーズンでもあった。同じ週末にフェラーリは、ベッテルの契約延長も発表した。

キミは火曜日にヘルシンキでフェラーリのスポンサー企業であるスペインのサンタンデールのプロモーション活動をしていた。チームと一緒に続けることで合意し、この契約に双方とも満足していると手短に答えた。

ライコネンのフィンランドでの人気は相変わらず不動のものだった。

フィンランドで普通に外出できているのか、私はキミに質問した。

「フィンランドではあまり出歩いたりしない。ひっそりと過ごしているよ。1月以降フィンランドには、そんなに長居していないし」

それではスイスではどうですか。スイスの住民と、どのような関係にありますか。

「２０００年から僕はスイスに住んでいる。そこの住人が僕のことをどう考えているかなんて僕は知らない。これまで関わり合いをもってこなかったからね」

契約交渉のスペシャリストであるスティーブ・ロバートソンは喜びでいっぱいだった。

「今後も夢が続く！　まるで映画を観ているような気分だ……。契約が続くということは、フェラーリがキミの充実した経験とチームにもたらす調和を高く評価したということだ。ここ数年、彼はチームプレーヤーに徹し、いつもチームに対して忠実であった」と、リモートワークをしているロバートソンは私の取材に対して喜びを語った。

フェラーリ・ドライバー・アカデミー出身の超新星シャルル・ルクレールは、上り調子だった。当時ベルギーでキミは、彼にはＦ１で大きな未来が待っていると予言していた。ベテランのキミは、同時期にテストをしていた若者の能力に太鼓判を押した。

「普段運転しているマシンと違うマシンを運転すると勝手が違う。しかしルクレールは、その困難をかなり克服していた。彼は自分が急成長していることを示した。僕は、彼が将来Ｆ１で大成すると確信している」

１年後、まさにルクレールがキミの後任のドライバーに就いた。

１９８２年当時のマリオ・アンドレッティを上回り、フェラーリで最年長ドライバーとなりつつあるキミに、私はドライバーに重くのしかかる年齢の問題を確かめなければならなかった。キミは、特に年齢のことを深く考えたことはないと主張した。

「今のところ、何十代なのかなんて考えたことがない。若い時にも年齢を気にしたことがないし、年を重ねても特に何か衰えているとも感じない。これまで年齢について深く考えたことはないけれど、僕の考えでは老いたとは感じていない」

フィジカルトレーナーのマーク・アーナルは、どのように捉えているのだろうか。彼には何かドライバーを若く保つ秘訣があるのだろうか。

「もし老化を防ぐ秘訣を知っているなら、私は大金持ちになっているよ。私もそうだが、キミも同じように考えているのだと思う。つまり何年生きているのかを思い知るような老いを感じていない。その感覚は、ある特定の行為ができなくなって初めて感じることさ。それまでは気がつかない」

「キミは以前と同じトレーニングを今でもすべてこなしている。ただし、それはジムやトレーニング、あるいはレースにおいてだ。もしレースでスピードが落ちるようなことがあれば、彼は続けたくなくなると思う。そもそもキミがハイレベルなパフォーマンスをできると感じているところから、すべてがスタートしている。それは彼にとって最も大切なことだ。彼は高い評価を受けている。いずれ私たち全員が老化を経験するけれど、現状はモチベーションで老化の感覚を防いでいるのだと思う」。アーナルは年齢に関しては時間の問題だと諦めムードで答えた。

「みんな歳をとる。もちろん残念なことだ。でも、それは少なくとも僕の妨げにはなっていないと思っている」

とキミは付け加えた。

Photo : xpb

マーク・アーナルは20年間、仕事を共にしてきたキミ・ライコネンのことなら何でも知っている。最初から相性ぴったり、二人三脚で歩んできた

120 — マレーシアとの別れ

２０１７年に最後のマレーシアＧＰが行われた。この時に私は作家カリ・ホタカイネンと知り合った。フェラーリのブースで、私はサミ・ヴィサからフィンランド文学賞を受賞した作家がキミの評伝を執筆していると聞いた。ホタカイネンはキミのレース人生における私の役割も理解してくれていて、チームを介して私に連絡を取ってきたのだ。

最後のマレーシアを感情的に扱い、キミが一番寂しく思うはずだと考える記者もいたようだ。しかし、キミの答えはマレーシアに来ても空港とホテルとサーキットしか行っていない……という核心をつくものだった。

確かにグランプリの週末は忙しくて観光に時間を割く者はいない。正確には、自宅から遠く離れた場所でレース後わざわざ残って、そこで時間を費やす者など誰もいなかった。

Ｆ１で長く現役を続けているキミにとって、別れを告げたサーキットはマニクール、インディアナポリス、富士スピードウェイ、バレンシア、トルコ、インド、韓国、そしてマレーシア。

この２０１７年のマレーシアは、キミのＦ１史に最短のレースとして刻まれてしまった。彼はグリッドに着く前のウォームアップ走行すらできなかったのだ。ピットガレージに入ったフェラーリは、コースに復帰することができなかった。

フェラーリをピットからダミーグリッドまで運んだ時に、キミはパワーの面で問題を抱えていることを知っていた。それでも50メートルしか走れなかったシンガポールより長く走ることができればと願っていた。今回はスタートを切ることすらできなかった。これによりマレーシアでのレースは記録にもならなかった。

レースが不発に終わった分、キミはサポートスタッフとＶＩＰの客人である作家ホタカイネンとともに、すぐホテルに向かうことができた。残念ながらホタカイネンのレース観戦は最小限となってしまったが、キミがホテルからサーキットまで運転し、何も話さずにホテルへ戻ったこの時の様子をホタカイネンは評伝に著していた。

このレース後すぐ私は日本へ渡り、鈴鹿市にある白子駅の周辺でベテラン記者たちと過ごした。ミハエル・シュミット、マーク・ヒューズ、ルイス・バスコンセロスと一緒に、現地の料理に舌鼓を打ったのだ。

ドイツ人のシュミットは2018年オーストラリアGPで通算600戦、ポルトガル人のバスコンセロスは2017年の日本で500戦、英国人のベテラン記者ヒューズは私より少し多く380戦目の現地取材だった。

私たちは記者の仕事について話し合った。突然、同席していた仲間の意見が一致した。私がF1史上最も愛国的なジャーナリストであるというのだ。遠い昔、祖国愛に満ちた記者がいた。今は亡き伝説のフランス人のジャビー・クロンバックだ。しかし聞くところによると、その彼ですら自分の記事を私ほど愛国的には書かなかったのだそうだ。

愛国心を誇りに思うべきか、それとも恥じるべきか私はわからなかった。いずれにせよグランプリの週末の度に広報部長のマッテオ・ボンチアーニは、キミ・ライコネンとバルテリ・ボッタスに質問が来ていると言うのが私への挨拶だったたし、私がフィンランドの窓口のように扱われているのをドライバーたちですら茶化すのは事実だった。

121 ― ソーシャルメディアが大混乱

２０１７年12月、ライコネンは新たな試みを行い、すべてのファンを心底驚かせた。インスタグラムにキミのアカウントが出現したのだ。開設にあたって、真っ黒なキャップとシャツ姿の彼は、短い挨拶の動画を投稿した。

「みなさん、こんにちは。今回、僕は何をしているのかわからないけれど、どうなるか見てみることにします。これは僕のインスタグラムのアカウントです。みなさんが私をフォローしたいかどうか様子を見てみます」

この時キミは、アブダビのレース中に無線で自分が何をするか知っているとエンジニアに返事をしたのとは打って変わって、右も左も知らない湖の真ん中でオールを持たされボートを漕いでいるような状態だった。

キミがＳＮＳの世界へ足を踏み入れたのは衝撃だった。私はキミから遠回しに聞いて確かに驚いたが、そんなことになれば面白い程度に考えていた。事実を確認しようと私はキミの世話をしているサミ・ヴィサに電話した。サミは「これが現代だ。キミは現代に生きている」と説明した。つまり、本気だったのだと判明した。

私自身はＳＮＳを積極的に使っていない。これまでキミについて、いったい何を知っていたのだろう。キミはソーシャルメディアの支配に屈しない最後のモヒカン族だと思っていたし、硬派な路線を堅持すると思っていた。

とにかくキミがＳＮＳを使っているのは事実だ。キミ＝マティアス・ライコネンのインスタグラムは人気を博し、そこでＦ１スターの私生活を垣間見ることができた。すぐにフォロワーは70万人に膨れ上がって、一気に１００万まで数字を伸ばした。この分野でもキミは、すでに人気インスタグラマーとなっていたＳＮＳ王者ルイス・ハミルトンと若者のアイドル的な存在マックス・フェルスタッペンに競争を挑むことになった。

家族内ではミントゥ・ライコネンが随分前からインスタグラムを始めていて、子どもの近況を投稿していた。

多くの人にとってキミがＳＮＳを開始したのは衝撃的だった。キミのソーシャルメディアへの移籍の裏には妻の影響があったのではないかと思い、私はミントゥに事実を確認した。ミントゥは透き通った目で「私は影響を与えていないわ」と、はっきり答えた。彼女によると、キミは叩き上げタイプの人物で、いつも自分のことは自分で決めるのだそうだ。

この後、私はチャンスだと思って、キミが何かを決定する時にミントゥがどの程度の影響を与えるのか率直に質問を続けた。それまで彼女から、この手の回答を引き出せるとは思っていなかったからだ。

「キミがインスタグラムを始めるぐらい世界が変わってきているのよ。それが最大の影響ね。むしろ今はソーシャルメディアを使っていない方が驚かれる。ドライバーに限って言えば、セバスチャン・ベッテルが唯一SNSをしていないドライバーかもしれない。彼は、なぜキミがSNSをしているのか驚いていた。でも他の人たちからすれば、むしろセバスチャンがSNSをしていないことの方が不思議だと思っているはずよ」

「キミもソーシャルメディアを、そんなに積極的にしているわけではない。彼にとっては写真を共有する場所なんじゃないかしら。文字は1単語や記号で十分だし。SNSのことでキミと何を話したか覚えていないの。繰り返すことになるけれど、私は『これが今の世の中よ』って言ったんだと思う。普通に使っている分にはSNSは居心地の良い場所で、何かを言いたいのなら、それを介して発言できる」とミントゥは教えてくれた。

当時ミントゥのインスタグラムには15万人のフォロワーがいた。彼女は若者に対しての責任を感じているそうだ。

「そこへ何を投稿するか、いつもよく考えなければならないと思っているの。できる限り自然に、ありのままの私でいるように努めている。その手のSNSは、あまりないのよ。平面的というか、情報を伝えるために何か不自然になっているわ。私自身は自然に保つよう努めている。何か物を置くにしても普段の生活と同じようにしているし、話し方も普段通りにしている。SNSで私たちの生活すべてを載せてはいないけれど、そこで見ることができるのは実際の生活の一部で、それらしく作り上げたものではない」

ベッテルは何度もチームメイトのキミを手本にしてき

たが、今回はF1ドライバー唯一のソーシャルメディア難民となっていた。ドイツ人のスターはキミにすぐ追随するかと思ったが、ライコネンがインスタグラムで人気者になっても、ベッテルはこの件に関してはキミを模範にすることはなかった。

2018年2月に行われた開幕前テストの際に、私はベテラン記者であるロベルト・キンケロと雑談をした。彼によれば、フェラーリファンの間でキミは不動の人気だから、インスタグラムでファンが増えたとしても、それをカウントする必要もないだろうとのことだった。イタリアの熱狂的なファンは、仮にイタリアのメディアがキミをこき下ろすようなことがあれば、すぐさま記者に対して激しいクレームを入れるぐらい感情的にキミをサポートしているのだそうだ。

キミのヘルメットは自宅に隙間なく並べて保管されている。当時そこに16個目のヘルメットが加わった。これまでは新しいデザインを自ら進んで披露してくれることなんてなかったが、この歴史的な出来事はキミのインスタグラムに投稿された。「これが2018年シーズン、僕の頭を守ってくれるヘルメットだ」とキミは写真にコメントした。

キミは験を担ぐことで知られている。新しいヘルメットもウッフェ・タグストロムがペイントした。

「キミとはずっと昔、彼の顔にニキビがあった頃から仕事をしている。毎年新しい配色だ。キミがどのようなものを好むのか明かすつもりはないが、同じような構図でデザインしている。今回、彼は青色を取り入れたかった」とキミ御用達のヘルメットデザイナーが裏話をしてくれた。

家族は父のインスタグラムを普段の生活の一部と捉えるだろうが、サーキットで幸運の女神がキミに微笑むなら、その様子もインスタグラムで窺い知ることができるだろう。キミは、フェラーリでの最後のシーズンに最強のマシンで臨む。10年ぶりに競争力のあるマシンを手に入れたのだから。

残念なのは、チームメイトのベッテルと争わなければならないことだった。チームの戦略もあり、キミは3位より上へ上がれなかった。

仮に運の良いＦ１ドライバーを選出するとしたら、キミは上位10名には入らないと思う。２０１８年シーズン開幕戦のオーストラリアは、アドバンテージがありながら、むしろ不運を助長させてしまった。

キミはアルバート・パーク・サーキットの予選で最前列と好位置につけたが、チームメイトのセバスチャン・ベッテルに負けて彼の後ろの2列目からスタートを切った方が良かったのかもしれない。

フェラーリは二つの戦略でポールポジションのルイス・ハミルトンを威圧するように走った。２番グリッドのキミは前にいた。キミは最初にピットストップして新しいタイヤに交換した。これに反応してハミルトンも動いた。上位２名の争いに乗じてベッテルが両者を追い抜きレースで勝利するチャンスが巡ってきた。

ベッテルは運が必要だった。実際その運がセーフティカーの導入で訪れた。ドイツ人はピットに入らず長く走り、スローダウンを余儀なくされたハミルトンとライコネンを追い抜くことができた。

「時にはこんなこともある。通常は前にいると好ポジションだ。後方にいるとベストを尽くして順位を上げることしかできない。セバスチャンは、誰も彼を追うことができない好位置につけた。そうなれば好きなようにレースができる」とキミは答えた。

前向きに考えれば、キミは不運を追い払っただけかもしれない。ここしばらくなかった3位でシーズンを開幕することができたからだ。しかし運が良かったならば、キミはベッテルと立場が入れ替わっていたかもしれない。予選でベッテルがチームメイトより速かったならば、あるいは決勝のスタートでキミを抜いてくれさえすれば、キミが勝利する可能性があったかもしれない。

122 ― 最後のマシンで

SF71Hはキミにとってフェラーリで最後のマシンとなった。この車は2月22日にインターネット上で披露され、5日後にテストが始まった。その時スペインには大雪が降り、カタルーニャのコースは雪で覆われてしまった。テスト走行は、単にマシンがコースを滑っていると言った方が相応しい状況だった。

個人的に私は、この天候に何とも言えない苛立ちを覚えた。フィンランドの氷点下の寒さから解放され、暖かいスペインで快適に過ごすのを楽しみにしていたからだ。しかしバルセロナで足元は泥だらけになり、服はずぶ濡れの状態でふらついて歩いていると惨めな気分になった。

その時もキミの判断能力は際立っていた。彼のテストは雪が積もった水曜日に組まれていたが、すでに朝には走行を最小限にすると決めていた。その日の最後まで時間を潰すことなく、借りているアルファロメオのハンドルを握り、テスト走行の公式終了時間の3時間前には宿泊先に戻っていた。

次のテストウイークは、キミにとって最悪な状態で始まった。火曜日の朝に具合が悪くなり、スイスの自宅からスペインに向かう途中で吐き気に襲われた。目的地に着く頃には、嘔吐と下痢の症状が出ていた。

火曜日はバルセロナの高級ホテルで、ずっとウイルスと戦っていた。マーク・アーナルは水曜日のテスト走行のために記録的な早さで回復するよう、1日中キミの介護をする羽目になった。

医者に診てもらい吐き気は治った。しかしトップアスリートの体力は嘔吐と下痢で奪われてしまい、全力を出せない状態だった。そういうわけでライコネンがフェラーリのステアリングを握れるようになるため、本格的な治療が必要となった。

チェッカーフラッグが振られるとすぐ、キミは辛そうな表情でフェラーリのガレージからチームのブースへ3歳の息子ロビンを抱えて去って行った。

開幕前テストの後、私は以前から実施している世論調査を行った。その時すでにキミの熱狂的なファンたちでさえも、２０１８年がキミのＦ１でのラストシーズンになるだろうと考えているような状況だった。

　フランスの『レキップ』紙のレポーターであるフレデリック・フェレットは、キミの現役生活は確実に終わると発言した。

「私たちは今年でキミは最後になると3年間言い続けている。３度目の正直とはまさにこのことだ。キミは期待された仕事ができていないと私は思っている。歳を重ねて結果が出ないとなれば、フェラーリにとっては若い世代のドライバーが最善の選択肢となっている。現状では当然の成り行きだ」

　ドイツの『アウト・モトール・ウント・シュポルト』誌の記者であるミハエル・シュミットはＦ１において断言できることは何もないと言っていたが、彼ですら２０１９年の各チームの構想にキミを割り当てていなかった。

「いろんな可能性を考えてみたが、どれをとってみてもキミは今シーズンで引退する公算が大きい。キミは年齢を重ねてきた。ベッテルのチームメイトに若手を探すのは当然のことだ。そもそもフェラーリの既定路線は、すでにルクレールで決まっている。もちろんベッテルはキミと一緒に続けたいだろうが、それだけでキミが選ばれることはない」

　ゴーカート時代から有望な選手として長年キミに注目していたスカイスポーツのイタリア人記者ロベルト・キンケロは、この現実に頭を抱えているようだった。

「今シーズンが終了した後、キミがフェラーリに別れを告げるのを私は否が応でも受け入れるしかない。昨年はシーズン前に２０１８年に契約延長することが発表された珍しい年だった。その時はフェラーリにとって、経験豊富なドライバーと1年契約をすることが重要だった。それにはキミが適任だった。今は状況が変わっている。なぜならマラネロには獲得可能な若手ドライバーが何人もいる」

123 ― 二つの世代で

２０１８年オーストリアで、キミと二人きりでインタビューをすることができた。彼は２８０回目のグランプリに出走する準備をしていた。過去を振り返りながら、今後のことを含めて現在の心境を正直に話してもらった。

統計によると、キミは3回に1回はレースでトップ３以内に入っている。それは大変な成果ではないか。

「それはそうかもしれないが、僕は質問に答えるのに相応しいドライバーではない」とキミは前置きした。

そうは言っても運に見放されることが多いのに、数多くの入賞を果たしている。そのことをどう思っているか。

「確かにそうだ。僕は運に見放されることが多かった。そうじゃなければ、もっと3位以内に入賞していたと思う。ただ、そう言われても事実そうだから仕方がない」

二世代のドライバーたちとレースを行ってきた。あなたにとってミハエル・シューマッハとのタイトル争いは、どんな意味があったのか。

「素晴らしいことだった。誰もが、そのようなチャンスを持てるわけではないからね。当時はミカ・ハッキネンもいた。僕は彼ともレースで競っていた。それに加えて今の世代のドライバーたちが一緒に走ったことがないドライバーが多くいた。彼ら全員が少し前の世代のドライバーたちだった。そして今、僕は次の世代のドライバーとも戦っている」

「前の世代のドライバーと競っていた時は、もっと紳士的に振る舞っていた気がする。レースでは激しくバトルをしても、誰かに噛みつくなんてことは決してしなかった。誰かが喚いても、それに文句を言い返すこともなかったよ。逆に今は相手の文句ばっかりだ。昔は誰かがクラッシュして審議委員会に判断が委ねられることがあっても、シーズンで一度くらいだった。今はどのレースでも四六時中、審議委員会の調査を受けているように感じる」

なかなか優勝できないと、どのくらい忍耐力が求められるのか。

「僕は、そのように捉えていない。逆に、これまで優勝したことがなかったら、そのように考えて苛立っていたかもしれない。何度もポールポジションを獲得して、95回表彰台に上がりながら一度も優勝できていなかったら、確かに今とは随分違う気持ちだろうね」

レース後に悔しさを家まで引きずるのか。

「そんなことはないよ。でも、いつだったか、そういうこともあった。ただ、家で落ち込むようなことはない」

キミは21歳の時にザウバーで現役生活を始め、開幕戦でいきなりポイントを獲得した。同じザウバーでシャルル・ルクレールは、若かったキミが抱いていた野心のようなものを持っているだろうか。私はキミに意見を求めた。

「答えられないよ。僕は彼をそんなふうに見ていない。彼は普通にいい奴だ」

当時のあなたより、ルクレールの方が多くのポイントを獲得していることをどう思っているか。

「当時は上位6名までしかポイントがもらえなかったからね」と微笑みながら答えた。

「(どんな野心を彼が持っているか)僕には、わからないよ。そのうちわかる時がくるさ」

あなたの今後の予定をニュースで聞くのはいつ頃になりそうか。また、続けたい気持ちはあるのか。

「いつと線引きしているわけではないよ。以前と変わらず今でもレースを楽しめている。レースを続けるのに特に何か調整しなければならないこともない」とキミは力強く答えた。

「F1を走っている限り噂がつきまとう。その手の噂は以前よりも気違いじみてきている。ある噂によれば、僕はラリードライバーになるんだそうだ」

レッドブル・リンクのプレスルームで私が原稿に追われていると、中国人の記者仲間フランキー・マオが声をかけてきた。彼はザウバーのチーム代表であるフレデリック・バスールと直接話をして、キミとの契約にどれだけ関心があるのか聞き出したようだ。私は彼に、その話はそこまでに留めておくようにアドバイスした。

脇のテーブルにいたミハエル・シュミットに、この情報の可能性を遠回しに尋ねてみた。私は彼が驚いて引っくり返ると期待していたが、彼自身もすでに同じ情報を聞いていると主張した。

2ヶ月半後のシンガポールで、私はこのニュースを掴んだ中国人の記者仲間を祝福することになった。彼は、キミがフェラーリで続けることを最後の最後まで信じて望んでいたと私に話した。

124 — 家族で喜ぶ表彰台

2018年7月のF1世界選手権は本当に休みがなかった。夏至祭の頃から慌ただしいスケジュールが始まり6週間に5戦が盛り込まれていた。連戦にも関わらず、キミ・ライコネンは連続で3位以内に入っていた。5戦連続の表彰台はハットトリックを繰り返すような、信じられない成績のように思えた。

シルバーストンでキミは、元チームメイトであるフェリペ・マッサを抜いてF1史上フェラーリで2番目に多く出走したドライバーとなった。キミにとっては赤いマシンで140回目のレースだった。参考までにミハエル・シューマッハはキミより40戦ほど多く走っている。

この統計のことをキミは『トゥルン・サノマット』紙の私のインタビューで初めて知った。

「そうなんだ」と彼は答えた。

世界で最も有名なレースチームで、こんなに長く走っていることをキミはどのように思っているのか。

「そんなこと深く考えたことないな。そんなに長く走ってる感じがしない。僕は途中で抜けて他のことをしていたし、それに他のチームでも走っていたからね。でも、これが長いか短いかなんて自分では考えたことがなかった。そんな感じで今に至っているよ」

フェラーリでの1戦は他のチームの2戦に等しいと、いつかあなたは主張していましたが、その真意は。

「少なくともフェラーリが優勝していたら、そのように感じる。勝てないとしても、どこか他のチームにいるよりフェラーリにいる方がましだ。基本的に、そういうことを言いたかったんだと思う」

ハンガリーの週末、ライコネンは家族と最高の夏休みの雰囲気に浸ることができた。このレースでの3位は感慨深い入賞となったのだ。3歳半になった息子のロビン・ライコネンが初めて現地を訪れ、父親が表彰台に立つ姿をその目に焼き付けたからだ。

ロビンは父親がレースで走っているのを夢中になって見ていた。

「もちろんロビンにとって良い思い出になったと思う。

直接ロビンに聞いてみるといいよ。まだ娘が小さいから家族全員が揃うことはできなかったけれど、ロビンはこのレースのことを覚えていてくれる年齢だ。これがきっかけで息子がレースに夢中になってゴーカートを始めたいなんて言わないことを願っているよ。それにはまだ早いと思っているからね」と、キミはふざけ気味に家族の近況を語ってくれた。

母親であるミントゥ・ライコネンは、ロビンが熱心にレースを見ていた様子を話してくれた。

「もちろん息子はレースで何が起きているか理解しているし、むしろ理解しすぎているかもしれないわ。ロビンはお父さんが表彰台に立つのを待っていたの。幸いにも、ちょうどこの場所で息子の夢が叶ったわ。これまでこの子はサーキットで表彰台に上がったお父さんを見たことがなかったのよ」

ライコネン夫人は、夫が夏の連戦で素晴らしい成績を残していることを喜んでいた。

「凄い人」とミントゥは称賛した。

ハンガロリンクで表彰台に立つのは9回目だった。ロビンは新たな経験をすることができた。父親が上がった表彰台に一人で上がり、表彰台の頂で手を振る練習をしたのだ。この時の様子は母親であるミントゥが撮影した写真に収められ、ロビンの永遠の思い出となった。

これまでキミは99回表彰台に上がったが、その1割をハンガリーで獲得している。ハンガロリンクは他のサーキットより思い通りに走れるのか、私はキミに質問した。

「それはどうだろう。僕にはわからないよ。今回のレースで良い走りができたとは感じていないからね。結果も3位だ。確かにスピードはあったけれど、残念ながら土曜日の予選もそうだし、決勝も理想的なスタートを切れなかった。それもあって他のマシンと争ってスピードを活かす機会には恵まれなかったよ」

キミは、とても家族を大事にする父親だ。休暇を家族と過ごすのが秘訣なのだろうか。今シーズンは12戦中8回、表彰台に立っている。気分を切り替えて強い信念で先のレースへ向かっているかのようだ。

休暇の前には、ハンガリーで行われるフェラーリのテストが予定に組まれている。さらに数週間後はヘルシンキでプロモーション活動が控えていた。カリ・ホタカイネンが著した評伝『知られざるキミ・ライコネン』が出版されたのだ。

125 ― 遺言書に記された解雇

ドイツGPの予選が行われた夕方、ホッケンハイムのプレスルームは騒然となった。重病を患っていたフェラーリの会長セルジオ・マルキオンネが役職を退いたという報道が入ったのだ。４日後の７月25日、スイスにあるチューリッヒの病院で彼は66歳の若さでこの世を去った。病院によると、死因は7月上旬に行われた右肩の手術で生じた合併症だった。彼は健康状態の悪化を理由に、すでに職を退いていた。

マルキオンネはフィアット・クライスラー・オートモービルズの会長に就任し、２０１４年10月にルカ・ディ・モンテゼモロをフェラーリの会長の座から引きずり下ろした。

フェラーリの経営陣の総入れ替えが行われ、会長にジョン・エルカーンが昇格した。彼の祖父はフィアットを創業したジャンニ・アニエリだ。フェラーリの最高経営責任者にはルイス・カミッレーリが任命された。

「残念ながら私たちが恐れていたことが起こってしまった。私たちの友であるセルジオ・マルキオンネが去った」とエルカーンは訃報を世界へ知らせた。

マルキオンネは、世間的にはレース畑の人物とは認識されていなかった。つまり、モンツァのピットにいるより、むしろウォールストリートを闊歩する純粋なビジネスマンだった。

カミッレーリの就任はチーム代表マウリツィオ・アリバベーネの地位を強固にすると思われた。彼は新しいCEOの部下としてフィリップ・モリスで働いていたことがあったからだ。カミッレーリは、アリバベーネがフェラーリのチーム代表になった時に大きな役割を果たしていた。

ハンガロリンクで行われた次のグランプリでは、世界で最も有名なF１チームのブースの最上階に二枚のフェラーリの半旗が揚げられた。２日前に世を去った会長に対してマラネロのレースクルーが哀悼の意を表したのだ。

フェラーリは控えめな行動をとった。新しい首脳陣は体制を整えるために立ち止まった。

マルキオンネが、すでにベッテルのチームメイトとしてルクレールを迎え入れようと決めていたと伝えられると、カミッレーリとエルカーンは前任者の遺言に従わなければならなかった。

126 ― 首を掻く仕草

夏休みになったと思ったら、もう過ぎ去ってしまった。フィンランドのF1ファンは作家カリ・ホタカイネンが著した評伝でキミ・ライコネンの人生に親しむことができた。その時点で彼はF1世界選手権で3位に甘んじていたが、書籍の売り上げを他のF1ドライバーと競ったならば、2018年の初秋からキミは圧倒的にリードしていたことになる。

8月の終わりにベルギーGPのプレスルームで、この新刊を持っている記者は私しかいなかった。

海外の記者仲間は、この評伝が母国語に翻訳されるのを切望していた。著者ホタカイネンは、キミの首を引っ掻く仕草に注目していた。彼によると、キミが質問に対して苛立ちを感じている時に無意識に行う仕草なのだそうだ。私自身は、すぐにそれを確かめることにした。

私はフェラーリの記者会見でキミが首を掻く仕草をするか注視した。二人きりになると私は彼をからかってみた。つまり彼が苛立つだろうと思って、スパでの最高の思い出を質問して仕草を確認したのだ。彼は私に質問されると首を引っ掻き始めた。それ以外は腕組みしていた。

「評伝に書いていることを、すべて信じない方がいいよ」とキミは微笑みながら答えた。

束の間のインタビューが終わると私はフェラーリのブースでセバスチャン・ベッテルに会い、キミの評伝を目にしたことがあるか尋ねた。彼は見たことがなかった。そして、良い本に仕上がったのかと私に聞き返した。

それに対して私は、2013年にバーレーンでベッテルに負けて2位になった後のキミの酒にまつわる話だけで、ひとつの章が割かれているよと答えた。ベッテルは、すぐにその話に食いついた。

「僕にとってそのレースは非常に重要で、そのシーズンを左右する勝利だった」とベッテルは答えて、チームメイトの酒盛り話に首を突っ込むことは避けた。

評伝の売れ行きはフィンランドの出版業界の常識を覆すものとなった。ベストセラー作家のホタカイネンは、出版社に勤めていた自身の経験から、出版市場の動向に精通している。

「普通作家は好調な売り上げに対して何かコメントするのだが、この売り上げは想像を遥かに超えていて、それについて気の利いたコメントをすることができない」とホタカイネンは答えに窮した。初秋に出版され、クリスマス前にはすでに20万部を売り上げた。これはフィンランドでは考えられない数字だった。

キミ・フィーバーは予想以上に高かった。

「確かに誰もついていけないような現象が起こっている。キミは多くの有名人と異なる点が非常に多い。決定的な違いの一つは、書籍が出版されてからキミは自分のインタビューをさせなかったことだ。彼がインタビューを受けていたら、この本に対する関心が、このように上昇することはなかったと思う」

「私が評伝を書き始めた時にキミ・ライコネンの名前をグーグルで検索してみると、どこかのレースの動画と何かについての漠然としたコメントが検索に引っかかるだけだった。他の材料と思しきものは何も見つけることはできなかった」

「私はキミのこともF1のことも全く知らなかった。しかしサンクトペテルブルクで行われたFIAの授賞式で酔っ払って楽しんでいたように、キミが活発でおしゃべりであることはすぐにわかった。キミには小説の主人公になるような素材が多く見受けられた。その意味でも評伝を描く対象として、これ以上ない人物だった」

ホタカイネンは、ライコネンのことを寡黙さを芸術に仕立て上げた人物であると分類した。キミの行動は一切予測できないし、彼自身も自分の行動が後にどのような事態を招くのか考えていない。

「（その意味で）評伝のタイトル『知られざるキミ・ライコネン』は的を射ている」とホタカイネンは、はっきりと答えた。

記録的なベストセラーにも関わらず、本の主人公は1日しか宣伝イベントに参加しなかった。本来ならあり得ない方法で記録が達成された。

この評伝以前にフィンランドで出版されたスポーツ関連の書物は、アイスホッケー選手のテーム・セランネについて書かれたものだった。その本でアイスホッケーのフィンランド人スター選手は、本の宣伝イベントすべてに同行した。

ホタカイネンは爆発的な販売数を、様々なことが積み重なって達成されたと考えている。

「一つは、これまで本を読んでいない人たちがこの本を手にし、またこの手の評伝を読んでこなかった若い世代の大人たちも本を読んだことだ。それに加えて三者三様で、この本が読まれたからだ」

「モータースポーツに女性は魅力を感じないという一般的な考え方があるが、ブックフェアでこの本にサインを求めた人の大半が女性だったことにも注目が集まった」

フィンランドでの出版から２ヶ月後、この評伝が英国で出版された。

「英国ではＦ１の視点が欠けていると批評があった。しかし、これがＦ１の本だったら、今よりも多くの読者を獲得しなかっただろうと私は確信している。肝心なのはレースをする人間について書かれた本になっているところだ」

この本は販売記録を更新し、パドックでも話題になった。しかしキミ本人は自身の評伝が大ベストセラーになったことには一切動ぜす、いつものようにクールな態度をとった。

「もちろん僕は評伝が僕について語っていることは知っているし、その本に何が書かれていて何が書かれていないかも知っている。本がたくさん売れていることも新聞で読んだし、聞かなくても耳にした。それには関心がない。その本が好きな人がいるなら、それはいいことだ。好きな人もいれば、暖炉の薪代わりにする人もいる」

同じ時期、シンガポールの週末にルイス・ハミルトンにインタビューを行った。私はルイスにキミの評伝のことを話した。

「キミが本当に本を書いたの？　その本は２ページしかないんじゃない」

２６９ページの本であると知ったハミルトンは「それなら、その本は巨大な文字で書かれているはずだ」と、レース仲間の寡黙さを槍玉にあげて笑った。

127 — 感情を汲み取るレポーター

メルヴィ・カッリオは、キミと行った最初のインタビューを詳細に覚えている。正しく言い直すならば、スポーツ記者になって初めてテレビ局を飛び出し、ユヴァスキュラで行われた2010年のラリー世界選手権へ向かったメルヴィは、どれだけあたふたしたのか覚えていた。

「私はユヴァスキュラでやる気満々だった。ヘルメット姿のキミが目の前に現れたから、焦ってすぐに質問してマイクをキミの顔に近づけたの。でも、キミはちょっと待ってと言って、まずヘルメットを外した」とメルヴィは、ほろ苦い経験をしたことを覚えていた。

メルヴィは2016年にMTV3のF1番組でピットレポーターになった。

男性ばかりの世界へ飛び込むのは、どれだけ緊張したのか、私は彼女に質問した。

「もちろん緊張した。最初は緊張というよりも、私が現場に適任なのかを疑っていた。長い間、前任者のティモ・プルッキネンが素晴らしい仕事をしていたし、精神的にも知識の上でもモータースポーツのレポーターとして優れていたから、本来なら私は適任ではないと思っていた」

「でも、私はティモ・プルッキネンである必要はないし、私らしい仕事をすればいいと考えて、なんとなく開き直ったのよ」

メルヴィの相棒であるカメラマンが、プルッキネンの親族だったことも幸いした。報道カメラマンとして送り込まれたのが弟のトミ・プルッキネンだった。

テレビインタビューの躍動感は、インタビュアーとカメラマン双方にドライバーの感情を的確に読み取る能力が備わっていなければ伝わらない。カッリオとプルッキネンは、お互いの意思の疎通に苦労しなかった。

「(インタビューをすると)手短に答えられることもあるし、気まずい場面も多くあって、言葉を足す必要もある。カメラマンが状況をすぐに察して『あっちだ、あっちを見て』と言えば、私は察してその場を切り上げる。現場のレポートでは本当に長く話を聞く必要はない。これは、すべてのインタビューにも当てはまる。私たちは考え方も一致しているから、物凄く良い連携プレーができている」とメルヴィはカメラマンに感謝している。

プルッキネンの顔は、カメラマンとしてだけでなく、よく知られている。

「ピットでみんなが驚くほど私のことを知っているように感じる時が確かにある。どうしてなのか私はもちろんわからない」

「メルヴィに変わってから私たちの活動も以前より積極的になったと言われるようになった。マイクを手にしているだけでは駄目だ。他の人たちが質問しているように、今は自分たちのインタビューを多くしたくなった。その点が以前と比べると、ここ数年で顕著に変わったことだ」とプルッキネンはいろんなことを試していた。

フィンランドのテレビ局は、どのように扱われているのか私はプルッキネンに質問した。

「他の国々と同列に扱われているよ。公平にしなければならないからかもしれないが、他の国のメディアと同じように1対1のインタビューができている。他国のメディアは、ここではフィンランドは少数派だと思っているかもしれないが、私たちは大手の報道局と同じように動いている。その意味では、私たちは本当に同列にいると思っている。メルヴィが加わった後も、いろいろと変化があった」

元キャビンアテンダントだったメルヴィには、レポーターに必要とされる愛想の良さが備わっていた。

「この仕事では状況を判断できる目がないと駄目だし、上手に人に接する能力が必要なのよ。それがないと先に進めない」

カッリオは、ボッタスとライコネンには違う接し方で対応しているようだ。

「キミの感情を察するのは、いつも謎解きね。結果が良くなければ、彼は愛想よく話し始めるタイプじゃないし、そもそも話をする雰囲気ではない。だから彼から何かを引き出すために、どのように質問をするかをよく考えなければならない」

「バルテリの方は、インタビューで何か失言したとしても、それを話の途中で修正してくれる。だから記者にとってみれば、馬鹿な質問をしたなんてことにいちいち囚われることはない。バルテリは政治家のように几帳面なタイプで、どんなに質問が馬鹿げていても記者が求める答えを与えられる人ね」

キミのコメントは長く、バルテリのコメントは短く編集するということか。

「バルテリは普段キミより分析的に語るけれど、もちろん編集する時にキミのコメントも短くしたことは、これまで何度かあった」

プルッキネンは年が経つにつれてキミが変わってきていると指摘する。

「最大の問題は金曜日のフリー走行後のインタビューで、私たちにとっては魔の金曜日だ。木曜日と予選、そして決勝後は、すべてちゃんとしたスピーチ、というかまともに使える返答をもらえる。こと金曜日になると、何を質問しようとしてもキミはすぐに立ち去ろうとする。それ以外は以前より、ずっと楽になった」

Photo : Wri2

ドライバーの感情を読み取るメルヴィ・カッリオが、テレビ用にロビン・ライコネンにインタビューをしている

128 — 伏せられたニュース

フェラーリの本拠地モンツァでのレース前夜に新しいCEOルイス・カミッレーリが初めての記者会見に臨んだ。そこで彼はドライバーに関する、あるニュースを隠していた。

記者の一人として手を上げると私にマイクが向けられた。そしてキミの延長契約の可能性についてカミッレーリに質問した。

「私たちはまだキミに関して決断を下していないし、それを行うのに期限を設けているわけでもない。私は、ここ最近のチームの活躍に本当に満足している。私たちは猛追している。私たちは素晴らしいチームであり、二人の世界チャンピオンを抱えている」とカミッレーリはチームの活躍を賞賛した。

「しかし私たちが決断を下したら、別の記者会見でそれを聞くことになる」と質問した私の目を見ながらカミッレーリは言葉を足した。

「決定のプロセスは、まずチームが決定する。私たちはチーム代表の話を聞いて、それから会長のジョン・エルカーンと話し合いをする。私たちの方の準備が整ったら、私たちが決断を下す」とカミッレーリは説明した。

彼は自分がフィンランド人ドライバーの友人であることを強調した。

「私はキミのことを非常によく知っている。私の古くからの愛すべき友人だ」

カミッレーリとキミは、当時チーム代表であったジャン・トッドのパリにある自宅で12年前に出会っていたのだ。

この記者会見の後に、ある事実が発覚した。モンツァの週末が開幕する前にチーム代表のアリバベーネがライコネンに契約を延長しないと伝えていたのだ。つまり、適切な時期が来るまで公表したくなかったのだろうが、カミッレーリはすでにこの事実を知っていたことになる。

カミッレーリの記者会見が終わると、やり手の記者であるミハエル・シュミットが私をプレスルームの隅へ連れていき、確かな情報筋からルクレールがキミのシートを奪うことになったと語った。そして彼はこの情報を日曜日の朝に『アウト・モトール・ウント・シュポルト』のネットニュースで公表すると密かに教えてくれた。

シュミットによると当時はまだ何も公式的に契約が交わされていたわけではなかったようだが、彼が仕入れた情報によると今は亡きマルキオンネはモナコ人の有望なドライバーとフェラーリへの移籍の話を合意していたのだそうだ。それに従ってマラネロは動かなければならなかった。

私は、首脳陣を含めカミッレーリは、絶頂期にあるキミとの契約を延長するだろうと強く信じていた。

契約が延長されないと言い渡されたキミは、すぐに置き土産として最も相応しいものをモンツァでフェラーリファンに用意した。キミはフェラーリの本拠地でポールポジションを獲得したのだ。

さらに1ヶ月半後にキミは本当の「Arrivederci（さようなら）」を迎える前に赤いマシンで優勝した。

私はイタリアGP決勝の夜にモンツァのプレスルームでパソコンと筆記用具を片付けているベテラン記者のピーノ・アリエーヴィと長話をした。彼はフェラーリがドライバーを決定する際に何が起こるかを詳しく知っていた。今回に関しても彼なりの確かな見通しを持っていた。

「もしルクレールが選択肢なら、そこには私の見立てだと二つ理由がある。一つ目はフェラーリ・ドライバー・アカデミーによるプレッシャーが理由だ。レッドブルがそうしているようにアカデミーが新たなドライバーをフェラーリへ送り込めないのであれば、アカデミーの存在意義がない。二つ目は、長期戦略が理由かもしれない。レッドブルがマックス・フェルスタッペンや、それ以前にもベッテルがそうであったように評判が良く、並外れた才能を持つ20代の有望株をトップチームで育成しようとしているのかもしれない」

キミのパフォーマンスと速さは、疑う余地がなく高いレベルにある。それにチーム内でも未だに彼を支持する声があることは、今回の天秤にかけられなかった。

「人生においても、日常の生活でも選択肢はいくつかある。それは何をしたいかに依存する。将来どうなるのか、見届けるしかない」とキミ本人は、フェラーリの構想から自分が外れていることを知って気兼ねなく話した。

キミは10月で39歳を迎える。彼はどのぐらい長くハイレベルで続けることができると信じているのだろうか。私は彼にそのことを質問していた。

「なんて答えればいいかわからない。10年前と違うように走っているとは僕は感じていない。むしろ、かなり良い走りができていると思っている。それで僕は十分だ。もし違うように感じているなら、引退して何か他のことをしていると思う。おそらくその感情は目覚まし時計のようなもので、その時が引き際だ」

キミは、レースドライバーが持つスーパーライセンスの中に「～まで有効」のような期限がないことを理解させてくれた。

「おそらくいつの日か朝目覚めたときに、速く走れるのかわからなくなる時がくる。もちろんそんな風になるとは信じていない。そういうのは自分の気持ちと、何ができて何ができないのかという、自分の感覚が教えてくれることだと思っている」

「ある程度の年齢になるとスピードが落ちると言う人がいるが、これまで僕に関して言えば、そのようにはなっていない。そういうのはあり得るのかもしれないが、どの年齢まで走れて、それから急にもう走れないなんてことにはならない。速ければ速い、速くなければ速くない。もし速くなければ、それは速くないということだ」とキミはわかりやすく年齢に関する質問をまとめてくれた。

あなたは15年前に40歳まで現役を続けていると信じていましたか。

「その時の僕の計画では遅くとも30歳で引退することになっていた。しかしながら、その計画は僕が２０１２年にＦ１に復帰した時に変わった。真面目に言うけれど僕は２日先のこと以外は何も考えてはいない。僕は正しいと感じることをするし、その時の気分に従って行動する」とキミは正直に答えた。

２０１９年に向けた契約交渉の質問はチームにした方が良いと彼は私に助言した。

「どこかの場面で今後どうなるのかチームから聞くことになる。もちろん結論をこのチームで待ち続ける可能性もある。なぜなら以前もそのようなことがあったからだ。でも、それは僕の決断ではない」

129 ― ユートピアへ向かうロジック

「花は根に鳥は古巣に」という昔ながらの諺がある。正直に言えば、フィンランド人の叡智を持ってしても、ライコネンがＦ１で現役生活をこれだけ記録的に長く続けるとは思っていなかった。キミは２００１年にザウバーからＦ１にデビューし、２０１９年から２０２０年のシーズンに向けて古巣に戻ってきた。

フェラーリからザウバーへの移籍が合意に至り、２０１８年９月11日火曜日にキミが古巣へ戻ることが確定したのだ。

移籍騒動のこともそうだが、フェラーリから去ることについて、キミはすぐには説明しようとしなかった。しかし一連の流れはパズルのピースのように一つ一つ埋めることができた。

チーム代表のマウリツィオ・アリバベーネが火曜日にモンツァでキミにフェラーリの決定事項を伝えた。そしてキミの後任となるシャルル・ルクレールには土曜日の夕方になってから伝えられたことが明らかになった。

ライコネンをザウバーに導いたのはチームマネージャーのベアト・ツェンダーだった。彼はフィンランド人ドライバーが、これまでずっと頼りにしてきた人物の一人だ。すぐにモンツァで彼を介して交渉が開始され、数日で合意に至った。

そのことが発表された火曜日に、私はフィンランド航空でヘルシンキからシンガポールへ到着するところだった。携帯電話を見ると私が待ちわびていた２０１９年から２０２０年のキミの去就に関するニュースが入っていた。入国の審査を待っている間に私は一人であることを考えていた。それはパウラ・ライコネンの願いが叶わなかったということだった。彼女は息子のキミがＦ１を引退してくれることを切実に願っていたのだ。しかし、フェラーリはキミをクビにしたけれど、キミの現役生活は今後も続くことになった。

パウラは息子の引退の決断に随分前から備えていた。しかしベテランドライバーはザウバーに復帰することになり、彼女にとって少なくとも２年は気を揉む期間が増えることになった。

背景を掘り下げていて、フェラーリが延長のオプションを行使しないと決断してキミに告げたところ、キミ本人は一瞬たりとも手をこまねいていなかったことを知った。それどころか、すぐに新しいチームをスイスの自宅近くで見つけた。今回の交渉でマネージャーや顧問弁護士の助言は必要なかった。ドライバー自身が、すべてを決めたからだ。

すでに20年もの付き合いがあり、キミの信頼する仲間に数えられるツェンダーは、フェラーリとの交渉が決裂したらザウバーは大手を広げてキミを歓迎すると伝えていた。しかし年が経つにつれてスイスのチームの経営は悪化の一歩を辿り、倒産寸前と言うのが本当のところで、本来ならば契約のことを検討する余地はなかった。ところが2018年の秋頃から経営状況が改善し、タイミング良くチャンスが転がり込んできた形となった。

空港からシンガポールで常宿としているスイスホテルに到着した。私はスティーブ・ロバートソンに電話をかけ、彼がすでに合意済みの交渉の後片付けをしたことを確認した。つまりキミはザウバーに行くと伝えただけで、その後はロバートソンと顧問弁護士が契約内容を最終調整したのだ。

F1界を激震させたニュースにロバートソンは全く動じなかった。

「わかるかなあ。私は、そんなに驚いていなかったんだ。それだけキミとの付き合いは長い。フェラーリでは叶わなかったが、キミに今後もレースを続ける意欲があることを知っているし、ちゃんと把握しているよ」

「フェラーリで契約延長の可能性がないと知る前に、キミはザウバーのオファーを受ける準備ができていた。双方とも相思相愛だったから、契約は迅速に交わされた」

「ザウバーは調子が上向いていた。これが2年前だったら、キミが行っていたとは思わない。しかし現在チームは成長期にあって、経済的な基盤もしっかりしている。何より成功を掴もうとする並々ならぬ意欲があるとキミは感じた」

「数年前のザウバーはF1に何とか食らいついているチームに過ぎなかった。仮にそのままだったら、このスポーツで成功を掴むことは今後も期待できない」

「要するにキミ本人がザウバーを望んだ。それに関しては誰も何も説得する必要はない。今回のプロセスは真逆で、キミが連絡を取り、ザウバーと契約をしたいと私に伝えた。このような移籍に対して私は彼を説得することはできないと思う。なぜなら判断の根底には、キミのレース愛があるからだ。もう十分走っただろうと思うことがあるが、実際この契約は交わされた。レース愛が今でも本物であるというそれだけのために生まれた契約だ」とロバートソンは明らかにした。

スティーブと彼の父デイビッド・ロバートソンは、当時若かりしライコネンをザウバーに昇格させた。その時の交渉相手はペーター・ザウバーだった。今回はザウバーのチーム代表フレデリック・バスールだ。

「古巣にキミが戻ってきたのは、感慨深いことだ。何はともあれザウバーへの移籍は、キミにとって17年前とは全く違う挑戦になる。同レベルのチームがひしめく中盤争いは厳しいものになる」

ザウバーはスウェーデン企業の所有に移り、アルファロメオがチームのタイトルスポンサーになるなど経済的な地盤を固めた。フェラーリとの協力関係も効果的だったし、キミを雇用することは開発の面でも経営陣の支持を取りつける上でも都合が良かった。

「チームはマシンの開発者としてもキミの確固たる経験を信頼し、みんなマシンが改善されることに強い期待を寄せている。キミにとっても開発に携わるために２０２０年シーズンに満了する2年契約を望んでいた」と、ロバートソンは経緯を教えてくれた。

ヘルシンキにいたドライバーのアシスタントを務めるサミ・ヴィサに連絡を取ると、彼はキミが現役を続けることができて本当に喜んでいると話した。

「キミがロータスへ行った時、チームは成功し始めた。ザウバーで同じようなことが起こるかもしれない」

ヴィサによると選択肢は他にもあったのだそうだ。

「キミはいくつか選択肢を持っていた。キミのレース人生でこんなに多くの選択肢があったことはなかったと思う。2年契約をしたことで来年は今年と同じような騒動がないことは確かだ」

キミの結んだばかりの契約が話題に上がると、私はマリーナベイの灼熱のパドックでツェンダーと握手を交わした。私にとって馴染みのチームマネージャーは、キミがチームに復帰する上で重要な役割を担った。彼はキミと再び仕事を始めることができる興奮を隠さなかった。

「キミが加入することは、チーム全体にとって素晴らしい。チームのすべての面で底上げに繋がる。ザウバーの発展にとって本当にタイミングが良かった。みんなが望むレベルへステップアップする手助けになってくれる。キミのような世界チャンピオンを獲得することは、今チームが求めている以上のものをもたらしてくれる」と、ツェンダーは公然と喜んだ。

『ブリック』紙のロジャー・ブノワはザウバーとキミの交渉を詳細に説明するようにツェンダーに詰め寄った。

「モンツァでフェラーリがキミと契約延長しないと知らされた時に、私はフレデリック・バスールと二度キミの自宅を訪れた。それからフレデリックが彼と契約を交わした。キミはレースを楽しみたいだけだったが、私たちを信じ、チームの将来を有望と考えている。いつもキミは私を信じているし、信頼関係は今後も続く。私たちは最高の仲間なんだ」

ブノワはキミの決断に驚愕した。

「すでにルクレールがチームを強くしてくれたが、キミは確実にチームの発展に寄与してくれる。すべては来年のマシンC38の出来次第だ。出来が良ければキミはポイントを獲得するだろうし、うまく行けば表彰台を争うこともできる。マシンが良くなければ、ルイス・ハミルトンですら1勝も挙げられないだろう。スイス人ファンはキミを獲得したことにとても満足している。他のすべてのチームがキミを欲しているのに、フェラーリが彼を手放したことに驚いている。キミは選手権3位だし、この前のレースでもポールポジションを獲得している。フェラーリはキミに対して2勝分の貸しがある、と私は思っている」

130 — F1界のモハメド・アリ

年が経つにつれて、世界中のサーキットや空港でジーノ・ロサートと会う機会が増えた。彼はキミに影響を与えている友人に数えられている。ジーノはロビン・ライコネンの名付け親であり、キミ自身にとっても様々なビジネスで後見人のような役割を果たしている。

フェラーリから別れを告げられたライコネンは、姉妹ブランドのアルファロメオに身を置くことになった。この時ジーノは一連の騒動について思いを巡らせていた。

シンガポールの週末が始まり、私は太陽が照り返すピットロードを忙しなく右往左往していた。キミを食い物にする記者会見が終わったところだったからだ。それからマラネロのユニフォームを着た馴染みの男性が私の方へ向かってきた。ジーノ・ロサートだ。彼は、その記者会見がいたく気に入ったのだそうだ。

フェラーリでも幹部候補のロサートは、キミがマラネロから去りザウバーへ移籍することを公表した記者会見の場に居合わせた。彼はキミの羽目を外したユーモアのセンスに感心していた。

機知に富んだロサートは、私が比喩的な表現を好むことを知っていた。彼は私の袖を引っ張って話し始めた。1974年10月に「ジャングルの決闘」と銘打って話題をさらったザイール共和国で行われたボクシングの世界戦を引き合いに出して、ジョージ・フォアマンと対戦したモハメド・アリのようにキミがメディアの前で見事なノックアウト劇をやってのけたと表現した。

二人のベテラン世界チャンピオンであるアリとキミは、メディアに打ちのめされ引退を勧告されていたが、両者ともに自分のスタイルで再び復帰を果たしたのだ。

それではタイムマシンを木曜日の記者会見に戻して、どのようにキミがその瞬間F1界のモハメド・アリに成り得たのか語ることにする。

シンガポールの週末の開幕イベントが行われた。FIAはルイス・ハミルトン、ケビン・マグヌッセン、ブレンドン・ハートレイとともにキミを大勢のメディアがいる舞台に招いた。フィンランド人スターはこの機会をうまく利用し、多くの質問を独特のユーモアでかわした。

手始めにトム・クラークソンが、フェラーリを去ることがキミ自身の決断でないとすると、どうしてザウバーに復帰することになったのかと質問した。

「Why not（なぜダメなの）」とキミは答えた。

まだレースに対する情熱がキミに残っているのに、どうしてその炎が……とクラークソンが続けた。

話を先に進めようとしたが、その質問を遮るように、キミは答えた。

「そういうことじゃない。僕は単にあなたたちを悩ませようと思って、この決断をしたんだ。つまり、なんで僕が中堅チームで2年間を過ごすのか記者に考えさせるためにだ」

「答えてくれてありがとう、キミ」とクラークソンは質問をやめた。

「どういたしまして」とキミが答えた。

記者には質問の順番があった。3番目に私にマイクが回ってきたので、かつてキミが勝利するためだけに現役を続けると言っていたことを引き合いに出した。

『トゥルン・サノマット』紙のヘイキ・クルタです。キミ、あなたはかつて勝利することだけが関心事だと発言していました。勝つことが難しいザウバーで走るにあたって何か新しい目標を設定しているのでしょうか。

「どうかな、考えていない……。目標はいつも同じだって言おうとしていたんだと思う。それが現実的であるかなんて誰にもわからない。でも記者のあなたは、いつも最高の可能性と最高の順位しか見ていないんだと思う。ザウバーでどうなるかは、これからわかる」

イタリア人記者であるチャンドラ・クルニア・ハリナントが質問すると、ライコネンとハミルトンは談笑に発展してしまった。記者はキミがザウバーで現役を引退することを、すでに考えているのか質問した。

「それは非常に可能性が高いね。僕にとってどの数字も、どの記録もどうでもよくて、自分がどう感じるかということを大切にしている。それで十分だ。この先どうなるかは、その時がきたら考えればいい」

ハミルトンが「それは何シーズンかかるのかな」と茶々を入れた。キミは「わからないが、2年間Ｆ１から離れていたこともあるからね」と答えた。ハミルトンは、キミがF1で何シーズン走るつもりなのかを知りたかった。「今16シーズン目だったっけ」と質問すると、キミは頷いて「そうだけど、それが多いとは思わない」と答えた。ハミルトンは「多いし、立派だよ」と主張した。

「しかし、どうなるか見てみよう。僕が健康を維持してレースに関わる他のすべてのことができることを願っている」とキミは締めくくった
『オートスポーツ』誌のエド・ストローは、キミは他のドライバーたちが引退した年齢に達したが、それでもレースを続ける魅力がF1にはあるのかと踏み込んだ質問をした。

「レーシングというのは、そんなものだ」とハミルトンが横槍を入れ、キミが自分の意見を述べた。

「そうだ。この記者会見は、この週末で最大の関心事なのかもしれない。ただ、僕にとってはそうじゃない。正直言うと僕はやめる時が来たと感じたらやめるとずっと言い続けている。僕がどのように感じているのか、わざわざコメントする必要はないが、レースは僕が最も楽しんでいるものの一つだ。だから僕はここにいる。レースを楽しむことが週末で最も重要なことだ。それ以外に普通に行われている他のこと（記者会見）に僕が参加する理由はない」とキミは、はっきりと主張した。

131 — ザウバーじゃダメなの

キミ・ライコネンは引退の噂が絶えないドライバーだ。彼が引退するんじゃないかという噂が出る度に、いつの日か噂話が本当になる時が来るよと冗談を飛ばすことができるくらいキミは慣れっこになってしまった。しかし今回の決断は、当然のように専門家たちを驚かせた。

フェラーリから去ることは予測していたが、ザウバーの再建プロジェクトに身を投じて現役を続行するとは、夢にも思っていなかったからだ。

シンガポールでザウバーのチーム代表フレデリック・バスールは、キミのことはよく知らないが、彼が何ができるかは知っていると私に正直に答えた。

「私はピットで数回しかキミと話をしたことがないが、彼はチームを劇的に変えてくれるだろう。経験豊富なトップドライバーを迎えることができて非常に喜んでいる。キミを獲得したことはチームを盛り上げるだけでなく、開発の面でも私たちが求める人材として適任だった」と

バスールはキミを歓迎した。

キミを惹きつけるキーワードは、レースを楽しむことだ。それを強調することで、キミは経験豊かなチーム代表の信頼を獲得した。

「キミには私たちよりもっと好条件のオファーがあったはずだ。私たちのシミュレーターの状況がどうか、フェラーリとはどのような関係にあるのか、どのようにチームが機能し、ニューマシンの開発がどの段階まで進んでいるのかなど、キミは好感の持てる質問しかしない。それが私を納得させた。そのようなアプローチの仕方を愛している。状況を伝えるばかりでなく開発の面でもチームに貢献してくれれば、彼は最高のドライバーの一人だと思う」

「加えて、キミはマーケティングの面でも大きな影響力を持っている。今キミのおかげで各方面からオファーが舞い込んできていることを不思議に感じている。数年前の私たちはマーケティング関連のオファーを何も得ることができなかった」とバスールはキミに感謝する。

実際のところ、キミを受け入れてもザウバーは金がか

からなかった。キミはフェラーリから自分をサポートする人員を引き連れてきたからだ。

キミが２０１８年10月に39歳になる前に、ペーター・ザウバーは75歳と４日を過ごしていた。

「キミがチームに戻ってきてくれて私は大変喜んでいる。このチャンスに気がつき、それをものにできたことはチームにとって良い兆候だ。キミはファクトリーで非常に評判がいい。それに彼はファンに本当に好かれている。彼を雇うことはチーム全体を底上げする上で強力な推進力となる」とザウバーはキミを讃えた。

私はザウバーのブースで、キミは健康面で錆びつくことはないだろうと冗談を飛ばした。キミが信頼を置いているトレーナーのマーク・アーナルに加えて、ザウバーには長年フィジカルトレーナーを務めているヨーゼフ・レベラーがいるからだ。

しかしながらキミは「これからもマークとやっていく」とはっきり答えた。

「正直に言うとレースに関してキミのパフォーマンスは２００７年にチャンピオンに輝いた時を超えないまでも、ここ最近その時に匹敵するぐらい上向いている。キミ自身がトップレベルのドライバーを今後も続けたいと感じていなければ、やめていたと思う。それを今シーズンのキミは示してくれた」とマークはキミを褒めた。

今後も現役を続けようとするキミの情熱は英国人トレーナーにとって驚くべきことだったのだろうか。

「キミの人生のそれぞれの要素が合わさって、なされた決断だと私は思っている。年の初めに彼は肉体的な改造を余儀なくされ激しいトレーニングをこなした。落ち着いた家族との生活は、うまい具合に彼の精神的なバランスを保ってくれている。子どもたちの存在は、キミの目の保養になっているし、仕事のこと以外で適度に向き合うものを与えている。何はともあれキミは性格的に従順な人だ。心が落ち着いて、集中できているから、彼はあんなに速く走れるんだ」

２０００年の秋にキミの肉体改造に取り組んだレベラーはフィンランド人の仲間がザウバーに復帰したことを喜んでいた。

「チーム全体が本当に満足している。なぜならキミのように経験豊富なトップドライバーをマシンに乗せることができるからだ。彼とは何年も親しい友人関係を保っている。多くを話す必要はない。私自身も、友人と電話で長話をするようなタイプではない。私たちは1年間、何も話さないこともあるが、時々会って、サウナを浴びて、気分良く過ごした。マークの役割を奪う気なんて毛頭ない。マークは仲の良い友人だ。仕事の面でも私たちの関係は良好だ。彼をザウバーへ迎え入れることができたのは素晴らしい。私たちは一緒に何か新しいことをすることができる」とオーストリア人のベテランは微笑んだ。

アリバベーネはシンガポールで行われたチーム代表者による記者会見で、キミがフェラーリからザウバーへ移籍することはフェラーリにとってもライコネンにとっても最善の解決策だったと主張した。ただ、彼の論理的な根拠は崩壊しているように思われた。彼と彼のチームの生き方は、その日暮らしの成功で続いているようなものだと一般的に考えられてきたからだ。

「状況は本当にシンプルだった。チームの視点で状況を考えるのが非常に大事なことだ。私は2、3年の期間が必要だと考えている。それは若手のドライバーをチームで育成し昇格させるために必要な期間になる。それがすべてだ。私の任務はチームを管理することだ。それがドライバーを選択する上で正当だと判断させた」

キミはフェラーリから去るのは自分の決断ではないと再三述べてきた。その知らせをフィンランド人ドライバーはどのように受け取ったのか、記者からチーム代表に質問があった。

「もちろん私が決定した。しかし、キミと私の関係が悪くなったわけではない。彼がそれを理解していることからわかるように今でも良好な関係だ。彼にチームの決定を伝えただけではない。私は私の仕事をきちんと行った。つまり、このプロセス全体について彼と話し合いを重ねた上で、決定を彼に伝えた。彼は私の考えを変えようとしたり、あるいはその方向に私を向かわせるようなことは言おうとすらしなかった。キミは、プロフェッショナルだ」

Photo : Wri2

キミと二人きりのインタビューは、いつも笑い声が出るようなユーモアを交えて行われている

132 — 俳人

２０１８年日本ＧＰで私はキミのサインが入った記念の品をもらった。

私は鈴鹿のパドックで予定の時間に間に合わなかった。フェラーリの経営陣からスポンサーが行うイベントに誘われていたからだ。フィリップ・モリスが企画したイベントでは、将来的に完全に煙のない社会を目指した「Mission Winnow」という新商品が紹介された。ノベルティとして20ページほどのキミ・ライコネンによる俳句の本『Kimi's book of haiku』が配られた。

キミの短いコメントを俳句のように綴った冊子が作られた。例えば、次のような句が掲載されている。

決断　モータースポーツ　早朝には　出なくていい

（僕がモータースポーツをすると決めたのは、朝早くに起きる必要がないからだ）

俳句の横にはサミ・ヴィサが撮影した写真が貼られている。その写真でキミはフェラーリの赤いＴシャツを着て寝転んでいた。

パドックは、この本のことで盛り上がっていた。それはフィンランド人ベテランの存在感を強めるだけだった。8月に出版されたカリ・ホタカイネン著『知られざるキミ・ライコネン』はフィンランドで、その時すでに10万部以上を売り上げていた。

俳句本は、同じようにベストセラーにはならなかった。なぜならノベルティは１５００部しか刷られなかったからだ。そして、すぐに配り終えてしまった。この本はヘルシンキ大学の教授をはじめ、世界中で欲しがる人が殺到したけれど、転売用に買い込むこともできなかった。

キミによると、２ヶ月前には俳句が何なのかさえ知らなかったそうだ。企画の発端は、ここ数年のキミの発言を集めて俳句にしようというものだった。俳句と煙草の商品が、どう結びつくのか曖昧なままになった。

この本はプロモーションの一環として制作された。キミは正式に計画の実現のために参加したわけではないが、アメリカの企業が俳句本を計画していることは知らされていた。作品は「キミ語録」から作られた。ベッテルはそれに相当する気の利いた言葉を公の場では発言していなかったため、俳句本は作られなかった。

「的を射る言葉を使えば、何かを伝えるのに他に必要なものは何もない」と俳句本の序文に、キミのサインとともに手書きされていた。

「ノーマル　皆普通　友達すべて　ノーマルでない」

（普通、私たちみんなが自分のことを普通だと感じているなら、私の友達も含め誰も普通ではない）が最初の句だ。横に、首にネクタイを巻き、フェラーリのスーツを着たキミの写真が添えられている。

推測するにキミ自身がお気に入りの俳句は、静けさと結びつけられている。

「電話　着信　鳴るのはイヤだ　しかし鳴る」

（電話機そのものは静かだ。僕はそれが鳴ったり、人々が電話をするのが嫌いだ）

この発言と一緒にフェラーリのキャップを被ったライコネンが真っすぐ読者に視線を向ける写真が添えられている。

大部分の写真がライコネン個人のアルバムから選び抜かれた。私がキミに新たな世界で活躍していることを祝福すると、彼は大人しくなり、こう言った。

「これは書籍としてカウントできないよ」

133 — ホワイティングの最後の褒め言葉

悲しみがこみ上げてくる。ＦＩＡ安全委員会の代表であるチャーリー・ホワイティングとの特別なインタビューが彼と会う最後の機会になってしまったからだ。広報部長のマッテオ・ボンチアーニが動いてくれて、私は鈴鹿のメディアセンターでホワイティングにインタビューを行うことができた。

66歳のホワイティングは22年間ＦＩＡ安全委員会の代表を務め、１９７０年代からＦ１の隅々まで知りつくした人物だ。

多くのレーシングドライバーは1対1のバトルでフィンランド人ドライバーたちのフェアプレーを称賛していた。安全委員会の代表は、ドライバーたちと同じ意見なのだろうか、私はホワイティングに質問してみた。

「私はこれまでドライバーがフィンランド人だとか、そのドライバーがフェアなレーサーであるとか、そういう視点でレースを見てこなかった。しかし、あなたがその話を取り上げたのであえて言うならば、確かに統計がそのことを物語っている」とホワイティングは顎を触りながら考えるように答えた。

「フィンランド人のドライバー、特にキミ・ライコネンはレースすることにだけに集中している。キミは３０0戦のキャリアがあるが、彼が審議委員会に呼び出しを食らった回数を私は片手の指で数えることができる。キミは模範的な例だ。彼は走るだけで、決して文句を言わない。それはレースでフィンランド人がフェアなことを示す証だ」

「非常に稀なことだが、キミがドライバーのミーティングで何かを言うとすれば、それは彼に強い感情がある時だけだ。長い経験を通じてキミは、ドライバーの集団で一目置かれている。彼が話す時、他のドライバーたちは『どうしたんだ』とびっくりした目で見つめる。キミは、四六時中文句を言うようなドライバーではない」とホワイティングはキミを褒め讃えた。

５ヶ月後のオーストラリアでキミの17回目のシーズンが開幕すると、衝撃的なニュースが飛び込んできた。木曜日の朝にチャーリー・ホワイティングはメルボルンのホテルで遺体で発見された。66歳の英国人のベテランは、肺血栓塞栓症で息を引き取った。

「朝すぐに訃報が伝えられた。残念な話だが、それは人生の一部だ。チャーリーは、ドライバーやその他のことすべてを世話してくれた本当に良い人だった」と、キミは同じ日の夕方にテレビの取材で、青ざめ落胆した様子で答えた。

134 — 自宅のソファで最高の瞬間

２０１８年10月21日にオースティンで行われたアメリカＧＰは、これまでにない感動的な瞬間をフィンランド人ファンに味わわせてくれた。決勝の後にフィンランド国歌『我等の地』が響いたからだ。フィンランドにとって50回目のことだった。記念すべき勝利を手にしたのは、キミ・ライコネンだ。Ｆ１最後の表彰台の頂点でのシャンパンファイト（２０２１年8月現在）を味わった。

私は現地でキミのＦ１での20回の優勝を取材してきた。しかし21回目となるオースティンでの優勝は、私にとって例外となってしまった。後の祭りだが、この優勝も現地で見届けたと主張したくなるほどだった。

レースはフィンランド時間の21時10分にスタートし、キミが最初にチェッカーフラッグを受けた22時45分に終了した。私は自宅で完全に見惚れていた。そして上位３名のドライバーのインタビューを聞いた後に『トゥルン・サノマット』紙と『ヘルシンギン・サノマット』紙のために記事を書き始めた。

その時、携帯電話が鳴った。一瞬、編集部から記事を催促されているのではないかと恐れたが、電話をしてきたのは古くからの友人であるピーター・ウインザーだった。彼もキミのまさかの勝利に興奮しているように感じられた。そして彼は現地にいるから、ちょうど始まった記者会見でキミに何か質問したいことがないか私に尋ねてきたのだ。

慌ただしさの中で、私はピーターにキミの優勝を現地で見なかったのはこれが初めてだと言った。そして突然私の頭によぎった質問は、１１３戦ぶりに国歌『我等の地』を聴くのは、どのような気分かというものだった。それをキミに質問してもらうようピーターに頼んだ。

残念なことは、慌てていたのかピーターは私の質問を少し誤って理解してしまい、キミに私が記者として１１３戦ぶりに現場で取材しなかったと質問を始めた。その質問にキミは「それはベストタイミングだね」と、あっさり切り返した。

いずれにせよ大事なことは、会見場と直接繋がることだった。その時間帯にＭＴＶ３は報道陣向けの記者会見を放送していた。ピーター・ウインザーが自己紹介して、私が頼んだ質問をキミにしているのを自宅で見ていると不思議な感覚になった。

　本物の英語のように聞こえたが、フィンランド語になっていないと感動が薄れてしまう。「キミ、ヘイキ・クルタの代わりに私が質問します。先ほど彼と話しました。そして彼は興奮のあまり何も言うことができませんでした。彼は、フィンランド国歌を聴いてあなたがどのように感じたか質問するように私に頼みました」

　それから、その場に相応しいキミの返答が続いた。

「もちろん僕は勝ちたかった。しかし、勝てるのか確証が持てなかった。これ以前にも勝利目前でトラブルに見舞われてうまくいかなかったことがあったからだ。残り5周の時点ですべてが順調だったし、タイヤも問題がないことを僕は知った。後続が近くまで迫っていたけれど、いずれにせよ追いかけるのは容易ではない。もちろんフィンランド国歌『我等の地』を勝利した後に聴くのは格別な気分だ。どのレースでも、それが聴けるに越したことはない。僕たちはみんな勝利を望んでいた。すでに言っているように、この勝利を手に入れることができて幸せだ。今日は素晴らしい日になった。僕たちは、このレースで多くの懐疑論者たちが間違っていたと証明した。だからと言って僕は何も変わることはない。それは単なる数字だ。そして人生は続く」

　10月21日はフィンランドではウルスラの名前の日だ。キミにとって、それはある種の幸運の日だった。ちょうど11年前の２００７年にも、彼は同じ日にブラジルのレースで優勝を飾った。

　前回キミが優勝した２０１３年３月から２０１８年10月まで、２０４８日が経過していた。その間に、２０１７年のマレーシアではレース前にリタイアしてしまったが、キミは１１４回出走している。リカルド・パトレーゼが優勝から次の優勝までの間隔が２４０２日で一番長い、つまり一番苦しんだドライバーであることは未だに変わらなかった。しかし未勝利のレース数において、キミは彼を超えている。パトレーゼは１９８３年から１９９０年の間、98戦連続で未勝利だった。

初勝利から最後の勝利の間隔が5691日と最長期間であるのと、フェラーリでの2勝の間隔も3339日（2009年ベルギーから2018年アメリカまで）と最長であり、いずれもライコネンの記録として名が刻まれた。

1年前の2017年モナコで、キミはポールポジションの間隔でも最長記録を作った。それは3262日にも及び、その間に合計129回もの予選が必要だった。

統計のことをキミはオースティンでこのように話した。

「もちろん再び優勝できたことは嬉しい。でも、僕は数字のことは気にしていない。統計に注目する人がいるかもしれないが、僕にとって何も意味がない」

2位になる度に何年間も自分が求めていた結果ではなかったとキミは繰り返し言い続けてきた。この優勝が、ようやく彼の欲求を完全に満たしてくれた。

「このレースではすべてがシンプルだった。僕はいつも自分を信じてきたし、スピードは今でも劣っていないことがわかった。僕は自分に嘘をつかない。スピードが十分ではないと感じたら、このレースを走っていなかったと思う」とライコネンは力強く答えた。

4日前の水曜日、スイスから大西洋を超えてアメリカ合衆国へ飛ぶ前にキミは39歳の誕生日を祝った。オースティンで優勝した時点で、過去50年間でフェラーリで2番目に年長のドライバーになった。最年長記録は1982年にマリオ・アンドレッティが42歳で達成している。

2018年のF1界はハミルトンとベッテルの手に汗握るタイトル争いに注目していた。しかし予期せぬ形でフェラーリでの149戦目に出走したキミが優勝を果たした。

キミのアメリカでの初優勝は、フェラーリにとってF1史上235回目の優勝となった。オースティンのサーキット・オブ・ジ・アメリカズは、キミが優勝を果たした15番目のサーキットだった。

ライコネンはフェラーリで101回の週末を未勝利で終えた。直近のフェラーリでの優勝は2009年ベルギーだった。

「レースで優勝することは、もちろん嬉しい。僕たちが、まだ勝つことができるとみんなに示せて良かった。そのために僕はここにいる。つまり、勝利とタイトルに挑戦するために」とキミは答えた。

「レースは緊張する。それは僕たちドライバーだけではなく、レースを見ている人たちも同じだ。安定した週末で、僕は自信に満ちあふれた気分で、特にレースを楽しむことができた。ここ最近チームは厳しい週末を過ごしてきた。良いレースだったし、今でも速いレースを見せることができて気分はいいよ。この週末は期待したマシンに仕上がっていた」

ポーランド人の記者仲間であるミコワイ・ソコルと私は様々な統計上の記録を交換し合っている。およそ2年前、彼はF1の表彰式で、いつもドイツかオーストリアの国歌が流れていることに気がついているかと言ってきた。1年後にソコルは、この伝統を途切れさせる最後の望みはフェラーリでのキミの勝利だと言った。

これがオースティンで現実になった。前回2013年のスペインでのレースの後にドイツまたはオーストリアの国歌が途絶えたのは、フェルナンド・アロンソがフェラーリで勝利した時だった（注：メルセデスまたはベッテルの勝利でドイツ国歌、レッドブルの勝利でオーストリア国歌が流れていた）。この間110戦が行われ、5年5ヶ月9日を要した。

135 — 子どもたちと妻へ捧げる勝利

オースティンでの優勝でキミはようやく勝者として、そして家族の父親として胸を張って凱旋することができた。その時ロビンは3歳9ヶ月で、リアンナは1歳5ヶ月だった。

「子どもたちはレースの途中で居眠りしていたようだけど、妻と子どもたちはとても喜んでいる。家族が喜んでくれて嬉しい」

2017年にモナコとハンガリーで優勝寸前のところまで来ていた。オースティンではベッテルが最初の周回でトップ争いから脱落し、フィンランド人のチームメイトは完全に自分だけのレースに集中することができた。

子どもたちの喜びとなったこの勝利は、フェラーリ最後の世界チャンピオンに、これまでに経験したことのない気分を確実に味わわせてくれた。

「このような形で眠りから覚めると気分がいい。息子は、もう多くのことを理解している。僕が家に帰ったら息子にたくさんのことを聞かれるはずだ」と、キミはテレビのインタビューで満足げに語った。

ようやく家族がずっと望んでいたピレリのポディウムキャップを自宅に持ち帰ることができる。それがキミには感慨深かった。

「ポディウムキャップはミントゥに渡す。メキシコでのレースが終わったら持っていくよ」とキミは説明してくれた。

フェラーリからザウバーに移籍するキミのことが話題になった時に、彼は再び赤いマシンで勝利をすることができるだろうかといった大きなプレッシャーに晒されてはいないと明言した。

「他の人たちにとって大きな話だったかもしれないが、僕にとってそんなに大したことじゃないよ。僕の人生を変えるものではない。でも、素直に嬉しい。僕のことを間違って評価していた人たちに、実力を証明できたことだけで愉快だ」

キミにとってこの勝利が何を意味しているのか彼のすべてから見てとれたが、勝利に酔いしれてはいなかった。

「少なくとも2位よりも幸せだ」

フィンランド人のベテランと契約を延長しなかった契約決定権者が後悔するのではないかと傍目で感じるぐらい圧倒的な強さをレースで見せつけた。しかし、当の本人は、フェラーリを去ることに関しては気にしていないと主張した。

「僕は、それを大きなことだとは思っていない。フェラーリで、いくつも勝利して、世界チャンピオンにもなった。今まで何も獲得していなければ、おそらく違う雰囲気だったと思う。とは言え、もう一度タイトルを獲得したとしても、それは僕の人生を変えない。単純だが、真実だ。このレースを勝てたのは嬉しいことだし、最高の結果を残してフェラーリから去ることができる」

ライコネンは、前の勝利と今回の勝利の間に記録的な回数、つまり30回も表彰台に上がっていた。シャンパンファイトは、勝者には何より美味しく感じただろうか。

「そんなに違うようには感じなかったよ。2位でも3位でも同じようなものだ。いつも週末はベストを尽くしにやってくる。もし失敗すればタイトル争いに参加でき

ない。今日は良い日だった。ずっと自信に満ちあふれて運転できたし、マシンも本来の姿を取り戻してくれた」

136 — 夢心地のサポーター

アメリカGPで勝利したキミの仕草を見れば、明らかなことがある。39歳のフィンランド人は、待ち望んでいた優勝の扉を自らの手でこじ開けたのだ。

「長く続いたハンティングが終わって表彰台の真ん中に戻ってくることができた。どれだけキミが幸せなのか、彼の仕草を見ればわかるよ」とスティーブ・ロバートソンは電話で伝えてくれた。

ロバートソン、フィジカルトレーナーのマーク・アーナル、マネージャーであるサミ・ヴィサなど献身的なキミのサポーターたちは、この素晴らしい勝利の後に皆一様に幸せを分かち合った。この優勝でキミは最多優勝回数を誇るフィンランド人F1ドライバーになった。

「本当に素晴らしいことだ。キミはフィンランド人で優勝回数が最も多いドライバーになった。優勝に花を添えたようなものだ。キミ自身は喜びを口にしようとしないが、我々のような近しい仲間とともに記録を更新したことを間違いなく誇りに思っているよ」とロバートソンは話した。

英国人マネージャーにとって、特にライコネンがハイレベルで強い走りを維持していること、そして今でも心底レースを楽しんでいることが何より嬉しかった。

「長く勝てなかった期間も私はキミが再び優勝することを疑っていなかった。満足のいく装備に恵まれなかったり、その他の理由で勝利から見放された時もあった。それでも今シーズンこそ彼が勝利するという気持ちが高まるばかりだった。キミはそう思わせるぐらいの走りをしていたし、この勝利の前に何度も表彰台に上がっている」とロバートソンは勝利への道筋を見ていた。

２０１５年からサミ・ヴィサは、キミの事務的なアシスタントをしている。彼らは、それ以前から友人関係にあったが、オースティンでの勝利はヴィサがキミのマネージャーを務めて、初めて味わった勝利となった。

「自宅のソファに座ってレースを観戦していたよ。本当に素晴らしい夜だった。キミが実力に値する結果を出すことができた。幸せと喜びで一晩中泣いてしまって眠れなかったよ。それには困ったが、キミがとんでもない仕事を成し遂げたのを見て、キミに近しい人たちは間違いなく、みんな幸せだ」

トレーナーのマーク・アーナルは、夢のようなオースティンの週末をどのように経験したのだろうか。

「あのレースは全く夢のような話だった。下馬評ではキミが勝てる可能性は低かった。この優勝は偶然ではない。しかし状況が変わり、可能性が出てきた。この優勝は偶然ではない。ここ最近、優勝間近のレースをしていたからね。モンツァで優勝していてもおかしくなかったが、そこでは最後にちょっと問題が発生してしまった。振り返ってみれば、キミが無理なく勝利に近づいたのは2017年のハンガリーか、または最前列で最速のマシンだったマレーシアだと思う」

アーナルにとって、この勝利は特別なものの一つとして心に刻まれた。

「もちろんキミが勝利する度に、喜びと感動は計り知れないものがある。前回の優勝からかなり時が経っていて、この間にも優勝する可能性が何度かあった。日曜日もゴールが近づくにつれて、今回も最後に何かトラブルに見舞われるのではないかと怖くて仕方なかったよ。キミと長く一緒に仕事をしていて、どれだけ汗水流して仕事をしてきたのか私は知っている。それだけ頑張って挑戦し続けていたが、万年2位止まりだった。ようやく勝利を掴み取ることができたのだから、私たち双方にとって格別なものになったことは間違いない」

アメリカで公式記者会見を終えると、キミは続いて行われるメキシコGPに備えた。まだオースティンでの勝利の笑みも残っていたが、メキシコのレースを機に彼は再び日常の仕事に戻った。

キミにとって良かったのは自宅へ長電話をし、その後友人たちと祝勝会を開いたことだった。

「レース後に家族と電話で話すことができて、家族はとても喜んでいた。それと何人かの友人たちと祝勝会をしたが、この年齢になると宴会は厳しかった。最初は楽しく祝っていたが、長い時間は楽しく過ごせなくなった。パーティは数人の友人と祝っただけだから早めにお開きにして、月曜日にはモトクロスで走っていたよ」

フェラーリの広報紙は月曜日に「Grazie Kimi（あり

がとう、キミ)」と見出しをつけて、文字通り手短に、キミの勝利に感謝した。

私にも仕事が舞い込んできた。F1の公式ページの「ホットトピック」に載せる記事を依頼されたのだ。そこで私はキミの勝利がフィンランド人に与えた影響を短い記事で伝えることにした。

「キミの勝利はフィンランドで大きな話題となった。本格的な冬の到来を前に寒さが厳しさを増すフィンランドにあって、このような予期せぬ幸せな瞬間が私たちフィンランド人の心を暖めてくれている。キミの勝利は夜中に舞い込んだけれどもトップニュースで扱われ、この話題を批判的に受け止めるメディアは一つもなかった。そして1週間経ってもまだその話題で持ち切りだ。キミが優勝するまで5年半もの間が開いてしまったが、99%のフィンランド人がもう一度勝利することを心の中で望んでいたと私は思っている。その勝利が適切な時期に訪れ、月曜日から始まるストライキ期間を耐え抜く活力をフィンランド人に与えている」

メキシコでキミは、盛りだくさんの勝利の祝いと、政治家を含めてフィンランドから届く大量の祝福のメッセージにどのように対応するのか記者に質問された。

「僕はまだニュースを見ていないし、誰が祝福しているのかも知らない。しかし、人々が喜んでくれているなら嬉しいよ。肝心なことは、自分が良いと感じることをすることだ。好きな人もいれば、そうじゃない人もいる。僕にとってはどちらでも構わない。もちろんフィンランド人が喜ぶのは素晴らしいことだ。僕は母国からあまり応援を得ているとは思っていないが、応援されているのならば僕は喜んで受け入れるよ」

「誰かが僕を祝福してくれていても、正確には知らないんだ。僕の電話番号を知っている人はあまりいないから祝福の言葉も届かない。それにネットもほとんど読まないからね。でも、送られてきたすべてのメッセージを喜んで受け取るつもりだ」

オースティンでカーロ・サンティは、F1でキミ・ライコネンと優勝を祝った4人目のレースエンジニアとなった。フェラーリはコンストラクターズ勝者のトロフィーを表彰台で受け取る役目を彼に任せ、一生思い出に残る演出をした。

サンティは以前ライコネンのデータエンジニアを務めていた。一方、マシンに関する責任は公式にデイブ・グリーンウッドが担っていた。

グリーンウッドは3年間フィンランド人ドライバーにとって気の合う仕事仲間だった。彼は心からの祝福を、キミとサンティとアーナルへ送った。

137 ― 二度目の別れ

２０１８年11月下旬、私は名残惜しい気持ちでアブダビの砂漠に上陸した。キミの8年間に及ぶフェラーリでの活動が最後の瞬間を迎えるからだ。私はキミがマラネロから去ることで過去を総括する時が来たと感じた。

水曜日の夜にはホテルでキミの送別会が、しみじみと行われた。フェラーリのレーシングチームがフィンランドのベテランドライバーにサプライズパーティを用意してくれたのだ。チーム全員が「We Love Kimi」と印字されたTシャツを着ていた。この粋な計らいにフィンランド人スターは感極まって涙するところだった。

メカニックとエンジニアたちは、記念に撮った集合写真にキミのサインを我も我もと笑顔でねだっていた。

木曜日にFIAの記者会見でセバスチャン・ベッテルは4年間チームメイトとして走ったライコネンがチームを去るのは寂しいと直接キミに伝えた。もちろん今回もこのドイツ人から冗談が絶えることはなかった。

ベッテルはキミのことで何が寂しくなりますか。

「静けさだ」と彼は答えた。

キミは横から、チームメイトは恐らくミーティングが短くなると言いたかったと詳しく説明を加えた。

「まさにそれだ」とベッテルは笑い出した。

たとえ違うチームで走っていてもベッテルとの友情は今後も消えることはないとキミは力強く答えた。

「哀愁に浸っている理由は何もない。僕はフェラーリから去るけれど、サーキットを去るわけではない。これからもレースをする。肝心なことは、僕たちが友人であり続けることだ。チームから去ることは、僕たちが今後一切会話をしないということではないよ」と、キミはフェラーリのクルーに対する自身の気持ちを伝えた。

赤いマシンでの最後のレースは何を意味しますか。

「僕がザウバーに移って、来年は赤いマシンで走らないということだ」とキミは冗談混じりに答えた。

私は、フェラーリのドライバーとしてキミに行う最後のインタビューの機会を伺っていた。ところが千夜一夜物語の雰囲気が漂うヤス・マリーナのパドックでのインタビューは、くじ引きのようになってしまった。最後のレースが近づくにつれてキミには特別なプロモーション活動がいくつも組まれてしまったからだ。私が木曜日に予約していたインタビューもできない状態だった。最終的にドライバーのスケジュールを管理しているステファニア・ボッチにどうにか日程を調整してインタビューできないかと頼み込まなければならなかった。

金曜日の夜、その瞬間が訪れた。伝統的に行われているドライバーたちのミーティング後に、キミがインタビューをするなら今だと合図した。私たちはフェラーリのブースに向かい、キミは私にコーヒーを手配して「さあやろう!」と言った。

フェラーリのマシンで2007年の世界チャンピオンを獲得した最終戦から、チームとの確執のようなものはなかった。

「僕は哀愁みたいなものを一切感じていない。なぜ別れを惜しむ必要があるのかわからない。現役を引退しようとしているわけではないし、フェラーリとも良好な関係を維持している。それにマラネロから去るのはこれが初めてではない」

「実際これまでにチームをいくつか変えている。ザウバー、マクラーレン、フェラーリ、ロータスからも去った。そして今回フェラーリに二度目の別れを告げる。今までチームを去って悲しいと感じたことはなかった。今の気持ちは、ザウバーでこれからも現役を続けることができて本当に幸せだってことさ」

「僕がこの仕事を完全にやめたら、燃え尽きた気持ちになると思う。先のことは知らないし、それ以上先のことは全然深く考えていないよ。その時になったら、わかることだ」

キミはザウバーの本拠地であるヒンウィルに復帰できることに胸を高鳴らせている。

「チームに復帰する計画は、ここ数年ベアト・ツェンダーと話し合っていた。今ピースがすべて埋まってザウバーに復帰することになった。これまでも僕たちは一緒に楽しい時を過ごせてきたと感じているし、ザウバーにはマシンを作り上げるための設備がすべて揃っているから、これから好成績を狙って戦うことができる」

特にキミはチーム代表であるフレデリック・バスールと技術責任者であるシモーネ・レスタを絶賛した。

「バスールと打ち合わせをする機会があった。彼は本当にレースのために生まれてきたような人だ。それはチームにとって利益にしかならない。レスタとはフェラーリの時から知り合いだ。彼は信じられないぐらい有能な人で、僕がこの移籍を決めた最大の理由の一つだ。彼は僕たちのマシンを作り、それは戦えるマシンだった。再びレスタがフェラーリのエンジンでマシンを仕立ててくれることに期待が高まるよ」

キミは今でもレースを楽しんでいるが、フェラーリのように勝つことが当然という最大限のプレッシャーを受けることがなくなった。ザウバーで心置きなく走ることができて、これまで以上にキミが楽しんでいるように、私には感じられた。

「僕は今の人生に満足している。変えたいと思うことは何一つない」

キミはインタビューで心情を吐露することもあったが、そういう時は私に記事にしないよう忠告していた。もちろんフェラーリで過ごした数年間に歯がゆい思いもしたし、チーム内には彼からしてみれば「くそくらえ」と思うようなタイプが数人いたことは明らかだった。とりわけ嘘をつく人をキミは嫌ったし、数人の策略家が断罪されるべきだと思うこともあった。

ここ数年で特に彼を失望させたのは、マラネロで有能な人材をやめさせるような動きがあったことだ。正確に言えばデザイン部門の責任者アルド・コスタを解任したことは、一連の騒動の中で最大の誤りだった。

キミは、わだかまりなくアルファロメオ（ザウバー）へ行こうとしていた。彼はヒンウィルでマシン開発の面で何ができるのか把握しており、さらにかつてないほどチームには強い士気がある。それらが相乗効果をもたらすとキミは信じていたのだ。

ライコネンはマウリツィオ・アリバベーネをチーム代表として高く評価していた。フレデリック・バスールのことは全然知らなかったけれど、チームの雰囲気からアリバベーネと同じような匂いをバスールにも感じていた。

キミはチームを去る最終戦は、いつもリタイアしている。ザウバー時代の２００１年日本ＧＰ、フェラーリ時代の２００９年アブダビＧＰ、ロータス時代の２０１３年アブダビＧＰもそうだった。奇しくもフェラーリとの二度目のお別れとなった２０１８年アブダビＧＰも、そうなってしまった。

138 — サンクトペテルブルクからの招待

２０１８年11月、キミ・ライコネンはシーズンで４度リタイアしたもののフェラーリのドライバーとして３度目のＦ１世界選手権の表彰を受けた。ドライバーズ選手権３位は、サンクトペテルブルクで行われる授賞式に出席しなければならないことを意味した。

「フィンランドから近いから、電車でも行くことができる」とキミは、その状況について軽いローカルジョークで答えた。

キミのリタイアのうちドライバー自身のミスによるものは一つもなかった。最後のリタイアは、電気系統のトラブルによるものだ。

「レースを見ていて、僕からすれば他のドライバーたちが不甲斐ない走りをしたと思う。彼らはポイントで僕を追い抜けたはずだ。３位を逃したとしても、僕の心が痛むことはなかったと思う。とは言え、３位は何もないよりはましだ」とキミはドライバー選手権で３位となったシーズンを総括した。

二人のフィンランド人ドライバーが同時にＦ１のトップチームのマシンで走る時代が幕を閉じた。このシーズン、ボッタスとライコネンはチームメイトをアシストする側に回っていた。ハミルトンは２年連続でベッテルを打ち負かした。２０１７年はボッタスが３位になり、２０１８年はキミがキャリアで６度目の個人総合でトップ３に入り、メダルを獲得した。メルセデスとフェラーリのドライバーとして両者は41戦で４勝しかできず、かなり期待外れだった。

夫のフェラーリでの最終戦を観戦したミントゥ・ライコネンをスターティンググリッドで目にした時に、私は物語のような一つの時代に終焉が訪れたことを実感した。

「何も悲観的な話ではないわ。これがキミの最後のＦ１レースじゃないし、彼はこれからもレースに参加するから」とライコネン夫人は答えた。

レース後、夫婦は夜にデュ・アリーナで行われるガンズ・アンド・ローゼズのコンサートの特等席を押さえていた。

「リタイアはチームに残せる最高の置き土産ではないが、これればかりはどうしようもない。このレースは絶対完走したかったけれど、今回はトラブルでマシンが動かなくなってしまった」とキミは残念そうに答えた。

ライコネン夫妻はコンサートを楽しみにしていた。「ガンズ・アンド・ローゼズは若い時に僕が好きなバンドだった。僕が友人から最初に買ったカセットテープが、まさに彼らの曲だった」

バンドの中心メンバーであるアクセル・ローズはキミの知人の一人だ。

コンサートはどうだったか、私はキミに質問した。

「普通だよ」とキミは短く答えた。

キミはマラネロでのラストシーズンで12回表彰台に上がった。彼はメカニックたちに別れを告げに訪れた。メカニックたちはキミを割れんばかりの歓声で迎えた。

「誰もが最終戦でもっと良い結果を望んでいたが、全般的に良いシーズンだった。僕はフェラーリに入り、少し休止期間を設けてチームに復帰した。この間とても楽しかったし、興味深い経験をさせてもらった。僕たちは違うチームになるけれど、今後もお互いをサーキットで見かけることになる」

元ドライバーでトップドライバーたちのマネージャーを長く務めているスティーブ・ロバートソンは、キミのフェラーリでの最終戦も彼の足跡を追いかけていた。決勝前にロバートソンと私は、あと1回だけ表彰台に立ってもらいたいと希望を抱いていたが、私たちの望みは叶わなかった。

「何はともあれフェラーリでの後半戦の走り、そして個人総合3位でシーズンを終えたことは驚異的なパフォーマンスだったと思う。キミ、彼の家族や近しい仲間もそうだろうが私は非常に満足している」

キミは伝説的なチームの最後の世界チャンピオン（2007年）であり、チームで最後にポールポジションと勝利を獲得したドライバー（2018年）としてフェラーリを去った。

「そのような統計を見ると特に満足感に浸ることができる。キミがフェラーリに残した忘れ形見の記録だ」とロバートソンはキミの活躍を称賛した。

ライコネンはフェラーリで合計151戦出走し、そのうち10勝して合計52回表彰台に上がった。予選でキミは7回ポールポジションを獲得し、23回ファステストラップを叩き出した。合計1080ポイントを集めた。

個人総合で自身6度目のトップ3に入ったキミは、2018年12月7日にサンクトペテルブルクで行われたFIA表彰式に足を運んだ。キミは自分のトロフィーを受け取るため、個人総合2位となったチームメイトのベッテルと一緒にメインステージに登壇した。この表彰式でキミは羽目を外して酔っ払ってしまい、メディアに大きく取り上げられた。

139 ― フェラーリ時代の歴史

キミは8シーズンをマラネロで過ごした。その日々はフェラーリのマシンで27回目のリタイアで幕を閉じた。

私はキミがフェラーリに在籍したシーズンを振り返ってみることにした。2007年のデビューシーズンに、キミは最高の結果を残した。赤いマシンでレースを支配してポール・トゥ・ウィンという最高の形で開幕を飾った。

「もちろんタイトルを獲得したシーズンが、フェラーリに在籍した年月で一番の思い出として残っている。初戦ですぐにシーズンをリードして、最終戦でタイトルを獲得した。それで十分だった。ようやくブラジルでの最終戦でトップに立ったけれど、実はそんなに差はなかった」とキミは満足げに当時を振り返った。

「そのシーズン前半は、本当は思っているほど良いシーズンではなかった。テストでマシンの手応えを掴めていなかったし、バルセロナのレースで冷却装置が壊れてリタイアした。その次のレースでも何か他のトラブルに見舞われた。問題が解消されるまでかなり時間がかかってしまった。終盤にようやく最高のマシンに仕上がった」

2008年はキミにとってナンバー「1」で走った唯一のシーズンとなった。

「本当に2008年シーズン序盤は上手くいった。トルコの後にタイトル争いをリードした。しかし、そこから下り坂になった。その時に僕のモチベーションを疑問視する、ありもしない噂が流れ始めた。どうしてなのかわからないけれど、マシンの性能を引き出すことができなくなっていた。マシンの何かが変わっていて僕にはどうすることもできなかった。不安定な動きを繰り返して、本来あるべきマシンでは全くなくなっていた。それがなければ僕がレースで優勝していたと思う。シーズン中盤になるとマシンが突き上げるような動きをし始めた。僕が2位でゴールしてさえいれば、ベルギーでは結果的に優勝していたはずなのに」

2009年は惨憺たるシーズンとなった。屈辱的な状況でフェラーリを辛うじて救ったのは、キミがベルギーで獲得した唯一の勝利だった。しかし努力の甲斐もなく翌シーズンまであった契約まで解消されてしまった。

「その時は本当に、くそマシンだった。２００９年シーズンはダブルディフューザー騒動もあった。それでもシーズン序盤からマシンが少し良くなって結果も残せた。何はともあれ酷いマシンだったことには変わりないが、幸いにも僕たちが使ったＫＥＲＳ（運動エネルギー回生システム）が、僕のキャリアでベストレースとなったスパで助けになってくれた」

２０１４年シーズンに向けてフェラーリは、ライコネンと二度目となる契約を交わした。当時ルカ・ディ・モンテゼモロはフィンランド人が加わることを正当化するために、キミは明らかに獲得できる中で最高のドライバーであると称賛した。

「２０１４年シーズンの僕たちのマシンは5年前に僕が乗っていたマシンよりさらに酷かった。レギュレーションが劇的に変わり、メルセデスは彼らのエンジンで他のマシンを一切寄せつけなかった。それは僕のレース人生で最悪なシーズンとなった。エンジニアも本来あるべき姿ではなかった」

２０１５年にキミは表彰台に返り咲いた。チームメイトがフェルナンド・アロンソからセバスチャン・ベッテルに変わり、レースエンジニアとしてデイブ・グリーンウッドが就いた。

「グリーンウッドはマーク・スレードの兄弟分みたいだった。彼ら二人とも僕のレース人生で最高のレースエンジニアだ。ベッテルとの関係も最初から良好だった。僕たちは少しずつマシンを良いものにすることができた。そしてマシンが前よりも速く走り始めた」

２０１６年で思い出に残っているのは、予選でベッテルに対して11対10となったことだ。

「その時、予選で上手く走れた。予選でベッテルを何度も上回ったし、予選の二人の対決では僕が勝った。僕たちは良い方向へ向かっていた」

２０１７年にキミはモナコの予選でベッテルのタイムを上回り9年ぶりにポールポジションを獲得した。しかし決勝で、キミはモナコでもハンガリーでも優勝することができなかった。マシントラブルに見舞われたチームメイトの首位の座を守ることが優先事項となったからだ。

「ポールポジションは、その前から何回か近いところまで行っていた」

２０１８年シーズンはモンツァでのポールポジション、オースティンでの優勝、そして個人総合3位に輝いた。

「シーズン序盤にリタイアが続いてタイトル争いに影響した。４つのリタイアはすべて原因が違っていたが、それがなければ少なくとも毎回表彰台に上がれていたと思う。僕たちは最善を尽くした。それが、この結果だ。総合3位は何もないよりはましだ」とキミは総括した。

140 ― アルファロメオの時代

2019年にザウバーは、チーム名をアルファロメオに変更した。ザウバー時代の名残としてマシンの名称C38と技術部門の名称ザウバー・エンジニアリングは踏襲された。マシンの「C」の文字はペーター・ザウバーの妻クリスティーヌの頭文字が由来となっている。そしてすべてのザウバーのマシンは初代から「C」の名称が用いられている。

アルファロメオになり新たな趣向として、イタリアの自動車メーカーの2車種、ステルヴィオとジュリアの販売戦略があった。キミのマシンとレーシングスーツにはステルヴィオのロゴが、チームメイトのアントニオ・ジョヴィナッツィにはジュリアのロゴが付けられた。

キミの新しいレースエンジニアにはジュリアン・サイモン＝ショータンが就いた。二人はロータスの頃からの知り合いだった。キミはカーロ・サンティをアルファロメオに連れてきたかったが、彼はフェラーリに残った。

ともあれフレデリック・バスール率いるアルファロメオは、とても開放的なチームだった。新しい広報担当のトーマス・ホフマンはキミの加入によって前向きな考え方がチームに浸透することを期待した。

「キミはとても開放的になり、明らかにチームのプロジェクトに興奮している。彼はファクトリーから僅か30分ほどのところに住んでいて、ここを訪れる時に息子を連れてきた。そのようなことがリラックスした家庭的な雰囲気を作り出してくれる」と私の古くからの友人であるホフマンは称賛した。

2019年のマシンは、最低重量740kgに制限されて以前より7kgほど重量を増やすことができた。レギュレーションの変更で、シートとヘルメットを含めて80kgになるようにドライバーの体重で調整することになった。

ドライバーたちはルール変更を楽しんでいるように感じた。この変更は、以前の制限がもたらした減量に頼る必要なく、どのドライバーも最適な体重で活動できることを意味した。ルイス・ハミルトンをはじめとして、ドライバーたちは好きなものを食べることができると言って好意的に新ルールを受け入れた。

しかし、フィジカルトレーナーのマーク・アーナルは、ピットで腹が目立つドライバーを一人も見たことがないと気づいた。

「最終的に彼らは全員トップアスリートで、以前と変わらず激しいトレーニングをしている。これからはルール変更で以前とは違うトレーニングをすることができる。チームごとに違うが、どのチームも自分のチームのドライバーに理想の体重を設定している」

重量の規定が変わり、各チームは正確にマシンの重量を計測した。そしてフィジカルトレーナーに、どのようなコンディションで各ドライバーがマシンに乗ることになるかと情報が伝えられた。

「キミが何kgまで体重を増やせるか伝えられた。実際ここ最近彼は僅かに要求された体重を下回っている。例えば筋肉のどこか特定の部位を発達させたいならば、それはマシンの重量設定に変動の余地と同時に柔軟性を与える。筋力を育てると比例して体重が増えるからね。筋肉組織を強化することはアスリートの肉体がダメージを受けることを防ぐ」

キミは肉体的な困難を何も抱えていないとアーナルは太鼓判を押した。彼は、かつてないくらい健康だ。身体は正常で栄養豊富な食事で体力も適正に回復している。何か問題があっても許容範囲内にある。

「実は私たちは昨シーズンとトレーニングを何も変更していない。キミは非常に良いコンディションだ。体重も増えず、昨シーズンと全く同じだ」

「基本的にキミは好きなものを食べることができると思う。レースの週末でも以前のように同じ路線で進めている。それが最適だと長い経験を通じて学んだからだ。レース週末の慣れ親しんだ食事も変えようとは思わない。食事制限が緩和されたとしても、食事量を増やすことはしない。だからと言って私たちが何から何まで厳密である必要もないし、トレーニングを妥協しなければならないこともない」とアーナルは教えてくれた。

新しいレギュレーションは怪我をしても、迅速に回復できるよう配慮されている。

「これまで回復する過程でプロテインの過剰摂取は好

ましくないとされていた。それは筋肉を育ててしまうからだ。しかしルール変更で体重の面では、ある程度柔軟に対応できるようになった。それは結果的に怪我の回復にも有益に働くことになる」

ペーター・ザウバーは、自分が創設したレーシングチームのブースでテスト初日を過ごした。キミが担当した新しいC38マシンでの初テストが予定通りに順調に進むとチームのクルーと同じように興奮を隠しきれなかった。

バルセロナのテストの際に、この年最初のインタビューをするために私はキミとテーブルを囲んだ。キミは落ち着き払っていた。

テストの中休みをのんびりと過ごしたキミは、快適さを求めてザウバーのオファーを受けたということは微塵もないとはっきり答えた。むしろF1で驚くほど完成度の高いチームにして、アルファロメオを中盤グループに押し上げるために汗を流す覚悟だと力強く話してくれた。

キミは、自宅とヒンウィルのファクトリーが近距離にあることと、ザウバーに移籍したことは何ら関係がないと強調した。

「自宅がファクトリーに近いことが契約の決定的な要因だと思っている人たちがいるけど、真実はそうじゃない。たとえファクトリーが地球の裏側にあっても、僕にとっては同じことさ。もちろん移動距離が短いに越したことはない。しかし、なぜザウバーで走りたいのか、なぜ僕が契約を交わしたのかは本当に全く違う理由だ」

4歳となった息子のロビンを職場に連れて行くことができるようになってキミは喜んでいた。

「短時間の作業をする時は、息子を連れて行くこともあるよ。車で30分で行くことができると楽だ。息子は喜んでついてくる。ただしファクトリーで知らない人に慣れるまでに30分以上かかるけどね」

久しぶりにライコネンはフィンランドのスポンサー名をレーシングスーツの袖につけている。2007年の世界チャンピオンは、フィンランドのオウルに本拠地を置く鍵や錠前のメーカーであるiLOQとスポンサー契約を結んだ。

「以前にもフィンランドのメーカーとスポンサー契約をしていた。同じ関心を持つ企業とスポンサー契約ができきるのは本当に良いことだ。いろいろオファーは寄せられているけれど、残念ながら多くは厄介なものばかりだ。スポーツ選手が衣装を着てスポンサー企業の商品の脇に立って宣伝するのを期待されるのはまっぴらだ。80年代に戻った感じがする。そのようなものは全く魅力的ではなくて、僕は望まない」とキミは事情を説明してくれた。

141 — 愛すべき趣味

フェラーリのようなビッグチームに慣れてしまうと、ザウバーのマシンでモチベーションを保ち続けることができるのだろうかと私はかなり考え込んだ。

フェラーリ時代は予選でポールポジションや決勝で優勝を争っていた。フェラーリにとって最前列に2台のマシンを並べることが当たり前なように、新しい環境では予選Q3に残ることですら難しいのが当たり前になる。上位3チームのすべてのマシンが完走すると仮定して、アルファロメオが7位に入ることは、フェラーリが優勝することに等しかった。

アルファロメオでのデビューシーズン、キミは予選で8回トップ10に入ることができた。そして、21戦で9回ポイントを獲得する健闘を見せた。

最高成績は、ドイツでの5番グリッドとブラジルGPの4位だった。残り8回中7回は7位から10位までに入りポイントを獲得した。一方でF1のデビューシーズンにザウバーでキミは4度6位入賞を果たしている。

ザウバーで上位を狙うことができないとなれば、少なくとも勝利に闘志を燃やすことはできないことになる。キミ本人が冗談でプロフェッショナルから趣味でF1を走るために移籍したと言ったのは、あながち本当のことだったかもしれないと思えてしまった。

久しぶりにキミは、見習いに本物の走りを見せることになった。アントニオ・ジョヴィナッツィが、フェラーリの首脳陣にアルファロメオのドライバーとして自分を売り込もうとしていたからだ。

「僕は自分のスタイルで走るが、キミがどうやって走っているのかを見て、彼と同じ方向性を求めるように努めた」とジョヴィナッツィはキミの走りが参考になっていることを認めた。

スイスに住んで20年が経つ頃、現地のテレビ局が、スイス人以上にスイス人になっていると感じているかと興味本位でキミに質問して回答を求めた。

「僕はまだフィンランド人だ。確かにスイスに住んで、そこを家と呼んでいる。おそらく少しはスイス人化しているかもしれない」とキミは無難に答えた。

「フィンランドでは年間で3週間しか過ごさない。どちらでも落ち着くことができているよ。僕たちの家はスイスにある。だから、僕たちは隔離されたような生活を送っている。つまりフィンランド人に会うことはない。そういえばスイスで写真をねだられることが以前よりも多くなったと感じる。それは僕が今スイスのチームで走っていることが原因だと思っている」

息子のロビンを初めてゴーカートのコースへ連れて行った時、いつになくキミが興奮気味だと私は感じた。ロビンは英語で教育する幼稚園に通っていて、父によるとフィンランド語よりも英語を上手に話すのだそうだ。

「20歳から語学を学び始めようとするよりは、当然幼い時に学んだ方が良い」とキミは自分の経験を引き合いに出して話した。

それから２０１９年8月の夏休みにベンボルのゴーカートコースで、ライコネン一家にとって最高の瞬間が訪れた。4歳のロビンが初めてゴーカートを運転した。父親として、どのように感じたのか。

「確かに込み上げるものがあったよ。でも正直、息子が上手に走ったのかどうかわからないんだ。僕は後を追いかけなかったからね。コースを走ったというよりは、向こうに走って行った感じだ。30周から40周を走ったと思う。それから何回かコースに通った。息子はゴーカートに平気で乗れると期待しているよ。すでに子ども用のモトクロスバイクとか四輪バギーを運転できているからね。僕が最初にゴーカートに乗ったのは7歳かそこらだったと思う」と、キミは休暇明けに状況を教えてくれた。

142 ― チーム代表にとって出来の良い息子

２０１9年夏、オーストリアで私は新たな世界へ飛び込んだ。アルファロメオのチーム代表と初の単独インタビューを手配したのだ。お世辞たらたらで褒め讃えようと準備していた。その様子が、これでもかと言うほどレコーダーに収められていた。インタビューを始めてすぐにチームの代表とファーストドライバーが互いを尊重していることがわかった。

アルファロメオのブースにあるバスールの個室に用意された小さなテーブルを囲んで私たちは腰を下ろした。バスールは、インタビューする前から私が何を聞き出したいのかを察していた。

「このスポーツに関連することすべてに明確な考えを持つドライバーが私のチームにいてくれて本当に満足している」とバスールはキミとのチームプレーに期待していた。

ザウバーに移籍を決断する際にバスールの存在が大きな要因だったとキミが語っていたと伝えると、彼はお茶目な表情を見せた。

「もしあなたが半年後にキミに質問したら、彼の考えは変わるだろうか」とバスールはフィンランド人のベテランとの良好な関係を試すかのように私に聞き返した。

1年前にバスールは若手のシャルル・ルクレールと一緒に仕事をした。かたや今はファーストドライバーとして最年長のスターと仕事をする。若き有望株からすべてを経験した世界チャンピオンにドライバーを交代することは、チーム代表にとってどのくらいの違いがあるのだろうか。

「正直に言うと、これまでドライバーの年齢を意識してこなかった。もちろん仕事の内容は異なる。キミは何をすべきか、すべて熟知している。週末ごとに異なる向き合い方を知っている。キミの後ろで見ている必要もない。なぜなら彼は何をすべきかを知っているからだ。私は彼に全幅の信頼を寄せている」

「ルクレールとは若干接し方が異なる。状況に応じてどう対応すべきなのか指摘してあげなければならない。

その点でのアドバンテージは、彼とはゴーカート時代から6年間一緒に仕事をしてきたことだった。ドライバーと気心が知れていると、何を感じているのか反応を読むのがより簡単だ。ともあれシャルルとキミは、どちらも毎回ベストを尽くしてレースに臨む。精神力の面で似たような毛並みのドライバーだ」

バスールとキミは新しい関係を構築していた。これまではチーム代表としてドライバーたちに指示を出してきたが、今は逆にキミから助言を聞くことができる。

「過去20年のキミのレース人生の大半はトップチームで走った経験に基づいていることを忘れてはならない。一度でも表彰台を争うチームで走ると、いつも後方から追いかけるような中盤のチームではドライバーは長続きしない。私たちにはトップチームのような装備がない。だから異なるアプローチが必要だ。キミは正しい方向性と、どうやってそれを成し遂げるのかを私たちに示すことができる」

私はバスールに感謝し、インタビューの出来に満足してその場を立ち去った。

Photo : Mario Luini

Kimi Räikkönen

キミは300戦出走の節目をアルファロメオで最初の年となった2019年に達成した。モナコで記念のケーキを味わう。ジーノ・ロサート、チーム代表のフレデリック・バスール、そしてチームマネージャーのベアト・ツェンダーがケーキをキミに手渡した

143 — 40代に向かって

キミの40代が近づいてきた。私はアルファロメオのブースでレースチームのマネージャーをしているベアト・ツェンダーと雑談した。彼によると、キミは少なくとも2020年はチームで走るだろうとのことだった。

キミはどのくらい長くF1レベルでレースを走ることができるのか、ツェンダーの意見を聞いてみた。

「それはキミ本人から聞かなければならない。私にはわからないが、彼がこんなに調子が良いと、F1でかなり長く走ることができると思っている。彼には来年の契約もある。なので少なくとも、その時はまだレースを走っている」とツェンダーは先を見ていた。

メルセデスでラストシーズンを走ったミハエル・シューマッハは、43歳で現役を引退した。

「それが基準になるなら、もう数年キミは走ることができる」とツェンダーは推測した。

2001年と比べると2019年のキミは、どのように違うドライバーになっていると思うか。

「それを比較するのが、かなり難しい。キミが21歳でレースを始めた時、彼は全くの初心者だった。当時彼が驚異的に速かったのを未だに覚えている。その時と今の違いは、今のキミが技術的な知識と理解の面でトップクラスにあることだ。彼は何から何まで熟知している。一方で彼が始めたばかりの時は、すべてが彼にとって新しく未知のものだった」とツェンダーは状況を分析する。

徐々にキミは40代に近づきつつあり、そして当の本人は年齢について話したがらない。私はバルテリ・ボッタスとマックス・フェルスタッペンに、F1レベルで長くレースをしようと考えているのか質問してみた。

「そんなことは言えないよ。それはわからないことだ。もちろん、そんなに長く走ろうとは計画していない。確かにレースが好きで楽しんでいられる間は長く走ろうと少し考えたことはあったけれど」とバルテリは教えてくれた。

それではボッタスは、ライコネンが歳をとったと感じているのだろうか、そしてキミが以前とは違う対戦相手になっているのかと立て続けに質問した。

「キミの年齢が彼を他のドライバーと区別する要素になっているとは思っていない。このカテゴリーで年齢の幅はかなり広い。20代もいれば40代だっていていい。各ドライバーのパフォーマンスは、かなり個人的なものだ。私の考えではキミは未だに高いレベルを維持している」

マックス・フェルスタッペンは、F1最年少優勝者だ。彼はキミの年齢を深く考えたことがないと明言した。

「そうだね。キミは40歳になる。ということは、おじさんだ」とフェルスタッペンは冗談を言った。

あなた自身は永久にレースで走れると思いますか。

「僕は17歳でF1で走り始めた。だからキミの年齢まで走るとなると僕は23年ここにいなければならない。それはF1ドライバーにとって、かなりのことだと思う。そ確かにミハエル・シューマッハが43歳まで現役を続けているから不可能ではないだろう。年齢が理由でトップドライバーたちがコース上で何かを失うことはないと思っている。肉体的な面を基準にすれば40歳は、もはや25歳の時と同じではない。しかし少なくともキミのパフォーマンスは未だに衰えが見えないし、さらに心底レースを楽しんでいることがキミから見て取れる」

144 — すべての裏に女性あり

私の人生は、ほぼすべてスポーツ記者として過ごしている。女性誌の記事を書くことはなかった。しかし、女性誌『アプ』が2019年晩夏号のためにミントゥ・ライコネンのインタビューを私に依頼してきた。そんなわけでハンガリーGPの週末にアルファロメオのブースで私はミントゥと面会することになった。

私はミントゥとモーターホームの上階へ上がった。インタビューの前にこんなに緊張することはほとんどないと正直にミントゥに伝えた。どのような質問をしたら、有名な女性から家庭の話を聞き出すことができるのか、よくわからなかったのだ。

ライコネン夫人は笑うだけだった。そして彼女は下の階に行ってシンハービールの栓を抜いてトレーに乗せて戻ってきた。「これを飲んで。無駄に緊張することもなくなるわ。それに典型的な女性誌の質問が出てこなくなったら、私はその点に関してはよく知っているから」とミントゥらしさを見せて場を和ませてくれた。

しかし、助けは必要なかった。以前から知り合いだったこともあって、かなり深い話になっても和やかな雰囲気で話を前に進めることができた。

キミと初めて会ったのはいつですか。

「2013年だったわ。共通の友人たちの仲介で出会ったの」

「その時、私はまだキャビンアテンダントをしていて、ちょうど夏休みに入った時だった。友人たちと一緒にパーティに出かけて、バーが閉まる朝4時頃だったかしら、共通の友人から『休みなんだから家に帰らないで、私たちと一緒にこっちに来ないか』ってメッセージが来たの」

「最初は、もうそんな時間だったから家に帰って寝ようと少し考えたわ。でも結局のところ、しょうがない、夏休みも始まって特にすることもないから、私は行けるわって感じになった。そして、キミのポルッカラのコテージに行くことになったの」

すぐに恋が芽生えたのですか。

「そんなことはなかった。このように言っておきましょうか。そこで少しお互いを意識する感じだった。それは楽しむという意味でのこと。もちろん楽しかったわ。キミの仲間と本当に楽しい時を過ごした。その時は、楽しい人で仲間の一人ぐらいにしか考えていなかった。その他のことは、もっと後になっての話よ」

あなたは、それ以前にF1を観戦していましたか。

「ある程度。でも私の父のキンモ・ビルタネンがいつもF1を見ていたの。父は本当のファンだった。私は父の横でレースを見ていた感じね。今とは全然違っていたわ。もちろんF1のことはある程度知っていたけど」

「キミはすでに世界的に最も有名なフィンランド人だったわ。だから私はF1を全然見ていなかったとしても、キミのことは知っていたと思う」

あなたたちは付き合い始めました。キミとの出会いは人生を変えましたか。

「もちろん出会ってから人生は変わった。人生が引っくり返った感じかもしれない。付き合い始めても1年ぐらいフィンランド航空の子会社フライビーでキャビンアテンダントをしていた。でも、そこまでで終わりにしたの。キミがレースに行って、私にも決められたスケジュールがあって共通の時間がなかった。だから、なかなか会えなくて。私は2日でも休みがとれたらスイスへ飛んでいたわ」

あなたはアスリートをしていました。アスリートの精神とバックグラウンドはキミとの生活に大いに役立っているのではないですか。

「たぶん何かしら役立っていると思う。なぜなら私は恐ろしいほど競争好きだから。私自身はキミのレベルでスポーツをしてこなかったけれど、たぶん相手を理解するのに役立っている。私はスポーツで競っていて、そういうことは今でも身についている。三段跳びをしていたの。記録は11m80㎝よ。それもあって競争意識とかアドレナリンが残っているんじゃないかしら。だから予選とか決勝の前のキミが何を考えているか、スポーツをしていない人より理解できていると思うわ」

ライコネン夫妻は、スポーツをうまい具合に家庭の一部にしている。母親と息子のロビンはハンガリーで走る父親を応援していた。

「リアンナは、この時は家に残っていたわ。私たちはロビンと一緒に予選の前に到着して、レース後に飛行機で家に戻った。私たちは一緒にいろんなところへ旅した。ロビンは年上だから、お父さんのレースに興味があったのね。私たちはハンガリーに行くつもりはなかったけど、いつだったかレースを見ていた時に『お母さん、お父さんがレースしているのを、その場で見たい』とロビンが言いに来たの。じゃあハンガリーに行きましょうって」

２０１８年ハンガリーのレース後に、ロビンは表彰台に立つことができた。

「そうね。お父さんが賑やかにしているのを近くで見ていたい父親っ子なのよ」

ロビンがレーサーになると思っていますか。

「息子の行動を見ているとそうかもしれないわね。私はわからない。そのうちわかるでしょう。ロビンはもちろん物凄くキミに似ているわ。パウラおばあちゃんは、どう見てもロビンはお父さんっ子ねってよく言う。リアンナは、また本物の無鉄砲な子なの。この子は何も恐れない。どこにでも首を突っ込むのよ」

「リアンナは性格的に私に似ているところがあるの。でも、ロビンには私の性格は遺伝してなさそうね。息子は単にキミをコピーした感じで、リアンナの方は明らかに小さい頃の私を見ているようだわ。ロビンの方は、子どもの頃のキミと同じなんだと思う。私は本当に頑固で、リアンナもそうなの。ロビンは話し合えるタイプだわ」

自宅では、どのぐらいの頻度でレースを観戦していますか。

「もちろんすべてを観ているわ。すべてのトレーニングと週末の他のこともすべて」

現地にいる方が緊張しますか。

「それはそうね。でも、現地でもそんなに緊張しないわ。現場だと何が起こり、何が行われているのか手に取るように知ることができる。ラップタイムを見たり、無線のやりとりを聞いたりしている。自宅だとテレビ放映の情報しかないから」

「キミがマシンに乗っていると、テレビで映るヘルメットで私は彼だとすぐに気が付くの。ロビンも、もうどっちがお父さんで、どっちがチームメイトのヘルメットかを知っているわ」

フェラーリ時代は思うようにいかないレースでも表彰台に上がっていた。しかし今は実力を出し切っても、せいぜい6位か7位だ。フェラーリ時代と比較してアルファロメオで走るキミのレースを観戦していて何か違いがありますか。

「気持ちは以前と同じ。緊張感がなくなったわけでもないし、レースが少しつまらなくなったなんてこともないわ。順位が徐々に良くなってくれることをいつも望んでいる。アルファロメオにいるのも悪くないわよ」

キミが走っているのを見てどのぐらい緊張しますか。

「もちろん緊張するわ。でも彼と同じ恐怖を感じることはできない。雨が降る時は確かに危険かもしれないけど、それ以外は私は何が起こるか恐れていないわ。物凄く緊張はするけれど、彼が上手くやって成功するのを望んでいる。それが緊張感ってものね。恐れていても何もできないし、底無し沼のようなものだから」

キミはどんな父親ですか。

「愛すべき父親、本当に子どもにとって素晴らしい父親。愛情があって、存在感がある。父親でいることは彼にとって自然なことなの。家にいる時は、キミは家族のために生きている。彼は子どもたちと遊ぶけれど、本を読み聞かせするのは私の方が多い。私たち二人とも歌は上手くない。キミはどちらかというと行動するタイプ。賑やかに子どもたちと遊んで、頼まれることは何でもしている。子どもに頼まれてお父さんが一緒にしてあげる感じ」

フィンランドで過ごすこともありますか。

「フィンランドに行くのはいつも楽しいし、特に子どもたちのためにもなるの。おばあちゃんやおじいちゃんと会ったり、他の親戚や友人たちと会って、子どもたちはポルッカラの家でもとても快適に過ごしているわ」

まだ4歳なのにロビンは電動バイクを持っている。

「スイスの家にロビンはモーターバイクを持っていて、それでいつも走りたがる。それはロビンとキミの話で、私は関わっていないの。だからロビンは私にバイクに乗りたいって頼むのは無駄だって知っているわ。でも、キミが帰宅すると息子はバイクに乗ることができる」

あなた自身はどの程度トレーニングしていますか。

「自宅にジムがあると楽ね。ここ最近は週に5回トレーニングをしてる。本当にコンディションを良好に保っている。キミのコンディションは物凄くいいわ。トレーニングを欠かさないから」

みんながキミをよく知っていて、あなたは旅先でどのように対応していますか。ファンがいつも周りにいて、ゆっくりできないのではないですか。

「たぶん私はレースに向かうためにどこかに飛行機で出かけると、そのこと自体が旅に含まれていると考えているの。キミのためにファンはそこへ来ているから、その人たちにも少し時間を割いてあげてとキミによく言うの。ファンがキミを触ったりすると、彼が嫌がるのはよく知っている。でもサインを求めに来たり、一緒に写真を撮るのは何も悪いことではないわ。たくさんファンがいたら、なんて大変なんだろうと私も思うけれど、私なりにファンの人たちに感謝の言葉を伝えたくなる」

私はキミにヘルメットのコレクションを見せてもらったことがある。それらは自宅に保管されていますか。

「事務室にあるわ。トロフィーが飾ってある部屋にも。よく見えるように展示される価値があるものばかり。世界チャンピオンのトロフィーは特等席に展示してあるの」

当時キミの40歳の誕生日まで、あと2ヶ月だった。私はミントゥに記念の日のためにどのような準備をしているのか質問した。

「彼の子どもの頃の写真や、友人と一緒にいたり、レースをしていたり、家族と一緒にいる写真で動画を作ってある。それとは別に世界チャンピオンの動画があって、それに私がフィンランド語の説明文をつけた。それを再生していて私は涙が出てしまった。彼が世界チャンピオンになった瞬間には一緒にいなかったけれど、心の目で観ることができた」

キミにはアルファロメオと2020年シーズンまで契約がある。もしキミが、その後も続けると決断したらどうしますか。

「好きにしたらいい。だって、それは私が決めることではないもの」

ミントゥは家族の母親なだけではない。彼女はフィンランドの高級子ども服ブランドGugguuでブランドアンバサダーを務めている。商品ラインアップにミントゥ・ライコネン・コレクションというシリーズがある。ミントゥは我が子ロビンとリアンナの普段の行動をよく観察して子ども服のアイデアを得ている。

「キミのレースに時々同行しているけれど、大部分の時間を自宅で子どもたちと過ごしている。ちょっとしたことでいいから何かの役に立つことができればと思っていたし、そういうことに憧れていたの。子ども服の件は私にとって本当に嬉しい話だった」とミントゥは喜んだ。

Photo : xpb

ミントゥとキミの愛は、パドックを幸せな雰囲気に変えてくれた

145 ― 目の前のトロフィー

２０１９年秋にキミはレース人生で初めて7連続ノーポイントを経験した。それを受け入れるのは辛かった。シーズン残り2戦のブラジルＧＰ時点で、キミが最後にハンガリーの7位でポイントを獲得してから１０５日が過ぎていた。

２００1年のザウバーでのデビューシーズンの終盤に6戦連続でポイントを獲得できないことがあった。２００2年シーズン序盤もマクラーレンで二度目の6戦連続ノーポイントの屈辱を味わった。当時は上位6位までにしかポイントが与えられなかったが、２０１０年から上位10名にポイントがつくようになった。

記録的に続く無得点についてマーク・アーナルが私に質問してきたが、少なくとも彼は嘆いていなかった。

3ヶ月以上ノーポイントが続けば、ドライバーが誰であっても厳しい状況に変わりない。３１０戦も出走しているベテランドライバーにとっては尚更だ。

「欲求不満があるのは確かだ。長引けば長引くほど、フラストレーションが溜まってくる」とアーナルはキミの感情を察した。

悩みの種は、秋から続くアルファロメオのタイヤの消耗にあった。

キミにとって１０３回目であり、最後の表彰台はフェラーリ時代の２０１8年ブラジルＧＰだった。1年後にアルファロメオで同じインテルラゴス・サーキットで最高の成績を残したが、4位で表彰台には一歩届かなかった。流石のキミも失望を隠しきれなかった。この4位で秋の遠征が終わった。

しかし、この4位は２０１3年にニコ・ヒュルケンベルグが韓国で記録して以来、実に6年ぶりのザウバーの好成績だった。さらに歴史的に順位の価値を押し上げると、アルファロメオのドライバーが最後にトップ6に入賞したのは１９８4年ニュルブルクリンクのリカルド・パトレーゼ以来ということだ。

キミの3位入賞を阻んだのは、マクラーレンのカルロス・サインツJrだった。

「本来あるべきスピードがまだ出せていない。前回のレースのようにタイヤが最後までもたなかった。僕がマクラーレンをオーバーテイクしようと試みると、マシンがふらついてしまった」

アルファロメオは明らかにシーズンで最高のレース展開だった。ライコネンに続いて、チームメイトのアントニオ・ジョヴィナッツィが自身の最高成績となる5位となり、アルファロメオは合計22ポイントを獲得してコンストラクターズ部門で7位に躍進した。

「2台のマシンを表彰台が意識できるところまで持っていけたことに、私たちは非常に満足しているし、結果を誇りに思う。一生懸命仕事をしてきたご褒美だ。多くのレースで不運が続いたが絶望することはなかった。今アルファロメオは、ドライバーたちはマシンで、エンジニアたちはファクトリーで、誰もが最高の仕事をして最高の結果を祝うことができる。私たちは前進した。この結果だけが、そのことを知らしめることができる」とチーム代表のフレデリック・バスールは大喜びした。

本当に表彰台まであと少しのところまで来ていた。審議委員会はイエローフラッグの時にＤＲＳ（ドラッグ・リダクション・システム）を起動したとしてサインツを審議の対象にしていたからだ。しかし彼はお咎めを受けず、結局キミは目標を達成できないままになった。

審議委員会が問題の行為に対して事前に罰則を与えるとしていたものが撤回されてがっかりしたか、私はキミに質問してみた。

「ルールはいつになっても大雑把だ。僕にとっては同じことだ。ただし僕の最初の表彰台がかかっていたのなら話は別だけどね。しかし、あの状況でこれ以上のことは一切できなかったと思う。その瞬間3位を争っていたとしても、僕は他に何も試すことができなかったからね。相手を抜けなければ、先には行けない。たとえ8位を争っていたとしても、できることは同じさ」とキミは言葉を慎重に選んで答えた。

146 — 生きるべきか、死ぬべきか

2020年に日本の『オートスポーツ』誌に掲載するために私が見通しを綴った記事が、かなり多くの読者を集めた。単に「現役続行か、それとも引退か」というタイトルだけで雰囲気が伝わったのだと私は推測した。

2020年1月、コロナの感染が拡大する直前に私は記事を私はメールで送った。それは、このようなものだ。

ウインターテストが近づくにつれて18年目のシーズンを迎えるキミ・ライコネンの動向に再び熱い視線が向けられている。果たして2020年は、速さを愛するアイスマンのラストシーズンになってしまうのだろうか。

40歳となったアルファロメオのベテランドライバーは、未だに今後のことについて明言しようとしない。昨シーズンの終わりにアブダビで今後の計画についてキミにインタビューした際に、彼らしく、呟くように、こう語っている。

「その手のことは1年後に考えることさ。今でもレースが好きなことに変わりない。仮に気が変わっても隠居生活は僕にとって何の苦痛でもないよ。気でも狂ったかと思う連中がいるかもしれないが、家にいるならいるで、それも快適だっていうのは本当のことだからね」

2020年2月下旬頃にバルセロナの開幕前テストでキミに会った時、私が遠回しにこのことを質問すると同じ答えが返ってきた。

ライコネンは1月27日に長男ロビンの5歳の誕生日を家族で祝った。ともすれば家族を大切にする彼のライフスタイルが、現役を続行するのか、それとも息子ロビンと娘リアンナと家にとどまるかを決断する際の決定的な事由になりかねない。妻のミントゥは、完全に夫が決めることであると言った。

アルファロメオのチーム代表フレデリック・バスールは2019年のクリスマスに、ライコネンに好きなだけこのチームで走るように助言している。フィンランド人ベテランドライバー本人が自らの潮時を一番よく知っていると考える、バスールのライコネンに対する信頼の証

だ。

ライコネンのマネージャーとして長年行動をともにするスティーブ・ロバートソンは、アイスマンが２０２１年に契約を延長するオプションを持ち合わせていないと明らかにした。

多くの専門家たちは、２０２０年がライコネンの現役最後の年になると踏んでいる。レース数が増え、自ずと以前より家庭から離れることを余儀なくされるからだ。しかもドライバーの移籍市場では有望な若手ドライバーたちが開発能力のあるチームのシートを虎視淡々と狙っている。

私の友人のルイス・バスコンセロスは、一つの可能性を示していた。フェラーリのお抱え若手ドライバーであるロバート・シュワルツマン、ミック・シューマッハ、そしてジュリアーノ・アレジは、ドライバー移籍市場が本格化すれば間違いなく最有力候補だ。現状アルファロメオは、キミ・ライコネンとアントニオ・ジョヴィナッツィのラインナップで参戦予定だ。

仮にアルファロメオが昨年来の開発で競争力を高め、ライコネンが好調なスタートを切ることができれば、この先どうなるのかはわからない。１年の契約延長が提示されたら、それは41歳となるスーパースターにとって抗えない誘惑になってしまうかもしれない。

いずれにせよ舵を切るには好ましくない状況だ。アイスマンの鉄のような肉体は２０１９年は激しい試練にあった。キミのレース人生で最も低迷したシーズンだったからだ。シーズンが終わりに近づくにつれて、彼は自身の経歴を最長のノーポイントで傷つけてしまった。

２０１８年Ｆ１世界選手権でのシリーズ３位から２０１９年は12位に順位を落としてしまった。アルファロメオのポイントは90％をキミが獲得したものだ。それゆえチーム内ではベテランのスピードは全く失われていないと思われていた。しかし夏季休暇の後からポイントの残高が増えることはなくなってしまった。

２０１８年秋にザウバーと2年契約を結んだ時、キミは自身に対して事前にいかなる目標も設定していないと素っ気なく答えた。とは言え目標があったのか否かは、キミをよく知る私には明らかだった。期待されていたよりはるかに厳しい現実を踏まえると、2019年に苦労して2020年に果実を収穫する目論見が良くなかったように思えた。

開幕前テストで走行日は3日間を2回（2月19日から21日と2月26日から28日）に期間が短縮された。ライコネンは2回目のテスト走行日のファステストラップを自身で刻んだ。それ以外はアルファロメオのニューマシンC39のパフォーマンスに期待できるものはなかった。

テスト走行の初日にリザーブドライバーであるロバート・クビカとセカンドドライバーであるアントニオ・ジョヴィナッツィが新車のテストを開始した時、キミは傍から見ていた。早朝、彼はジョヴィナッツィと一緒にニューマシンを報道陣へお披露目した。

フィンランド人スターはマシンのお披露目でどのような心境だったのか質問され「あの新しいマシンは、ここへの移動中に、すでにかなり多くの人にお披露目されたんだよ」と答えた。

夕暮れ時に私が行ったインタビューでは、キミはほっとした様子で和やかに感じられた。

「機嫌良くいられれば、それに越したことはない。それとも足が悪くて引きずっている僕を見たいだろうか」と状況を踏まえて答えてくれた。

新型コロナウイルス感染症が広がっていることを心配しているのか、私は質問した。

「心配するも何も、僕は本当のところどうなのか事実関係を知らないんだ。新聞にも載っていない。感染が拡大するかもしれないし、そうじゃないかもしれない。家族に関しては、悲観的ではない。なぜなら僕たちは感染が拡大している地域には行っていない。今のところスイスで緊急事態になっているとは僕は聞いていない」

147 — コロナの呪い

新型コロナウイルス感染症に怯える日々が始まった。

開幕前テストが終わって2週間、F1関係者は開幕戦に備えるためオーストラリアへ移動した。しかし、グランプリは日曜日の決勝が行われる54時間前にF1史に刻まれるような極めて稀な理由で中止が決定した。同時にシーズンの開幕が次から次へと順延され、7月上旬にようやく開始となった。

オーストラリアで歴代世界チャンピオンのキミ・ライコンネン、ルイス・ハミルトン、そしてセバスチャン・ベッテルは、他のスポーツのイベントが各国で中止されているのにグランプリが強行されることに対して、木曜の前夜に主催者に不満を漏らした。

「ここで僕たちがマシンに乗っていることに驚いている。NBAはシーズンを中止することを決定したが、F1だけが続けようとしている」とハミルトンが意見を述べた。

以前所属していたチーム（マクラーレン）のメンバーの一人が陽性と判明し、関係者が隔離されたからだ。

これ以前にF1が中止になったのは2011年。その時は、いわゆる「アラブの春」のためにバーレーンでのレースが世界選手権のカレンダーから除外された。しかし、この時はF1関係者が現地入りする前にイベントの中止が決まっていた。

今回の中止は金曜日の午前中に決まった。ライコネンとベッテルは、すでに早期の帰国を手配し、足早に現地から引き上げることにした。正式に中止が決定する前にその場を立ち去ることはできなかったが、両者とも金曜日にはスイスの自宅に向かうことができた。

各チームは飛行機の便を急いで変更し、関係者の大部分が土曜日の便を手配することができた。そして第2戦が行われる予定のバーレーンではなく自宅へ向かった。FIAの広報活動は多くの批判に晒された。すでに一部のチームはフリー走行のためにピットで準備を開始しようとしていたからだ。その時点まで中止の通知が行われていなかったのだ。

2月に開幕前テストのプレスルームで最終的に今シー

ズン何戦が行われるのか賭けが行われた。その時、最小値の提案をしたのはドイツ人ベテラン記者ミハエル・シュミットだった。彼は16戦と予想した。賭け金はメルセデスのレースチーム代表であるトト・ウォルフの管理下に預けられた。

個人的に私はMTV3で働くドアマンの運命を嘆いた。私は秋に二度テレビにゲスト出演した。いずれの回も私はドアマンの男性とオーストラリアの開幕戦について話をした。ドアマンは現地で観戦するためにメルボルンに向かうということで、アルバート・パークでどのように動けばいいか私にアドバイスを求めてきたのだ。

私がオーストラリア前にMTV3のスタジオがあるクールッタヤ通りに再び立ち寄った時、すでにドアマンはオーストラリアに向かったと聞いた。彼の代わりにドアマンをしていた者によると、彼は冬の間ずっと開幕戦を楽しみにしていたのだそうだ。それなのに中止という現実に直面した。彼よりも大きな失望を味わったファンはいなかったのではないかと私は思った。

その後もレースは順延が続いた。F1史上で最も遅いシーズン開幕の記録が塗り替えられるのは明らかだった。1951年に最初のレースがスイスのブレムガルデン・サーキットで5月27日に行われた。その年に初代世界チャンピオンに輝いたのは当時アルファロメオのマシンで勢いのあったファン・マヌエル・ファンジオだった。

バーニー・エクレストンの後任でF1を統括する最高責任者に就任したチェイス・キャリーは、FOM（フォーミュラ・ワン・マネージメント）との調整もあり、就任して数年という短い期間に最大の試練を経験することになった。

キャリーは、次はどこ行きのチケットを予約しなければならないのか各チームから質問されても首を振ることしかできなかった。

「答えがないことに、答えるのは不可能だ。私たちは問題をすべて克服し、このジレンマを打開するために、あらゆる専門家に連絡を取り、引き続き努力している。F1は世界を股にかけるスポーツだ。つまり私たちは一つの国と連絡を取るだけでは済まない。それが問題を複雑化させている」

経済的に多くの見直しを余儀なくされた。

冬が終わり普段であればヨーロッパのスポーツ選手たちはメルボルンで、春の牧草地に解き放たれた子馬のようにはしゃいでいる。今回、彼らは狭いピットにいて、時差でどんよりした雰囲気の中で彷徨っていた。

MTV3のピットレポーターであるメルヴィ・カッリオは、テレビのインタビューで新型コロナウイルス感染症についてキミがどのように考えているのか質問した。

「他の人と同じで僕はそれについてそれ以上のことは知らない。手を洗って密を避けなければならない。他の国々ですべてのイベントが中止になっているのに、僕たちは世界の裏側にレースを走るために移動してきている。かなり違和感がある。どうなることやら」

それではF1のシーズン序盤は、レースをしないままでいるべきでしょうか。

「それに答えるのは難しいよ。僕たちには運営に口を出す権限がない。指定された場所に行くだけだ。コロナのことは誰もよく知らないと思っている。だからレースが行われようとしていることが不思議で仕方ないよ」とライコネンは現状を踏まえて答えた。

「ここオーストラリアにいることが正しいかどうかなんて僕には言えない。おそらく正しくないと思う。でも、それは僕たちの決定ではない。それが単に各チームの判断であれば、僕たちはここにいないと思う」

最終的にF1世界選手権は7月3日から5日にオーストリアのレッドブル・リンクで開幕することができた。前年の最終戦と今シーズンの初戦のレースの間は7ヶ月も開いてしまった。

新たなシーズンは、これまでにはない運営で舵を切った。レースを無観客とし、チーム関係者以外はパドックですらPCR検査を済ませ、許可を受けた一部の者しか入れなかった。

主催者のFIAとディレクターのマイケル・マシは、新型コロナウイルス対策のシステムを構築することに成功した。それによりシーズンは最終的に当初の計画に大幅な変更を加えて実行することができた。実際ゲートで感染者が確認されたのは、ほんのひと握りだった。

ピットでの作業は厳密に制限が加えられ、全員にマスクの着用が義務付けられ、週末に仕事をした関係者全員に120時間ごと、つまり5日に1回のPCR検査が科せられた。各チームはマスクを着用していても楽に呼吸ができるような指導も行った。

レース期間中のスタッフの数も劇的に減らされ、ドライバーたちはバブル方式で個室で時間を過ごし、そこからミーティングをし、他の連絡もビデオ通信で対応した。同じチームの各マシンはクルーも含めお互い隔離された。

ドライバーたちには個室、パソコン、モニター、無線が支給され、可能な限りすべてリモートで対応した。フィンランド人ドライバーたちのフィンランド語によるコメントが、ごく限られた入室許可を得た外国人の記者仲間のレポートでテレビでも伝えられた。

148 ― もう一度

２０１６年から私は心の奥底で今年がキミ・ライコネンのＦ１で最後のシーズンになると覚悟していた。私は記者仲間と、引退するのか、それとも驚くほど長い現役生活をさらに1年延長するのだろうかと予測していた。

２０１６年、２０１７年、そして２０１８年ずっと私はキミのラストシーズンに備えていたが、彼は２０１９年から２０２０年シーズンも現役を続けることを決めた。私は、もう諦めることにした。そして、いつになったら彼がヘルメットとドライビングスーツを最終的にナフタリンと一緒にクローゼットへ仕舞い込むのかと考えるのをやめようと心に決めた。

幸いにも私は２０２０年が彼のラストシーズンであると誓うことはしなくなった。しかし、そのような結論になることにも備えていた。少なくともキミの代わりに引退を決断できる者がいないことは明らかだ。アルファロメオ・ザウバーで、キミは自分のスピードが維持できていると思う限り、これからも現役を続けることができる。

キミに最初から一貫してレースで勝ち、レースで成功するという明確な目標があれば、引退を決断するのは容易にできただろう。フェラーリからザウバーに移籍したことで必然的にこの目標は達成が困難になった。２０１９年はアルファロメオのマシンで中盤のグループで十分に争うことができたし、ブラジルでは表彰台に限りなく近づいたが、契約2年目の２０２０年は、キミがかつて経験したことがない泥沼に沈み込んだようなものだった。

たられればがあるのであれば、イモラでキミがあと2周長くそのままのスピードで走ることができていれば、セーフティカーが導入されたコースで幸運への近道を駆け抜けることができていただろう。今度こそロトくじを当てた人のように運を持って最高の結果を掴むことができたはずだ。

私は何年にもわたってキミの情報として様々な記録と統計上の成果を注視し、それを彼の履歴に書き留めてきた。これまで統計についてキミに語る度に、数字はどうでもいい、単に優勝とタイトルを争うためだけにレースで走っているとキミは再三答えてきた。しかしながら、このような統計は、通算8年間在籍したフェラーリのドライバーを退いた途端に蓄積できなくなってしまった。ザウバーに復帰したキミは、F1の歴史に数字を残すような活躍をしていなかったのだ。

2020年シーズンにハンガリーでキミは255戦の完走を果たした。これまで記録を保持していたフェルナンド・アロンソを追い越した。一方シルバーストンの70周年記念レースでキミは51周を走った。これでミハエル・シューマッハが持つ最多周回出走の記録を抜いた。その時、キミは合計で16845周走ったことになった。

ハンガリーでキミの経歴には、歴史的な不名誉な記録が加わった。彼は予選で最も遅いドライバーとなり、初めて最後尾から出走したのだ。これに類する屈辱的な結果を2戦後のシルバーストンの予選でも経験した。

「僕はここで何を言えばいいのか知らない。僕たちの求めているものとはかなりかけ離れているし、間違った判断で状況をさらに悪化させてしまっている。僕たちは、何が間違っているのか、どうやったらより上位に行けるのか分析しなければならない。速さを取り戻すために各セクションで真剣に仕事に取り組まなければならないのは明らかだ」とハンガリーで屈辱を味わったキミは考えを示した。

長いレース人生で、これまでにもキミは何度か最後尾から、時にはピットロードからスタートせざるを得ないことがあったが、それはペナルティによるものか、コースアウトによるものか、あるいは予選で時間切れになってしまったことによるものだった。2003年にキミは初めてカナダでレースを最後尾からスタートした。その時は予選で1周も走れず、決勝で出走するために20番グリッドを審議委員会に懇願する羽目になったのだ。

2020年シーズンにキミはキャリア最長の連続ノーポイントを経験している。これまでの記録はシーズン7戦目のベルギーのレースで歯止めがかかったが、2020年シーズンは8戦までノーポイントの状態が続いた。

当時スパの決勝前の記者会見で、今シーズンが終わっても、さらにレースを続けたいかと私はキミに質問した。

「まだ決めていないよ」とキミは答えた。

中国人記者のフランキー・マオはリモートのビデオインタビュー形式で、すでに質問を送っていた。彼は、キミが今もレースを楽しんでいたとしても、19年前に当時ミカ・ハッキネンが自分のシートを若手、つまりキミに譲ったのと同じように、キミが行動するべきだろうかと質問した。

「ミカは僕のために引退したなんてことはないと思うよ」とキミは笑った。

「その当時、僕がどうのこうのよりミカには他にも考えることがあったんだと思う。いずれにせよ僕は当時ザウバーとの契約が3年あったし、誰もミカが若手ドライバーにシートを譲るために引退したなんて思っていないよ。そんな流れじゃない」

「決断の時が来て、何が正しいかを自分でどう思うかを基準に考える。誰かを助けるためなんて全く関係ない」

今でもレースを楽しめていることが現役続行するか否かの判断基準になりますか。

「レースに関しては、前のシーズンが良いか悪いかなんて次のシーズンに確たる保証はない。その基準で決断はしない。大きなビジョンが必要だ。僕には、まず家族が優先事項だ。子どもたちは育ち、今年はなるべく自宅で多く過ごすようにしている。いずれ僕が家にいることを望み、何か他のことをしたくなる時が来る。しかし、いつそれが来るのかはその時が来るまでわからない」とキミは説明した。

コロナによって3月から7月までの長期の休止期間、キミは在宅を余儀なくされた。『イルタ・サノマット』紙のリタ・タイノラのインタビューでミントゥ・ライコネンは、コロナ禍で家族の絆が深まったと明らかにした。家族で一緒に過ごせる時間が、これまでにないぐらい増えたからだ。

「私たちはコロナで活動が制限された。だから以前とは違って家族として一緒に過ごすことができている。旅に出ることもなくなり、普通の家族の生活を過ごしている。この間、本当に順調に家族としての時間が流れていった」とミントゥは教えてくれた。

家族中心主義は、忙しいシーズンが始動するまで続いた。キミは週末をピットの自分の個室で厳格な管理のもとで過ごし、3週連続の過密日程でレースが行われた。

２０２０年10月11日にＦ１の歴史が公式的に更新された。キミはグランプリに最も多く出走したドライバーになったのだ。レース人生で最も苦手とするサーキットで達成されたのは運命の悪戯のように感じた。統計によると、彼がニュルブルクリンクで走った11回目のレースだった。

アイフェルＧＰの名で行われたレースで、キミはウイリアムズのジョージ・ラッセルと接触し、10秒のタイムペナルティを科せられた。それがなかったら確実に9位につけてポイントを獲得していただろう。キャリアで324回目のＦ１レースの最終結果は12位だった。

「記録だろうがなんだろうが、どの週末でもいつも同じように向き合っている。マシンに乗り込めば毎回同じ気分だからね。可能な限り最高の結果を土曜日も日曜日も残すように仕事をしなければならない」

コロナで活気を失ったＦ１キャラバンは、10月下旬に新天地となるポルトガルのアルガルヴェに移動した。その前に私は、ある情報筋からキミが２０２１年シーズンも現役を続けるという信じるに足る新たな情報を得ていた。すでにオプション契約はなかったが、チーム代表のフレデリック・バスールが、期限内にキミの後任に新たなドライバーを採用できるのか決断に迫られていたのは自然なことだった。

察しの通りキミは、現役を続ける意向を示していた。彼自身は外部に情報を漏らすことはなかったが、Ｆ１で契約書を取り交わすには他者の手助けなくしては成功しない。その他者を介した噂話は、次第に２０２１年に向けて契約延長が行われるという確実な情報に変わっていった。

バルセロナで行われた2月の開幕前テストから、私は２０２０年が彼の最終作品になると言い続けたけれども、ポルティマオで見通しを伝える際にはライコネンが現役を続け、42歳になってもＦ１で走ると信じていたと記事に綴った。

ベテランスターにとって都合が良く魅力的な変化が少なくとも一つあった。コロナ・エピデミックによってシーズンに同行する記者の数が大幅に減った。同時に様々なインタビューの必要性がキミに関しても激減した。

しかし現役続行という判断は、シンプルに何よりもまずレースを愛し、何事も自分で決めるという彼の信念の表れであると感じた。ビッグチームからザウバーへの復帰が、精神的に大きな決断だったことは間違いない。この復帰は勝利に飢える彼の本来の目標に叶っていないとキミ自身も心の奥底で感じているはずだ。

そういうわけで、キミは賞味期限が切れる前にレーシングドライバーをやめさせることはできないと示す、生ける模範となった。キミは予測不能で期待できないダウンフォースに欠けたマシンでも、自身の速さに年齢による重加算税が課されないことを証明している。それどころかポルトガルのレースの最初の1周半で、湿った滑りやすいアスファルトでキミが後方の16番グリッドから豊富な経験を見せつけるかのように難しい条件下で6位まで順位を上げると、他のドライバーたちすべてが羨望の眼差しでキミを見ているようにさえ感じられた。

マシンの競争能力が2019年のレベルだったなら、チームはシーズンではっきりと最高の結果を残していたかもしれない。残念ながら現在の装備では中盤のトップで争うことはできず、ドライバーの手柄はその手から奪い去られてしまった。

「スタートからあまり良くなかった。そこでポジションを失ってしまったからね。でも、その後で他の連中がいったい何をもたもたしているんだろうと本当に不思議に思ったよ。1周、さらに2周目まで良かった。他のマシンと比べてもレース全体を通じて実際まずまずのスピードが出ていたからね」

「コースでは他のチームも軟らかいタイヤで走っていた。グリップはあったけれど他のドライバーたちは、ゆっくり走っているように感じた。最初は本当に良かったよ。残念なのは、それでも結果が伴わないことだ。今回の結果もまた期待外れだった」

「キミがフェラーリをオーバーテイクして、レッドブルとバトルしているのを目にした。最初の2周でキミは信じられないぐらい素晴らしい走りをした。それは文句なくシーズン序盤と比べると前進した証だ。残念ながら最高の出来でもポイントに手が届かなかった。しかし、私たちはシーズン後半に向けて少なからず手応えを感じることができた」とバスールはキミの走りを称賛した。

昔のキミがコースに戻ってきたとフィンランド人ベテランドライバーは感謝された。これに対して、すぐにキミは食いついてきた。

「あなた方は正しい。僕は今41歳だ」と8日前に自身の誕生日を祝ったF1界最年長ドライバーは微笑んだ。

いずれにせよポルティマオ・サーキットでのファーストラップは、アルファロメオ・ザウバーC39でシーズンを通じてライコネンの最高のパフォーマンスだった。軟らかいタイヤで、小雨が降るレースで、キミは完璧にマシンを制御し、適切な箇所で減速し、他のマシンの衝突でできたスペースを有効に使った。

10月30日、イモラでライコネンとチームメイトのアントニオ・ジョヴィナッツィがアルファロメオでさらに1年コンビを組むことが発表された。

夏にキミがF1を続けるか否かを決断していたら、全く正反対の決断を下していたと私は聞くことができた。彼は考えるべきことや心の葛藤を抱えていた。最終的にモチベーションとレーシングが楽しいという純粋な気持ちが彼の心を変え、レースを続ける確固たる意欲が勝ったのだそうだ。

「アルファロメオ・レーシングは僕にとってチーム以上のものがある。それは第2の家族のようなものだ。多くの慣れ親しんだ顔ぶれが2001年のデビュー時に私と一緒にいたし、今でも一緒にいる。このチームの雰囲気は独特で、そこから僕は19回目のシーズンを続けるために必要以上のモチベーションを得ている」

「プロジェクトをチームと一緒に達成するという目標を信じることができなければ、僕はこのチームにはいないと思う。ザウバーでは単に話し合うよりも汗を流して働くことを高く評価する。それは僕のスタイルに合っている。僕は物凄く来シーズンに期待しているし、中盤争いでトップに立てるようなステップを踏んでいることを望んでいる」とキミはチームの広報紙で語った。それ以外に彼の決断の経緯を窺い知ることができる情報はチームから発表されなかった。

ライコネンは契約更新の発表1日前になって、ようやく契約書に署名した。

「いつもみんな将来のことを話したがる。以前は契約について質問されても、何も語るべきことがなかった。なぜなら、僕はまだ契約をしていなかったからだ」とキミは記者会見で答えた。

「キミはアドバイスを必要としないドライバーだ。彼の能力について2001年から誰もが知っている。意欲やモチベーションは今でも衰えていない。私たちが与えることのできる装備で彼が最大限に能力を引き出してくれると信じている。彼はチームの本当の代表だ」とバスールはキミを讃えた。

149 — 成功に飢えるアイスマン

２０１８年にキミの二度目のフェラーリ時代が幕を閉じた。トロフィーをいくつか手にし、合計２０４ポイントを稼いでいた時とは対照的に、もはやアルファロメオではポイントを稼げる順位に入ることすら期待できなくなってしまった。しかし、ライコネンの主義主張がぶれることはなかった。「僕は最善を尽くし、どこまで通用するのか見てみよう」

２０１９年、弱小チームでのシーズン開幕は希望に満ちていた。最初の４戦でアルファロメオのキミは毎回トップ10入りを果たしていたからだ。そして12戦で計８回ポイントを獲得した。しかし、それ以降は望んでいる結果を手に入れることはほとんどできなくなった。特に苛立ちを感じたのは２０１９年ドイツＧＰだ。タイムペナルティによって、苦労して稼いだ6ポイントが奪い去られてしまったからだ。

「あのようなマシンでトップ10に入ったのに、その結果が取り消されてしまうと腹立たしくて仕方がない。同時にチームを苛立たせ、やるせない気持ちを倍増させる。しかし、あのレースを冷静に振り返ればウイリアムズやハースのような中盤を争うチームと張り合えることがわかった。それだけが前向きな気分にさせてくれる」

毎回挫折を味わうと、どれだけ彼の心が揺さぶられているのかキミの声から察することができる。上位を諦めないいポイントを競ってはいるけれど、アイスマンの闘志は以前と同じように高いところにある。

２０２０年のコロナ禍で行われた最初のシーズンは、ライコネンのＦ１人生において最低の成績となった。ムジェロとイモラでの9位で二度しかトップ10に入ることができなかったのだ。

専門家たちはライコネンのＦ１の歴史はここまで、２０２０年が最後の舞台になると信じて疑わなかった。しかし彼の速さとレースに対する意欲は天秤にかけると、スイスの田舎で隠居するよりも重たかった。そういうわけで彼はアルファロメオでの３シーズン目を決断し、再び自分の感情の赴くままに行動した。

昨シーズンの結果を受けて現役を続けることを決断するのはどれくらい難しかったか、私はキミに尋ねた。

「それは大きい決断だ。でもレースで走りたいという意欲が以前と同じだったから、そのまま続けただけだよ。自分他の人にも仕事があるように、これは僕の仕事だ。自分の仕事でやっていけると感じたら、それをやめようなんてことにはならない」

「本当にこの仕事を始めてから走ることだけが好きで続けている。他のことをしたいなんて思ったことがなかった。それに関しては何も変わっていない。今でも以前と同じくらい速く走れると感じているが、それは自分にしかわからない。うまくやっていけなくなる前に感覚が教えてくれると思う。その瞬間が来てからでは遅いと感じる人がいるかもしれないが、僕には何も問題はないよ」とライコネンは今後の見通しを語った。

フェラーリを離れる最後まで、キミは勝つことにしか興味がないと繰り返していた。しかし今は宝くじに当たるような運でもなければ勝つことができない。そんなチームのマシンで彼が現役を続けているのは、どういうわけなのか、私はキミの意見を聞いてみた。

「フェラーリで走れば、いつでも勝てる可能性がある。でも中盤争いをするチームで走ると成功の基準が変わる。到達目標は違うけれど、目標を達成すれば気分が良い。だから、この仕事を同じ心構えで以前のように続けることができる。レースで走ることが何よりも優先事項だ。レースで良い走りができたかどうかの基準も、どの程度すべてをきちんとこなすことができたかによる」と、ライコネンは考えている。

アルファロメオでは、予選はこれまでにない挑戦の連続だ。下位チームはQ2に進めるかどうかを争っているからだ。キミは1周ですら自分のチームメイトに勝つことが徐々に難しくなっている。

一方で中盤の後方からのスタートは、オーバーテイク
回数の統計でトップに立つキミの豊富な経験が遺憾なく
発揮される。年間で最多のオーバーテイクを記録したわけではないが、1983年に開始された統計でキミは通算1位なのだ。

「オーバーテイクは簡単じゃないよ。デビューしたて

の頃はなかなかできなかったし、今もできない。オーバーテイクを飛躍的に増やすことができるぐらい相手に近づけてくれる魔法でもない限りなかなか難しい」

オーバーテイクで肝心なのは、ドライバーの決断力だ。完璧な決断ができたレースは2005年に鈴鹿で行われた日本GPだ。最終ラップに入る時、キミは強引に外側からジャンカルロ・フィジケラを追い抜いた。

「どのオーバーテイクがベストだったかなんて深く考えたことはない。でも、その日本GPのオーバーテイクは確実にベストの一つだ。オーバーテイクは何度もした。何はともあれ追い抜こうとする前に十分接近できなければ何もできないよ」

2019年にアルファロメオは、中盤のグループで十分に争えていた。それに比べると2020年のマシンはフェラーリのエンジンの問題もあって競争力を失ってしまった。それでは2021年はどうだろうか。このマシンは2019年に9回ポイント圏内まで順位を押し上げたアルファロメオと同等の競争力があるのだろうか。

「バーレーンの開幕前テストでは、少なくとも昨年よりマシンの状態は良いし、僕たちは中盤グループの他のマシンと競い合える手応えを感じた。しかし十分に速さを出し切れるコースがあるといった段階で、すべてのサーキットで通用するものには仕上がっていない。ポイントを稼げるほど速く走ることができるとは言い切れない」

「マシンを前のものと比較することはできる。少なくともエンジンの面では僕たちは前進している。すべてのパーツを正しく組むことができたら、そのマシンで昨年より高順位を狙うチャンスがある。チーム一丸となってマシンの開発に専念しているよ」

ザウバーでライコネンは確固たる地位を築いている。そのためにはマシンの競争力に適ったパフォーマンスが求められるが、現状では運転することが楽しいと思うなら、キミはF1ドライバーを続けることができる。

こぢんまりとした職場環境で影響力のあるベテランのフィンランド人ドライバーが快適に過ごすことができるのは自然なことだ。F1に昇格した時、キミはザウバーと3年契約を交わした。しかし1シーズン目が終わるとマクラーレンがキミをザウバーから引き抜いた。フィンランド人ドライバーがヒンウィルのチームに復帰を決めた時、キミがペーター・ザウバーの信頼に報いるために恩返しをしたかったのだろうと感じた。

　キミの自宅とヒンウィルのファクトリーが近くにあるので移動の問題がない。それだけでもチームの士気を高めることに繋がる。

　ザウバーへの移籍は、もっぱらライコネン自ら交渉を持ちかけたものだ。

「もちろん選択肢はいくつかあった。その一つはキミの引退だったろうが、いくつか他の選択肢も加わった。キミは迅速にザウバーに入ることを決断した。長く考える必要はなかった。里帰りのようなものだ」と、２０１５年までライコネンの世話をしていたサミ・ヴィサが経緯を教えてくれた。

　アルファロメオのドライバーになったライコネンの最優先事項は、チームを成功に導き、長い経験がもたらすノウハウでチームを助けることだ。

「本当に良い雰囲気がチーム内に広がっている。フェラーリよりもザウバーの方が、ずっと家庭的だ」とキミは正直に答えた。

　３５０戦の出走記録が近づいている経験豊富なドライバーであっても初歩的なミスを犯してしまうことがある。前年のポルトガルＧＰとそれから半年後に行われたポルトガルＧＰは全く異なっていた。２０２０年10月にキミはポルティマオ・サーキットでスタート直後にシーズンで最高の周回を走った。素晴らしいオーバーテイクを見せ10番グリッドから順位を上げたのだ。それから半年後の２０２１年5月にキミはアルファロメオのステアリング制御装置の操作を誤ってしまった。１回でコードを合わせることに失敗したのだ。２回目に正しく押したか確認した時に、フロントウイングがチームメイトのアントニオ・ジョヴィナッツィの左のリアタイヤに接触してしまうほど集中力が散漫となってしまった。接触の影響で、このポルトガルＧＰはキミにとって短いレースになった。同時にレースに関するキミのコメントも記録的に短いものとなった。

　ポルティマオでの最初のレースでライコネンがファーストラップで見せたオーバーテイクは、ファン投票でアクション・オブ・ザ・イヤーに輝いた。

ベテラン自身もファンの評価を喜んだが、パフォーマンス自体を高評価することはなかった。

「ファーストラップはうまく行ったが、そのレースでポイントを得ることができなかった。僕に選択肢があるならば、最初の周回のオーバーテイクを喜んで数ポイントと交換したいぐらいだ」

あなた自身あのオーバーテイクをビデオで見て、どのように感じましたか。

「息子のロビンがそれを見ていたよ。でも僕自身は気にしていない。僕はレースで走っていたから、ビデオを見なくても何が起こったか知っているよ」

フェラーリでタイトルを獲得して以来、ライコネンのモチベーションは疑問視されている。しかし、40代のドライバー自身は、まだまだ意欲的だ。

勝てない時にモチベーションを高く保つ秘訣はなんですか。

「勝てなくても、マシンとチームをより良いものにしていければモチベーションが湧いてくる。もちろんレースが一番モチベーションに火をつける。先頭でも後方で走っていても同じだ。最も素晴らしいのはレースができることだ。それが最高の気分にしてくれる。同時に開発作業を先に進めることに成功したら、モチベーションが何倍にもなる」

新型コロナウイルス感染症によってF1の各チームは慎重な対応を強いられていますが、これについてどう考えていますか。

「理にかなった方法で注意しなければならない。つまり、鼻をほじって鼻血を出したり、感染の疑いのある場所へ行ったりしないようにする。僕の家族は全員コロナに関しては本当に気をつけているよ。発病しても、どうして感染したか誰もわからないし、長く仕事をする上でパフォーマンスに影響を及ぼす恐れがあるからね」

ライコネン一家には、明らかにもう一人新たなドライバーが育とうとしている。

ロビンは父と一緒にゴーカートを走りに行っている。ホームビデオで、息子の才能の片鱗を垣間見ることができる。マシンを制御する遺伝子は明らかに受け継がれている。

訳者あとがき

果たしてキミ・ライコネン（Kimi-Matias Räikkönen 一九七九－）は、いつ現役を引退するのだろうか。

「（考えることを）私は、もう諦めることにした」と本書の著者が舌を巻くほど、キミ・ライコネンはＦ１で長く現役を続けている。まさに稀有なドライバーだ。スポーツの種目を問わずトップアスリートを20年以上現役で続けることは容易ではない。しかし、ライコネンはレースを愛し、気の赴くままに未だにレース人生を楽しんでいる。それはキミが実力を伴った選手であることの何よりの証だ。

２０１８年には現役ドライバーでありながら彼の評伝『知られざるキミ・ライコネン』（三栄／二〇一八）がフィンランドを代表する作家カリ・ホタカイネンによって著されてもいる。Ｆ１を知らない作家が物事の本質を追い求めて綴ったライコネンの描写は、現地フィンランドでは記録的なベストセラーになり多くの読者を獲得して大きな注目を浴びたことは記憶に新しい。

その評伝と比較するならば、その対極に位置付けられるのが本書『アイスマン　キミ・ライコネンの足跡』（三栄／二〇二一）と言っても過言ではない。ホタカイネンの作家のスタンスとは違って、本書の著者ヘイキ・クルタ（Heikki Kulta 一九五五－）はＦ１を骨の髄まで知り尽くした記者だ。彼の描写は、現場で撮したスナップ写真のように読者に臨場感を与えてくれる。

クルタは、フィンランドの大手新聞社『トゥルン・サノマット』紙のベテランＦ１記者であり、20年以上ライコネンの足跡を番記者として追い続けてきた。ライコネンのことはヘイキに聞けば何でも知っていると他国の記者に一目置かれるほどの存在だ。日本でも『オートスポーツ』誌にコラムを寄せているので国内のＦ１ファンにも馴染みの人物かもしれない。

彼が過去に書いた記事や手元の資料をもとに一冊に編み上げた本書は、普段知ることのできないＦ１の舞台裏、契約、そしてプライベートの話が単なる番記者の文体ではなく、「比喩的な表現が好きな私」と自身が語るように独特の語り口調で綴られている。圧倒的な著者の知識の豊富さで読み応えのある一冊だ。さらに日本語版の刊行にあたって、原書にない特別な最終章を寄せてくれた。

この一冊からライコネンのレース愛だけでなく、愛国的な記者と評される著者クルタのキミに対する愛情も感じ取ることができる。表向きはライコネンの足跡を綴った伝記ではあるが、同時に番記者である著者自身の歩みを記した活動記録としても読んでいただきたい。

F1界において常に関心事の一つとされるキミの去就であるが、ようやく発表された。「F1での現役生活は終わりを迎えるが、人生にはまだ他にやることがある」とクールに一つの旅の終わりを告げた。最後の最後まで彼らしい表現だ。しかし、今後もキミは話題を提供してくれるだろう。新たな活躍にも期待したい。

本書の翻訳にあたって登場する人名、その他の固有名詞は定訳で表記している。著者の名前もフィンランド語の発音に従えば「ヘイッキ・クルタ」が正しいが「ヘイキ・クルタ」で表記した。「ライコネン（ライッコネン）」も然りである。あらかじめ、ご了承いただきたい。

最後に本書の出版に関して株式会社三栄の水谷素子さんに助言をいただき、校正その他の作業を適切な方向へと導いていただいた。加えて翻訳作業を支えてくれた五十嵐由紀子さん・仁希さん、その他多くの方々から各分野に関する専門的な助言をいただいた。この場を借りて協力してくださったすべての皆様に心からお礼を申し上げたい。

二〇二一年九月　五十嵐 淳

訳者
五十嵐 淳（いがらし じゅん）

フィンランド国立タンペレ大学人文学部フィンランド文学科卒。同修士課程修了。専攻はフィンランド文学。慶應義塾志木高等学校の講師や翻訳者を務めている。著書にPetja Aaripuu編『Kalevala maailmalla（世界での『カレヴァラ』翻訳受容史）』（共著／SKS／2012)、訳書にトゥーラ・カルヤライネン著『ムーミンの生みの親、トーベ・ヤンソン』（共訳／河出書房新社／2014)、カリ・ホタカイネン著『知られざるキミ・ライコネン』（訳・監修／三栄／2018）などがある。

ヘイキ・クルタ Heikki Kulta

1955年生まれ。1978年からフィンランドの日刊紙『トゥルン・サノマット』で記者を務め、1997年からF1取材を専門に行う。2018年シーズンで引退後は自身の会社「Tmi Heikki Kulta」でF1ライターとして活動を続けている。これまでにミカ・ハッキネン、ミカ・サロの伝記を執筆。キミ・ライコネンがF1チャンピオンを獲得した2007年シーズンに『Kimi, Ferrari & Uskomaton mestaruus』を刊行。本書はライコネンを追った20年について、著者の個人的な見解をまとめた一冊である。

キミ・ライコネン Kimi Räikkönen

1979年10月17日、フィンランドのエスポーで生まれる。1988年よりゴーカートを始める。1991年から本格的なレースに参戦。1999年にフォーミュラ・ルノー初参戦。経験不足ながらザウバーに抜擢され、2001年にF1デビュー。2007年にフェラーリ移籍初年度で世界チャンピオンとなる。2010年から世界ラリー選手権に参戦。2011年はNASCARにもスポット参戦。2012年にロータスからF1復帰。その後、フェラーリ、アルファロメオ（ザウバー）と古巣に戻り、2021年シーズン末での現役引退を発表。

F1 CAREER SUMMARY

2001	ザウバー・ペトロナス	ドライバーズランキング10位
2002	マクラーレン・メルセデス	ドライバーズランキング6位
2003	マクラーレン・メルセデス	ドライバーズランキング2位
2004	マクラーレン・メルセデス	ドライバーズランキング7位
2005	マクラーレン・メルセデス	ドライバーズランキング2位
2006	マクラーレン・メルセデス	ドライバーズランキング5位
2007	フェラーリ	ドライバーズチャンピオン
2008	フェラーリ	ドライバーズランキング3位
2009	フェラーリ	ドライバーズランキング6位
2012	ロータス・ルノー	ドライバーズランキング3位
2013	ロータス・ルノー	ドライバーズランキング5位
2014	フェラーリ	ドライバーズランキング12位
2015	フェラーリ	ドライバーズランキング4位
2016	フェラーリ	ドライバーズランキング6位
2017	フェラーリ	ドライバーズランキング4位
2018	フェラーリ	ドライバーズランキング3位
2019	アルファロメオ・フェラーリ	ドライバーズランキング12位
2020	アルファロメオ・フェラーリ	ドライバーズランキング16位
2021	アルファロメオ・フェラーリ	

ICEMAN
アイスマン　キミ・ライコネンの足跡

2021年10月17日　初版 第1刷発行

著者　ヘイキ・クルタ　Heikki Kulta
訳　五十嵐 淳　Jun Igarashi

発行人　星野 邦久　Kunihisa Hoshino
発行元　株式会社三栄
〒160-8461 東京都新宿区新宿6-27-30
新宿イーストサイドスクエア7F
TEL：03-6897-4611(販売部)
TEL：048-988-6011(受注センター)

印刷・製本　図書印刷株式会社

ブックデザイン・組版　袴田 智(合同会社ハカマダデザイン事務所)
Satoshi Hakamada
(HAKAMADA DESIGN OFFICE Ltd.)
校正　髙橋 芳之　Yoshiyuki Takahashi
編集　水谷 素子　Motoko Mizutani

PRINTED IN JAPAN
ISBN 978-4-7796-4472-6 C0095